365 이벤트

이기적 홈페이지 & 스터디 카페

❶ 기출문제 복원 이벤트

이기적 수험서로 열심히 공부하고
시험에 응시하신 독자님들,
기억나는 문제를 공유해 주세요.

응시일로부터
7일 이내의
복원 제보만
인정됩니다

세부 내용

🎁 참여 혜택

📖 영진닷컴 도서(최대 30,000원 상당)
🎁 이벤트 선물(영진닷컴 쇼핑몰 포인트, N페이
포인트 등 다양한 혜택 제공)

❷ 리뷰 참여 이벤트

온라인 서점 또는 개인 SNS에
도서리뷰와 합격 후기를 작성해 주세요.

세부 내용   당첨자 확인

세부 내용

❸ 정오표 이벤트

⚠️ 이기적 수험서의 오타 및 오류를 영진닷컴에
제보해 주세요.

book2@youngjin.com으로 [도서명], [페이지],
[수정사항], [이름], [연락처]를 보내주세요.

이기적 스터디 카페

1:1 질문답변

집에서도, 카페에서도, 도서관에서도!
전문가 선생님의 1대1 맞춤 과외!

온라인 스터디

서로 당겨주고, 밀어주고, 합격을 함께 할
스터디 파트너를 구해 보세요!

구매자 한정 혜택

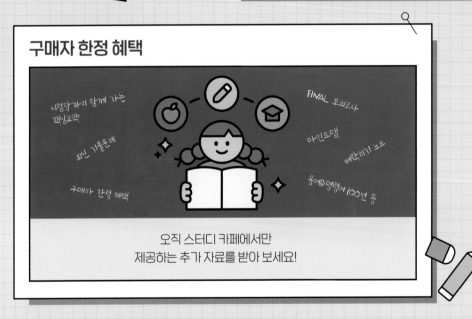

오직 스터디 카페에서만
제공하는 추가 자료를 받아 보세요!

* 제공되는 혜택은 도서별로 상이합니다. 각 도서의 혜택을 확인해 주세요.

NAVER 이기적 스터디 카페

나만의 합격 키트

캘린더 & 스터디 플래너 & 오답노트

PDF 다운로드 후
태블릿 PC에서
사용 가능합니다.

캘린더

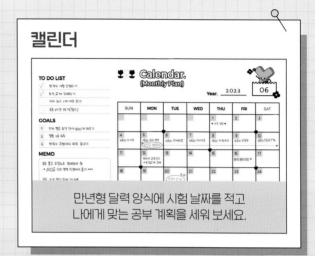

만년형 달력 양식에 시험 날짜를 적고
나에게 맞는 공부 계획을 세워 보세요.

스터디 플래너

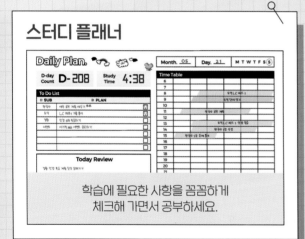

학습에 필요한 사항을 꼼꼼하게
체크해 가면서 공부하세요.

오답노트

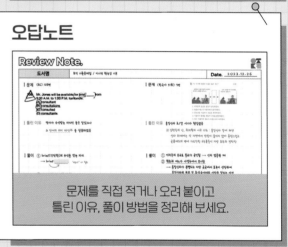

문제를 직접 적거나 오려 붙이고
틀린 이유, 풀이 방법을 정리해 보세요.

다꾸 스티커 패키지

추가 증정
이벤트

스티커1   스티커2   스티커3

명품 강사진

누적 조회수 3400만이 시청한
명품 강의로 한 번에 합격!

정보처리기사	컴퓨터활용능력	컴퓨터그래픽스운용기능사	한식조리기능사
고소현	**박윤정**	**이향아**	**최경선**

정보처리기사	컴퓨터활용능력	한국사능력검정	전산회계	지게차/굴착기
한진만	**홍태성**	**김민석**	**정창화**	**김주승**

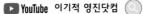 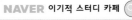

GTQ 포토샵 2급

ver.CC

※ 본 도서는 눈의 피로를 덜어주는 미색 종이를 사용하고 있습니다.
작은 것 하나도 세심하게 신경 쓰는 이기적이 되겠습니다.

이 책의 구성

1 포토샵 기본 화면 구성

포토샵 CC 2020의 기본 기능을 미리 학습할 수 있도록 소개하였습니다.

※ 이 책은 Adobe Photoshop CC 2020 버전으로 작성되었으며, Adobe CC 버전은 해마다 업데이트 될 수 있고 그에 따른 프로그램의 버전(CC 2021, CC 2022, CC 2023 등)의 메뉴나 용어에서 차이가 있을 수 있습니다.

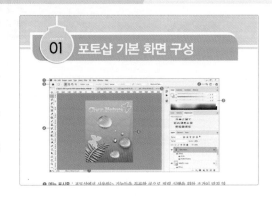

2 시험 문항별 기능 익히기

출제되는 기능별로 Chapter를 구성하여 이해하기 쉽게 설명하였습니다.

3 최신 기출 유형 따라하기

최신 기출 유형 문제를 따라하기 식으로 구성하였습니다.

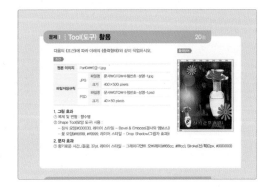

4 기출 유형 문제 10회

기출 유형 문제 10회분을 따라하기 식으로 구성하였습니다.

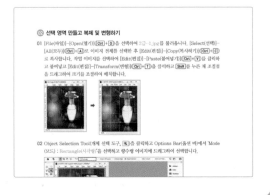

이 책의 차례

> 🎬 **무료 동영상 강의 제공**
> 본 도서에서 제공하는 동영상 시청은
> 1판 1쇄 기준 2년간 유효합니다.
> 단, 출제기준안에 따라 동영상 내용은
> 변경될 수 있습니다.

> ※ **기출 유형 문제 PDF 11회, 12회**
> • 이기적 스터디 카페(cafe.naver.com/yjbooks)에서 구매인증을 통해 받으실 수 있습니다.
> • 해당 회차는 동영상 및 답안 전송 프로그램을 제공하지 않습니다.

부록 자료 다운로드

이 책에 사용된 이미지 및 완성(정답) 파일은 이기적 홈페이지(license.youngjin.com)에서 다운받을 수 있습니다.

1. 이기적 홈페이지(license.youngjin.com/)에 접속하세요.

2. [자료실]–[GTQ] 게시판을 클릭하세요.

3. '[6788] 이기적 GTQ 포토샵 2급 ver.CC' 게시글을 클릭하여 다운로드합니다.

답안 전송 프로그램

1. 다운 받은 부록 자료 안에 있는 'SETUP.EXE'를 더블 클릭합니다.

2. 그림과 같이 설치 화면이 나오면 [다음]을 클릭합니다.
   (오류가 날 경우, 오른쪽 마우스 버튼을 클릭하여 [관리자 권한으로 실행]을 눌러 주세요.)

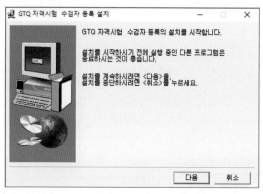

3. 프로그램이 설치될 폴더를 보여주면 [설치시작]을 클릭합니다.

4. [확인]을 클릭하여 설치를 완료합니다.

5. 바탕화면에 'GTQ 수험자용' 아이콘을 더블클릭합니다. [수험자 등록] 화면에 수험번호를 입력한 후
   [확인] 버튼을 클릭합니다.
   ※ 실제 시험장에서는 본인의 수험번호를 입력합니다.

6. 답안이 모두 완료되면 [답안 전송]을 클릭합니다. 다음과 같이 [상태]가 '성공'으로 바뀌면 [닫기]를 클
   릭합니다.

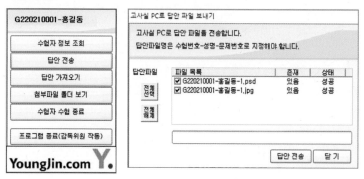

7. 시험 종료 전에 답안 파일을 감독 PC로 전송했는지 다시 확인합니다.

01
PART

GTQ 포토샵은
이렇게 준비하세요

CHAPTER 01 시험 안내

01 응시 자격 조건

02 원서 접수하기

- license.kpc.or.kr에서 접수
- 인터넷 홈페이지를 통해 접수한 후 수험표를 인쇄하여 직접 선택한 고사장, 날짜, 시험시간 확인(방문 접수 가능)

03 시험 응시

90분 만에 답안 파일 작성과 네트워크로 연결된 감독위원 PC로 답안 전송

04 합격자 발표

license.kpc.or.kr에서 확인 후 자격증 발급 신청

01 자격검정 응시 안내

① 응시 자격 : 전 국민 누구나 응시 가능

② 자격 종류 : 공인민간자격

③ 시험 등급 및 버전, 시험 시간

등급	프로그램 버전	평가 범위	시험 시간	합격 기준	시험 방법	응시료
1급	Adobe Photoshop CS4, CS6, CC(한글, 영문)	1문항(20점) 2문항(20점) 3문항(25점) 3문항(35점)	90분	100점 만점 70점 이상	실무작업형 실기시험	일반 : 31,000원 군장병 : 25,000원
2급				100점 만점 60점 이상		일반 : 22,000원 군장병 : 18,000원

※ 시행처의 상황에 따라 응시료가 변동될 수 있습니다. 자세한 사항은 한국생산성본부(license.kpc.or.kr) 홈페이지에서 확인하세요.

02 학점 인정

① 인정 학점 및 전공분야

등급	인정 학점	대분류	중분류	직무번호	표준교육과정 해당 전공	
					전문학사	학사
1급	5점	15. 정보/통신	컴퓨터 전문응용	02	게임그래픽, 게임디자인, 광고디자인, 만화예술, 멀티미디어, 산업디자인, 시각디자인, 인터넷정보, 컴퓨터그래픽, 전자편집디자인, 컴퓨터산업디자인	디지털아트학, 멀티미디어학, 산업디자인, 시각디자인학
2급	3점					

※ 해당 전공인 경우 '전공필수 학점'으로 인정 / 그 외 전공일 경우 '일반선택 학점'으로 인정

② 인정 기간 : 국가공인 승격일(2021. 1. 1.) 이후 자격 취득자에 한해 학점인정 적용

③ 인정 절차

- 국가평생교육진흥원, 시 · 도 교육청 등에 온라인 접수로 학점인정 신청
- 최종합격 후 발급한 자격증 원본을 제출하여 원본 대초 후 사본 제출
- 명칭변경, 종목통합 등의 변동사항이 발생할 경우 재교부 후 제출

※ 자세한 학점은행제 인정에 대한 최신 상세내용은 학점은행 홈페이지(cb.or.kr)의 '공지사항'을 참고하여 주시기 바랍니다.

01 수험자 유의사항 및 답안 작성 요령

수 험 자 유 의 사 항

- 수험자는 문제지를 받는 즉시 응시하고자 하는 과목 및 급수가 맞는지 확인한 후 수험번호와 성명을 작성합니다.
- 파일명은 본인의 "수험번호−성명−문제번호"로 공백 없이 정확히 입력하고 답안폴더(내 PC\문서\GTQ)에 jpg 파일과 psd 파일의 2가지 포맷으로 저장해야 하며, jpg 파일과 psd 파일의 내용이 상이할 경우 0점 처리됩니다. 답안문서 파일명이 "수험번호−성명−문제번호"와 일치하지 않거나, 답안 파일을 전송하지 않아 미제출로 처리될 경우 불합격 처리됩니다.
- 문제의 세부조건은 '영문(한글)' 형식으로 표기되어 있으니 유의하시기 바랍니다.
- 수험자 정보와 저장한 파일명, 저장 위치가 다를 경우 전송이 되지 않으므로, 주의하시기 바랍니다.
- 답안 작성 중에도 주기적으로 '저장'과 '답안 전송'을 이용하여 감독위원 PC로 답안을 전송하셔야합니다.(※ 작업한 내용을 저장하지 않고 전송할 경우 이전의 저장내용이 전송되오니 이점 반드시 유념하시기 바랍니다.)
- 답안문서는 지정된 경로 외의 다른 보조기억장치에 저장하는 행위, 지정된 시험 시간 외에 작성된 파일을 활용한 행위, 기타 통신수단(이메일, 메신저, 네트워크 등)을 이용하여 타인에게 전달 또는 외부 반출하는 행위는 부정으로 간주되어 자격기본법 제32조에 의거 본 시험 및 국가공인 자격시험을 2년간 응시할 수 없습니다.
- 시험 중 부주의 또는 고의로 시스템을 파손한 경우와 〈수험자 유의사항〉에 기재된 방법대로 이행하지 않아 생기는 불이익은 수험자의 책임임을 알려 드립니다.
- 시험을 완료한 수험자는 최종적으로 저장한 답안파일이 전송되었는지 확인한 후 감독위원의 지시에 따라 문제지를 제출하고 퇴실합니다.

❶ 파일 저장 규칙대로 답안문서 파일명은 반드시 "수험번호−성명−문제번호"로 저장하여야 하며 답안폴더인 '내 PC\문서\GTQ'에 문제당 각각 jpg 파일과 psd 파일을 저장해야 합니다. 총 8개의 답안 파일이 해당 경로에 저장되어야 합니다.

❷ 제시된 그림 및 문자 효과가 모두 완료되면 완성된 답안을 문제지의 《출력형태》와 비교하여 꼼꼼하게 점검한 후 전송합니다. jpg 파일과 psd 파일의 내용이 다를 경우 0점 처리되므로 반드시 다시 저장해야 합니다. 답안 파일은 수시로 전송 가능하며 최종적으로 저장하여 전송한 답안이 채점이 됩니다.

임시 파일을 수시로 저장하되 문제당 다음과 같은 저장 순서대로 작업을 진행합니다.

1. 원본 psd 파일		2. jpg 파일		3. 축소된 psd 파일
• 작업과정이 담긴 임시 파일로 최종 정답 파일 제출 후 퇴실 전 삭제 • 저장 위치 : 임의 경로	▶	• 정답 파일 제출용 • 문제에서 제시된 원본 크기 • [File(파일)]−[Save As(다른 이름으로 저장)]로 jpg 저장 • 저장 위치 : 내 PC\문서\GTQ	▶	• 정답 파일 제출용 • 원본 크기의 1/10로 축소 • [File(파일)]−[Save As(다른 이름으로 저장)]로 psd 저장 • 저장 위치 : 내 PC\문서\GTQ

- 온라인 답안 작성 절차
- 수험자 등록 ⇒ 시험 시작 ⇒ 답안파일 저장 ⇒ 답안 전송 ⇒ 시험 종료
- 내 PC₩문서₩GTQ₩Image폴더에 있는 그림 원본파일을 사용하여 답안을 작성하시고 최종답안을 답안폴더(내 PC₩문서₩GTQ)에 저장하여 답안을 전송하시고, 이미지의 크기가 다른 경우 감점 처리됩니다.
- 배점은 총 100점으로 이루어지며, 점수는 각 문제별로 차등 배분됩니다.
- 각 문제는 주어진 〈조건〉에 따라 작성하고, 언급하지 않은 조건은 《출력형태》와 같이 작성합니다.
- 배치 등의 편의를 위해 주어진 눈금자의 단위는 '픽셀'입니다.
- 그 외는 출력형태(효과, 이미지, 문자, 색상, 레이아웃, 규격 등)와 같이 작업하십시오.
- 문제 조건에 서체의 지정이 없을 경우 한글은 굴림이나 돋움, 영문은 Arial로 작업하십시오.
  (단, 그 외에 제시되지 않은 문자 속성을 기본값으로 작성하지 않은 경우는 감점 처리됩니다.)
- Image Mode(이미지 모드)는 별도의 처리조건이 없을 경우에는 RGB(8비트)로 작업하십시오.
- 모든 답안 파일은 해상도 72 pixels/inch 로 작업하십시오.
- Layer(레이어)는 각 기능별로 분할해야 하며, 임의로 합칠 경우나 각 기능에 대한 속성을 해지할 경우 해당 요소는 0점 처리됩니다.

한 국 생 산 성 본 부

❶ 문제지의 《출력형태》에는 답안 파일의 레이아웃 설정을 위해 눈금자가 표시되어 있습니다. 작업 이미지에 [View(보기)]─[Rulers(눈금자)]([Ctrl]+[R])를 클릭하여 눈금자 보기를 하고 눈금자에 마우스 오른쪽 버튼을 클릭하여 눈금자의 단위를 'Pixels(픽셀)'로 설정합니다. 상단과 왼쪽의 눈금자에서 작업 이미지로 드래그하여 안내선을 표시합니다.

❷ 문제지에서 제시한 문자 효과는 주어진 서체 속성대로 글꼴, 크기, 색상을 지정해야 합니다. 그 외 제시되지 않은 문자 속성인 문자 스타일, 자간, 행간, 문자의 장과 평은 수험자 임의대로 작성하지 말고 기본값으로 작성해야 감점이 없습니다. 서체의 지정이 없을 경우에는 한글은 굴림이나 돋움, 영문은 Arial로 작업합니다.

❸ 새로운 작업 이미지를 설정할 때는 이미지 모드는 [File(파일)]─[New(새로 만들기)] 대화상자에서 반드시 Color Mode(색상 모드)는 'RGB Color(RGB 색상), 8bit(비트)'로 설정합니다. 만약 RGB 색상이 아니면 Filter(필터), Layer(레이어), Image(이미지) 메뉴의 사용이 제한적일 수 있으며 작업 중 [Image(이미지)]─[Mode(모드)]─[RGB color(RGB 색상)]로 변환이 가능합니다.

❹ 새로운 작업 이미지를 설정할 때는 [File(파일)]─[New(새로 만들기)] 대화상자에서 반드시 Resolution(해상도)를 '72 pixels/inch(픽셀/인치)'로 설정합니다. 작업 중 [Image(이미지)]─[Image Size(이미지 크기)]로 확인 및 변경이 가능하지만 이미 작업 완료된 이미지에 영향이 미치므로 처음 설정 시 반드시 확인합니다.

❺ Layer(레이어)는 이미지, 문자, 모양 레이어, 레이어 스타일 등 각각의 기능별로 분리해서 작업이 되어야 하며, 레이어를 임의대로 합치거나 각 기능에 대한 속성이 해지되어 0점 처리되지 않도록 주의합니다.

다음의 《조건》에 따라 아래의 《출력형태》와 같이 작업하시오.

출력형태 ▶

조건

원본 이미지		문서₩GTQ₩Image₩Chapter03₩2급–1.jpg	
파일저장규칙	JPG	파일명	문서₩GTQ₩수험번호–성명–1.jpg
		크기	400×500 pixels
	PSD	파일명	문서₩GTQ₩수험번호–성명–1.psd
		크기	40×50 pixels

1. 그림 효과
① 복제 및 변형 : 바이올린
② Shape Tool(모양 도구) 사용 :
   – 프레임 모양(#cccccc, 레이어 스타일 – Drop Shadow(그림자 효과))
   – 음표 모양(#cc0066, #cc9933, 레이어 스타일 – Drop Shadow(그림자 효과))

2. 문자 효과
① Violin(Arial, Bold, 70pt, 레이어 스타일 – 그레이디언트 오버레이(#cc0066, #000066))

★ 자세한 지시사항은 **기출 유형 문제 5회**를 참고하세요.

01 평가 기능

❶ 선택 도구와 복제 기능, 다양한 변형 적용

❷ Custom Shape Tool(사용자 정의 모양 도구)과 레이어 스타일 적용 및 복제, 색상, 변형하기

❸ 문자에 레이어 스타일 및 변형된 텍스트 적용

02 주요 포인트

❶ 제시된 정답파일의 크기에 맞게 소스 이미지를 변형, 배치합니다.

❷ 다양한 선택 도구를 활용하여 제시된 이미지의 일부를 정확하게 선택하고 레이어로 복제합니다.

❸ 변형 메뉴를 활용하여 크기 및 회전, 뒤집기 등을 적용하여 출력형태의 눈금자를 참고하여 동일하게 배치합니다.

❹ 제시된 두 가지의 모양을 Custom Shape Tool(사용자 정의 모양 도구)을 활용하여 그리고 레이어 스타일을 적용합니다. 레이어 스타일의 세부 옵션을 조절하여 출력형태와 동일하게 설정합니다.

❺ 사용자 정의 모양 중 하나는 복제하여 색상 및 변형하여 배치합니다. Layers(레이어) 패널의 'Layer thumbnail(레이어 축소판)'을 더블 클릭하여 Color Picker(색상 피커) 대화상자에서 제시된 6자리 코드값을 '#' 표시 오른쪽의 입력란에 입력하여 변경합니다.

❻ 제시된 문자의 속성대로 글꼴, 크기, 색상, 변형된 텍스트를 적용하여 입력합니다. 제시되지 않은 문자 속성은 행간, 자간, 장평 등을 기본값으로 작성합니다. 그레이디언트 오버레이, 선, 그림자 등의 레이어 스타일을 적용하여 배치합니다.

다음의 《조건》에 따라 아래의 《출력형태》와 같이 작업하시오.   출력형태

조건

원본 이미지		문서₩GTQ₩Image₩2급-2.jpg, 2급-3.jpg, 2급-4.jpg	
파일저장규칙	JPG	파일명	문서₩GTQ₩수험번호-성명-2.jpg
		크기	400×500 pixels
	PSD	파일명	문서₩GTQ₩수험번호-성명-2.psd
		크기	40×50 pixels

1. 그림 효과
① 색상 보정 : 2급-3.jpg – 보라색 계열로 보정, 레이어 스타일 – Drop Shadow(그림자 효과)
② 액자 제작 :
 필터 – Mosaic Tiles(모자이크 타일), 안쪽 테두리(5px, #99cc99), 레이어 스타일 – Drop Shadow(그림자 효과)
③ 2급-4.jpg : 레이어 스타일 – Drop Shadow(그림자 효과)

2. 문자 효과
① 반려견과 즐거운 놀이를~(돋움, 30pt, #663333, 레이어 스타일 – Stroke(선/획)(2px, #ffffff))

★ 자세한 지시사항은 **기출 유형 문제 7회**를 참고하세요.

01 평가 기능

❶ 색상 보정

❷ 필터와 안쪽 테두리를 적용하여 액자 제작

❸ 변형된 텍스트 효과

02 주요 포인트

❶ 제시된 정답파일의 크기에 맞게 소스 이미지를 변형, 배치합니다.

❷ 액자의 프레임을 만들기 위해 레이어를 복제하고 제시된 필터를 적용합니다. 대부분 Filter Gallery(필터 갤러리)의 필터가 출제되며 기본 옵션 설정값을 사용하지만 정확하게는 문제지의 출력형태를 참조하여 동일한 필터 효과를 찾아 옵션을 조절하여 적용합니다.

❸ 액자 프레임의 두께는 출력형태의 눈금자를 참고하여 동일하게 배치합니다. 선택의 모서리를 곡선형으로 지정하고 제시된 선의 두께, 색상, 위치 등을 지정합니다.

❹ 조정 레이어를 활용하여 레이어 이미지의 전체 또는 일부에 제시된 계열의 색상으로 보정합니다. 주로 [Hue/Saturation(색조/채도)]에서 'Colorize(색상화) : 체크'를 한 후 색조, 채도, 명도를 출력형태와 동일하게 설정합니다.

❺ 문자는 수평, 세로 문자 도구로 입력합니다. 세부 옵션에 대한 별도의 제시는 없습니다. 옵션 바의 'Create warped text(뒤틀어진 텍스트 만들기)'를 클릭하여 스타일과 Bend의 수치를 설정하여 출력형태와 동일하게 적용하고 레이아웃에 맞게 배치합니다.

문제 3 : [기능평가] 사진편집　25점

다음의 《조건》에 따라 아래의 《출력형태》와 같이 작업하시오.

출력형태

조건

원본 이미지		문서₩GTQ₩Image₩2급-5.jpg, 2급-6.jpg, 2급-7.jpg, 2급-8.jpg	
파일저장규칙	JPG	파일명	문서₩GTQ₩수험번호-성명-3.jpg
		크기	600×400 pixels
	PSD	파일명	문서₩GTQ₩수험번호-성명-3.psd
		크기	60×40 pixels

1. 그림 효과

① 배경 : #ccccff
② 2급-5.jpg : 필터 – Texturizer(텍스처화), 레이어 마스크 – 가로 방향으로 흐릿하게
③ 2급-6.jpg : 레이어 스타일 – Bevel and Emboss(경사와 엠보스)
④ 2급-7.jpg : 레이어 스타일 – Drop Shadow(그림자 효과)
⑤ 2급-8.jpg : 레이어 스타일 – Inner Glow(내부 광선)
⑥ 그 외 《출력형태》참조

2. 문자 효과

① 향기 가득한 이야기를 담아요!(바탕, 25pt, #ffcccc, 레이어 스타일 – Stroke(선/획)(2px, #660066), Drop Shadow(그림자 효과))
② CANDLE STORY(Arial, Regular, 38pt, 레이어 스타일 – Stroke(선/획)(2px, #660000, 그레이디언트 오버레이(#663399, #ffffff)))

★ 자세한 지시사항은 **최신 기출 유형 따라하기**를 참고하세요.

01 평가 기능

❶ 배경색 채우기
❷ 필터 적용 후 레이어 마스크를 적용하여 합성하기
❸ 이미지 레이어로 다양한 레이어 스타일 적용하기
❹ Custom Shape Tool(사용자 정의 모양 도구)을 활용한 모양 그리고 레이어 스타일 적용하기
❺ 문자 변형 및 효과 적용하기

02 주요 포인트

❶ 배경 이미지에 설정된 색상 채우기는 전경색을 지정하고 Alt + Delete 로 빠르게 설정합니다.
❷ 제시된 필터를 적용한 후 레이어 마스크를 추가하고 가로, 세로, 대각선 방향 등 제시된 방향으로 적용하여 배경색과 흐릿하게 합성합니다.
❸ 문자의 변형은 1개 또는 2개의 문자에 적용됩니다. 세부 옵션에 대한 별도의 제시는 없습니다. 옵션 바의 'Create warped text(뒤틀어진 텍스트 만들기)'를 클릭하여 스타일과 Bend의 수치를 설정하여 출력형태와 동일하게 적용하고 레이아웃에 맞게 배치합니다.

문제 4 : [실무응용] 이벤트 페이지 제작   35점

다음의 《조건》에 따라 아래의 《출력형태》와 같이 작업하시오.

출력형태 ▶

조건

원본 이미지		문서₩GTQ₩Image₩2급-9.jpg, 2급-10.jpg, 2급-11.jpg, 2급-12. jpg, 2급-13.jpg	
파일저장규칙	JPG	파일명	문서₩GTQ₩수험번호-성명-4.jpg
		크기	600×400 pixels
	PSD	파일명	문서₩GTQ₩수험번호-성명-4.psd
		크기	60×40 pixels

1. 그림 효과
① 2급-9.jpg : 필터 - Accented Edges(강조된 가장자리)
② 2급-10.jpg : 레이어 스타일 - Drop Shadow(그림자 효과)
③ 2급-11.jpg : 레이어 스타일 - Drop Shadow(그림자 효과)
④ 2급-12.jpg : 필터 - Texturizer(텍스처화), Opacity(불투명도)(80%)
⑤ 2급-13.jpg : 레이어 스타일 - Bevel and Emboss(경사와 엠보스), Opacity(불투명도)(70%)
⑥ 그 외 《출력형태》참조

2. 문자 효과
① WINTER SALE(Arial, Bold, 55pt, 레이어 스타일 -그레이디언트 오버레이(#00ff99, #003399, #ff9900), Stroke(선/획)(2px, #ffffff))
② UP TO 50% OFF(Times New Roman, Regular, 25pt, #cc0000, 레이어 스타일 - Stroke(선/획)(2px, #cccccc))
③ 보드 고글 / 장갑 / 부츠 / 보드복 / 보드세트 등(돋움, 15pt, 레이어 스타일 -그레이디언트 오버레이(#ffff00, #00ffff), Stroke(선/획)(2px, #000066))

★ 자세한 지시사항은 **기출 유형 문제 3회**를 참고하세요.

01 평가 기능

❶ 필터 적용

❷ 레이어 마스크를 활용한 자연스러운 합성

❸ 이미지 선택과 변형, 다양한 레이어 스타일 및 불투명도 적용

❹ 모양 생성 및 이미지에 필터 적용하고 클리핑 마스크 적용

❺ Custom Shape Tool(사용자 정의 모양 도구)로 모양 생성, 레이어 스타일 및 불투명도 적용

❻ 문자 변형 및 효과 적용

02 주요 포인트

❶ 배경 이미지에 제시된 필터를 빠르고 정확하게 찾아 적용합니다. 필터는 옵션은 문제지의 출력형태와 동일하게 적용되도록 세부 옵션을 미리보기를 체크하여 비교하며 적용합니다.

❷ 이미지별 적절한 선택 도구를 활용하여 레이어로 만들고 변형 및 레이어 스타일, 불투명도를 설정하여 합성합니다.

03 문제 풀이 TIP

01 답안 파일 저장규칙

❶ 각 문제당 2개의 파일로 총 8개 파일이 저장해야 합니다.

❷ 파일명은 '수험번호–성명–문제번호'로 저장해야 합니다.

문제번호	파일명	예
1	수험번호–성명–1.jpg	G123456789–성명–1.jpg
	수험번호–성명–1.psd	G123456789–성명–1.psd
2	수험번호–성명–2.jpg	G123456789–성명–2.jpg
	수험번호–성명–2.psd	G123456789–성명–2.psd
3	수험번호–성명–3.jpg	G123456789–성명–3.jpg
	수험번호–성명–3.psd	G123456789–성명–3.psd
4	수험번호–성명–4.jpg	G123456789–성명–4.jpg
	수험번호–성명–4.psd	G123456789–성명–4.psd

02 온라인 답안 작성 절차

❶ 수험자 등록 → 시험 시작 → 수시로 답안 저장 및 전송 → 최종 답안 전송 → 시험 종료

❷ 모든 답안을 완성했는데 전체가 0점 처리되는 경우
  • 최종 작업에서 저장하지 않고 답안 전송 프로그램으로 전송했을 경우에 해당됩니다. 반드시 수시로 저장한 후 전송을 하고, 최종 파일 전송 전에는 마지막으로 저장한 후 전송하세요.

❸ 해당 문제 0점 또는 일부가 감점 처리되는 경우
  • 답안 문서 파일명이 "수험번호–성명–문제번호"와 일치하지 않은 경우
  • jpg 파일과 psd 파일의 내용이 상이할 경우
  • 이미지의 크기가 다른 경우
  • 제시되지 않은 문자 속성을 기본값으로 작성하지 않은 경우
  • Layer(레이어)를 각 기능별로 분할하지 않고 임의로 합칠 경우나 각 기능에 대한 속성을 해지할 경우

03 해상도와 색상 모드 설정

❶ Image Mode(이미지 모드)는 별도의 처리조건이 없을 경우에는 RGB(8비트)로 작업합니다.

❷ 모든 답안 파일은 해상도 72 pixels/inch로 작업합니다.

04 이미지 크기 설정

❶ 문제지의 《조건》에는 각각의 문제별로 크기가 다음과 같이 설정되어 있습니다.

원본 이미지	문서₩GTQ₩Image₩2급-1.jpg		
파일저장규칙	JPG	파일명	문서₩GTQ₩수험번호-성명-1.jpg
		크기	400×500 pixels
	PSD	파일명	문서₩GTQ₩수험번호-성명-1.psd
		크기	40×50 pixels
원본 이미지	문서₩GTQ₩Image₩2급-5.jpg, 2급-6.jpg, 2급-7.jpg, 2급-8.jpg		
파일저장규칙	JPG	파일명	문서₩GTQ₩수험번호-성명-3.jpg
		크기	600×400 pixels
	PSD	파일명	문서₩GTQ₩수험번호-성명-3.psd
		크기	60×40 pixels

❷ 문제1과 문제2는 JPG의 크기가 400×500 pixels이며, 문제3과 문제4는 JPG의 크기가 600×400 pixels 입니다.

❸ 최종 제출용 JPG와 PSD의 이미지 크기는 매우 중요합니다.

❹ PSD의 이미지 크기는 작업 중에는 제시된 크기가 아닌 JPG에서 제시된 이미지 크기로 작업을 해야 합니다. 답안 작업이 완료되면 최종 저장 후 전송 전에 JPG로 다른 이름으로 저장을 합니다. 그런 다음에 크기를 1/10로 축소하여 다른 이름으로 저장하여 PSD로 저장한 후 전송합니다.

05 클리핑 마스크 적용

❶ Clipping Mask(클리핑 마스크)를 적용할 때는 반드시 '사용자 정의 모양 도구' 레이어 바로 위에 이미지 레이어를 서로 겹치도록 배치해야 합니다.

❷ 클리핑 마스크 후 이미지 레이어를 출력형태의 레이아웃과 동일하게 이동하여 배치합니다

06 레이아웃 배치

❶ 문제지의 《출력형태》를 보고 동일하게 작성합니다.
- 문제지의 《출력형태》 왼쪽과 위쪽에 표시된 눈금자를 보고 미리 준비한 자를 이용하여 문제지의 《출력형태》 위에 100 pixel 간격으로 가로와 세로 선을 그어 표시합니다.
- [Edit(편집)]-[Preference(환경설정)]-[Guides, Grid & Slices(안내선, 격자와 슬라이스)]에서 Grid(격자)의 'Gridline Every(격자 간격) : 100pixels(픽셀), Subdivisions(세분) : 1'로 설정합니다.
- 포토샵에서 눈금자 보기(Ctrl+R)를 하고 문제지의 《출력형태》와 같이 격자(Ctrl+')및 안내선을 표시합니다.
- Ctrl+T로 출력형태와 동일하게 크기, 회전, 방향을 설정합니다. 특히 크기를 조절할 때는 Shift를 누른 채 드래그하여 조절해야 종횡비를 유지할 수 있습니다.

❷ 감점이 되는 경우

- 문제지의 《출력형태》와 다른 경우

출력형태	감점 처리
	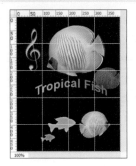
문제지의 출력형태대로 격자를 표시합니다.	텍스트의 변형 효과와 위치가 다르며, 하단 물고기 이미지의 축소 비율이 다르고 물고기 모양의 위치도 달라 감점이 됩니다.

- 레이어의 순서가 다른 경우

출력형태	감점 처리

	'프로축구 플레이오프' 문자 레이어가 불투명도가 적용된 '사용자 지정 모양 레이어'의 아래쪽에 배치되어 감점이 됩니다.

07 이미지 방향

[Edit(편집)]-[Free Transform(자유 변형)](Ctrl + T)을 클릭하고 이미지의 회전, 뒤집기로 이미지의 방향을 출력형태와 동일하게 적용한 후 배치합니다.

출력형태	감점 처리

	오른쪽 요가하는 사람의 좌우방향이 반대이므로 감점됩니다.

08 문자 속성의 기본값

❶ 답안 파일은 해상도 72 pixels/ inch로 설정되어 있어야 합니다. 해상도가 다르면 제시된 문자 크기대로 설정하고 입력하여도 《출력형태》와 크기가 다르게 보입니다.

❷ 문제 조건에 별도의 서체 지정이 없을 경우에는 한글은 굴림이나 돋움, 영문은 Arial로 작업합니다.

❸ 그 외에 제시되지 않은 문자 속성은 기본값으로 작성하지 않은 경우는 감점 처리됩니다.

❹ 문자를 입력하여 문자 레이어를 생성한 후 Transform(변형)을 통해 크기를 조절하지 않도록 합니다.

09 텍스트 변형 조건

❶ 변형된 텍스트는 정확한 모양 및 회전을 평가합니다. 세부 옵션에 대한 별도의 제시는 없습니다. 눈금자와 격자를 활용하여 변형의 정도를 설정하여 크기를 조절합니다.

❷ 문자 도구의 Options Bar(옵션 바)에서 Create warped text(뒤틀어진 텍스트 만들기,)를 클릭하여 [Warp Text(텍스트 뒤틀기)] 대화상자에서 'Style(스타일), Horizontal(가로) 또는 Vertical(세로), Bend(구부리기)'를 설정하여 문자의 모양을 왜곡합니다.

출력형태	감점 처리

'DRAWING CONTEST' 문자 레이어에 텍스트 변형이 적용되지 않아서 감점이 됩니다.

10 필터 효과

❶ 필터는 문제지에서 제시한 정확한 필터를 찾아서 적용합니다.

❷ 제시된 필터는 대부분 [Filter(필터)]-[Filter Gallery(필터 갤러리)]에서 찾아서 적용할 수 있습니다.

❸ 필터의 세부 옵션은 기본값을 그대로 적용한 경우가 많으나, 출력형태를 보고 최대한 동일하게 옵션을 조절합니다.

❹ 필터에 따라 'Preview(미리보기)'가 지원되지 않은 필터는 적용 후, 출력형태와 설정이 맞지 않으면 'Undo(명령고 다시 적용합니다.

❺ 필터를 적용하기 전에는 처리 속도와 프로그램 다운을 대비하여 저장을 미리 합니다.

출력형태	감점 처리

액자 프레임에 적용된 필터가 출력형태와 다르므로 감점이 됩니다.

11 그라데이션

❶ 그라데이션 적용은 문자나 사용자 정의 모양 도구로 그린 모양의 칠 또는 선에 설정합니다.

❷ Layers(레이어) 패널 하단의 'Add a layer style(레이어 스타일 추가, fx.)'을 클릭하여 [Stroke(획)]–[Fill Type(칠 유형)]–[Gradient(그레이디언트)] 또는 [Gradient Overlay(그레이디언트 오버레이)]를 선택하고 'Click to edit the gradient(클릭하여 그레이디언트 편집)'를 클릭합니다.

❸ 그라데이션의 스타일, 방향 및 각도, 색상이 출력형태와 일치해야 합니다.

출력형태	감점 처리

왼쪽 상단 '사용자 지정 모양 레이어'의 그라데이션의 방향 및 각도가 다르므로 감점이 됩니다.

12 색상 보정

❶ 색상 보정은 레이어에서 적용할 이미지의 범위와 제시된 색상을 출력형태와 동일하게 표현해야 합니다.

❷ 색상 보정은 이미지 메뉴를 활용하여 원본 레이어를 직접 보정하는 것보다는 Layers(레이어) 패널 하단의 'Create new fill or adjustment layer(새 칠 또는 조정 레이어 생성, ◔.)'를 클릭하고 [Hue/Saturation(색조/채도)]을 적용합니다.

❸ Properties(속성) 패널에서 'Colorize(색상화)'를 체크하고 'Hue(색조), Saturation(채도), Lightness(명도)'를 각각 설정하여 제시된 계열의 색상으로 보정합니다.

출력형태	감점 처리

	보정된 색상 및 범위가 출력형태와 다르므로 감점이 됩니다.

13 레이어 마스크 적용

❶ 레이어에 마스크를 적용하여 아래쪽 레이어에 적용한 색상과 합성할 때는 출력형태와 최대한 동일하게 설정해야 합니다.

❷ Layers(레이어) 패널에 추가된 레이어 마스크는 적용 후 속성을 병합하면 감점이 되므로 주의해야 합니다.

❸ Gradient Tool(그레이디언트 도구, ▣)로 Options Bar(옵션 바)에서 'Black, White(검정, 흰색)'를 선택하고 지워질 부분에서 시작하여 제시된 방향으로 드래그하여 적용합니다.

출력형태	감점 처리

	배경색과 합성된 이미지의 레이어 마스크의 방향과 각도가 다르므로 감점이 됩니다.

14 레이어 속성 유지

❶ 시험지의 답안작성 요령에서 지시한대로 Layer(레이어)는 각 기능별로 분할해야 하며, 임의로 합칠 경우나 각 기능에 대한 속성을 해지할 경우 해당 요소는 0점이 되므로 주의합니다.

❷ 채점시 1/10로 축소 저장한 PSD 파일에서 확인하므로 절대로 병합하지 말고, 불필요하게 생성된 레이어는 삭제합니다.

❸ 레이어 스타일 중 작업 과정에서 적용한 후 가시성(눈 아이콘)이 꺼져 있는 불필요한 스타일은 반드시 삭제합니다.

CHAPTER 04 자주 질문하는 Q&A

Q 새 작업 이미지의 이미지 모드와 해상도, 작업 단위의 설정은 무엇으로 하나요?

답안 파일의 Image Mode(이미지 모드)는 별도의 처리조건이 없을 경우에는 RGB(8비트)로 설정하고 작업조건에서 주어진 모든 답안 파일의 해상도는 '72Pixels/Inch'이며 단위는 'Pixels(픽셀)'를 지정합니다.

Q 한글 폰트의 이름이 영어로 표시되어 쉽게 찾을 수가 없습니다.

[Edit(편집)]-[Preferences(환경설정)]에서 'Type(문자)'의 'Type Options(문자 옵션)'의 'Show Font Names In Eng-lish(글꼴 이름을 영어로 표시) : 체크 해제'를 설정하면 옵션 바에 한글로 폰트 이름이 표기됩니다.

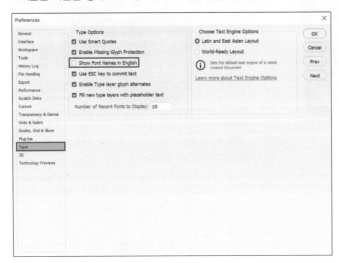

Q 작업 중 일부 패널이 사라져서 안 보일 때는 어떻게 찾나요?

[Window(창)]-[Workspace(작업 영역)]-[Reset Essentials(필수 재설정)]를 클릭하거나 작업 도큐먼트 오른쪽 상단의 '작업 영역 전환기'에서 'Reset Essentials(필수 재설정)'를 클릭하면 모든 패널이 초기값으로 정렬되어 패널이 모두 나타납니다.

Q 문제지에 제시된 색상은 어떻게 적용하나요?

문제지의 색상은 RGB 색상을 16진수로 표현한 색상 코드입니다. Tool Panel(도구 패널) 하단의 'Set foreground color(전경색 설정)'을 클릭하여 Color Picker(색상 픽커) 대화상자에서 '#'의 오른쪽 입력란에 6자리의 코드를 입력합니다.

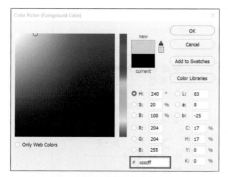

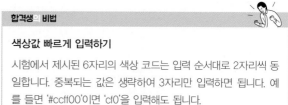

Q 문제지에서 제시한 출력형태와 동일하게 레이아웃을 맞추려면 어떻게 하나요?

자를 미리 준비해 가시면 됩니다. 문제지에서 제시한 출력형태에는 왼쪽과 위쪽에 눈금자가 픽셀 단위로 표시되어 있습니다. 주요 이미지의 배치 상태를 보고 100픽셀 간격으로 수직선과 수평선을 그어서 격자 상태와 동일하게 표시하고 작업하면 됩니다.

작업 이미지의 격자 간격은 [Edit(편집)]–[Preference(환경설정)](Ctrl+K)를 클릭하고 [Guides, Grid & Slices(안내선, 격자와 슬라이스)]를 선택하여 Grid(격자)의 'Gridline Every(격자 간격) : 100pixels(픽셀), Subdivisions(세분) : 1'로 설정한 후 'Grid Color(격자 색상)'를 클릭하여 밝은 색상으로 변경합니다.

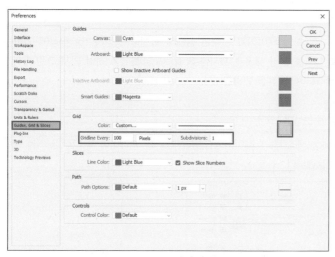

Q Tool(도구)의 Options Bar(옵션 바) 설정을 초기화하려면 어떻게 하나요?

Options Bar(옵션 바) 왼쪽의 선택된 도구 모양에 마우스 오른쪽 버튼을 누르고 'Reset Tool(도구 재설정)'를 클릭하여 현재 도구만 초기화하거나 'Reset All Tools(모든 도구 재설정)'를 클릭하여 포토샵의 모든 도구 옵션을 초기화할 수 있습니다.

Q Custom Shape Tool(사용자 정의 모양 도구, [이미지])의 Options Bar(옵션 바)에서 이전 버전의 사용자 정의 모양이 없어요. 어떻게 찾을 수 있나요?

[Window(창)]–[Shapes(모양)]을 클릭하고 Shapes Panel(모양 패널)의 팝업 메뉴에서 'Legacy Shapes and More (레거시 모양 및 기타)'를 클릭하여 확장하면 이전 버전의 사용자 정의 모양 라이브러리를 추가할 수 있습니다.

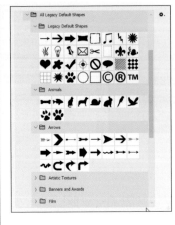

Q 연속해서 사용자 정의 모양 도구로 그릴 때 Fill(칠)를 설정하면 먼저 그린 모양의 색상이 바뀌는데 어떻게 해결하나요?

연속해서 모양을 그릴 때는 이미 그린 모양 레이어가 선택된 상태로 옵션을 설정하므로 색상에 영향을 줍니다. Options Bar(옵션 바)에서 목록 단추를 눌러 새롭게 제시된 Shape(모양)를 선택하여 먼저 그린 후에 'Layer thumbnail(레이어 축소판)'을 더블 클릭하여 Fill(칠)를 변경합니다.

Q 이미 적용한 색상 보정을 수정할 수는 없나요?

Layers(레이어) 패널의 'Hue/Saturation(색조/채도)' 레이어의 'Layer thumbnail(레이어 축소판)'을 더블 클릭한 후 Properties(속성) 패널에서 수정이 가능합니다.

더블 클릭

Q 반복적인 Layer style(레이어 스타일)을 빠르게 적용할 수는 없나요?

Layers(레이어) 패널에서 이미 적용한 레이어 스타일에 마우스 오른쪽 버튼을 눌러 'Copy Layer Style(레이어 스타일 복사)'을 클릭한 후, 적용할 레이어에 마우스 오른쪽 버튼을 눌러 'Paste Layer Style(레이어 스타일 붙여넣기)'을 클릭합니다.

Q 그림자 효과의 Angle(각도)을 레이어별로 각각 따로 적용하려면 어떻게 하나요?

작업 이미지의 Layer Style(레이어 스타일) 대화상자에서 'Use Global Light(전체 조명 사용)'의 체크를 해제하면 이미 적용한 다른 레이어에 영향을 미치지 않고 레이어별로 각도를 따로 설정할 수 있습니다.

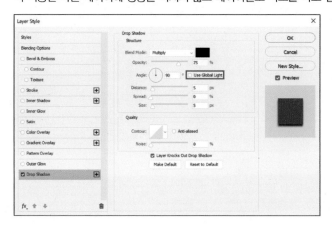

Q 레이어 마스크를 적용할 때 그레이디언트를 빠르게 'Black, White(검정, 흰색)'를 설정하는 방법은 없나요?

• Gradient Tool(그레이디언트 도구,)를 클릭하고 Options Bar(옵션 바)에서 'Click to open Gradient picker(클릭하여 그레이디언트 편집)'를 클릭한 후 Presets(사전 설정)에서 Basics(기본 사항)를 클릭하고 'Black, White(검정, 흰색)'를 선택합니다.

• Tool Panel(도구 패널) 하단의 Default Foreground and Background Colors(기본 전경색과 배경색,)를 클릭하여 기본값으로 설정한 후 Swatch Foreground and Background Colors(전경색과 배경색 전환,)를 클릭하여 설정하는 방법도 있습니다.

02
PART

포토샵
핵심 기능 익히기

포토샵 기본 화면 구성

※ 이 책은 Adobe Photoshop CC 2020 버전으로 작성되었으며, Adobe CC 버전은 해마다 업데이트 될 수 있고 그에 따른 프로그램의 버전(CC 2021, CC 2022, CC 2023 등)의 메뉴나 용어에서 차이가 있을 수 있습니다.

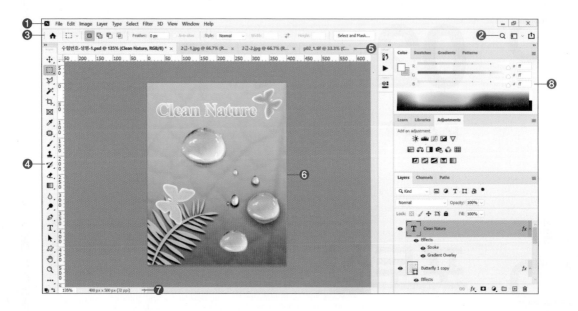

❶ **메뉴 표시줄** : 포토샵에서 사용하는 기능들을 분류한 곳으로 명령 실행을 위한 조건이 맞지 않으면 메뉴가 비활성 상태로 표시됩니다.

❷ **실행 바** : 작업 시에 편리하게 사용하는 기능을 모아 놓은 곳으로 찾기, 다양한 작업 영역 설정 및 초기화, 이미지 공유 등을 효율적으로 실행할 수 있습니다.

❸ **옵션 바** : 선택한 도구의 세부 옵션을 설정할 수 있는 곳으로 다양한 속성을 지정할 수 있습니다.

❹ **도구 패널** : 포토샵의 각종 도구들을 아이콘 형식으로 모아 놓은 곳으로 오른쪽 하단 모서리에 검정색 삼각형이 표시된 도구는 마우스를 클릭하면 숨겨진 관련도구가 표시되어 선택할 수 있습니다.

❺ **파일 이름 탭** : 열려 있는 작업 이미지의 파일명, 확장자, 화면 크기, 선택된 레이어 이름, 색상 모드, 최근 작업 저장 여부를 표시합니다. 여러 개의 이미지가 열려 있을 때는 파일 이름 탭을 클릭하여 작업 파일을 빠르게 선택할 수 있고 드래그하여 탭을 분리할 수 있습니다.

❻ **캔버스** : 실제로 이미지 작업을 하는 공간으로 사각형의 작업 이미지 전체를 캔버스라고 합니다.

❼ **작업 표시줄** : 현재 작업 이미지의 화면 비율을 설정할 수 있고 Image Size(이미지 크기)를 표시합니다.

❽ **패널** : 포토샵에서 제공하는 다양한 기능이 팔레트 형식으로 구성되어 있으며 패널들을 서로 합치거나 분리하여 새롭게 정렬할 수 있고 Window 메뉴를 이용하여 패널을 다시 표시할 수 있습니다.

합격생의 비법

[Tab]을 누르면 모든 패널이 사라지거나 다시 표시할 수 있고, [Shift]와 [Tab]을 누르면 도구 패널을 제외한 패널만 사라지도록 하여 더 넓은 작업 공간을 사용할 수 있습니다.

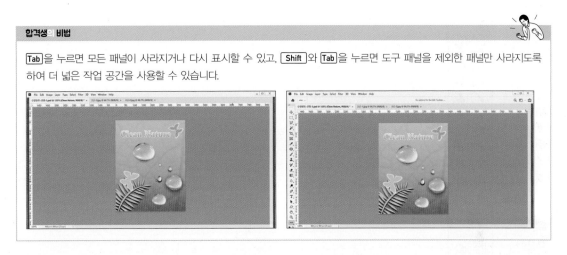

합격생의 비법

작업 화면 밝게 조정하기

포토샵 CS6 버전부터 포토샵의 초기 실행 화면이 어두운 화면입니다. 환경설정에서 작업 화면의 밝기를 자유롭게 조정할 수 있습니다.

[Edit(편집)]-[Preference(환경설정)]([Ctrl]+[K])를 클릭하고 [Interface(인터페이스)]의 'Color Theme(색상 테마)'의 4번째 사각형을 클릭하여 교재의 메뉴가 잘 보이도록 화면의 밝기를 밝게 설정합니다.

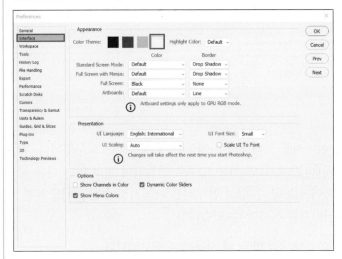

CHAPTER 02 도구 패널

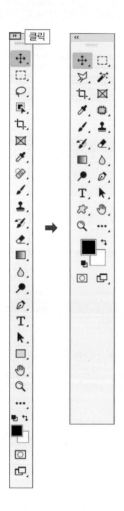

01 선택물 도구

❶ Move Tool(이동 도구, ⊹) : 선택한 이미지를 드래그하여 이동할 때 사용하는 도구입니다. 작업 중 다른 도구가 선택되어 있을 때는 Ctrl 을 누르면 이동 도구로 전환되며 열려 있는 다른 작업 이미지로 이미지를 드래그 앤 드롭하여 이동할 수 있고 안내선을 이동시킵니다. Alt 를 누른 채 드래그하면 해당 레이어나 선택된 이미지를 복사할 수 있습니다.

❷ Artboard Tool(아트보드 도구, ⓑ) : 아트보드를 만들 때 사용하는 도구입니다.

❸ Rectangular Marquee Tool(사각형 선택 윤곽 도구, ⬚) : 드래그하여 사각형 영역으로 선택할 때 사용하는 도구입니다. Shift 를 누른 채 드래그하면 정사각형으로, Alt 를 누른 채 드래그하면 중심에서부터 선택이 가능합니다.

❹ Elliptical Marquee Tool(원형 선택 윤곽 도구, ◯) : 드래그하여 원형 영역으로 선택하는 도구입니다. Shift 를 누른 채 드래그하면 정원형으로 선택이 가능합니다.

❺ Single Row Marquee Tool(단일 행 선택 윤곽 도구, ⁝⁝⁝) : 클릭하여 1픽셀 굵기의 가로선 영역으로 선택하는 도구입니다.

❻ Single Column Marquee Tool(단일 열 선택 윤곽 도구, ⁝) : 클릭하여 1픽셀 굵기의 세로선 영역으로 선택하는 도구입니다.

합격생의 비법

선택 도구 옵션 바

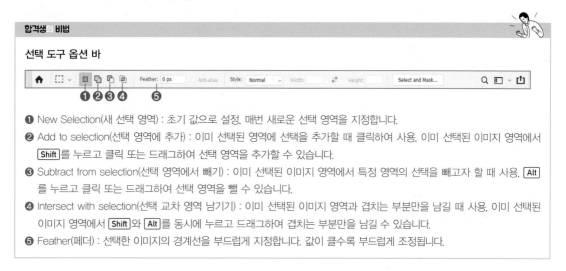

❶ New Selection(새 선택 영역) : 초기 값으로 설정, 매번 새로운 선택 영역을 지정합니다.
❷ Add to selection(선택 영역에 추가) : 이미 선택된 영역에 선택을 추가할 때 클릭하여 사용, 이미 선택된 이미지 영역에서 Shift 를 누르고 클릭 또는 드래그하여 선택 영역을 추가할 수 있습니다.
❸ Subtract from selection(선택 영역에서 빼기) : 이미 선택된 이미지 영역에서 특정 영역의 선택을 빼고자 할 때 사용, Alt 를 누르고 클릭 또는 드래그하여 선택 영역을 뺄 수 있습니다.
❹ Intersect with selection(선택 교차 영역 남기기) : 이미 선택된 이미지 영역과 겹치는 부분만을 남길 때 사용, 이미 선택된 이미지 영역에서 Shift 와 Alt 를 동시에 누르고 드래그하여 겹치는 부분만을 남길 수 있습니다.
❺ Feather(페더) : 선택한 이미지의 경계선을 부드럽게 지정합니다. 값이 클수록 부드럽게 조정됩니다.

❼ Lasso Tool(올가미 도구, ◯) : 드래그하여 자유로운 형태의 영역을 선택하는 도구입니다.

❽ Polygonal Lasso Tool(다각형 올가미 도구, ◇) : 클릭하여 다각형 형태의 영역을 선택하는 도구입니다.

❾ Magnetic Lasso Tool(자석 올가미 도구, ◇) : 색상 차이가 뚜렷한 이미지의 경계면을 자동으로 인식해서 선택 영역을 지정할 수 있습니다.

합격생의 비법

선택할 이미지와 배경의 대비가 높고 가장자리가 복잡한 이미지를 빠르게 선택할 때 유용합니다.

❿ Object Selection Tool(개체 선택 도구, ▦) : 드래그하여 복잡한 이미지의 선택 영역을 지정할 수 있습니다. 선택하려는 이미지 영역 이외의 불필요한 배경 또는 겹쳐져 있는 이미지를 선택 영역으로 지정하지 않습니다.

합격생의 비법

• 이미지에서 인물이나 자동차, 가구, 애완동물 등 윤곽이 분명한 개체를 선택합니다.
• 개체 둘레에 간단히 사각형 영역 또는 올가미를 그리면 영역 내의 개체를 자동으로 선택합니다.

⑪ Magic Wand Tool(자동 선택 도구,) : 클릭한 부분을 기준으로 색상이 유사한 이미지의 선택 영역을 지정할 수 있습니다. 옵션 바의 Tolerance(허용치)가 클수록 이미지에 클릭할 때 선택되는 색상 범위가 넓어집니다.

⑫ Quick Selection Tool(빠른 선택 도구,) : 클릭 또는 드래그한 부분을 기준으로 하여 색상이 비슷한 선택 영역을 빠르게 지정할 수 있습니다. 옵션 바의 브러시의 크기를 조절하여 선택 영역을 조절할 수 있습니다.

합격생의 비법

Quick Selection Tool(빠른 선택 도구)의 옵션

❶ New Selection(새 선택 영역) : 초기 값으로 새로운 선택 영역을 지정합니다.
❷ Add to selection(선택 영역에 추가) : Quick Selection Tool(빠른 선택 도구)로 이미지 영역을 선택하면 자동으로 선택 영역을 추가하는 옵션이 지정됩니다.
❸ Subtract from selection(선택 영역에서 빼기) : 이미 선택된 이미지 영역에서 특정 영역의 선택을 빼고자 할 때 사용, Alt 를 누르고 클릭 또는 드래그하여 선택 영역을 뺄 수 있습니다.
❹ Brush Options(브러시 옵션) : 크기, 경도, 간격, 각도 등 브러시의 세부 옵션을 지정할 수 있습니다. 키보드의 [[] 또는 []] 를 눌러 작업 중 브러시의 크기를 빠르게 조정할 수 있습니다.

---

02 자르기 및 분할 영역 도구

❶ Crop Tool(자르기 도구,) : 이미지의 불필요한 영역을 잘라내는 도구입니다. 드래그하여 범위를 지정하고 회전할 수도 있습니다. 자르기 영역 내부에 더블클릭 또는 Enter 를 눌러 잘라내기를 하거나 Esc 를 눌러 잘라내기 상태를 취소할 수 있습니다.

❷ Perspective Crop Tool(원근 자르기 도구,) : 원근감이 표현되도록 이미지를 잘라내는 도구입니다.

❸ Slice Tool(분할 영역 도구,) : 드래그하여 웹용으로 사용할 이미지를 분할하는 도구입니다.

❹ Slice Select Tool(분할 영역 선택 도구,) : 분할 도구로 분할한 이미지를 각각 선택하는 도구입니다.

03 프레임 도구

❶ Frame Tool(프레임 도구,) : 사각형 또는 원형으로 드래그하여 프레임을 만들어 클리핑 마스크가 적용된 것과 같이 이미지를 배치하는 도구입니다.

04 색상 추출과 측정 도구

❶ Eyedropper Tool(스포이드 도구, 🖋️) : 이미지에 클릭하여 색상을 추출합니다.

❷ 3D Material Eyedropper Tool(3D 재질 스포이드 도구, 🖋️) : 3D 입체 객체의 색상을 추출합니다.

❸ Color Sampler Tool(색상 샘플러 도구, 🖋️) : Info Panel(정보 패널)에서 선택한 색상의 정보를 표시합니다.

❹ Ruler Tool(눈금자 도구, ▭) : 드래그하여 이미지의 길이와 각도를 측정합니다.

❺ Note Tool(메모 도구, 🗒️) : 이미지에 메모를 표시합니다.

❻ Count Tool(카운트 도구, 1₂³) : 클릭하여 수를 셀 때 사용합니다.

05 재손질 도구

❶ Spot Healing Brush Tool(스팟 복구 브러시 도구, 🩹) : 클릭 또는 드래그하여 반점을 제거하거나 특정 영역의 이미지를 수정합니다.

❷ Healing Brush Tool(복구 브러시 도구, 🩹) : Alt 를 누른 채 이미지의 특정 영역을 클릭한 후 수정하고자 하는 영역에 드래그합니다. 복제와 명암 조절이 동시에 적용되어 자연스러운 수정이 가능합니다.

❸ Patch Tool(패치 도구, ⊚) : 드래그하여 수정하려는 영역을 선택한 후 특정 영역으로 드래그하여 수정합니다.

❹ Content-Aware Move Tool(내용 인식 이동 도구, ✖️) : 드래그하여 영역을 선택한 후 특정 영역으로 이동하면 주변의 픽셀 값을 인식하여 자연스럽게 수정됩니다.

❺ Red Eye Tool(적목 현상 도구, 👁️) : 사진 촬영 시 플래시로 인해 발생하는 눈동자의 빨간색 반사를 드래그하여 수정합니다.

❻ Clone Stamp Tool(복제 도장 도구, 🖐️) : Alt 를 누른 채 클릭한 특정 영역을 복제할 소스로 지정한 후 드래그하여 도장을 찍듯이 복제합니다.

❼ Pattern Stamp Tool(패턴 도장 도구, 🖐️) : 드래그하여 옵션 바에서 지정한 패턴으로 반복적인 무늬를 채웁니다.

❽ Eraser Tool(지우개 도구, ◩) : 클릭 또는 드래그하여 이미지를 지웁니다. 배경 이미지(Background)를 지우면 배경색으로 채워집니다.

❾ Background Eraser Tool(배경 지우개 도구, 🖌️) : 지운 영역을 투명하게 만들어 레이어 속성이 됩니다.

⑩ Magic Eraser Tool(자동 지우개 도구,) : 클릭 지점을 기준으로 비슷한 색상 영역을 삭제하여 투명한 레이어 속성이 됩니다.

⑪ Blur Tool(흐림 효과 도구, ⬡) : 이미지에 클릭 또는 드래그하여 흐릿하게 만듭니다.

⑫ Sharpen Tool(선명 효과 도구, △) : 이미지에 클릭 또는 드래그하여 선명하게 만듭니다.

⑬ Smudge Tool(손가락 도구, ⬡) : 이미지에 드래그하여 핑거페인팅 기법처럼 문지르는 방향으로 뭉갤 수 있습니다.

⑭ Dodge Tool(닷지 도구, 🔍) : 이미지에 클릭 또는 드래그하여 밝게 만듭니다.

⑮ Burn Tool(번 도구, ✋) : 이미지에 클릭 또는 드래그하여 어둡게 만듭니다.

⑯ Sponge Tool(스폰지 도구, ⬤) : 이미지에 클릭 또는 드래그하여 채도를 조절합니다.

합격생의 비법

마우스 포인터가 원형 모양이 아닌 경우 변경하는 방법

키보드의 `Caps Lock`이 켜져 있는 경우는 십자 모양의 Precise 커서로 표시되므로 `Caps Lock`을 다시 눌러 끕니다.

---

06 페인팅 도구

❶ Brush Tool(브러시 도구, ✏) : 브러시 세팅 및 브러시 패널과 옵션 바를 설정하여 붓으로 그린 듯한 다양한 페인팅 표현이 가능합니다.

합격생의 비법

옵션 바의 브러시 크기를 빠르게 조절하는 방법

마우스 포인터가 원형 모양으로 표시되는 대부분의 도구는 키보드의 `[` 또는 `]`를 눌러 작업 중 브러시의 점증적인 크기 변화를 빠르게 조정할 수 있습니다.

---

❷ Pencil Tool(연필 도구, ✏) : 연필로 그린 듯이 선명한 표현이 가능하며 Anti-alias가 지원되지 도구입니다.

❸ Color Replacement Tool(색상 대체 도구,) : 드래그하여 전경색으로 이미지의 색상을 대체합니다.

❹ Mixer Brush Tool(혼합 브러시 도구, ✔) : 색상을 혼합하여 칠합니다.

❺ History Brush Tool(작업 내역 브러시 도구, ✏) : 추가로 작업된 이미지 위에 드래그하여 작업 순서와 무관하게 원본 이미지로 복구가 가능합니다.

❻ Art History Brush Tool(미술 작업 내역 브러시 도구, ✎) : 회화적인 형태의 터치가 가미되면서 원본 이미지로 복구합니다.

❼ Gradient Tool(그레이디언트 도구, ) : 두 가지 이상의 색상을 지정하여 자연스러운 그레이디언트 효과로 채웁니다.

❶ Gradient Editor(그레이디언트 편집기) : 그레이디언트를 다양하게 편집하고 저장할 수 있고, Presets 라이브러리를 지정할 수 있습니다.
❷ Gradient Type(그레이디언트 유형) : 그레이디언트가 생성되는 5가지 유형(선형, 방사형, 각도형, 반사형, 다이아몬드형)입니다.
❸ Mode(모드) : 그레이디언트의 다양한 합성 모드를 지정합니다.
❹ Opacity(불투명도) : 그레이디언트의 불투명도를 지정합니다.
❺ Reverse(반전) : 그레이디언트의 왼쪽과 오른쪽 색상을 반전합니다.

❽ Paint Bucket Tool(페인트 통 도구, ) : 작업 이미지에 클릭하여 Foreground(전경색) 또는 Pattern(무늬)을 채웁니다.

❾ 3D Material Drop Tool(3D 재질 놓기 도구, ) : 3D 입체 객체에 색 또는 Pattern(무늬)을 채웁니다.

07 그리기 도구

❶ Pen Tool(펜 도구, ) : 클릭 또는 드래그하여 패스 또는 모양을 그립니다.

• 직선형 닫힌 패스 그리기 : 클릭하여 모양을 그리는 선분을 연결하고 처음에 클릭한 기준점에 클릭하여 닫힌 패스를 완성합니다.

• 곡선형 닫힌 패스 그리기 : 처음 시작점을 클릭하여 기준점을 만들고 곡선 모양에 따라 드래그하여 그립니다. 드래그하면 기준점의 양쪽에 곡선의 길이와 방향을 조절할 수 있는 핸들이 생성됩니다. 다음에 연결되는 곡선의 방향이 전환될 때는 기준점에 Alt 를 누른 채 클릭하여 오른쪽 핸들을 삭제한 후 연결하여 그립니다.

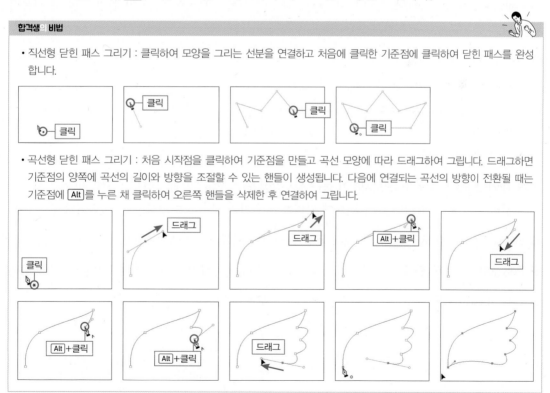

❷ Freeform Pen Tool(자유 형태 펜 도구, ✐) : 드래그하는 방향대로 자유롭게 패스를 그립니다.

❸ Curvature Pen Tool(곡률 펜 도구, ✐) : 베지어 곡선을 이용하지 않고 클릭만으로도 곡선 패스를 그립니다.

❹ Add Anchor Point Tool(기준점 추가 도구, ✐) : 그려진 패스의 선분에 클릭하여 기준점을 추가하고 모양을 편집할 수 있습니다.

❺ Delete Anchor Point Tool(기준점 삭제 도구, ✐) : 그려진 패스의 기준점에 클릭하여 기준점을 삭제합니다.

❻ Convert Point Tool(기준점 변환 도구, ⬝) : 곡선 패스의 기준점에 클릭하여 직선 패스로 변형하거나 직선 패스의 기준점에 드래그하여 곡선 패스로 변형합니다.

합격생의 비법

작업 중 다양하게 바뀌는 Pen Tool(펜 도구)의 모양

- ✎ : 패스를 그리는 시작점을 표시합니다. Caps Lock 이 켜져 있으면 ⊕ 로 표시됩니다.
- ✎ : 패스 작업 중일 때 표시입니다.
- ▸ : 패스를 그리는 과정 중 드래그하여 곡선 패스를 그릴 때 표시입니다.
- ✎ : 곡선 패스를 그린 후 직선 또는 방향선이 다른 패스를 연결하여 그릴 때 Alt 를 누른 채 기준점에 클릭시 표시입니다.
- ✎ : 패스의 시작점과 연결하는 끝 기준점을 표시하며 클릭하면 닫힌 패스를 만들 수 있습니다.
- ✎ : 선택이 해제된 열린 패스의 끝 기준점에 마우스를 위치할 때 표시되며 클릭하면 연결하여 그릴 수 있습니다.

---

❼ Path Selection Tool(패스 선택 도구, ▸) : 패스 전체를 선택하여 이동 및 변형을 할 때 사용합니다.

❽ Direct Selection Tool(직접 선택 도구, ▸) : 패스의 일부 기준점 또는 핸들을 선택하여 부분적으로 수정할 때 사용합니다.

❾ Rectangle Tool(사각형 도구, ▢) : 드래그하여 사각형 모양을 만들 수 있습니다. 도큐먼트에 클릭하여 수치를 입력하여 만들 수도 있습니다. 모양 레이어가 생성되며, 옵션 바 또는 속성 패널에서 편집이 가능합니다.

❿ Rounded Rectangle Tool(모서리가 둥근 직사각형 도구, ▢) : 드래그하여 모서리가 둥근 사각형 모양을 만들 수 있습니다. 도큐먼트에 클릭하여 수치를 입력하여 만들 수도 있습니다.

⓫ Ellipse Tool(타원 도구, ◯) : 드래그 또는 클릭하여 원형 모양을 만듭니다.

⓬ Polygon Tool(다각형 도구, ◯) : 드래그 또는 클릭하여 다각형과 별 모양을 다양하게 만듭니다.

⓭ Line Tool(선 도구, ╱) : 드래그하여 다양한 선 모양을 만듭니다.

⓮ Custom Shape Tool(사용자 정의 모양 도구,) : 다양한 셰이프 라이브러리나 사용자가 직접 등록한 셰이프로 다양한 모양을 만듭니다.

Legacy Shapes and More(레거시 모양 및 기타)로 이전 버전의 사용자 정의 모양 도구 추가하기

[Window(창)]–[Shapes(모양)]을 클릭하고 Shapes Panel(모양 패널)의 팝업 메뉴에서 'Legacy Shapes and More(레거시 모양 및 기타)'를 클릭하여 이전 버전의 사용자 정의 모양 라이브러리를 추가할 수 있습니다.

Options Bar(옵션 바)에서 'Shape(모양)'로 설정한 후 목록 단추에서 Legacy Shapes and More(레거시 모양 및 기타)를 클릭하여 확장하고 계속해서 All Legacy Default Shapes(모든 레거시 기본 모양)를 클릭하여 확장한 후 다양한 모양을 선택할 수 있습니다.

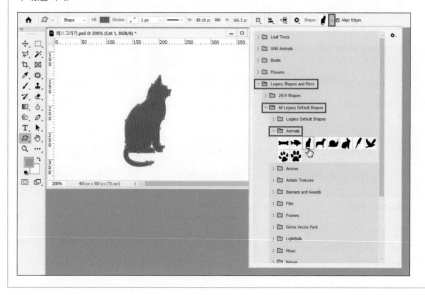

08 문자 도구

❶ Horizontal Type Tool(수평 문자 도구, T) : 문자를 가로 방향으로 입력하며 문자 레이어를 추가합니다.

❷ Vertical Type Tool(세로 문자 도구, IT) : 문자를 세로 방향으로 입력하며 문자 레이어를 추가합니다.

❸ Vertical Type Mask Tool(세로 문자 마스크 도구, ⅢT) : 세로 방향의 문자 선택 영역을 만듭니다.

❹ Horizontal Type Mask Tool(수평 문자 마스크 도구, T) : 가로 방향의 문자 선택 영역을 만듭니다.

합격생의 비법

Warp Text(텍스트 뒤틀기)로 문자 변형하기

Warp Text			
Style: ⬠ Arc		❶	OK
◉ Horizontal ○ Vertical			Cancel
Bend:	+50	%	❷
Horizontal Distortion:	0	%	❸
Vertical Distortion:	0	%	❹

❶ Style(스타일) : 15가지의 변형을 지정할 수 있고 Warp 효과를 가로 또는 세로로 지정할 수 있습니다.

▲ 원본 문자	▲ Arc(부채꼴)	▲ Arc Lower(아래 부채꼴)	▲ Arc Upper(위 부채꼴)
▲ Arch(아치)	▲ Bulge(돌출)	▲ Shell Lower(아래가 넓은 조개)	▲ Shell Upper(위가 넓은 조개)
▲ Flag(깃발)	▲ Wave(파형)	▲ Fish(물고기)	▲ Rise(상승)
▲ Fisheye(어안)	▲ Inflate(부풀리기)	▲ Squeeze(양쪽 누르기)	▲ Twist(비틀기)

❷ Bend(구부리기) : 문자를 왜곡시킬 때 변형의 정도를 값으로 표시합니다.

❸ Horizontal(가로) : 선택한 문자를 수평 방향으로 왜곡시킵니다.

❹ Vertical(세로) : 선택한 문자를 수직 방향으로 왜곡시킵니다.

09 내비게이션 도구

❶ Hand Tool(손 도구, 🖐) : 큰 이미지 또는 확대된 이미지의 가려진 영역을 이동해서 볼 수 있으며, Hand Tool(손 도구)을 더블 클릭하여 현재 도규먼트 크기에 맞추어 전체 이미지를 보여줍니다.

❷ Rotate View Tool(회전 보기 도구, 🖐) : 작업 이미지를 드래그하여 캔버스를 자유롭게 회전하여 편집 작업이 편리하도록 배치합니다. 더블 클릭하면 원래대로 배치됩니다.

❸ Zoom Tool(돋보기 도구, 🔍) : 이미지의 특정 부분을 확대 또는 축소하여 봅니다. Zoom Tool(돋보기 도구)을 더블 클릭하여 화면 배율을 100%로 맞추어 보여줍니다.

10 색상 지정과 편집 모드 보기

❶ Edit Toolbar(도구 패널 편집, ⋯) : 도구 패널을 편집하여 시용자가 편리하게 도구를 편집합니다.

❷ Default Foreground and Background Colors(기본 전경색과 배경색, 🔳) : 클릭하여 전경색을 검은색, 배경색을 흰색으로 빠르게 설정합니다.

❸ Switch Foreground and Background Colors(전경색과 배경색 전환, ↰)(Shift+X) : 클릭하여 전경색과 배경색을 서로 바꿉니다.

❹ Set Foreground Color, Background Color(전경색과 배경색, 🔳) : 페인팅, 문자, 모양을 만들 때 전경색이 채워지고, 지우개 도구로 지우면 배경색이 채워집니다. 각각 클릭하여 Color Picker(색상 픽커) 대화상자에서 색상을 지정합니다.

❺ Edit in Quick Mask Mode(퀵 마스크/표준 모드 전환, 🔲) : 표준 모드와 퀵 마스크 모드로 전환합니다. 퀵 마스크 모드에서 마스크 영역을 활용하여 세밀한 선택을 편집한 후 표준 모드로 전환하여 선택 영역을 만들 수 있습니다.

▲ 퀵 마스크 모드

▲ 표준 모드

❻ 스크린 전환 모드 : Standard Screen Mode(정상 스크린 모드, 🖵), Full Screen Mode With Menu Bar(메뉴 바가 있는 전체 스크린 모드, 🔲), Full Screen Mode(전체 스크린 모드, 🔲)로 포토샵의 화면 표시 방법을 선택할 수 있습니다.

주요 메뉴

01 File(파일)

❶ New(새로 만들기)(Ctrl+N) : 새로운 도큐먼트를 만드는 메뉴로 문제지에서 제시한 규격대로 단위를 지정하여 만듭니다.

합격생의 비법

시작 화면에서 새 파일 만들기

포토샵의 시작 화면에서 'Create new' 버튼을 클릭하여 설정할 수도 있습니다.

---

❷ Open(열기)(Ctrl+O) : 저장된 포토샵 도큐먼트를 열거나 소스 이미지를 열 수 있습니다.

❸ Close(닫기)(Ctrl+W) : 현재 선택된 포토샵 도큐먼트를 닫습니다.

❹ Close All(모두 닫기)(Alt+Ctrl+W) : 열려 있는 모든 포토샵 도큐먼트를 닫습니다.

❺ Save(저장)(Ctrl+S) : 현재 선택된 포토샵 도큐먼트를 처음 저장했던 동일한 이름, 동일한 위치, 동일한 포맷으로 저장할 때 사용하는 메뉴입니다.

❻ Save As(다른 이름으로 저장)(Shift+Ctrl+S) : 현재 선택된 포토샵 도큐먼트를 다른 이름 또는 다른 위치와 포맷으로 저장할 때 사용하는 메뉴입니다.

❼ Exit(종료)(Ctrl+Q) : 포토샵 프로그램을 종료하는 메뉴입니다.

02 Edit(편집)

❶ Undo(명령 취소)(Ctrl+Z) : 현재 작업 중인 도큐먼트에 작업 과정을 순차적으로 취소하는 메뉴입니다.

❷ Redo(다시 실행) : 작업 과정을 취소한 만큼 복구하는 메뉴입니다.

❸ Cut(잘라내기)(Ctrl+X) : 선택한 이미지를 잘라서 클립보드에 임시로 저장하는 메뉴입니다.

❹ Copy(복사)(Ctrl+C) : 선택한 이미지를 복사하여 클립보드에 임시로 저장하는 메뉴입니다.

❺ Copy Merged(병합하여 복사) : 선택한 레이어와 무관하게 선택 영역 내의 모든 이미지를 병합하여 복사하고 클립보드에 임시로 저장하는 메뉴입니다.

❻ Paste(붙여넣기)(Ctrl+V) : 자르거나 복사하여 클립보드에 임시로 저장한 이미지를 현재 작업 중인 도큐먼트에 붙여 넣는 메뉴입니다.

❼ Fill(칠) : 전경색, 배경색, 내용 인식, 작업 내역, 패턴 등으로 면을 채우는 메뉴입니다.

❽ Stroke(획) : 선택한 이미지의 가장자리에 선(획)의 굵기, 획 색상, 위치 등을 지정하여 채우는 메뉴입니다.

❾ Free Transform(자유 변형)([Ctrl]+[T]) : 단축키를 사용하여 선택한 이미지의 크기, 회전, 원근, 왜곡, 뒤집기 등 다양한 변형을 할 수 있는 자유 변형 메뉴입니다.

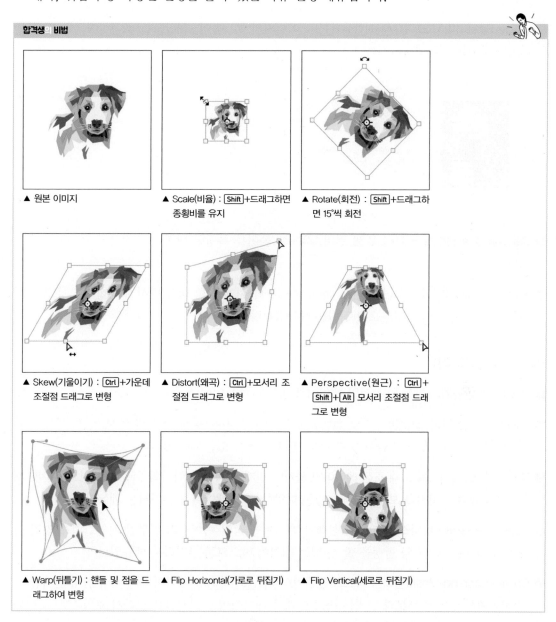

합격생의 비법

▲ 원본 이미지

▲ Scale(비율) : [Shift]+드래그하면 종횡비를 유지

▲ Rotate(회전) : [Shift]+드래그하면 15°씩 회전

▲ Skew(기울이기) : [Ctrl]+가운데 조절점 드래그로 변형

▲ Distort(왜곡) : [Ctrl]+모서리 조절점 드래그로 변형

▲ Perspective(원근) : [Ctrl]+[Shift]+[Alt] 모서리 조절점 드래그로 변형

▲ Warp(뒤틀기) : 핸들 및 점을 드래그하여 변형

▲ Flip Horizontal(가로로 뒤집기)

▲ Flip Vertical(세로로 뒤집기)

❿ Define Pattern(패턴 정의) : 선택한 이미지를 패턴으로 정의하여 등록하는 메뉴입니다.

⓫ Define Custom Shape(사용자 정의 모양 정의) : 선택한 모양을 사용자 지정 모양으로 정의하여 등록하는 메뉴입니다.

⓬ Preferences(환경 설정) : 작업자의 편의대로 다양한 작업 환경을 설정할 수 있는 메뉴입니다.

03 Image(이미지)

❶ Mode(모드) : RGB Color, CMYK Color, Grayscale 등 다양한 색상 모드를 설정하는 메뉴입니다.

❷ Adjustments(조정) : 선택한 이미지의 밝기, 대비, 색상, 채도, 음영 등 다양하게 이미지를 조정하는 메뉴입니다.

❸ Image Size(이미지 크기)([Alt]+[Ctrl]+[I]) : 이미지의 폭, 높이, 해상도를 조정하여 이미지를 늘리거나 줄이는 메뉴입니다.

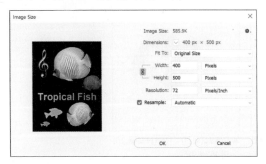

❹ Canvas Size(캔버스 크기) : 현재 캔버스의 폭, 높이를 특정한 방향을 지정하여 확장하는 메뉴입니다.

❺ Image Rotation(이미지 회전) : 현재 캔버스를 180°, 시계 방향 90°, 반시계 방향 90° 등으로 회전하거나 수평, 수직 방향으로 반전하는 메뉴입니다.

04 Layer(레이어)

❶ New(새로 만들기) : 새로운 속성의 레이어를 만드는 메뉴입니다.

❷ Layer Style(레이어 스타일) : 현재 선택한 레이어에 그림자, 광선, 경사와 엠보스, 획 등의 효과와 레이어 스타일 복사 및 붙여 넣기 등의 명령을 줄 수 있는 메뉴입니다.

❸ New Adjustment Layer(새 조정 레이어 만들기) : 현재 선택한 레이어의 위쪽으로 명도, 대비, 채도, 색조 등의 이미지를 보정을 할 수 있는 다양한 조정 레이어를 추가하는 메뉴입니다.

❹ Layer Mask(레이어 마스크) : 현재 선택한 레이어에 작업 이미지의 일부를 자연스럽게 지워 아래쪽에 배치된 이미지와 합성을 할 수 있는 레이어 마스크를 추가하는 메뉴입니다.

❺ Create Clipping Mask(클리핑 마스크 만들기)([Alt]+[Ctrl]+[G]) : 레이어 패널에서 현재 선택한 레이어의 픽셀이 있는 부분과 겹치는 바로 아래쪽 레이어의 이미지만을 잘라서 보여주고 그 이외의 부분은 가려져서 투명하게 처리하는 메뉴입니다.

레이어 패널에서 Clipping Mask(클리핑 마스크) 적용하기

레이어의 경계선에 Alt 를 누른 채 클릭하여 클리핑 마스크를 적용할 수 있습니다.

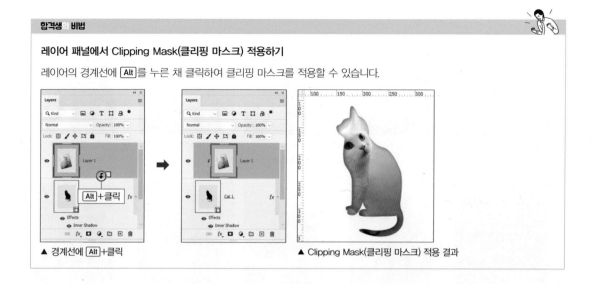

▲ 경계선에 Alt +클릭   ▲ Clipping Mask(클리핑 마스크) 적용 결과

05 Select(선택)

❶ All(모두)(Ctrl + A) : 작업 이미지의 이미지를 모두 선택하는 메뉴입니다.

❷ Deselect(선택 해제)(Ctrl + D) : 현재 선택한 이미지의 선택을 해제하는 메뉴입니다.

❸ Inverse(선택 반전)(Shift + Ctrl + I) : 선택을 반전하는 메뉴로 선택된 이미지의 선택을 해제시키고 선택되지 않은 나머지 이미지가 선택됩니다.

06 Filter Gallery(필터 갤러리)

[Filter(필터)]-[Filter Gallery(필터 갤러리)] 메뉴는 그림 효과에 반드시 출제되는 메뉴입니다. 특정 필터의 이름으로만 제시되므로 해당 필터의 분류와 위치 등을 잘 숙지하여야 합니다. 보통은 필터의 기본값을 사용합니다. 문제에 따라서는 시험문제의 출력 결과와 비교하여 옵션을 조절하여 적용하기도 합니다.

▲ 원본 이미지

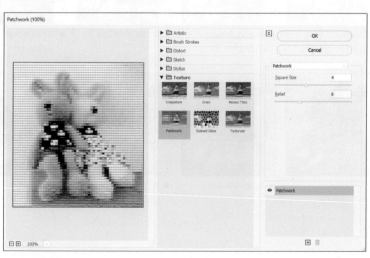

❶ Artistic(예술 효과) : 예술적이고 회화적인 효과를 표현하는 필터입니다.

▲ Colored Pencil(색연필)

▲ Cutout(오려내기)

▲ Dry Brush
(드라이 브러시)

▲ Film Grain(필름 그레인)

▲ Fresco(프레스코)

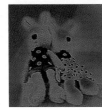
▲ Neon Glow(네온광)

▲ Paint Daubs
(페인트 바르기)

▲ Palette Knife
(파레트 나이프)

▲ Plastic Warp
(플라스틱 포장)

▲ Poster Edges
(포스터 가장자리)

▲ Rough Pastels
(거친 파스텔)

▲ Smudge Stick
(문지르기)

▲ Sponge(스폰지)

▲ Underpaing
(언더페인팅)

▲ Watercolor(수채화)

❷ Brushes Strokes(브러시 선) : 다양한 브러시의 선 효과를 표현하는 필터입니다.

▲ Accented Edges
(강조된 가장자리)

▲ Angled Strokes
(각진 선)

▲ Crosshatch(그물 눈)

▲ Dark Strokes
(어두운 선)

▲ Ink Outlines
(잉크 윤곽선)

▲ Spatter(뿌리기)

▲ Sprayed Strokes
(스프레이 선)

▲ Sumi-e(수미-에)

❸ Distort(왜곡) : 기하학적인 모양으로 이미지를 왜곡하여 표현하는 필터입니다.

▲ Diffuse Glow(분산된 빛)　　▲ Glass(유리)　　　　▲ Ocean Ripple(바다 물결)

❹ Sketch(스케치 효과) : 손으로 그린 미술 효과를 다양하게 표현하는 필터입니다.

▲ Water Paper(물 종이)

❺ Texture(텍스처) : 다양한 질감을 표현하는 필터입니다.

  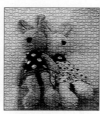 

▲ Craquelure(균열)　　▲ Grain(그레인)　　▲ Mosaic Tiles　　　▲ Patchwork
　　　　　　　　　　　　　　　　　　　　　　(모자이크 타일)　　　(패치워크/이어붙이기)

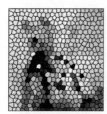 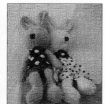

▲ Stained Glass(스테인　　▲ Texturizer(텍스처화)
　트 글라스/채색 유리)

❻ Blur(흐림 효과) : 이미지에 흐림 효과를 표현하는 필터입니다.

▲ Gaussian Blur　　　　▲ Motion Blur　　　　▲ Radial Blur
　(가우시안 흐림 효과)　　(동작 흐림 효과)　　　(방사형 흐림 효과)

❼ Noise(노이즈) : 이미지에 잡티를 추가하여 거칠게 하거나 단순화 효과를 표현하는 필터입니다.

▲ Add Noise(노이즈 추가)

❽ Pixelate(픽셀화) : 이미지의 픽셀을 다양한 방법을 처리하여 표현하는 필터입니다.

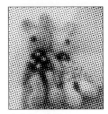
▲ Color Halftone
(색상 하프톤)

▲ Crystallize(수정화)

▲ Facet(단면화)

▲ Fragment(분열)

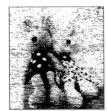
▲ Mezzotint(메조틴트)

▲ Mosaic(모자이크)

▲ Pointillize(점묘화)

❾ Render(렌더) : 이미지에 구름, 렌즈 플레어, 조명 효과 등을 표현하는 필터입니다.

▲ Lens Flare(렌즈 플레어)

07 View(보기)

❶ Show(표시) : 안내선, 격자, 고급 안내선 등 다양한 표시를 지정할 수 있습니다.
- Grid(격자)(Ctrl+`) : 작업 이미지 전체에 격자 표시를 보거나 숨기는 메뉴입니다.
- Guides(안내선)(Ctrl+;) : 작업 이미지에 상단과 왼쪽에 표시된 눈금자에서 마우스를 드래그 앤 드롭하여 표시한 안내선을 보거나 숨기는 메뉴입니다.

❷ Rulers(눈금자)(Ctrl+R) : 작업 이미지의 상단과 왼쪽에 눈금자 표시를 보거나 숨기는 메뉴입니다. 눈금자 위에 마우스 오른쪽 버튼을 클릭하여 단위를 지정할 수 있습니다, 눈금자로부터 드래그 앤 드롭하여 작업 안내선을 작업 이미지에 표시할 수 있습니다.

❸ Snap(스냅) : 도구를 이용하여 클릭 및 드래그할 때 자석에 붙듯이 마우스 포인터가 붙는 메뉴입니다. Snap To 메뉴에서 다양하게 지정할 수 있습니다.

❹ Lock Guides(안내선 잠그기) : 눈금자에서 드래그하여 도큐먼트에 표시한 안내선을 잠그는 메뉴입니다.

❺ Clear Guides(안내선 지우기) : 작업 이미지에 표시한 안내선을 모두 삭제하는 메뉴입니다.

08 Window(창)

도구 패널과 옵션, 다양한 패널을 보거나 숨기는 메뉴입니다. 현재 열려 있는 작업 이미지를 목록화하여 하단에 표시합니다.

합격생의 비법

작업 화면 재설정하기

작업 중 패널의 위치가 바뀌었거나 패널이 보이지 않을 때는 작업 화면을 기본 작업 환경으로 재설정할 수 있습니다.
• [Window(창)]─[Workspace(작업환경)]─[Reset Essentials(기본 재설정)]를 클릭합니다.
• Options Bar(옵션 바) 오른쪽 'Choose a Workspace(작업환경 선택)'를 클릭하고 'Essentials(기본)'을 클릭한 후 'Reset Essentials(기본 재설정)'을 클릭합니다.

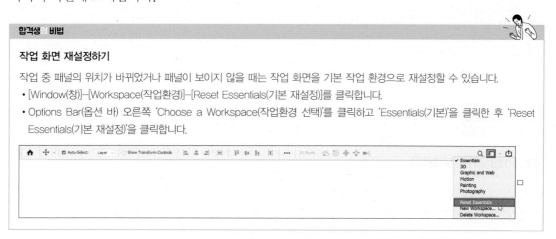

01 History(작업 내역)

현재 이미지의 작업 과정이 순서대로 기록되어 있는 패널입니다. 작업이 잘못되면 이전 항목을 클릭하여 작업 결과를 되돌릴 수 있는 다중 명령 취소와 작업 중간과정을 스냅 샷으로 설정할 수 있습니다.

02 Properties(속성)

현재 작업 이미지에서 선택한 이미지나 문자 레이어, 조정 레이어, 모양 레이어 등에 따라 속성을 각각 표시하며 변형, 정렬, 해당되는 옵션 등을 설정할 수 있습니다.

▲ 이미지 레이어의 속성   ▲ 문자 레이어의 속성   ▲ 조정 레이어의 속성

03 Color(색상)

클릭하여 색상을 지정할 수 있습니다. 패널 오른쪽 상단의 팝업 버튼을 눌러 색상 모드를 변환할 수 있습니다. 문제지에 제시된 RGB 컬러의 색상 코드를 바로 입력하기 위해서 'Web Color Sliders'로 변환합니다.

04 Swatches(색상 견본)

사용자 정의 색상을 등록할 수 있는 팔레트로 미리 설정된 다양한 톤별 색상을 사용할 수 있습니다.

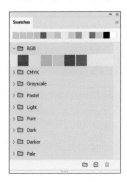

05 Adjustments(조정)

- 이미지의 명도, 대비, 색조, 채도 등의 보정을 위한 조정 레이어를 클릭하여 추가할 수 있는 패널입니다.
- Properties(속성) 패널에서 세부 옵션을 설정할 수 있습니다.
- 선택된 레이어의 위쪽에 별도의 층으로 추가되어 아래쪽의 레이어에만 이미지 보정 효과를 줄 수 있으며 눈 아이콘(가시성)을 끄면 원본 이미지는 보존됩니다.
- 이미지의 일정 영역이 선택된 상태에서 클릭하면 선택 영역에만 이미지 조정이 됩니다.
- [Image(이미지)]-[Adjustments(조정)] 메뉴에도 동일한 조정 메뉴가 있으나 이미지 메뉴는 이미지 원본이 보정되는 효과가 있습니다.

06 Layers(레이어)

- 포토샵에서 합성을 위한 다양한 이미지, 문자, 모양, 조정 레이어 등 다양한 레이어의 생성, 삭제, 순서 변경과 같은 관리할 수 있는 패널입니다.
- 이미지의 선택과 수정, 관리가 편리하고 레이어별로 가시성(보기와 가리기), 잠금, 합성 모드, 불투명도 등을 별도로 지정할 수 있습니다.
- 레이어 패널 하단의 링크, 레이어 스타일, 레이어 마스크, 조정 레이어 등을 클릭하여 바로 적용할 수 있습니다.

❶ Blending Mode(혼합 모드)

현재 선택한 레이어와 아래쪽에 배치된 레이어 이미지간의 다양한 혼합 모드를 적용할 수 있습니다.

▲ Normal(표준)　　▲ Dissolve(디졸브)　　▲ Darken(어둡게)　　▲ Multiply(곱하기)　　▲ Color Burn(색상 번)

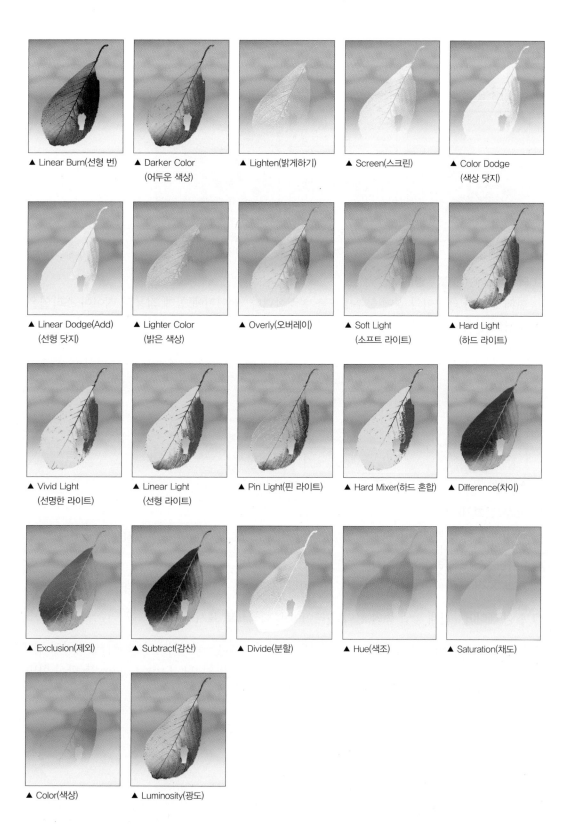

▲ Linear Burn(선형 번)   ▲ Darker Color(어두운 색상)   ▲ Lighten(밝게하기)   ▲ Screen(스크린)   ▲ Color Dodge(색상 닷지)

▲ Linear Dodge(Add)(선형 닷지)   ▲ Lighter Color(밝은 색상)   ▲ Overly(오버레이)   ▲ Soft Light(소프트 라이트)   ▲ Hard Light(하드 라이트)

▲ Vivid Light(선명한 라이트)   ▲ Linear Light(선형 라이트)   ▲ Pin Light(핀 라이트)   ▲ Hard Mixer(하드 혼합)   ▲ Difference(차이)

▲ Exclusion(제외)   ▲ Subtract(감산)   ▲ Divide(분할)   ▲ Hue(색조)   ▲ Saturation(채도)

▲ Color(색상)   ▲ Luminosity(광도)

❷ Opacity(불투명도)

현재 선택한 레이어의 불투명도를 설정합니다. 레이어에 함께 적용된 레이어 스타일도 불투명도가 동일하게 적용됩니다.

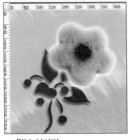
▲ 원본 이미지

▲ Opacity : 50%

▲ 결과 이미지

❸ Fill Opacity(칠 불투명도)

현재 선택한 레이어의 칠에 불투명도를 설정합니다. 레이어에 함께 적용된 레이어 스타일은 불투명도가 적용되지 않고 그대로 유지됩니다.

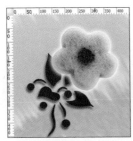
▲ 원본 이미지

▲ Fill : 0%

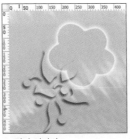
▲ 결과 이미지

❹ Lock(잠그기)

레이어의 특정 부분을 잠그거나 작업에 영향을 미치지 않도록 잠금 설정이 가능합니다.

❺ Layer Visibility(레이어 가시성)

현재 작업 이미지의 특정 레이어를 숨기거나 나타나게 설정할 수 있습니다.

❻ 활성 레이어 : 현재 작업 중인 선택된 레이어로 회색으로 표시됩니다.

❼ Link Layers(레이어 연결, ⚬⚬) : 2개 이상의 레이어를 Ctrl+클릭하거나 Shift+클릭하여 선택한 후 연결하여 이동, 편집, 변형 등을 동시에 설정할 수 있습니다. Link Layers를 다시 한번 클릭하면 연결이 해제됩니다.

❽ Add a layer style(레이어 스타일 추가, fx.) : 레이어에 다양한 효과를 설정할 수 있습니다.

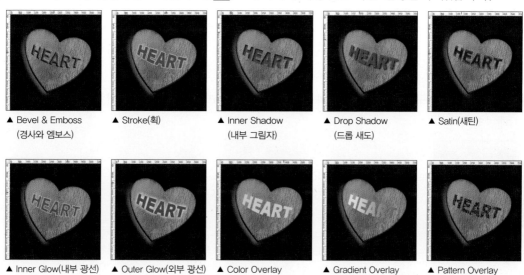

▲ Bevel & Emboss (경사와 엠보스) ▲ Stroke(획) ▲ Inner Shadow (내부 그림자) ▲ Drop Shadow (드롭 새도) ▲ Satin(새틴)

▲ Inner Glow(내부 광선) ▲ Outer Glow(외부 광선) ▲ Color Overlay (색상 오버레이) ▲ Gradient Overlay (그레이디언트 오버레이) ▲ Pattern Overlay (패턴 오버레이)

❾ Add layer mask(레이어 마스크 추가, ▣)

클릭하여 현재 선택한 레이어에 마스크 축소판을 추가하여 작업 이미지의 일부를 자연스럽게 지워 아래쪽에 배치된 이미지와 합성할 수 있습니다.

 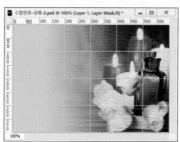

❿ Create new fill or adjustment layer(새 칠 또는 조정 레이어 생성, ◑.)

현재 선택한 작업 레이어의 위쪽으로 추가하는 기능입니다. 레이어 전체 또는 일부분에 적용이 가능하며 눈 아이콘(가시성)을 끄면 원본 이미지는 유지됩니다. 속성 패널에서 옵션을 조절할 수 있고 레이어 썸네일을 더블 클릭하여 속성을 빠르게 설정할 수 있습니다.

Colorize(색상화)에 체크하면 특정 계열로 설정하여 색상을 보정할 수 있습니다.

▲ 원본 이미지 ▲ 속성 패널 ▲ 레이어 패널 ▲ 결과 이미지

⓫ Create New Layer(새 레이어 만들기, ⊞) : 새로운 레이어를 만듭니다.

⓬ Delete Layer(레이어 삭제하기, 🗑) : 선택한 레이어를 삭제합니다.

07 Paths(패스)

펜 도구나 모양 도구로 패스 작업을 하고 패스를 저장하고 선택, 칠, 선 등의 결과를 설정할 수 있는 패널입니다.

08 Character(문자)

작업 이미지에 입력한 문자에 대한 글꼴, 크기, 자간, 행간, 장평, 글자 색상, 스타일 등의 속성을 지정하는 패널입니다.

09 Paragraph(단락)

작업 이미지에 입력한 문자 단락의 정렬, 좌우 여백, 들여쓰기 등의 속성을 지정하는 패널입니다.

10 Navigator(내비게이터)

축소된 작업 이미지 표시를 통해 빠르게 이미지의 위치를 바꿀 수 있으며 작업 이미지의 화면 비율 조정과 이동을 쉽게 제어하는 패널입니다. 확대하여 섬세한 작업을 할 때 편리합니다.

11 Shapes(모양)

포토샵 CC에서 기본적으로 제공하는 Shapes를 지정합니다. 문제지에서 제시한 사용자 지정 모양을 지정하려면 패널 오른쪽 상단의 팝업 버튼을 눌러 'Legacy Shapes and More(레거시 모양 및 기타)'를 클릭하여 확장하고 'All Legacy Default Shapes(모든 레거시 기본 모양)'을 클릭하고 하단의 폴더 모양을 확장하여 이전 버전의 사용자 지정 모양을 추가하여 사용할 수 있습니다.

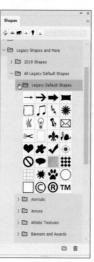

03
PART

시험 문항별 기능
익히기

Tool(도구) 활용

주요 기능	메뉴	단축키	출제빈도
Selection Tool(선택 도구)	[도구 아이콘들]	L, W	★★★★★
Move Tool(이동 도구)	[도구 아이콘]	V	★★★★★
Type Tool(문자 도구)	T, IT	T	★★★★★
Shape Tool(모양 도구)	[도구 아이콘]	U	★★★★★
Pen Tool(펜 도구)	[도구 아이콘]	P	★★★★
Free Transform(자유 변형 메뉴)	[Edit(편집)]–[Free Transform(자유 변형)]	Ctrl + T	★★★★★
Layer Style(레이어 스타일)	[Layer(레이어)]–[Layer Style(레이어 스타일)], Layers Panel(레이어 패널) 하단의 fx.		★★★★★
Color Panel(색상 패널)	[Window(창)]–[Color(색상)]	F6	★★★★★
Character Panel(문자 패널)	[Window(창)]–[Character(문자)]		★★★★★
Layers Panel(레이어 패널)	[Window(창)]–[Layers(레이어)]	F7	★★★★★
Paths Panel(패스 패널)	[Window(창)]–[Paths(패스)]		★★
Options Bar(옵션 바)	[Window(창)]–[Options(옵션)]		★★★★★
Image Size(이미지 크기)	[Image(이미지)]–[Image Size(이미지 크기)]	Alt + Ctrl + I	★★★★★

01 이미지 복제 및 변형하기

▶ 동영상 무료

▲ 완성 이미지

01 작업할 소스 이미지 불러오기

① [File(파일)]–[Open(열기)]([Ctrl]+[O])을 선택하여 찻잔.jpg를 불러옵니다. [View(보기)]–
[Rulers(눈금자)]([Ctrl]+[R])를 선택하여 작업 이미지에 눈금자를 표시합니다.

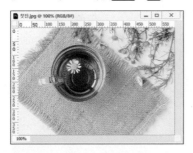

02 찻잔 이미지 선택하기

① 작업 이미지에 찻잔 이미지의 왼쪽 상단에 안내선을 표시합니다.

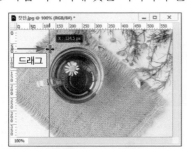 

합격생의 비법

원형으로 선택 범위를 지정할 때는 안내선을 활용하여 원형의 왼쪽 상단을 표시한 후 안내선의 교차지점에서부터 드래그하
여 원형으로 선택합니다.

② Elliptical Marquee Tool(원형 선택 윤곽 도구, ◯)을 클릭하고 Options Bar(옵션 바)에서
'New Selection(새 선택 영역, ▣), Feather(페더) : 0px, Anti-alias(앤티-앨리어스) : 체
크'를 설정한 후 안내선의 교차지점에서부터 드래그하여 원형으로 선택합니다.

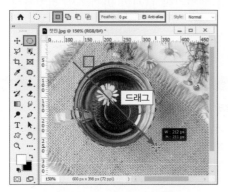 

③ Polygonal Lasso Tool(다각형 올가미 도구,)을 클릭하고 Options Bar(옵션 바)에서 'Add to selection(선택 영역에 추가,)'을 설정한 후 찻잔의 손잡이 부분을 클릭하여 선택합니다.

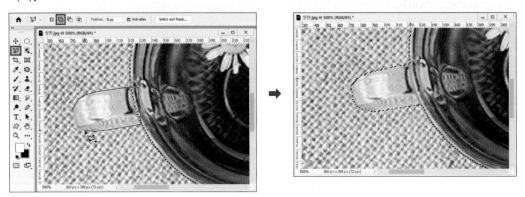

합격생의 **비법**

이미 선택된 영역과 겹치도록 클릭하여 설정하고, 더블 클릭하면 선택이 완료됩니다.

03 레이어로 복제하기

① [Layer(레이어)]–[New(새로 만들기)]–[Layer Via Copy(복사한 레이어)] (Ctrl+J)를 선택하고 레이어로 복사합니다.

합격생의 **비법**

레이어의 이름은 Layers(레이어) 패널에서 'Layer 1' 레이어를 더블 클릭하여 수정이 가능하며, 실제 시험에서는 레이어 이름을 수정할 필요는 없습니다.

04 찻잔 이미지 변형하기

① [Edit(편집)]–[Free Transform(자유 변형)](Ctrl+T)을 선택하고 Shift를 누른 채 조절점의 모서리점을 드래그하여 크기를 축소합니다. 계속해서 조절점의 모서리 바깥쪽을 회전하여 배치한 후 Enter를 눌러 변형을 적용합니다.

합격생의 **비법**

종횡비에 맞게 크기 조절하기

• Shift를 누른 채 조절점의 모서리점을 드래그하여 비율에 맞게 크기를 조절할 수 있습니다.
• Options Bar(옵션 바)의 'Maintain aspect ratio(종횡비 유지), ∞'를 클릭한 후 조절점을 드래그합니다. 또는 W(폭)이나 H(높이) 위에 마우스로 드래그하거나 수치를 입력합니다.

05 꽃 이미지 선택하기

① Quick Selection Tool(빠른 선택 도구, [아이콘])로 꽃 이미지에 드래그하여 선택 영역으로 만듭니다. 브러시의 크기의 크기를 조절하며 선택 영역을 추가 또는 선택 영역을 빼서 완료합니다.

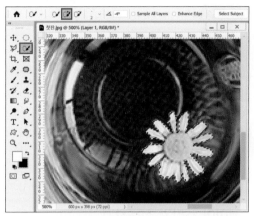

06 꽃 이미지를 레이어로 복제하기

① [Layer(레이어)]-[New(새로 만들기)]-[Layer Via Copy(복사한 레이어)]([Ctrl]+[J])를 선택하고 레이어로 복사합니다.

07 꽃 이미지 반복하여 변형하기

① [Edit(편집)]-[Free Transform(자유 변형)]([Ctrl]+[T])을 선택하고 [Shift]를 누른 채 드래그하여 크기를 축소하고 회전하여 배치한 후 [Enter]를 눌러 변형을 적용합니다.

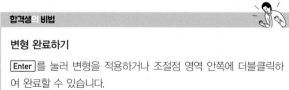

② Ctrl + J를 눌러 꽃 레이어를 복사한 레이어로 만듭니다. Ctrl + T를 누르고 드래그하여 크기 조절 및 회전하여 배치한 후 Enter를 눌러 변형을 적용합니다.

▶ 동영상 무료

◀ 완성 이미지

01 작업할 소스 이미지 불러오기

① [File(파일)]–[Open(열기)](Ctrl + O)을 선택하여 눈사람.jpg를 불러옵니다.

02 이미지 선택하고 복제 및 변형하기

① Quick Selection Tool(빠른 선택 도구,   )
로 눈사람 이미지에 드래그하여 선택 영역으로
만듭니다.

② [Layer(레이어)]-[New(새로 만들기)]-[Layer Via Copy(복사한 레이어)]([Ctrl]+[J])를 선택하여 레이어로 복사합니다.

③ [Edit(편집)]-[Free Transform(자유 변형)]([Ctrl]+[T])을 선택하고 [Shift]를 누른 채 조절점을 드래그하여 크기를 축소합니다. 계속해서 마우스 오른쪽 버튼을 클릭하여 [Flip Horizontal(가로로 뒤집기)]로 뒤집어 배치한 후 [Enter]를 눌러 변형을 적용합니다.

03 사용자 정의 모양 도구 옵션 설정 및 변형, 레이어 스타일 적용하기

① Custom Shape Tool(사용자 정의 모양 도구, [🗗])을 클릭하고 Options Bar(옵션 바)에서 'Shape(모양)'를 선택, 목록 단추에서 Legacy Shapes and More(레거시 모양 및 기타)를 클릭하여 확장하고 계속해서 All Legacy Default Shapes(모든 레거시 기본 모양)를 클릭하여 확장한 후 Nature(자연)를 클릭합니다. 'Shape(모양) : Snowflake 2(눈송이 2, [✳]), Fill(칠) : #ffffff, Stroke(획) : No Color(색상 없음)'로 설정한 후 [Shift]를 누르고 모양을 그립니다.

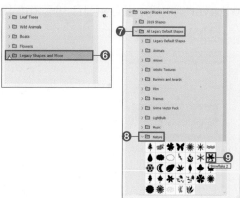

합격생의 비법

이전 버전의 사용자 모양 도구 옵션 추가하기

[Window(창)]–[Shapes(모양)] 패널의 팝업 버튼을 클릭하고 [Legacy Shapes and More(레거시 모양 및 기타)]를 클릭하여 추가합니다.

② Layers(레이어) 패널 하단 'Add a layer style(레이어 스타일 추가, fx)'을 클릭하여 [Drop Shadow(그림자)]를 선택하고 'Opacity(불투명도) : 75%, Angle(각도) : 30°, Distance(거리) : 3px, Size(크기) : 7px'로 설정하고 [OK(확인)]를 클릭합니다.

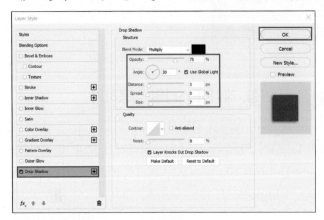

③ [Layer(레이어)]–[New(새로 만들기)]–[Shape Layer Via Copy(복사한 모양 레이어)]([Ctrl]+[J])를 선택합니다.

④ [Edit(편집)]–[Free Transform Path(패스 자유 변형)]($Ctrl$+T)를 선택하고 조절점의 모서리점을 드래그하여 비율에 맞게 크기를 축소합니다. 조절점의 모서리 바깥쪽을 드래그하여 회전한 후 이동하여 배치하고 $Enter$를 눌러 적용합니다.

⑤ Custom Shape Tool(사용자 정의 모양 도구, 🔷)을 클릭하고 Options Bar(옵션 바)에서 'Shape(모양), Fill(칠) : #006633, Stroke(획) : No Color(색상 없음), Shape(모양) : Tree(나무, 🌲)'로 설정한 후 $Shift$를 누르고 모양을 그립니다.

Shape 경로

[Legacy Shapes and More(레거시 모양 및 기타)]–[All Legacy Default Shapes (모든 레거시 기본 모양)]–[Nature(자연)]

합격생의 비법

연속해서 사용자 정의 모양 도구로 그릴 때 Fill(칠) 설정하기

Options Bar(옵션 바)에서 목록 단추를 눌러 제시된 Shape(모양)을 선택하여 그린 후에 'Layer thumbnail(레이어 축소판)'을 더블 클릭하여 Fill(칠)를 변경합니다.

⑥ Layers(레이어) 패널 하단의 'Add a layer style(레이어 스타일 추가, $fx.$)'을 클릭하여 [Inner Glow(내부 광선)]를 선택하고 'Opacity(불투명도) : 35%, Choke(경계 감소) : 8%, Size(크기) : 20px'로 설정하고 [OK(확인)]를 클릭합니다.

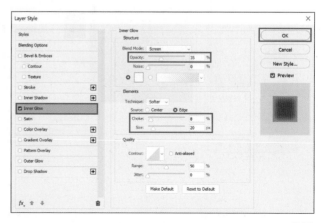

⑦ Ctrl + J 를 눌러 복사한 레이어를 만들고 Ctrl + T 를 누른 후 조절점을 드래그하여 크기를 축소하고 이동하여 배치합니다.

⑧ Ctrl + [를 눌러 'Tree 1' 레이어 아래쪽에 배치합니다. 레이어 패널에서 복사된 'Tree 1 copy' 레이어의 'Layer thumbnail(레이어 축소판)'를 더블 클릭하여 Color Picker(색상 픽커)에서 'Color(색상) : #003300'으로 설정한 후 [OK(확인)]를 클릭합니다.

 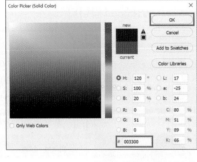 

⑨ Ctrl + J 를 눌러 복사한 레이어를 만들고 레이어 패널에서 복사된 'Tree 1 copy 2' 레이어의 'Layer thumbnail(레이어 축소판)'를 더블 클릭하여 Color Picker(색상 픽커)에서 'Color(색상) : #336600'으로 설정한 후 [OK(확인)]를 클릭합니다. Ctrl + T 를 누른 후 조절점을 드래그하여 크기를 축소하고 이동하여 배치합니다.

 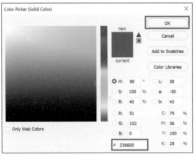 

◀ 완성 이미지

01 작업할 소스 이미지 불러오기

① [File(파일)]−[Open(열기)]([Ctrl]+[O])을 선택하여 소라.jpg를 불러옵니다.

02 말풍선 모양 그리고 그림자 효과 적용하기

① Custom Shape Tool(사용자 정의 모양 도구, ⬡)를 클릭하고 Options Bar(옵션 바)에서 'Shape(모양), Fill(칠)) : #ffffff, Stroke(획) : No Color(색상 없음), Shape(모양) : Talk 1(대화 1, 💬)'로 설정한 후 드래그하여 모양을 그립니다.

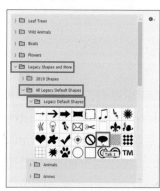
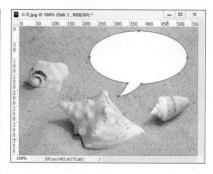

Shape 경로

• [Legacy Shapes and More(레거시 모양 및 기타)]−[All Legacy Default Shapes(모든 레거시 기본 모양)]−[Legacy Default Shapes(레거시 기본 모양)]

• [Legacy Shapes and More(레거시 모양 및 기타)]−[All Legacy Default Shapes(모든 레거시 기본 모양)]−[Talk Bubbles(말풍선)]

② Layers(레이어) 패널 하단 'Add a layer style(레이어 스타일 추가, fx.)'을 클릭하여 [Drop Shadow(그림자)]를 선택하고 'Opacity(불투명도) : 61%, Angle(각도) : 110°, Distance (거리) : 6px, Size(크기) : 9px'로 설정하고 [OK(확인)]를 클릭합니다.

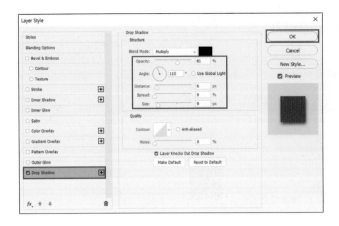

03 문자 입력하고 그레이디언트 효과 적용하기

① Horizontal Type Tool(수평 문자 도구, **T**)로 작업 이미지를 클릭하고 Options Bar(옵션 바)에서 'Font(글꼴) : Arial, Set font style(글꼴 스타일 설정) : Bold Italic, Set font size(글꼴 크기) : 65pt, Color(색상) : 임의 색상'을 설정한 후 BEACH를 입력합니다.

② Layers(레이어) 패널 하단에 'Add a layer style(레이어 스타일 추가, **fx.**)'을 클릭하여 [Gradient Overlay(그레이디언트 오버레이)]를 선택하고 'Click to edit the gradient(클릭 하여 그레이디언트 편집)'를 클릭합니다. 그레이디언트 슬라이더 왼쪽 하단의 'Color Stop(색상 정지점)'을 더블 클릭하여 #99ffff로 설정하고 오른쪽 'Color Stop(색상 정지점)'을 더블 클릭 하여 #0033ff로 설정한 후 'Style(스타일) : Linear(선형), Angle(각도) : −90°로 설정합니다.

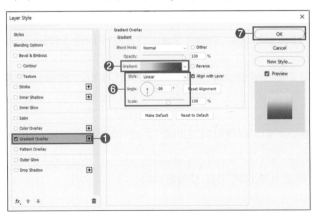

주요 기능	메뉴	단축키	출제빈도
Selection Tool(선택 도구)	▨, ▨, ▨, ▨, ▨, ▨, ▨	L W M	★★★★★
Move Tool(이동 도구)	✛	V	★★★★★
Type Tool(문자 도구) 및 옵션	T, IT, Options Bar(옵션 바)의 ⊥	T	★★★★★
Shape Tool(모양 도구)	▨	U	★★★★★
Pen Tool(펜 도구)	⌀	P	★★★★
Free Transform(자유 변형 메뉴)	[Edit(편집)]–[Free Transform(자유 변형)]	Ctrl + T	★★★★★
Layer Style(레이어 스타일)	[Layer(레이어)]–[Layer Style(레이어 스타일), Layers Panel(레이어 패널) 하단의 fx.		★★★★★
색상 보정	[Layer(레이어)]–[New Adjustment Layer(새 조정 레이어)–[Hue/Saturation(색조/채도)], Layers Panel(레이어 패널) 하단의 ◕.		★★★★★
Color Panel(색상 패널)	[Window(창)]–[Color(색상)]	F6	★★★★★
Character Panel(문자 패널)	[Window(창)]–[Character(문자)]		★★★★★
Layers Panel(레이어 패널)	[Window(창)]–[Layers(레이어)]	F7	★★★★★
Paths Panel(패스 패널)	[Window(창)]–[Paths(패스)]		
Options Bar(옵션 바)	[Window(창)]–[Options(옵션)]		★★★★★
Filter(필터)	[Filter(필터)]–[Filler Gallery(필터 갤러리)], 그 외 필터		★★★★★
Smooth(매끄럽게)	[Select(선택)]–[Modify(수정)]–[Smooth(매끄럽게)]		★★★★★
Stroke(획)	[Edit(편집)]–[Stroke(획)]		★★★★★
Image Size(이미지 크기)	[Image(이미지)]–[Image Size(이미지 크기)]	Alt + Ctrl + I	★★★★★

◀ 완성 이미지

01 작업할 소스 이미지 불러오기

① [File(파일)]−[Open(열기)]([Ctrl]+[O])을 선택하여 브러시.jpg를 불러옵니다.

02 배경 선택하고 선택 반전하기

① Magic Wand Tool(자동 선택 도구, ✏️)로 배경을 클릭합니다. Options Bar(옵션 바)에서 Add to selection(선택 영역에 추가, 🔲)을 선택하고 그림자 부분을 클릭하여 선택 영역을 추가합니다.

합격생의 비법

- Options Bar(옵션 바)의 Tolerance(허용치)가 클수록 이미지에 클릭할 때 선택되는 색상 범위가 넓어집니다.
- [Shift]를 누르고 클릭 또는 드래그하여 선택 영역을 추가할 수도 있습니다.

② [Select(선택)]−[Inverse(반전)]([Shift]+[Ctrl]+
[I])를 클릭하여 선택 영역을 반전하고 [Edit(편
집)]−[Copy(복사)]([Ctrl]+[C])로 복사합니다.

03 이미지 복사하고 변형 및 외부광선 적용하기

① [File(파일)]−[Open(열기)]([Ctrl]+[O])을 선택하여 화장품.jpg를 불러옵니다. [Edit(편집)]−
[Paste(붙여넣기)]([Ctrl]+[V])로 복사한 이미지를 붙여 넣습니다. [Edit(편집)]−[Free
Transform(자유 변형)]([Ctrl]+[T])을 선택하고 [Shift]를 누른 채 조절점의 모서리점을 드래그
하여 비율에 맞게 크기를 확대합니다. 계속해서 조절점의 밖을 드래그하여 회전하고 [Enter]를
눌러 변형을 적용합니다.

② Layers(레이어) 패널 하단 'Add a layer style(레이어 스타일 추가, [fx.])'을 클릭하여 [Outer
Glow(외부 광선)]를 선택하고 'Opacity(불투명도) : 35%, Spread(스프레드) : 10%, Size(크
기) : 35px'로 설정하고 [OK(확인)]를 클릭합니다.

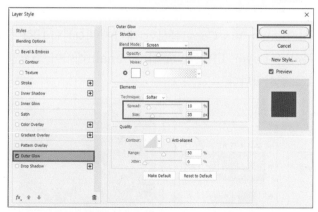

◀ 완성 이미지

01 작업할 소스 이미지 불러오기

① [File(파일)]−[Open(열기)]([Ctrl]+[O])을 선택하여 리본.jpg를 불러옵니다.

02 리본 이미지 선택하고 레이어로 복제하기

① Object Selection Tool(개체 선택 도구, ◻)을 클릭하고 Options Bar(옵션 바)에서 'New Selection(새 선택 영역, ◻), Mode (모드) : Rectangle(사각형)'을 선택한 후 리본 이미지를 드래그합니다. Quick Selection Tool (빠른 선택 도구, ◰)을 선택하고 Options Bar(옵션 바)에서 Subtract from selection(선택 영역에서 빼기, ◰)을 클릭하고 선택에서 제외할 영역에 클릭합니다.

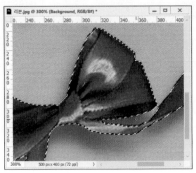

② [Layer(레이어)]−[New(새로 만들기)]−[Layer Via Copy(복사한 레이어)]([Ctrl]+[J])를 클릭합니다. Layers(레이어) 패널에서 복사된 'Layer 1'의 Layer thumbnail(레이어 축소판)을 [Ctrl]을 누른 채 클릭하여 선택 영역으로 전환합니다.

합격생의 비법

Layer thumbnail(레이어 축소판)을 [Ctrl]을 누른 채 클릭하면 투명을 제외한 픽셀이 있는 부분을 빠르게 선택 영역으로 전환합니다.

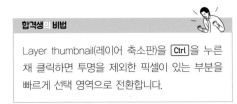

③ Layers(레이어) 패널 하단의 'Create new fill or adjustment layer(새 칠 또는 조정 레이어 생성, ◐.)'를 클릭하고 [Hue/Saturation(색조/채도)]을 선택합니다. Properties(속성) 패널 에서 'Colorize(색상화) : 체크, Hue(색조) : 290, Saturation(채도) : 60, Lightness(명도) : 0'으로 설정하여 보라색 계열로 색상을 보정합니다.

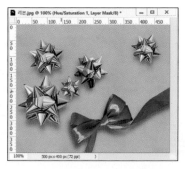

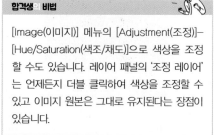
합격생의 비법

[Image(이미지)] 메뉴의 [Adjustment(조정)]− [Hue/Saturation(색조/채도)]으로 색상을 조정 할 수도 있습니다. 레이어 패널의 '조정 레이어' 는 언제든지 더블 클릭하여 색상을 조정할 수 있고 이미지 원본은 그대로 유지된다는 장점이 있습니다.

④ Layers(레이어) 패널의 'Background(배경)' 레이어를 클릭하고 Object Selection Tool(개 체 선택 도구, ▣)로 왼쪽 상단 리본 이미지에 드래그하여 선택 영역으로 만듭니다. Quick Selection Tool(빠른 선택 도구, ☑)로 Options Bar(옵션 바)의 Add to selection(선택 영 역에 추가, ☑)을 클릭하고 브러시의 크기를 조절하여 선택 영역을 추가합니다.

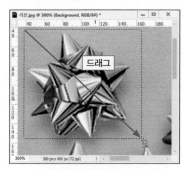
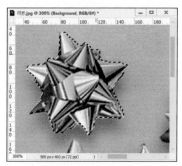

⑤ Ctrl + J 를 눌러 복사한 레이어를 만든 후 Layers(레이어) 패널에서 'Layer 2'의 Layer thumbnail(레이어 축소판)을 Ctrl 을 누른 채 클릭하여 선택 영역으로 전환합니다.

⑥ Layers(레이어) 패널 하단의 'Create new fill or adjustment layer(새 칠 또는 조정 레이어 생성, ◐.)'를 클릭하고 [Hue/Saturation(색조/채도)]을 선택합니다. Properties(속성) 패널 에서 'Colorize(색상화) : 체크, Hue(색조) : 0, Saturation(채도) : 80, Lightness(명도) : 0' 으로 설정하여 빨간색 계열로 보정합니다.

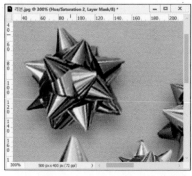

▲ 완성 이미지

01 작업할 소스 이미지 불러오기

① [File(파일)]-[Open(열기)]([Ctrl]+[O])을 선택하여 솔방울.jpg를 불러옵니다.

02 레이어 복제 및 필터 적용하기

① [Layer(레이어)]-[New(새로 만들기)]-[Layer Via Copy(복사한 레이어)]([Ctrl]+[J])를 클릭하고 레이어를 복사합니다.

② [Filter(필터)]-[Filter Gallery(필터 갤러리)]-[Texture(텍스처)]-[Patchwork(패치워크/이어붙이기)]를 선택하고 'Square Size(정사각형 크기) : 4, Relief(부조) : 8'을 설정합니다.

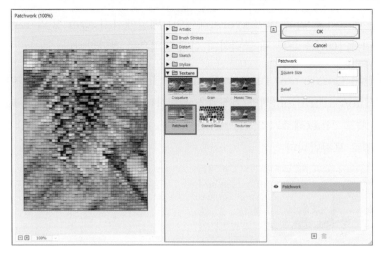

③ [View(보기)]-[Rulers(눈금자)]([Ctrl]+[R])를 클릭하여 눈금자 보기를 합니다. 위쪽의 눈금자에서 아래로 드래그하여 작업 이미지의 세로 중앙인 250px의 위치에, 왼쪽의 눈금자에서 오른쪽으로 드래그하여 가로 중앙인 200px의 위치에 각각 안내선을 표시합니다.

④ Rectangular Marquee Tool(사각형 선택 윤곽 도구, ▢)을 클릭하고 Options Bar(옵션 바)에서 'New selection(새 선택 영역, ▢), Feather(페더) : 0px, Style(스타일) : Fixed Size(크기 고정), Width(폭) : 320px, Height(높이) : 420px'로 설정합니다.

합격생 비법

액자 프레임의 간격은 따로 제시되지 않습니다. 'Style(스타일)'을 'Fixed Size(크기 고정)'로 설정한 후 상하좌우 각각의 간격인 40px씩을 뺀 나머지 수치를 'Width(폭)'와 'Height(높이)'에 직접 입력합니다.

⑤ 제시된 액자의 프레임을 만들기 위해 [Alt]를 누르고 안내선의 교차지점에 클릭하여 직사각형 모양으로 선택합니다.

합격생 비법

[Alt]를 누르고 작업 이미지의 중앙을 클릭하면 작업 이미지의 중앙으로부터 선택이 가능합니다.

⑥ [Select(선택)]−[Modify(수정)]−[Smooth(매끄럽게)]를 클릭하여 'Sample Radius(샘플 반경) : 8pixels(픽셀)'을 설정하고 [OK(확인)]를 클릭하여 모서리를 둥글게 합니다. Delete 를 눌러 선택된 이미지를 삭제하고 프레임을 만듭니다.

합격생의 비법

'Sample Radius(샘플 반경)'은 따로 제시되지 않습니다. 눈금자를 참고하여 적용하고, 결과가 다를 경우는 Ctrl + Z 를 통해 작업 과정을 되돌린 후 다시 변경하여 적용합니다.

⑦ [Edit(편집)]−[Stroke(획)]를 클릭하여 'Width(폭) : 5px, Color(색상) : #33ff33, Location(위치) : Inside(안쪽), Mode(모드) : Normal(표준), Opacity(불투명도) : 100%, Preserve Transparency(투명도 유지) : 체크 해제'를 설정하고 [OK(확인)]를 클릭하여 안쪽 테두리를 적용합니다.

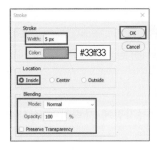

⑧ [Select(선택)]−[Deselect(선택 해제)](Ctrl + D)로 선택을 해제하고, Layers(레이어) 패널 하단 'Add a layer style(레이어 스타일 추가, fx.)'을 클릭하여 [Drop Shadow(그림자)]를 선택하고 'Opacity(불투명도) : 58%, Angle(각도) : 120°, Distance(거리) : 8px, Size(크기) : 8px'로 설정합니다.

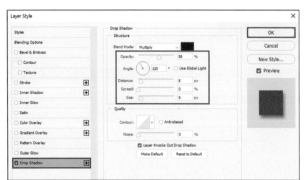

04 문자에 왜곡 및 레이어 스타일 적용하기

▶ 동영상 무료

◀ 완성 이미지

01 작업할 소스 이미지 불러오기

① [File(파일)]–[Open(열기)]([Ctrl]+[O])을 선택하여 낙엽.jpg를 불러옵니다.

02 문자 입력하고 변형하기

① Horizontal Type Tool(수평 문자 도구, [T])로 작업 이미지를 클릭하고 Options Bar(옵션 바)에서 'Font(글꼴) : Arial, Set font style(글꼴 스타일 설정) : Bold, Set font size(글꼴 크기) : 63pt, Color(색상) : #ffffff'로 설정한 후 FALLEN LEAVES를 입력합니다.

합격생 비법

• [Window(창)]–[Character(문자)] 패널에서 'Font(글꼴), Set font style(글꼴 스타일 설정), Set font size(글꼴 크기), Color(색상)' 외에도 다양한 문자 설정을 할 수 있습니다. 시험에서는 제시된 문자의 속성 및 효과 이외의 설정은 기본값으로 작업합니다.
• Horizontal Type Tool(수평 문자 도구, [T])로 작업 이미지를 클릭한 후, [Ctrl]+[T]를 누르면 [Character(문자)] 패널이 활성화됩니다.

② Options Bar(옵션 바)에서 Create warped text(뒤틀어진 텍스트 만들기,)를 클릭하여 [Warp Text(텍스트 뒤틀기)] 대화 상자에서 'Style(스타일) : Rise(상승), Horizontal(가로) : 체크, Bend(구부리기) : 60%'를 설정하여 문자 모양을 왜곡합니다.

03 레이어 스타일 적용하기

① Layers(레이어) 패널 하단의 'Add a layer style(레이어 스타일 추가,)'을 클릭하여 [Stroke (획)]를 선택하고 'Size(크기) : 5px, Color(색상): #993300'으로 설정합니다.

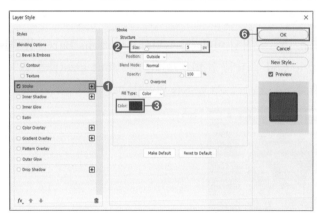
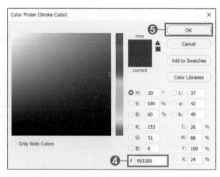

주요 기능	메뉴	단축키	출제빈도
Selection Tool(선택 도구)	☑, ☑, ☑, ☑, ☑, ☑	L W	★★★★★
Move Tool(이동 도구)	☑	V	★★★★★
Type Tool(문자 도구) 및 옵션	T, IT, Options Bar(옵션 바)의 ☑	T	★★★★★
Shape Tool(모양 도구)	☑	U	★★★★★
Pen Tool(펜 도구)	☑	P	★★★★
Gradient Tool(그레이디언트 도구)	☑	G	★★★★★
Free Transform(자유 변형 메뉴)	[Edit(편집)]–[Free Transform(자유 변형)]	Ctrl + T	★★★★★
Layer Style(레이어 스타일)	[Layer(레이어)]–[Layer Style(레이어 스타일)], Layers Panel(레이어 패널) 하단의 ☑		★★★★★
레이어 마스크	[Layer(레이어)]–[Layer Mask(레이어 마스크)], Layers Panel(레이어 패널) 하단의 ☑		★★★★★
불투명도	Layers Panel(레이어 패널) 상단의 Opacity(불투명도)		
Color Panel(색상 패널)	[Window(창)]–[Color(색상)]	F6	★★★★★
Character Panel(문자 패널)	[Window(창)]–[Character(문자)]		★★★★★
Layers Panel(레이어 패널)	[Window(창)]–[Layers(레이어)]	F7	★★★★★
Paths Panel(패스 패널)	[Window(창)]–[Paths(패스)]		
Options Bar(옵션 바)	[Window(창)]–[Options(옵션)]		★★★★★
Filter(필터)	[Filter(필터)]–[Filter Gallery(필터 갤러리)], 그 외 필터		★★★★★
Image Size(이미지 크기)	[Image(이미지)]–[Image Size(이미지 크기)]	Alt + Ctrl + I	★★★★★

◀ 완성 이미지

01 새 작업 이미지 만들고 배경색 채우기

① [File(파일)]−[New(새로 만들기)]([Ctrl]+[N])를 선택하고 'Width(폭) : 600Pixels(픽셀), Height(높이) : 400Pixels(픽셀), Resolution(해상도) : 72Pixels/Inch(픽셀/인치), Color Mode(색상 모드) : RGB Color(RGB 색상), 8bit(비트), Background Contents(배경 내용) : White(흰색)'를 설정하여 새 작업 이미지를 만듭니다.

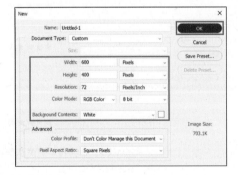

② Tool Panel(도구 패널) 하단의 'Set foreground color(전경색 설정)'을 클릭하여 #66ccff로 설정하고 [Alt]+[Delete]를 눌러 이미지의 배경을 채웁니다.

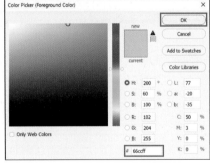
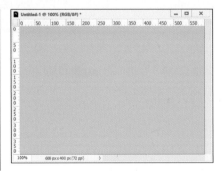

합격생의 비법

Foreground Color(전경색)를 불투명하게 채우기는 [Alt]+[Delete]를, Background Color(배경색)는 [Ctrl]+[Delete]를 눌러 빠르게 채울 수 있습니다.

02 필터 적용하기

① [File(파일)]-[Open(열기)]($\boxed{Ctrl}$+$\boxed{O}$)을 선택하여 모래.jpg를 불러옵니다. [Select(선택)]-
[All(모두)]($\boxed{Ctrl}$+$\boxed{A}$)을 선택하고 전체 이미지를 선택한 후 $\boxed{Ctrl}$+$\boxed{C}$를 눌러 복사하고 작업 이
미지에 $\boxed{Ctrl}$+$\boxed{V}$로 붙여 넣습니다. 계속해서 $\boxed{Ctrl}$+$\boxed{T}$를 누르고 $\boxed{Shift}$를 누른 채 조절점의 모
서리를 드래그하여 비율에 맞게 크기를 조절하여 배치합니다.

합격생의 비법

Options Bar(옵션 바)에서 'Maintain aspect ratio(종횡비 유지, ⊶)'를 클릭하고 W 또는 H 글자 위에 좌우로 드래그하거나 값
을 입력하여 비율에 맞게 크기를 조절할 수 있습니다.

② [Filter(필터)]-[Filler Gallery(필터 갤러리)]-[Artistic(예술 효과)]-[Rough Pastels(거친
파스텔 효과]를 선택합니다.

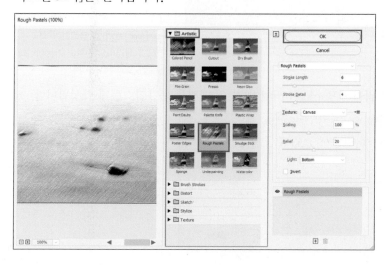

03 레이어 마스크 적용하여 합성하기

① Layers(레이어) 패널에서 하단의 'Add layer mask(레이어 마스크 추가, ▣)'를 클릭하여 레이어 마스크를 추가합니다.

② Tool Panel(도구 패널) 하단의 Set foreground color(전경색 설정)를 #000000, Set background color(배경색 설정)를 #ffffff로 설정한 후 Gradient Tool(그레이디언트 도구, ▣)을 클릭하고 Options Bar(옵션 바)에서 'Type(유형) : Linear Gradient(선형 그레이디언트), Opacity(불투명도) : 100%'로 설정한 후 위쪽에서 아래쪽으로 [Shift]를 누른 채 세로 방향으로 드래그합니다.

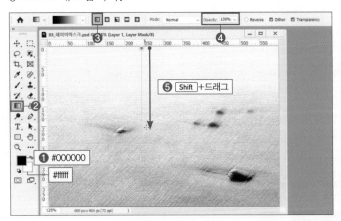

합격생의 비법

Tool Panel(도구 패널) 하단의 Default Foreground and Background Colors(기본 전경색과 배경색, ▣)를 클릭한 후 Switch Foreground and Background Colors(전경색과 배경색 전환, ⇄)([Shift]+[X])를 클릭하면 빠르게 전경색과 배경색의 전환이 가능합니다.

③ 이미지의 상단 일부가 지워지며 Background(배경)의 배경색과 자연스럽게 합성됩니다.

02 다중 레이어 스타일 적용 및 불투명도 적용하기

▶ 동영상 무료

◀ 완성 이미지

01 작업할 소스 이미지 불러오기

① [File(파일)]−[Open(열기)](Ctrl+O)을 선택하여 ducky.jpg를 불러옵니다.

02 Shape Tool(모양 도구)로 모양 그리고 다중 레이어 스타일 적용하기

① Custom Shape Tool(사용자 정의 모양 도구, ☒)을 클릭하고 Options Bar(옵션 바)에서 'Shape(모양)'를 설정하고 목록 단추에서 Legacy Shapes and More(레거시 모양 및 기타)를 클릭하여 확장하고 계속해서 All Legacy Default Shapes(모든 레거시 기본 모양)를 클릭하여 확장한 후 Frames(프레임)를 클릭합니다. 'Shape(모양) : Frame 6(프레임 6, ☒), Fill(칠) : #ff9966, Stroke(획) : No Color(색상 없음)'로 설정한 후 드래그하여 모양을 그립니다.

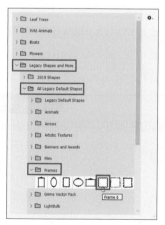

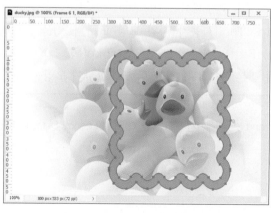

② Ctrl+T를 누르고 조절점 밖을 드래그하여 회전한 후 이동하고 Enter를 눌러 변형을 적용합니다.

③ Layers(레이어) 패널 하단 'Add a layer style(레이어 스타일 추가, fx.)'을 클릭하여 [Inner Shadow(내부 그림자)]를 선택하고 'Opacity(불투명도) : 35%, Angle(각도) : 135°, Distance(거리) : 5px, Choke(경계 감소) : 5%, Size(크기) : 9px'로 설정합니다. 계속해서 [Outer Glow(외부 광선)]를 선택하고 'Opacity(불투명도) : 35%, Spread(스프레드) : 20%, Size(크기) : 20px'로 설정합니다.

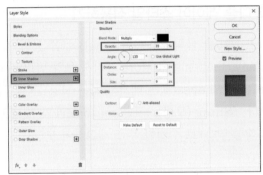 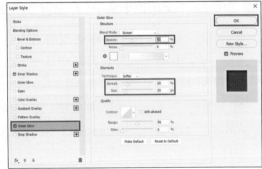

④ Custom Shape Tool(사용자 정의 모양 도구, ☒)을 클릭하고 Options Bar(옵션 바)에서 'Shape(모양), Fill(칠) : #990099, Stroke(획) : No Color(색상 없음), Shape(모양) : Bow(나비매듭 리본, ❀)'로 설정한 후 드래그하여 모양을 그립니다.

Shape 경로

[Legacy Shapes and More(레거시 모양 및 기타)]–[All Legacy Default Shapes(모든 레거시 기본 모양)]–[Objects(물건)]

⑤ Layers(레이어) 패널 하단 'Add a layer style(레이어 스타일 추가, fx.)'을 클릭하여 [Inner Glow(내부 광선)]를 선택하고 'Opacity(불투명도) : 35%, Choke(경계 감소) : 14%, Size(크기) : 8px'로 설정합니다. 계속해서 [Drop Shadow(드롭 섀도)]를 선택하고 'Opacity(불투명도) : 60%, Angle(각도) : 40°, Use Global Light(전체 조명 사용) : 체크 해제, Distance(거리) : 5px, Spread(스프레드) : 0%, Size(크기) : 4px'로 설정합니다.

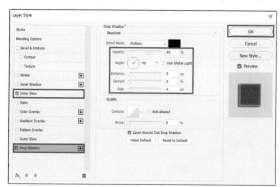 

03 불투명도 적용하기

① Custom Shape Tool(사용자 정의 모양 도구, ⬚)을 클릭하고 Options Bar(옵션 바)에서 'Shapes(모양), Fill(칠) : #99ffcc, Stroke(획) : No Color(색상 없음), Shape(모양) : Heart Card(하트 모양 카드, ♥)'로 설정한 후 Shift를 누른 채 드래그하여 모양을 그립니다.

Shape 경로

[Legacy Shapes and More(레거시 모양 및 기타)]-[All Legacy Default Shapes(모든 레거시 기본 모양)]-[Shapes (모양)]]

② Ctrl+T를 누른 후 조절점 밖을 드래그하여 회전하여 배치하고 Enter를 눌러 변형을 적용합니다. Layers(레이어) 패널 상단의 'Opacity(불투명도) : 70%'로 불투명도를 설정합니다. 패널 하단 'Add a layer style(레이어 스타일 추가, fx.)'을 클릭하여 [Drop Shadow(그림자)]를 선택하고 'Opacity(불투명도) : 60%, Angle(각도) : 130°, Distance(거리) : 9px, Size(크기) : 9px'로 설정합니다.

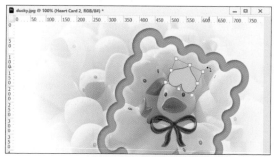 

③ Custom Shape Tool(사용자 정의 모양 도구, ▨)을 클릭하고 Options Bar(옵션 바)에서 'Shapes(모양), Fill(칠) : #ccccff, Stroke(획) : No Color(색상 없음), Shape(모양) : Blob 2(얼룩 2, ★)'로 설정한 후 Shift 를 누른 채 드래그하여 모양을 그립니다.

Shape 경로

[Legacy Shapes and More(레거시 모양 및 기타)]-[All Legacy Default Shapes(모든 레거시 기본 모양)]-[Shapes (모양)]

④ Layers(레이어) 패널 상단의 'Opacity(불투명도) : 60%'로 설정합니다. 패널 하단 'Add a layer style(레이어 스타일 추가, ƒx.)'을 클릭하여 [Drop Shadow(그림자)]를 선택하고 'Angle(각도) : 40°'로 설정합니다.

04 문자 입력하고 변형하기

① Horizontal Type Tool(수평 문자 도구, T)로 작업 이미지를 클릭하고 Options Bar(옵션 바) 에서 'Font(글꼴) : Arial, Set font style(글꼴 스타일 설정) : Bold, Set font size(글꼴 크 기) : 70pt, Color(색상) : 임의 색상'을 설정한 후 DUCKY를 입력합니다.

② Options Bar(옵션 바)에서 Create warped text(뒤틀어진 텍스트 만들기, ⊥)를 클릭하여 [Warp Text(텍스트 뒤틀기)] 대화 상자에서 'Style(스타일) : Arc Upper(위 부채꼴), Horizontal(가로) : 체크, Bend(구부리기) : 30%'를 설정하여 문자 모양을 왜곡합니다.

③ Layers(레이어) 패널 하단 'Add a layer style(레이어 스타일 추가, [fx.])'을 클릭하여 [Stroke (획)]를 선택하고 'Size(크기) : 5px, Color(색상): #ffffff'로 설정합니다. [Gradient Overlay (그레이디언트 오버레이)]를 선택하고 'Click to edit the gradient(클릭하여 그레이디언트 편집)'를 클릭합니다. 그레이디언트 슬라이더 왼쪽 하단의 'Color Stop(색상 정지점)'을 더블 클릭하여 #66cccc를, 오른쪽 'Color Stop(색상 정지점)'을 더블 클릭하여 #663366으로 설정한 후 'Style(스타일) : Linear(선형), Angle(각도) : 90°'로 설정합니다.

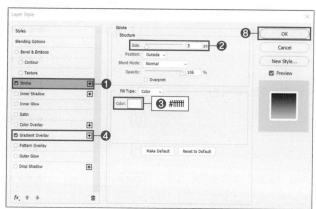
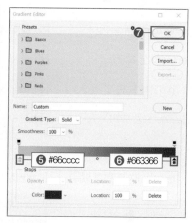

[실무응용]
이벤트 페이지 제작

주요 기능	메뉴	단축키	출제빈도
Selection Tool(선택 도구)	☑, ⚒, ⬚, ○, ⬚, ⬚	L, W	★★★★★
Move Tool(이동 도구)	⊕	V	★★★★★
Type Tool(문자 도구) 및 옵션	T, IT, Options Bar(옵션 바)의 Ⅰ	T	★★★★★
Shape Tool(모양 도구)	⬚	U	★★★★★
Pen Tool(펜 도구)	∅	P	★★★★
Free Transform(자유 변형 메뉴)	[Edit(편집)]−[Free Transform(자유 변형)]	Ctrl + T	★★★★★
Layer Style(레이어 스타일)	[Layer(레이어)]−[Layer Style(레이어 스타일)], Layers Panel(레이어 패널) 하단의 fx.		★★★★★
Clipping Mask(클리핑 마스크)	[Layer(레이어)]−[Create Clipping Mask(클리핑 마스크 만들기)]	Alt + Ctrl + G	★★★★★
불투명도	Layers Panel(레이어 패널) 상단의 Opacity(불투명도)		★★★★★
Color Panel(색상 패널)	[Window(창)]−[Color(색상)]	F6	★★★★★
Character Panel(문자 패널)	[Window(창)]−[Character(문자)]		★★★★★
Layers Panel(레이어 패널)	[Window(창)]−[Layers(레이어)]	F7	★★★★★
Paths Panel(패스 패널)	[Window(창)]−[Paths(패스)]		★★★
Options Bar(옵션 바)	[Window(창)]−[Options(옵션)]		★★★★★
Filter(필터)	[Filter(필터)]−[Filter Gallery(필터 갤러리)], 그 외 필터		★★★★★
Image Size(이미지 크기)	[Image(이미지)]−[Image Size(이미지 크기)]	Alt + Ctrl + I	★★★★★

▶ 동영상 무료

▲ 완성 이미지

01 작업할 소스 이미지 불러오기

① [File(파일)]−[Open(열기)](Ctrl + O)을 선택하여 모래시계.jpg를 불러옵니다.

02 패스 작업하기

① Pen Tool(펜 도구, ✎)을 클릭하고 Options Bar(옵션 바)에서 'Path(패스), Exclude Overlapping Shapes(모양 오버랩 제외, ▣)'로 설정한 후 모래시계의 외곽선을 따라 닫힌 패스를 완성합니다. Ctrl + Enter를 눌러 작업 패스를 선택 영역으로 전환한 후, Ctrl + C를 눌러 복사합니다.

② [File(파일)]−[Open(열기)]([Ctrl]+[O])을 선택하여 모카포트.jpg를 불러온 후 [Ctrl]+[V]로 붙여 넣기를 합니다. [Ctrl]+[T]를 누르고 [Shift]를 누른 채 조절점을 드래그하여 크기를 조절한 후 배치합니다. Layers(레이어) 패널 하단의 'Add a layer style(레이어 스타일 추가, [fx.])'을 클릭하여 [Outer Glow(외부 광선)]를 선택하고 'Opacity(불투명도) : 35%, Spread(스프레드) : 20%, Size(크기) : 25px'로 설정합니다.

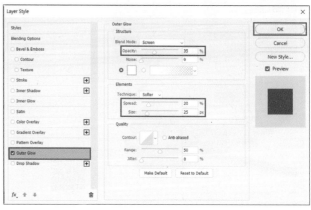

③ [File(파일)]−[Open(열기)]([Ctrl]+[O])을 선택하여 커피나무.jpg를 불러옵니다. Pen Tool(펜 도구, [✐])을 클릭하고 Options Bar(옵션 바)에서 'Path(패스), Exclude Overlapping Shapes(모양 오버랩 제외, [▣])'로 설정한 후 외곽선을 따라 닫힌 패스를 완성합니다. 계속해서 나무줄기와 잎 사이 공간의 외곽선을 따라 닫힌 패스를 완성합니다.

합격생의 비법

- [✐.] : 곡선 패스를 그린 후 직선 또는 방향선이 다른 패스를 연결하여 그릴 때 [Alt]를 누른 채 기준점에 클릭시 표시입니다.
- [✐₀] : 패스의 시작점과 연결하는 끝 기준점을 표시하며 클릭하면 닫힌 패스를 만들 수 있습니다.

④ [Ctrl]+[Enter]를 눌러 작업 패스를 선택 영역으로 전환하고 [Ctrl]+[C]를 눌러 복사한 후 작업 이
  미지를 선택하고 [Ctrl]+[V]로 붙여넣기를 합니다. [Ctrl]+[T]를 누르고 [Shift]를 누른 채 크기를
  조절하고 시계방향으로 회전하여 배치합니다.

⑤ Layers(레이어) 패널 하단의 'Add a layer style(레이어 스타일 추가, [fx])'을 클릭하여 [Drop
  Shadow(그림자)]를 선택하고 'Opacity(불투명도) : 60%, Angle(각도) : 55°, Distance(거
  리) : 10px, Size(크기) : 10px'로 설정하고 [OK(확인)]를 클릭합니다.

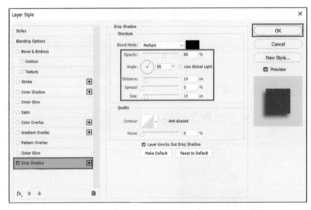

02 클리핑 마스크 적용하기

▲ 완성 이미지

01 작업할 소스 이미지 불러오기

① [File(파일)]−[Open(열기)]([Ctrl]+[O])을 선택하여 빙하.jpg를 불러옵니다.

02 Shape Tool(모양 도구)로 모양 그리고 레이어 스타일 적용하기

① Custom Shape Tool(사용자 정의 모양 도구, 🎨)을 클릭하고 Options Bar(옵션 바)에서 'Shape(모양), Fill(칠) : 임의 색상, Stroke(획) : No Color(색상 없음), Shape(모양) : Puzzle 4(퍼즐 4, ✚)'로 설정한 후 [Shift]를 누른 채 드래그하여 모양을 그립니다.

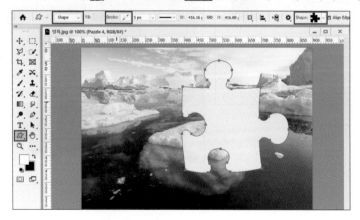

Shape 경로

[Legacy Shapes and More(레거시 모양 및 기타)]−[All Legacy Default Shapes(모든 레거시 기본 모양)]−[Objects (물건)]

092 PART 03 시험 문항별 기능 익히기

② [Ctrl]+[T]를 누르고 조절점의 모서리 바깥쪽을 드래그하여 회전하고 배치한 후 [Enter]를 눌러 변형을 적용합니다.

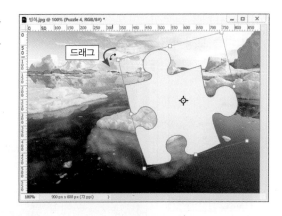

③ Layers(레이어) 패널 하단의 'Add a layer style(레이어 스타일 추가, [fx.])'을 클릭하여 [Bevel & Emboss(경사와 엠보스)]를 선택하고 'Style(스타일) : Inner Bevel(내부 경사), Direction(방향) : Up(위로), Depth(깊이) : 100%, Size(크기) : 13px, Angle(각도) : 140°로 설정합니다. 계속해서 [Stroke(획)]를 선택하고 'Size(크기) : 10px, Color(색상) : #ffffff'로 설정한 후 [OK(확인)]을 클릭합니다.

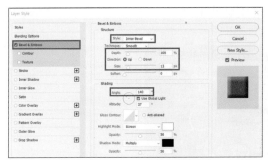 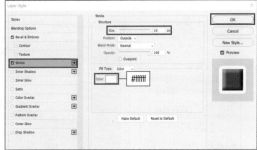

03 클리핑 마스크 및 필터 적용하기

① [File(파일)]-[Open(열기)]([Ctrl]+[O])을 선택하여 북극곰.jpg를 불러옵니다. [Ctrl]+[A]를 눌러 전체 선택한 후, [Ctrl]+[C]로 복사하고 작업 이미지에 [Ctrl]+[V]로 붙여 넣습니다.

② Ctrl + T 를 누르고, 마우스 오른쪽 버튼을 누른 후 [Flip Horizontal(가로로 뒤집기)]로 뒤집고 퍼즐 모양과 겹치도록 배치합니다.

③ Layers(레이어) 패널에서 'Layer 1' 레이어와 'Puzzle 4' 레이어 사이에 마우스 커서를 놓고 Alt 를 누르고 클릭하여 Clipping Mask(클리핑 마스크)를 적용합니다. Ctrl + T 를 누르고 Shift 를 누른 채 조절점을 드래그하여 크기를 조절합니다.

④ [Filter(필터)]-[Filter Gallery(필터 갤러리)]-[Texture(텍스처)]-[Texturizer(텍스처화)]를 선택합니다.

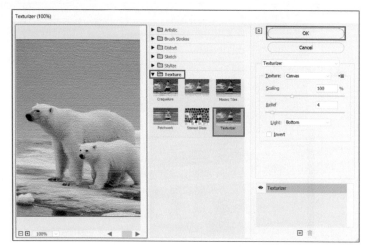

04 Opacity(불투명도) 적용하여 합성하기

① Custom Shape Tool(사용자 정의 모양 도구, ⚙)을 클릭하고 Options Bar(옵션 바)에서 'Shape(모양), Fill(칠) : #336699, Stroke(획) : No Color(색상 없음), Shape(모양) : Puzzle 3(퍼즐 3, ▟)'으로 설정한 후 Shift 를 누른 채 드래그하여 모양을 그립니다.

Shape 경로

[Legacy Shapes and More(레거시 모양 및 기타)]-[All Legacy Default Shapes(모든 레거시 기본 모양)]-[Objects (물건)]

② Ctrl + T 를 누르고 조절점 밖을 시계 방향으로 드래그하여 회전한 후 배치합니다. [Layer(레이어)]-[Arrange(정돈)]-[Send to Back(맨 뒤로 보내기)]([Shift + Ctrl + [)으로 'Puzzle 4' 레이어의 아래쪽으로 배치합니다.

③ Layers(레이어) 패널 하단의 'Add a layer style(레이어 스타일 추가, fx.)'을 클릭하여 [Inner Shadow(내부 그림자)]를 선택하고 'Opacity(불투명도) : 75%, Angle(각도) : 90°, Distance (거리) : 9px, Size(크기) : 9px'로 설정합니다. 계속해서 [Outer Glow(외부 광선)]를 선택하고 'Spread(스프레드) : 10%, Size(크기) : 10px'로 설정하고 [OK(확인)]를 클릭합니다.

④ Layers(레이어) 패널 상단의 'Opacity(불투명도) : 80%'로 불투명도를 설정하고 합성합니다.

⑤ Ctrl + J 를 눌러 레이어로 복사한 후 Layers(레이어) 패널에서 복사된 'Puzzle 3 copy' 레이어의 'Layer thumbnail(레이어 축소판)'을 더블 클릭하여 Color Picker(색상 피커(단색))에서 'Color(색상) : #6699ff'로 설정한 후 [OK(확인)]를 클릭합니다.

 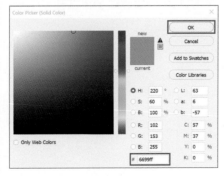

⑥ Ctrl+T를 누르고 드래그하여 크기를 축소하고 회전한 후 배치합니다. Layers(레이어) 패널 상단의 'Opacity(불투명도) : 60%'를 설정하여 합성합니다.

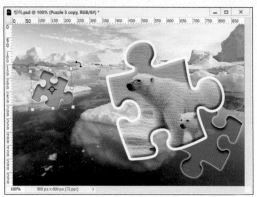 

05 문자 입력하고 왜곡 및 레이어 스타일 적용하기

① Horizontal Type Tool(수평 문자 도구, T)로 작업 이미지를 클릭하고 Options Bar(옵션 바)에서 'Font(글꼴) : Times New Roman, Set font style(글꼴 스타일 설정) : Bold, Set font size(글꼴 크기) : 68pt, Color(색상) : #ffffff'를 설정한 후 Polar Bear를 입력합니다.

② Options Bar(옵션 바)에서 Create warped text(뒤틀어진 텍스트 만들기, ㅈ)를 클릭하여 [Warp Text(텍스트 뒤틀기)] 대화상자에서 'Style(스타일) : Shell Lower(아래가 넓은 조개), Horizontal(가로) : 체크, Bend(구부리기) : 50%'를 설정하여 문자 모양을 왜곡합니다.

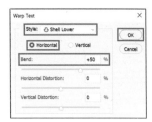

③ Layers(레이어) 패널 하단의 'Add a layer style(레이어 스타일 추가, 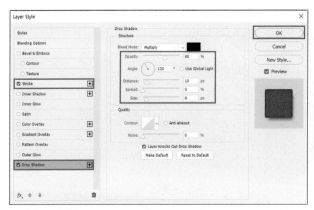)'을 클릭하여 [Stroke(획)]를 선택한 후 'Size(크기) : 5px, Color(색상) : #993300'으로 설정합니다. 계속해서 [Drop Shadow(드롭 새도)]를 선택하고 'Angle(각도) : 120°, Use Global Light(전체 조명 사용) : 체크 해제, Distance(거리) : 10px, Size(크기) : 9px'로 설정하고 [OK(확인)]를 클릭합니다.

④ Horizontal Type Tool(수평 문자 도구,)로 작업 이미지를 클릭하고 Options Bar(옵션 바)에서 'Font(글꼴) : 돋움, Set font size(글꼴 크기) : 25pt, Set anti-aliasing method (앤티 앨리어싱 방법 설정) : Strong(강하게), Color(색상) : #ffffff'를 설정한 후 기후변화로부터 북극의 빙하를 지켜 주세요!를 입력합니다.

⑥ Options Bar(옵션 바)에서 Create warped text(뒤틀어진 텍스트 만들기,)를 클릭하여 [Warp Text(텍스트 뒤틀기)] 대화상자에서 'Style(스타일) : Flag(깃발), Horizontal(가로) : 체크, Bend(구부리기) : 50%'를 설정하여 문자 모양을 왜곡합니다.

⑦ Layers(레이어) 패널 하단의 'Add a layer style(레이어 스타일 추가,)'을 클릭하여 [Stroke(획)]를 선택한 후 'Size(크기) : 2px, Color (색상) : #996633'으로 설정하고 [OK(확인)]를 클릭합니다.

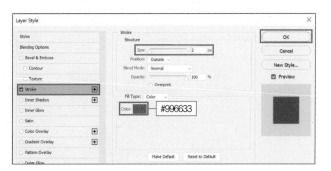

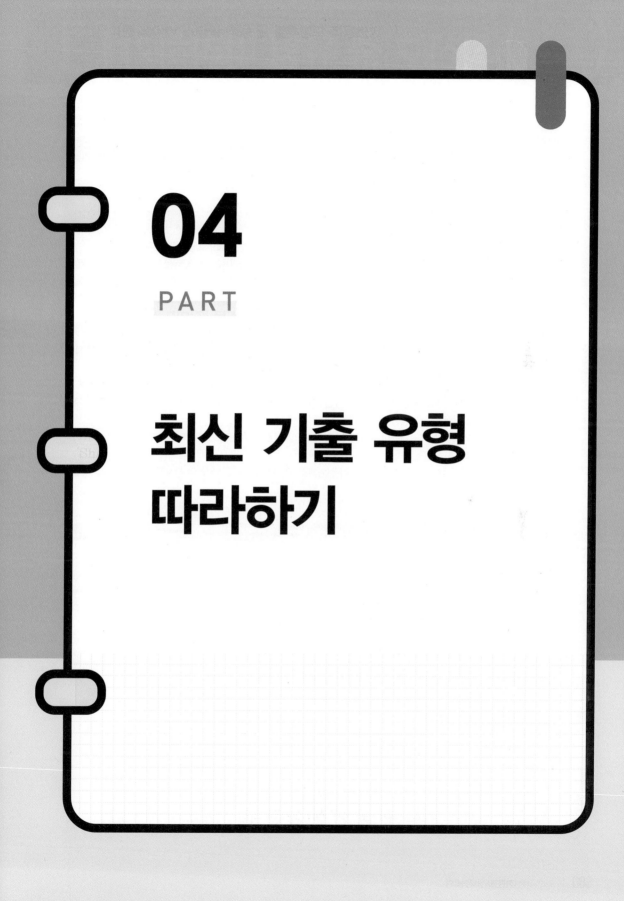

04
PART

최신 기출 유형
따라하기

최신 기출 유형 따라하기

 ▶ 동영상 무료

급수	문제유형	시험시간	수험번호	성명
2급	A	90분		

수 험 자   유 의 사 항

• 수험자는 문제지를 받는 즉시 응시하고자 하는 **과목 및 급수가 맞는지 확인**한 후 수험번호와 성명을 작성합니다.
• 파일명은 본인의 "수험번호–성명–문제번호"로 공백 없이 정확히 입력하고 답안폴더(내 PC₩문서₩GTQ)에 jpg 파일과 psd 파일의 2가지 포맷으로 저장해야 하며, jpg 파일과 psd 파일의 내용이 상이할 경우 0점 처리됩니다. 답안문서 파일명이 "수험번호–성명–문제번호"와 일치하지 않거나, 답안 파일을 전송하지 않아 미제출로 처리될 경우 불합격 처리됩니다.
• 문제의 세부조건은 '영문(한글)' 형식으로 표기되어 있으니 유의하시기 바랍니다.
• 수험자 정보와 저장한 파일명, 저장 위치가 다를 경우 전송이 되지 않으므로, 주의하시기 바랍니다.
• 답안 작성 중에도 **주기적으로 '저장'과 '답안 전송'**을 이용하여 감독위원 PC로 답안을 전송하셔야 합니다.(※ 작업한 내용을 **저장하지 않고 전송할 경우** 이전의 저장내용이 전송되오니 이점 반드시 유념하시기 바랍니다.)
• 답안문서는 지정된 경로 외의 다른 보조기억장치에 저장하는 행위, 지정된 시험 시간 외에 작성된 파일을 활용한 행위, 기타 통신수단(이메일, 메신저, 네트워크 등)을 이용하여 타인에게 전달 또는 외부 반출하는 행위는 부정으로 간주되어 자격기본법 제32조에 의거 본 시험 및 국가공인 자격시험을 2년간 응시할 수 없습니다.
• 시험 중 부주의 또는 고의로 시스템을 파손한 경우와 〈수험자 유의사항〉에 기재된 방법대로 이행하지 않아 생기는 불이익은 수험자의 책임임을 알려 드립니다.
• 시험을 완료한 수험자는 최종적으로 저장한 답안파일이 전송되었는지 확인한 후 감독위원의 지시에 따라 문제지를 제출하고 퇴실합니다.

답 안 작 성 요 령

• **온라인 답안 작성 절차**
  수험자 등록 ⇒ 시험 시작 ⇒ 답안파일 저장 ⇒ 답안 전송 ⇒ 시험 종료
• 내 PC₩문서₩GTQ₩Image폴더에 있는 그림 원본파일을 사용하여 답안을 작성하시고 최종답안을 답안폴더(내 PC₩문서₩GTQ)에 저장하여 답안을 전송하시고, 이미지의 크기가 다른 경우 감점 처리됩니다.
• 배점은 총 100점으로 이루어지며, 점수는 각 문제별로 차등 배분됩니다.
• 각 문제는 주어진 〈조건〉에 따라 작성하고, 언급하지 않은 조건은 《출력형태》와 같이 작성합니다.
• 배치 등의 편의를 위해 주어진 눈금자의 단위는 '픽셀'입니다.
  그 외는 출력형태(효과, 이미지, 문자, 색상, 레이아웃, 규격 등)와 같게 작업하십시오.
• 문제 조건에 서체의 지정이 없을 경우 한글은 굴림이나 돋움, 영문은 Arial로 작업하십시오.
  (단, 그 외에 제시되지 않은 문자 속성을 기본값으로 작성하지 않은 경우는 감점 처리됩니다.)
• Image Mode(이미지 모드)는 별도의 처리조건이 없을 경우에는 RGB(8비트)로 작업하십시오.
• 모든 답안 파일은 해상도 72Pixels/Inch로 작업하십시오.
• Layer(레이어)는 각 기능별로 분할해야 하며, 임의로 합칠 경우나 각 기능에 대한 속성을 해지할 경우 해당 요소는 0점 처리됩니다.

한 국 생 산 성 본 부

: Tool(도구) 활용   20점

다음의 《조건》에 따라 아래의 《출력형태》와 같이 작업하시오.

출력형태

조건

원본 이미지		Part04₩2급-1.jpg	
파일저장규칙	JPG	파일명	문서₩GTQ₩수험번호-성명-1.jpg
		크기	400×500 pixels
	PSD	파일명	문서₩GTQ₩수험번호-성명-1.psd
		크기	40×50 pixels

1. 그림 효과
① 복제 및 변형 : 향수병
② Shape Tool(모양 도구) 사용 :
  - 장식 모양(#330033, 레이어 스타일 - Bevel & Emboss(경사와 엠보스))
  - 꽃 모양(#ff6699, #ff9999, 레이어 스타일 - Drop Shadow(그림자 효과))

2. 문자 효과
① 향기로운 시간...(돋움, 37pt, 레이어 스타일 - 그레이디언트 오버레이(#ff66cc, #ffffcc), Stroke(선/획)(2px, #000000))

: **사진편집 기초**   20점

다음의 《조건》에 따라 아래의 《출력형태》와 같이 작업하시오.

출력형태

조건

원본 이미지		Part04₩2급-2.jpg, 2급-3.jpg, 2급-4.jpg	
파일저장규칙	JPG	파일명	문서₩GTQ₩수험번호-성명-1.jpg
		크기	400×500 pixels
	PSD	파일명	문서₩GTQ₩수험번호-성명-1.psd
		크기	40×50 pixels

1. 그림 효과
① 색상 보정 : 2급-3.jpg - 자주색 계열로 보정, 레이어 스타일 - Drop Shadow(그림자 효과)
② 액자 제작 :
  필터 - Patchwork(패치워크/이어붙이기), 안쪽 테두리(5px, #ff0066), 레이어 스타일 - Drop Shadow(그림자 효과)
③ 2급-4.jpg : 레이어 스타일 - Drop Shadow(그림자 효과)

2. 문자 효과
① 진한 향의 결정 EAU DE PARFUM(바탕, 25pt, #000000, 레이어 스타일 - Stroke(선/획)(2px, #cc9999))

다음의 《조건》에 따라 아래의 《출력형태》와 같이 작업하시오.

조건

원본 이미지	Part04₩2급–5.jpg, 2급–6.jpg, 2급–7.jpg, 2급–8.jpg		
파일저장규칙	JPG	파일명	문서₩GTQ₩수험번호–성명–3.jpg
		크기	600×400 pixels
	PSD	파일명	문서₩GTQ₩수험번호–성명–3.psd
		크기	60×40 pixels

1. 그림 효과
① 배경 : #ccccff
② 2급–5.jpg : 필터 – Texturizer(텍스처화), 레이어 마스크 – 가로 방향으로 흐릿하게
③ 2급–6.jpg : 레이어 스타일 – Bevel and Emboss(경사와 엠보스)
④ 2급–7.jpg : 레이어 스타일 – Drop Shadow(그림자 효과)
⑤ 2급–8.jpg : 레이어 스타일 – Inner Glow(내부 광선)
⑥ 그 외 《출력형태》 참조

2. 문자 효과
① 향기 가득한 이야기를 담아요!(바탕, 25pt, #ffffcc, 레이어 스타일 – Stroke(선/획)(2px, #660066), Drop Shadow(그림자 효과))
② CANDLE STORY(Arial, Regular, 38pt, 레이어 스타일 – Stroke(선/획)(2px, #660000, 그레이디언트 오버레이(#663399, #ffffff)))

출력형태

Shape Tool(모양 도구) 사용
레이어 스타일 – Stroke(선/획)(2px, #ffffff),
그레이디언트 오버레이(#333366, #ffcc99)

Shape Tool(모양 도구) 사용
#ff9999,
레이어 스타일 – Drop Shadow (그림자 효과).

다음의 《조건》에 따라 아래의 《출력형태》와 같이 작업하시오.

조건

원본 이미지		Part04₩2급-9.jpg, 2급-10.jpg, 2급-11.jpg, 2급-12.jpg, 2급-13.jpg	
파일저장규칙	JPG	파일명	문서₩GTQ₩수험번호-성명-4.jpg
		크기	600×400 pixels
	PSD	파일명	문서₩GTQ₩수험번호-성명-4.psd
		크기	60×40 pixels

1. 그림 효과

① 2급-9.jpg : 필터 – Dry Brush(드라이 브러시)
② 2급-10.jpg : 레이어 스타일 – Drop Shadow(그림자 효과), Bevel and Emboss(경사와 엠보스)
③ 2급-11.jpg : 레이어 스타일 – Inner Glow(내부 광선)
④ 2급-12.jpg : 필터 – Rough Pastels(거친 파스텔 효과)
⑤ 2급-13.jpg : 레이어 스타일 – Drop Shadow(그림자 효과), Opacity(불투명도)(70%)
⑥ 그 외 《출력형태》 참조

2. 문자 효과

① 천연 디퓨저 만들기 행사(바탕, 22pt, #333366, 레이어 스타일 – Outer Glow(외부 광선))
② 향기로 가득한 나만의 공간(돋움, 25pt, 레이어 스타일 – 그레이디언트 오버레이(#cc0000, #006633), Stroke(선/획) (2px, #ffffff))
③ Perfume Diffuser(Times New Roman, Bold, 48pt, #ffffff, 레이어 스타일 – Drop Shadow(그림자 효과), Stroke(선/획) (3px, #993333))

출력형태

Shape Tool (모양 도구) 사용 Drop Shadow (그림자 효과), Stroke(선/획) (3px,#cc9933)

Shape Tool(모양 도구) 사용 #006600, 레이어 스타일 – Bevel and Emboss(경사와 엠보스)

Shape Tool(모양 도구) 사용 그레이디언트 오버레이 (#006600, #ffff00), Drop Shadow(그림자 효과), Opacity(불투명도)(70%)

작업과정	새 작업 이미지 만들고 파일 저장하기 ▶ 선택 영역 만들고 복제 및 변형하기 ▶ 모양 생성 및 레이어 스타일 적용 ▶ 문자 입력 및 레이어 스타일 적용 ▶ 정답 파일 저장
완성이미지	Part04₩정답파일₩수험번호-성명-1.jpg, 수험번호-성명-1.psd

① 새 작업 이미지 만들고 파일 저장하기

01 [File(파일)]-[New(새로 만들기)]([Ctrl]+[N])를 선택하고 'Width(폭) : 400Pixels(픽셀), Height(높이) : 500Pixels(픽셀), Resolution(해상도) : 72Pixels/Inch(픽셀/인치), Color Mode(색상 모드) : RGB Color(RGB 색상), 8bit(비트), Background Contents(배경 내용) : White(흰색)'를 설정하여 새 작업 이미지를 만듭니다.

합격생의 비법

새 작업 이미지를 설정하는 화면이 아래와 같다면, [Edit(편집)]-[Preferences(환경설정)]-[General(일반)]의 Options(옵션)에서 'Use Legacy "New Document" Interface'를 체크하여 설정을 바꿀 수 있습니다.

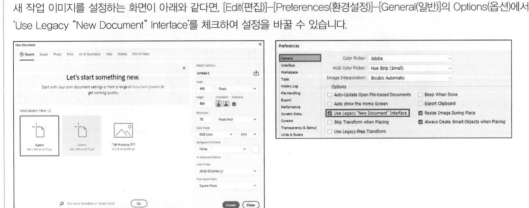

02 [Edit(편집)]–[Preference(환경설정)]($\boxed{\text{Ctrl}}$+$\boxed{\text{K}}$)를 클릭하고 [Guides, Grid & Slices(안내선, 격자 및 분할 영역)]를 선택하여 Grid(격자)의 'Color(색상)'를 클릭하여 밝은 색상으로 변경한 후 'Gridline Every(격자 간격) : 100Pixels(픽셀), Subdivisions(세분) : 1'로 설정합니다.

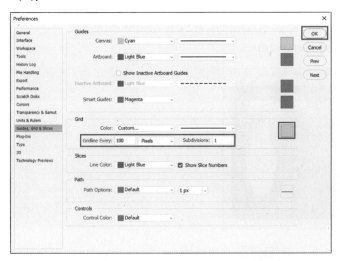

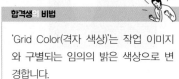

합격생의 비법

'Grid Color(격자 색상)'는 작업 이미지와 구별되는 임의의 밝은 색상으로 변경합니다.

03 [View(보기)]–[Show(표시)]–[Grid(격자)]($\boxed{\text{Ctrl}}$+$\boxed{\text{'}}$)와 [View(보기)]–[Rulers(눈금자)]($\boxed{\text{Ctrl}}$+$\boxed{\text{R}}$)를 선택하여 격자와 눈금자를 표시합니다.

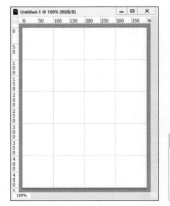

합격생의 비법

Grid(격자)는 작업 이미지 전체에 균일한 격자 간격을 표시하여 전체 레이아웃 설정에 도움을 줍니다.

04 [File(파일)]–[Save As(다른 이름으로 저장)]($\boxed{\text{Shift}}$+$\boxed{\text{Ctrl}}$+$\boxed{\text{S}}$)를 선택한 후 임의 경로에 '파일 이름 : 수험번호-성명-문제번호, 파일 형식 : Photoshop(*.PSD, *.PDD, *.PSDT)'으로 지정하여 파일을 저장합니다.

합격생의 비법

임의 경로에 저장한 파일은 작업을 완료한 후 수정사항 및 오류 발생에 대비하여 저장하는 파일로 감독관 컴퓨터로 전송하지는 않습니다. 최종 답안 파일 전송 후 퇴실 전에 삭제합니다.

⑫ 선택 영역 만들고 복제 및 변형하기

01 [File(파일)]–[Open(열기)]([Ctrl]+[O])을 선택하여 2급-1.jpg를 불러옵니다. [Select(선택)]–
[All(모두)]([Ctrl]+[A])로 이미지 전체를 선택한 후 [Edit(편집)]–[Copy(복사하기)]([Ctrl]+[C])
로 복사합니다. 작업 이미지를 선택하여 [Edit(편집)]–[Paste(붙여넣기)]([Ctrl]+[V])로 붙여넣
고, [Edit(편집)]–[Free Transform(자유 변형)]([Ctrl]+[T])을 클릭하고 [Shift]를 누른 채 조절
점을 드래그하여 크기를 조절하여 배치합니다.

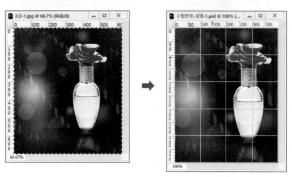

02 Object Selection Tool(개체 선택 도구, 📭)을 클릭하고 Options Bar(옵션 바)에서 'New
Selection(새 선택 영역, ▣), Mode (모드) : Rectangle(사각형)'을 선택하고 향수병 이미지
에 드래그하여 선택합니다.

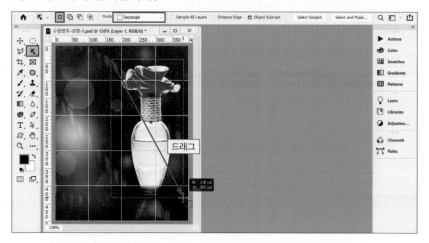

합격생의 비법

Object Selection Tool(개체 선택 도구, 📭)로 드래그하여 주변 이미지와 명확한 차이가 있는 복잡한 이미지의 선택 영역을
지정할 수 있습니다. 선택하려는 이미지 영역 이외의 불필요한 배경 또는 겹쳐져 있는 이미지는 선택 영역으로 지정하지 않습
니다.

---

03 Quick Selection Tool(빠른 선택 도구, 🖌)을 클릭하고 Options Bar(옵션 바)에서 Add to
selection(선택 영역에 추가, 🖌)를 클릭하고 브러시의 크기를 조절한 후 추가로 선택할 부분
에 드래그하여 선택을 추가합니다. Subtract from selection(선택 영역에서 빼기, 🖌)을 클
릭하고 선택에서 제외할 영역에 클릭 또는 드래그하여 선택합니다.

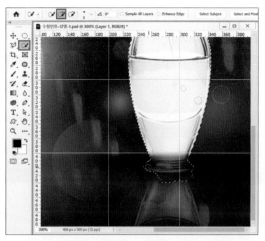
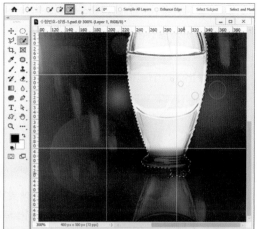

04 Options Bar(옵션 바)에서 'Select and Mask(선택 및 마스크)'를 클릭하고 'Properties(속성)'에서 'Radius(반경) : 1px, Smooth(매끄럽게) : 1'을 설정한 후 브러시의 크기를 조절하여 이미지의 경계 부분을 드래그하고 [OK(확인)]를 클릭합니다.

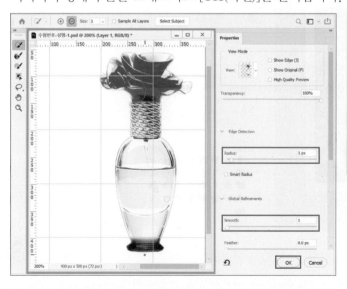
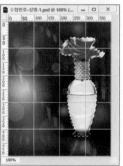

05 [Layer(레이어)]−[New(새로 만들기)]−[Layer Via Copy(복사한 레이어)]($Ctrl$+J)를 클릭하고 레이어를 복사합니다. [Edit(편집)]−[Free Transform(자유 변형)]($Ctrl$+T)을 클릭하고 $Shift$를 누른 채 조절점을 드래그하여 크기를 조절하고 마우스 오른쪽 버튼을 클릭하여 [Flip Horizontal(가로로 뒤집기)]로 뒤집은 후 회전하여 배치하고 $Enter$를 눌러 적용합니다.

합격생의 비법

종횡비에 맞게 크기 조절하기

- $Shift$를 누른 채 조절점을 드래그 합니다.
- Options Bar(옵션 바)의 'Maintain aspect ratio(종횡비 유지), ⊙)'를 클릭한 후 조절점을 드래그 합니다. 또는 W(폭)이나 H(높이) 위에 마우스로 드래그하거나 수치를 입력합니다.

03 모양 생성 및 레이어 스타일 적용

01 Custom Shape Tool(사용자 정의 모양 도구, ⚙)을 클릭하고 Options Bar(옵션 바)에서 'Shape(모양), Fill(칠) : #ff6699, Stroke(획) : No Color(색상 없음)'로 설정한 후 목록 단추에서 [Legacy Shapes and More(레거시 모양 및 기타)]−[All Legacy Default Shapes(모든 레거시 기본 모양)]−[Nature(자연)]를 클릭합니다. 'Flower 7(꽃 7, ✺)'을 클릭한 후 $Shift$를 누르고 모양을 그립니다.

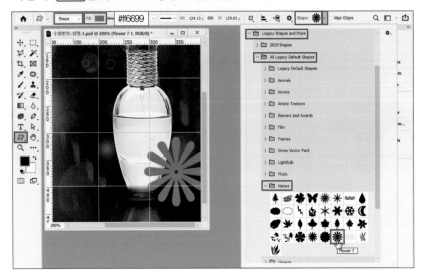

합격생의 비법

제시된 6자리의 색상 코드는 입력 순서대로 2자리씩 동일합니다. '#ff6699'면 'f69'를 입력해도 됩니다.

Legacy Shapes and More(레거시 모양 및 기타)로 이전 버전의 사용자 정의 모양 도구 추가하기

[Window(창)]-[Shapes(모양)]을 클릭하고 Shapes Panel(모양 패널)의 팝업 메뉴에서 'Legacy Shapes and More(레거시 모양 및 기타)'를 클릭하여 이전 버전의 사용자 정의 모양 라이브러리를 추가할 수 있습니다.

Custom Shape Tool(사용자 정의 모양 도구, ⬚)로 모양을 그릴 때는 Shift 를 누른 채 드래그하면 원래 등록된 비율대로 모양을 그릴 수 있습니다.

02 Layers(레이어) 패널 하단에 'Add a layer style(레이어 스타일 추가, fx)'을 클릭하여 [Drop Shadow(그림자)]를 선택하고 'Opacity(불투명도) : 75%, Angle(각도) : 90°, Distance(거리) : 5px, Size(크기) : 5px'로 설정하고 [OK(확인)]를 클릭합니다.

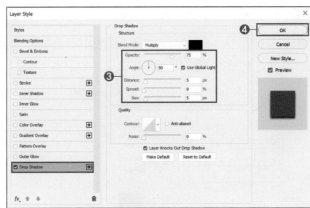

03 [Layer(레이어)]-[New(새로 만들기)]-[Shape Layer Via Copy(복사한 모양 레이어)](Ctrl +J)를 클릭합니다. Layers(레이어) 패널에서 복사한 'Flower 7 1 copy' 레이어의 'Layer thumbnail(레이어 축소판)'을 더블 클릭하여 Color Picker(색상 픽커)에서 'Color(색상) : #ff9999'로 설정한 후 [OK(확인)]를 클릭합니다. [Edit(편집)]-[Free Transform Path(패스 자유 변형)](Ctrl +T)를 클릭하고 조절점 밖을 드래그하여 회전하여 배치합니다.

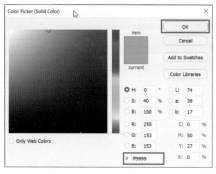

04 Custom Shape Tool(사용자 정의 모양 도구, ⬚)을 클릭하고 Options Bar(옵션 바)에서 'Shape(모양), Fill(칠) : #330033, Stroke(획) : No Color(색상 없음), Shape(모양) : Hedera 3(헤데라 3, ⬚)을 설정한 후 Shift 를 누른 채 드래그하여 모양을 그립니다. Ctrl +T 를 누르고 조절점 밖을 시계 방향으로 드래그하여 회전하고 배치합니다.

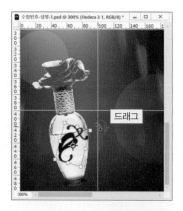

Shape 경로

[Legacy Shapes and More(레거시 모양 및 기타)]-[All Legacy Default Shapes (모든 레거시 기본 모양)]-[Ornaments(장식)]

05 Layers(레이어) 패널 하단의 'Add a layer style(레이어 스타일 추가, fx.)'을 클릭하여 [Bevel & Emboss(경사와 엠보스)]를 선택하고 'Style(스타일) : Inner Bevel(내부 경사), Direction(방향) : Up(위), Size(크기) : 5px'로 설정하고 [OK(확인)]를 클릭합니다.

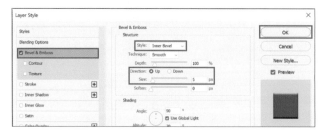

04 문자 입력 및 레이어 스타일 적용

01 Horizontal Type Tool(수평 문자 도구, T)로 작업 이미지를 클릭하고 Options Bar(옵션 바)에서 'Font(글꼴) : 돋움, Set font size(글꼴 크기) : 37pt, Set anti-aliasing method (앤티 앨리어싱 방법 설정) : Strong(강하게), Color(색상) : 임의 색상'으로 설정한 후 향기로운 시간...을 입력합니다.

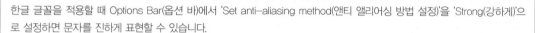

합격생의 비법

한글 글꼴을 적용할 때 Options Bar(옵션 바)에서 'Set anti-aliasing method(앤티 앨리어싱 방법 설정)'을 'Strong(강하게)'으로 설정하면 문자를 진하게 표현할 수 있습니다.

02 Layers(레이어) 패널 하단의 'Add a layer style(레이어 스타일 추가, fx.)'을 클릭하여 [Stroke(획)]를 선택하고 'Size(크기) : 2px, Color(색상) : #000000'으로 설정합니다. 계속해서 [Gradient Overlay(그레이디언트 오버레이)]를 선택하고 'Click to edit the gradient(클릭하여 그레이디언트 편집)'를 클릭합니다. 그레이디언트 슬라이더 왼쪽 하단의 'Color Stop(색상 정지점)'을 더블 클릭하여 #ff66cc를, 오른쪽 'Color Stop(색상 정지점)'을 더블 클릭하여 #ffffcc로 설정한 후 'Style(스타일) : Linear(선형), Angle(각도) : 90°로 설정합니다.

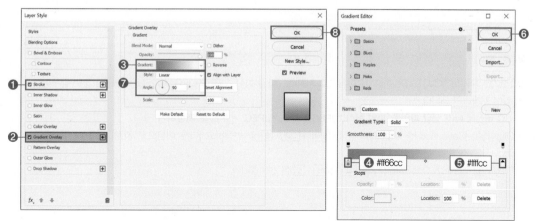

03 [File(파일)]−[Save(저장)]([Ctrl]+[S])를 선택하여 저장합니다.

05 정답 파일 저장

01 [View(보기)]−[Show(표시)]−[Grid(격자)]([Ctrl]+['])를 선택하여 격자를 가립니다.

02 [File(파일)]−[Save As(다른 이름으로 저장)]([Shift]+[Ctrl]+[S])를 선택하고 '저장 위치 : 내 PC₩문서₩GTQ, 파일 이름 : 수험번호−성명−문제번호, 파일 형식 : JPEG(*.JPG, *. JPEG, *.JPE)'를 선택하고 [저장]을 클릭한 후 [JPEG Options(JPEG 옵션)] 대화상자에서 'Quality(품질) : 8'로 설정하고 [OK(확인)]를 클릭합니다.

합격생의 비법

CC 2020 이후 버전에서 [Save As(다른 이름으로 저장)]로 '파일 형식 : JPEG(*.JPG, *.JPEG, *.JPE)'가 없는 경우에는 아래와 같이 저장하면 됩니다.

※ CC 버전에 따라 정답 파일을 '파일 형식 : JPEG(*.JPG, *.JPEG, *.JPE)'로 저장하기

• [File(파일)]−[Save As(다른 이름으로 저장)]([Shift]+[Ctrl]+[S])를 선택하고 [다른 이름으로 저장] 대화상자에서 [Save A Copy(사본 저장)]를 선택합니다.

• [File(파일)]−[Save A Copy(사본 저장)]([Alt]+[Ctrl]+[S])를 선택합니다.

03 [Image(이미지)]-[Image Size(이미지 크기)](Alt+$Ctrl$+I)를 선택하고 'Constrain as-pect ratio(종횡비 제한) : 클릭, Width(폭) : 40Pixels(픽셀), Height(높이) : 50Pixels(픽셀)'로 입력하여 이미지 크기를 1/10로 축소한 후 [OK(확인)]를 클릭합니다.

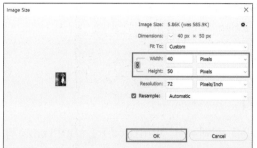 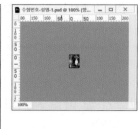

04 [File(파일)]-[Save As(다른 이름으로 저장)]($Shift$+$Ctrl$+S)를 선택하고 '저장 위치 : 내 PC₩문서₩GTQ, 파일 이름 : 수험번호-성명-문제번호, 파일 형식 : Photoshop(*.PSD, *.PDD, *.PSDT)'을 선택하고 [저장]을 클릭합니다.

05 답안 저장이 완료가 되면 [File(파일)]-[Close(닫기)]($Ctrl$+W)를 선택하여 파일을 닫고 수험 프로그램에서 [답안 전송]을 클릭하여 psd와 jpg 파일을 감독관 컴퓨터로 전송합니다.

작업과정	새 작업 이미지 만들기 및 파일 저장하기 ▶ 필터 적용 및 액자 제작 ▶ 이미지 합성 및 색상 보정, 레이어 스타일 적용 ▶ 문자 입력 및 레이어 스타일 적용 ▶ 정답 파일 저장
완성이미지	Part04₩정답파일₩수험번호−성명−2.jpg, 수험번호−성명−2.psd

01 새 작업 이미지 만들기 및 파일 저장하기

01 [File(파일)]−[New(새로 만들기)]([Ctrl]+[N])를 선택하고 'Width(폭) : 400Pixels(픽셀), Height(높이) : 500Pixels(픽셀), Resolution(해상도) : 72Pixels/Inch(픽셀/인치), Color Mode(색상 모드) : RGB Color(RGB 색상), 8bit(비트), Background Contents(배경 내용) : White(흰색)'로 설정하여 새 작업 이미지를 만듭니다.

02 [Edit(편집)]−[Preference(환경설정)]([Ctrl]+[K])−[Guides, Grid & Slices(안내선, 격자 및 분할 영역)]를 선택하고 Grid(격자)의 'Color(색상)'를 클릭하여 밝은 색상으로 변경한 후 'Gridline Every(격자 간격) : 100Pixels(픽셀), Subdivisions(세분) : 1'로 설정합니다.

03 [View(보기)]−[Show(표시)]−[Grid(격자)]([Ctrl]+[']) 와 [View(보기)]−[Rulers(눈금자)] ([Ctrl]+[R])를 선택하여 격자와 눈금자를 표시합니다.

04 작업 도큐먼트를 저장하기 위해 [File(파일)]−[Save As(다른 이름으로 저장)]([Shift]+[Ctrl]+ [S])를 선택하고 임의 경로에 '파일 이름 : 수험번호−성명−문제번호, 파일 형식 : Photoshop (*.PSD, *.PDD, *.PSDT)'으로 파일을 저장합니다.

합격생의 비법

작업 중 발생할 수 있는 에러나 시스템 오류에 대비하여 [Ctrl]+[S]를 수시로 눌러 저장합니다.

02 필터 적용 및 액자 제작

01 [File(파일)]−[Open(열기)]([Ctrl]+[O])을 선택하여 2급−2.jpg를 불러옵니다. [Ctrl]+[A]를 눌러 전체를 선택한 후 [Ctrl]+[C]를 눌러 복사하고, 작업 이미지를 선택하여 [Ctrl]+[V]로 붙여넣기를 합니다. [Ctrl]+[T]를 누르고 [Shift]를 누른 채 조절점을 드래그하여 크기를 조절한 후 배치합니다.

02 [Layer(레이어)]−[New(새로 만들기)]−[Layer Via Copy(복사한 레이어)]([Ctrl]+[J])를 클릭하고 레이어를 복사합니다.

03 [Filter(필터)]−[Filter Gallery(필터 갤러리)]−[Texture(텍스처)]−[Patchwork(패치워크/이어붙이기)]를 선택합니다.

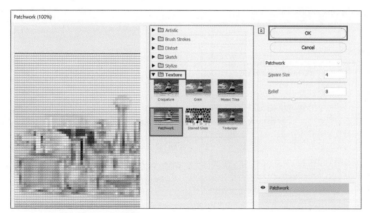

04 위쪽의 눈금자에서 아래로 드래그하여 작업 이미지의 세로 중앙인 250px의 위치에 안내선을 표시합니다.

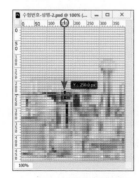

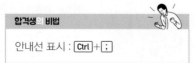

05 Rectangular Marquee Tool(사각형 선택 윤곽 도구,)을 클릭하고 Options Bar(옵션 바)에서 'New selection(새 선택 영역, ▣), Feather(페더) : 0px, Style(스타일) : Fixed Size (크기 고정), Width(폭) : 280px, Height(높이) : 420px'로 설정합니다.

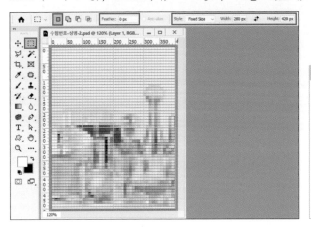

합격생의 비법

- 액자 프레임의 간격은 따로 제시되지 않습니다. 문제지 《출력형태》의 눈금자를 참조하여 제시된 액자 프레임의 간격을 설정합니다.
- 'Style(스타일)'을 'Fixed Size(사이즈 고정)'로 설정한 후 상하좌우 각각의 간격인 60px, 40px씩을 뺀 나머지 수치를 'Width(폭)'와 'Height(높이)'에 직접 입력합니다.

06 제시된 액자의 프레임을 만들기 위해서 격자와 안내선을 참고하여 Alt 를 누르고 작업 이미지의 중앙에 클릭하여 직사각형 모양으로 선택합니다.

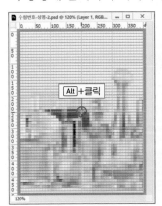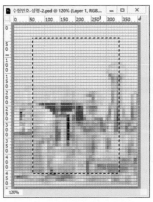

합격생의 비법

Alt 를 누르고 작업 이미지의 중앙을 클릭하면 작업 이미지의 중앙에서부터 선택이 가능합니다.

07 [Select(선택)]-[Modify(수정)]-[Smooth(매끄럽게)]를 클릭하여 'Sample Radius(샘플 반경) : 8pixels(픽셀)'을 설정하고 [OK(확인)]를 클릭하여 모서리를 둥글게 합니다. Delete 를 눌러 선택된 이미지를 삭제하고 프레임을 만듭니다.

합격생의 비법

'Sample Radius(샘플 반경)'은 따로 제시되지 않습니다. 눈금자를 참고하여 적용하고, 결과가 다를 경우는 Ctrl + Z 로 작업 과정을 되돌린 후 다시 변경하여 적용합니다.

08 [Edit(편집)]–[Stroke(획)]를 클릭하여 'Width(폭) : 5px, Color(색상) : #ff0066, Location(위치) : Inside(안쪽), Mode(모드) : Normal(표준), Opacity(불투명도) : 100%, Preserve Transparency(투명도 유지) : 체크 해제'를 설정하고 [OK(확인)]를 클릭하여 안쪽 테두리를 적용합니다.

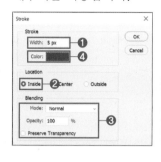
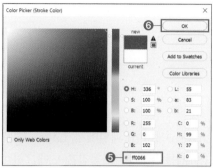
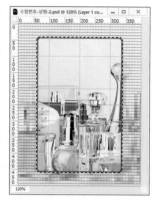

09 Ctrl + D 를 눌러 선택을 해제하고 Layers(레이어) 패널 하단의 'Add a layer style(레이어 스타일 추가, fx)'을 클릭하여 [Drop Shadow (그림자)]를 선택하고 'Opacity(불투명도) : 75%, Angle(각도) : 120°, Distance(거리) : 5px, Size (크기) : 5px'로 설정하고 [OK(확인)]를 클릭합니다.

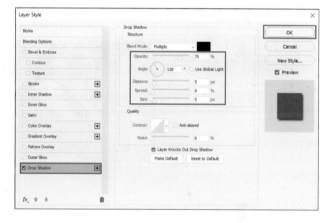

⑱ 이미지 합성 및 색상 보정, 레이어 스타일 적용

01 [File(파일)]–[Open(열기)](Ctrl + O)을 선택하여 2급-3.jpg를 불러온 후 Magic Wand Tool(자동 선택 도구, 🪄)을 클릭하고 Options Bar(옵션 바)에서 'Add to selection(선택 영역에 추가, 🔲), Tolerance(허용치) : 32'를 설정하고 배경 부분을 여러 차례 클릭하여 선택합니다.

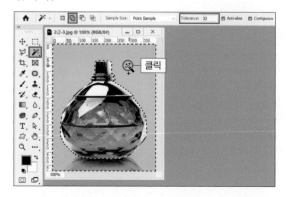

02 [Select(선택)]–[Inverse(선택 반전)]($\boxed{\text{Shift}}$+$\boxed{\text{Ctrl}}$+$\boxed{\text{I}}$)를 클릭한 후 $\boxed{\text{Ctrl}}$+$\boxed{\text{C}}$를 눌러 복사합니다.

03 작업 이미지를 클릭하고 Layers(레이어) 패널에서 'Layer 1'을 클릭합니다. $\boxed{\text{Ctrl}}$+$\boxed{\text{V}}$로 붙여넣은 후 $\boxed{\text{Ctrl}}$+$\boxed{\text{T}}$를 누르고 $\boxed{\text{Shift}}$를 누른 채 조절점을 드래그하여 크기를 조절하고 배치합니다.

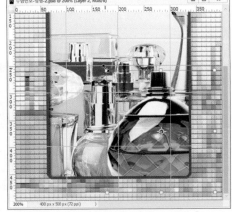

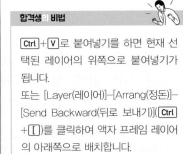

합격생의 비법

$\boxed{\text{Ctrl}}$+$\boxed{\text{V}}$로 붙여넣기를 하면 현재 선택된 레이어의 위쪽으로 붙여넣기가 됩니다.
또는 [Layer(레이어)]–[Arrang(정돈)]–[Send Backward(뒤로 보내기)]($\boxed{\text{Ctrl}}$+$\boxed{\text{[}}$)를 클릭하여 액자 프레임 레이어의 아래쪽으로 배치합니다.

04 Layers(레이어) 패널 하단의 'Add a layer style(레이어 스타일 추가, $\boxed{fx.}$)'을 클릭하여 [Drop Shadow(그림자)]를 선택하고 'Opacity(불투명도) : 75%, Angle(각도) : 120°, Distance(거리) : 10px, Size(크기) : 5px'로 설정하고 [OK(확인)]를 클릭합니다.

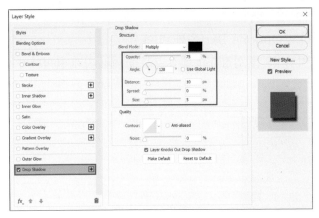

05 Layers(레이어) 패널에서 'Layer 2' 레이어의 'Layer thumbnail(레이어 축소판)'을 [Ctrl]을 누르고 클릭하여 향수병 이미지를 빠르게 선택합니다.

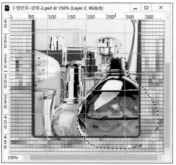

합격생의 비법

Layers(레이어) 패널에서 'Layer thumbnail(레이어 축소판)'을 [Ctrl]을 누르고 클릭하면 레이어의 투명 영역을 제외한 픽셀로 채워진 이미지만을 빠르게 선택할 수 있습니다.

06 Rectangular Marquee Tool(사각형 선택 윤곽 도구, [ ])을 클릭하고 Options Bar(옵션 바)에서 'Subtract from selection(선택 영역에서 빼기, [ ]), Feather(페더) : 0px, Style(스타일) : Normal(표준)'을 설정하고 향수병의 상단 부분에 드래그합니다.

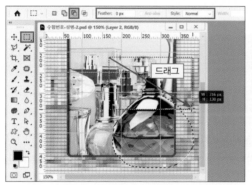
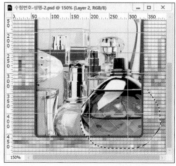

합격생의 비법

• Subtract from selection(선택 영역 빼기, [ ])은 이미 선택된 이미지 영역에서 특정 영역의 선택을 빼고자 할 때 사용합니다.
• 선택 연산의 다른 설정에서도 [Alt]를 누르고 드래그하여 선택 영역을 뺄 수 있습니다.

07 Layers(레이어) 패널 하단의 'Create new fill or adjustment layer(새 칠 또는 조정 레이어 생성, [ ])'를 클릭하고 [Hue/Saturation(색조/채도)]을 선택합니다. Properties(속성) 패널에서 'Colorize(색상화) : 체크, Hue(색조) : 320, Saturation(채도) : 95, Lightness(명도) : −10'으로 설정하여 자주색 계열로 색상을 보정합니다.

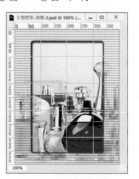

08 [File(파일)]−[Open(열기)]([Ctrl]+[O])을 선택하여 2급−4.jpg를 불러온 후, Object Selection Tool(개체 선택 도구, [⟲])을 클릭하고 Options Bar(옵션 바)에서 'New Selection(새 선택 영역, [▣]), Mode(모드) : Rectangle(사각형)'을 선택하고 장미 이미지에 드래그하여 선택한 후, [Ctrl]+[C]를 눌러 복사합니다.

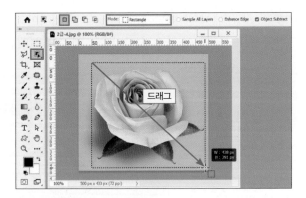

09 작업 이미지를 클릭한 후, Layers(레이어) 패널에서 'Layer 1 copy' 레이어를 클릭합니다. [Ctrl]+[V]로 붙여넣은 후 [Ctrl]+[T]를 누르고 [Shift]를 누른 채 드래그하여 크기를 조절하고 회전하여 배치합니다.

 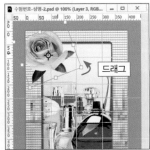

10 Layers(레이어) 패널 하단의 'Add a layer style(레이어 스타일 추가, [fx.])'을 클릭하여 [Drop Shadow(그림자)]를 선택하고 'Distance(거리) : 5px, Size(크기) : 5px'로 설정하고 [OK(확인)]를 클릭합니다.

04 문자 입력 및 레이어 스타일 적용

01 Horizontal Type Tool(수평 문자 도구, [T])로 작업 이미지를 클릭하고 Options Bar(옵션 바)에서 'Font(글꼴) : 바탕, Set font size(글꼴 크기) : 25pt, Set anti−aliasing method (앤티 앨리어싱 방법 설정) : Strong(강하게), Center text(텍스트 중앙 정렬, [▦]), Color(색상) : #000000'으로 설정한 후 진한 향의 결정 EAU DE PARFUM을 입력합니다.

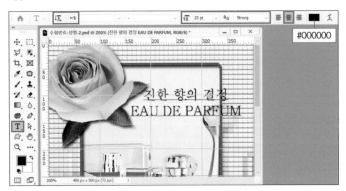

02 Options Bar(옵션 바)에서 Create warped text(뒤틀어진 텍스트 만들기, 工)를 클릭하여 [Warp Text(텍스트 뒤틀기)] 대화상자에서 'Style(스타일) : Rise(상승), Horizontal(가로) : 체크, Bend(구부리기) : 70%'를 설정하여 문자의 모양을 왜곡합니다.

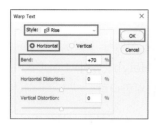 

03 Layers(레이어) 패널 하단의 'Add a layer style(레이어 스타일 추가, fx.)'을 클릭하여 [Stroke(획)]를 선택하여 'Size(크기) : 2px, Color(색상) : #cc9999'로 설정합니다.

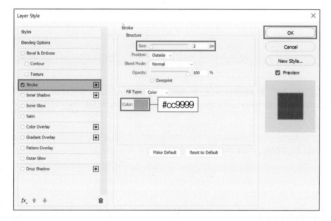

04 [File(파일)]-[Save(저장)]((Ctrl)+(S))를 선택하여 파일을 저장합니다.

05 정답 파일 저장

01 [View(보기)]-[Show(표시)]-[Grid(격자)]((Ctrl)+(')와 [Guides(안내선)]((Ctrl)+(;))를 각각 선택하여 격자와 안내선을 가립니다.

02 [File(파일)]−[Save As(다른 이름으로 저장)]([Shift]+[Ctrl]+[S])를 선택하고 '저장 위치 : 내 PC₩문서₩GTQ, 파일 이름 : 수험번호−성명−문제번호, 파일 형식 : JPEG(*.JPG, *.JPEG, *.JPE)'를 선택하고 [저장]을 클릭한 후 [JPEG Options(JPEG 옵션)] 대화상자에서 'Quality(품질) : 8'로 설정하고 [OK(확인)]를 클릭합니다.

03 [Image(이미지)]−[Image Size(이미지 크기)]([Alt]+[Ctrl]+[I])를 선택하고 'Constrain aspect ratio(종횡비 제한) : 클릭, Width(폭) : 40Pixels(픽셀), Height(높이) : 50Pixels(픽셀)'로 입력하여 이미지 크기를 1/10로 축소한 후 [OK(확인)]를 클릭합니다.

04 [File(파일)]−[Save As(다른 이름으로 저장)]([Shift]+[Ctrl]+[S])를 선택하고 '저장 위치 : 내 PC₩문서₩GTQ, 파일 이름 : 수험번호−성명−문제번호, 파일 형식 : Photoshop(*.PSD, *.PDD, *.PSDT)'을 선택하고 [저장]을 클릭합니다.

05 답안 저장이 완료가 되면 [File(파일)]−[Close(닫기)]([Ctrl]+[W])를 선택하여 파일을 닫고 수험 프로그램에서 [답안 전송]을 클릭하여 psd와 jpg 파일을 감독관 컴퓨터로 전송합니다.

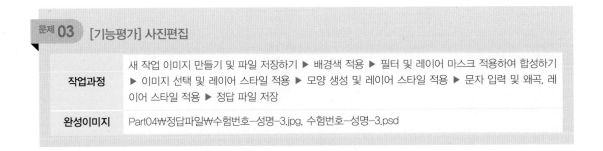

문제 **03**	[기능평가] 사진편집
작업과정	새 작업 이미지 만들기 및 파일 저장하기 ▶ 배경색 적용 ▶ 필터 및 레이어 마스크 적용하여 합성하기 ▶ 이미지 선택 및 레이어 스타일 적용 ▶ 모양 생성 및 레이어 스타일 적용 ▶ 문자 입력 및 왜곡, 레이어 스타일 적용 ▶ 정답 파일 저장
완성이미지	Part04₩정답파일₩수험번호−성명−3.jpg, 수험번호−성명−3.psd

ⓞ 새 작업 이미지 만들기 및 파일 저장하기

01 [File(파일)]−[New(새로 만들기)]([Ctrl]+[N])를 선택하고 'Width(폭) : 600Pixels(픽셀), Height(높이) : 400Pixels(픽셀), Resolution(해상도) : 72Pixels/Inch(픽셀/인치), Color Mode(색상 모드) : RGB Color(RGB 색상), 8bit(비트), Background Contents(배경 내용) : White(흰색)'로 설정하여 새 작업 이미지를 만듭니다.

02 [Edit(편집)]−[Preference(환경설정)]([Ctrl]+[K])−[Guides, Grid & Slices(안내선, 격자 및 분할 영역)]를 선택하고 Grid(격자)의 'Color(색상)'를 클릭하여 밝은 색상으로 변경한 후 'Gridline Every(격자 간격) : 100Pixels(픽셀), Subdivisions(세분) : 1'로 설정합니다.

03 [View(보기)]−[Show(표시)]−[Grid(격자)]([Ctrl]+[ˈ])와 [View(보기)]−[Rulers(눈금자)]([Ctrl]+[R])를 선택하여 격자와 눈금자를 표시합니다.

04 작업 도큐먼트를 저장하기 위해 [File(파일)]-[Save As(다른 이름으로 저장)]([Shift]+[Ctrl]+[S])를 선택하고 임의 경로에 '파일 이름 : 수험번호-성명-문제번호, 파일 형식 : Photoshop (*.PSD, *.PDD, *.PSDT)'으로 파일을 저장합니다.

합격생의 비법

작업 중 발생할 수 있는 에러나 시스템 오류에 대비하여 [Ctrl]+[S]를 수시로 눌러 저장합니다.

02 배경색 적용

01 Tool Panel(도구 패널) 하단의 'Set foreground color(전경색 설정)'를 클릭하여 #ccccff로 설정하고 [Alt]+[Delete]를 눌러 이미지의 배경을 채웁니다.

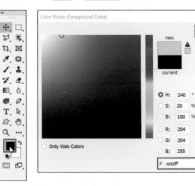

합격생의 비법

Foreground Color(전경색)를 불투명하게 채우기는 [Alt]+[Delete]를, Background Color(배경색)는 [Ctrl]+[Delete]를 눌러 빠르게 채울 수 있습니다.

03 필터 및 레이어 마스크 적용하여 합성하기

01 [File(파일)]-[Open(열기)]([Ctrl]+[O])을 선택하여 2급-5.jpg를 불러옵니다. [Ctrl]+[A]를 눌러 전체를 선택한 후 [Ctrl]+[C]를 눌러 복사하고, 작업 이미지를 선택하여 [Ctrl]+[V]로 붙여넣기를 합니다. [Ctrl]+[T]를 누르고 [Shift]를 누른 채 조절점을 드래그하여 크기를 조절한 후 배치합니다.

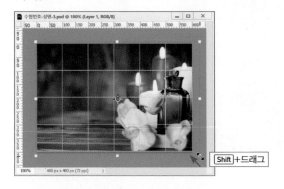

02 [Filter(필터)]–[Filter Gallery(필터 갤러리)]–[Texture(텍스처)]–[Texturizer(텍스처화)]
를 선택합니다.

03 Layers(레이어) 패널에서 하단의 'Add layer mask(레이어 마스크 추가, )'를 클릭하여 레이어 마스크를 추가합니다.

04 Gradient Tool(그레이디언트 도구, 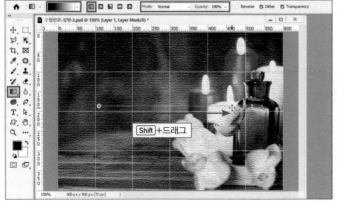)을 클릭하고 Options Bar(옵션 바)에서 'Click to open Gradient picker(클릭하여 그레이디언트 픽커 열기)'를 클릭합니다. Presets(사전 설정)에서 Basics(기본 사항)을 클릭하여 확장하고 Black, White(검정, 흰색)를 클릭한 후 [OK(확인)]을 합니다. 'Type(유형) : Linear Gradient(선형 그레이디언트), Mode(모드) : Normal (표준), Opacity(불투명도) : 100%'로 설정한 후 Shift 를 누르고 왼쪽에서 오른쪽으로 드래그합니다.

05 레이어 마스크를 적용하여 이미지의 일부를 자연스럽게 지워 합성합니다.

④ 이미지 선택 및 레이어 스타일 적용

01 [File(파일)]-[Open(열기)]([Ctrl]+[O])을 선택하여 2급-6.jpg를 불러온 후, Polygonal Lasso Tool(다각형 올가미 도구, ☒)을 선택하고 제시된 모양대로 리본 이미지의 경계면에 클릭하여 선택하고 [Ctrl]+[C]로 복사합니다.

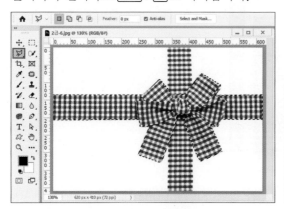

02 작업 이미지를 선택하여 [Ctrl]+[V]로 붙여넣고 [Ctrl]+[T]로 [Shift]를 누른 채 크기를 조절하고 그림과 같이 회전하여 배치합니다.

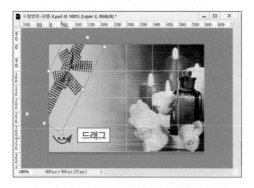

드래그

03 Layers(레이어) 패널 하단의 'Add a layer style(레이어 스타일 추가, *fx.*)'을 클릭하여 [Bevel & Emboss(경사와 엠보스)]를 선택하고 'Style(스타일) : Inner Bevel(내부 경사), Direction(방향) : Up(위로), Size(크기) : 5px'로 설정하고 [OK(확인)]를 클릭합니다.

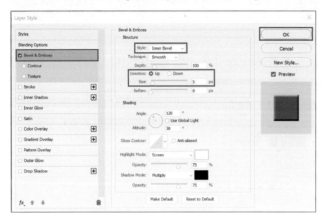

04 [File(파일)]−[Open(열기)]([Ctrl]+[O])을 선택하여 2급−7.jpg를 불러옵니다. Object Selection Tool(개체 선택 도구, 🔲)을 클릭하고 Options Bar(옵션 바)에서 'New Selection(새 선택 영역, ▣), Mode(모드) : Rectangle(사각형)'을 선택하고 이미지에 드래그하여 선택합니다.

05 Quick Selection Tool(빠른 선택 도구, 🖌)을 클릭하고 Options Bar(옵션 바)에서 Add to selection(선택 영역에 추가, 🖌)를 설정한 후 브러시의 크기를 조절하며 드래그하여 나머지 이미지 영역도 선택한 후 [Ctrl]+[C]로 복사합니다.

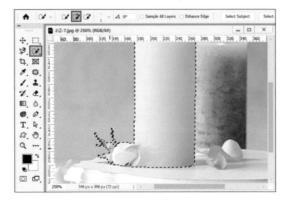

06 작업 이미지를 선택하여 [Ctrl]+[V]로 붙여넣고 [Ctrl]+[T]를 누르고 [Shift]를 누른 채 조절점을 드래그하여 크기를 축소하여 배치합니다.

07 Layers(레이어) 패널 하단의 'Add a layer style(레이어 스타일 추가, [fx])'을 클릭하여 [Drop Shadow(그림자)]를 선택하고 'Opacity(불투명도) : 75%, Angle(각도) : 120°, Distance (거리) : 7px, Size(크기) : 7px'로 설정하고 [OK(확인)]를 클릭합니다.

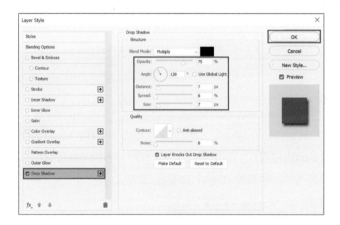

08 [File(파일)]−[Open(열기)]([Ctrl]+[O])을 선택하여 2급−8.jpg를 불러온 후, Quick Selection Tool(빠른 선택 도구, [브러시])을 클릭하고 Options Bar(옵션 바)에서 Add to selection(선택 영역에 추가, [브러시])를 설정한 후 브러시의 크기를 조절하며 드래그하여 선택한 후 [Ctrl]+[C]로 복사합니다.

09 작업 이미지를 선택하여 `Ctrl`+`V`로 붙여넣고 `Ctrl`+`T`를 누른 후 마우스 오른쪽 버튼을 클릭하여 [Flip Horizontal(가로로 뒤집기)]로 뒤집고 `Shift`를 누른 채 드래그하여 크기 조절 및 회전하여 배치합니다.

10 Layers(레이어) 패널 하단의 'Add a layer style(레이어 스타일 추가, `fx.`)'을 클릭하여 [Inner Glow(내부 광선)]를 선택하고 'Opacity(불투명도) : 75%, Size(크기) : 24px'로 설정하고 [OK(확인)]를 클릭합니다.

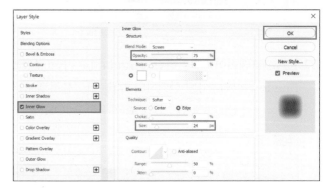

05 모양 생성 및 레이어 스타일 적용

01 Custom Shape Tool(사용자 정의 모양 도구, `⬬`)을 클릭하고 Options Bar(옵션 바)에서 'Shape(모양), Fill(칠) : #ff9999, Stroke(획) : No Color(색상 없음), Shape(모양) : Leaf 3(나뭇잎 3, `●`)'을 설정한 후 `Shift`를 누른 채 드래그하여 모양을 그립니다.

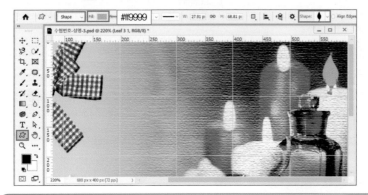

> **Shape 경로**
>
> [Legacy Shapes and More(레거시 모양 및 기타)]-[All Legacy Default Shapes(모든 레거시 기본 모양)]-[Nature(자연)]

02 Layers(레이어) 패널 하단의 'Add a layer style(레이어 스타일 추가, `fx.`)'을 클릭하여 [Drop Shadow(그림자)]를 선택하고 'Opacity(불투명도) : 75%, Angle(각도) : 120°, Distance(거리) : 5px, Size(크기) : 5px'로 설정하고 [OK(확인)]를 클릭합니다.

03 Custom Shape Tool(사용자 정의 모양 도구, 🔊)을 클릭하고 Options Bar(옵션 바)에서 'Shape(모양), Fill(칠) : 임의 색상, Stroke(획) : No Color(색상 없음), Shape(모양) : Ornament 5(장식 5, 👑)'를 설정한 후 Shift 를 누른 채 드래그하여 모양을 그립니다.

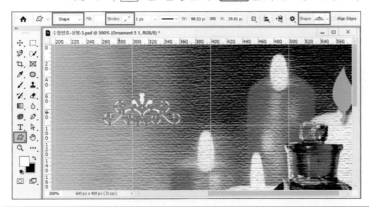

Shape 경로

[Legacy Shapes and More(레거시 모양 및 기타)]-[All Legacy Default Shapes(모든 레거시 기본 모양)]-[Ornaments (장식)]

04 Layers(레이어) 패널 하단의 'Add a layer style(레이어 스타일 추가, 🔲)'을 클릭하여 [Stroke(획)]를 선택하고 'Size(크기) : 2px, Color(색상) : #ffffff'로 설정합니다. 계속해서 [Gradient Overlay(그레이디언트 오버레이)]를 선택하고 'Click to edit the gradient(클릭 하여 그레이디언트 편집)'를 클릭합니다. 그레이디언트 슬라이더 왼쪽 하단의 'Color Stop(색 상 정지점)'을 더블 클릭하여 #333366을, 오른쪽 'Color Stop(색상 정지점)'을 더블 클릭하여 #ffcc99로 설정한 후 'Style(스타일) : Linear(선형), Angle(각도) : 90°'로 설정합니다.

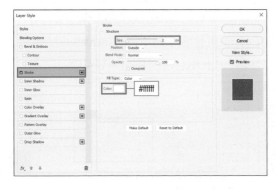 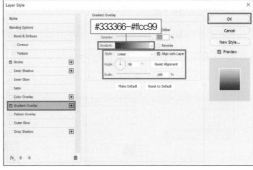

06 문자 입력 및 레이어 스타일 적용

01 Horizontal Type Tool(수평 문자 도구, T)로 작업 이미지를 클릭하고 Options Bar(옵션 바)에서 'Font(글꼴) : 바탕, Set font size(글꼴 크기) : 25pt, Set anti-aliasing method (앤티 앨리어싱 방법 설정) : Strong(강하게), Color(색상) : #ffffcc'로 설정한 후 향기 가득 한 이야기를 담아요!를 입력합니다.

02 Options Bar(옵션 바)에서 Create warped text(뒤틀어진 텍스트 만들기, 🔲)를 클릭하고 [Warp Text(텍스트 뒤틀기)] 대화상자에서 'Style(스타일) : Arch(아치), Horizontal(가로) : 체크, Bend(구부리기) : 25%'를 설정하여 문자의 모양을 왜곡합니다.

 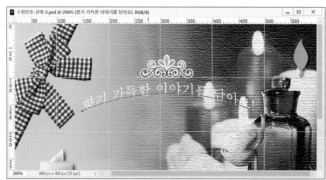

03 Layers(레이어) 패널 하단의 'Add a layer style(레이어 스타일 추가, 🔲)'을 클릭하여 [Stroke(획)]를 선택하고 'Size(크기) : 2px, Color(색상) : #660066'으로 설정합니다. 계속 해서 Drop Shadow(드롭 섀도)를 선택하고 'Opacity(불투명도) : 75%, Angle(각도) : 120°, Distance(거리) : 5px, Size(크기) : 5px'로 설정하고 [OK(확인)]를 클릭합니다.

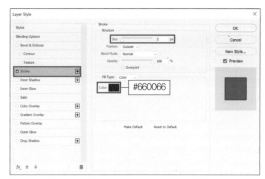 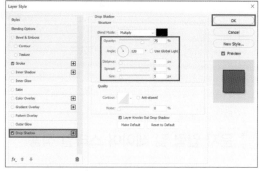

04 Horizontal Type Tool(수평 문자 도구, 🔲)로 작업 이미지를 클릭하고 Options Bar(옵션 바)에서 'Font(글꼴) : Arial, Set font style(글꼴 스타일 설정) : Regular, Set font size(글꼴 크기) : 38pt, Color(색상) : 임의 색상'으로 설정한 후 CANDLE STORY를 입력 합니다.

05 Options Bar(옵션 바)에서 Create warped text(뒤틀어진 텍스트 만들기, 😈)를 클릭하고 [Warp Text(텍스트 뒤틀기)] 대화상자에서 'Style(스타일) : Bulge(돌출), Horizontal(가로) : 체크, Bend(구부리기) : 30%'를 설정하여 문자의 모양을 왜곡합니다.

06 Layers(레이어) 패널 하단의 'Add a layer style(레이어 스타일 추가, 😈)'을 클릭하여 [Stroke(획)]를 선택하고 'Size(크기) : 2px, Color(색상) : #660000'으로 설정합니다. 계속해서 [Gradient Overlay(그레이디언트 오버레이)]를 선택하고 'Click to edit the gradient (클릭하여 그레이디언트 편집)'를 클릭합니다. 그레이디언트 슬라이더 왼쪽 하단의 'Color Stop(색상 정지점)'을 더블 클릭하여 #663399를, 오른쪽 'Color Stop(색상 정지점)'을 더블 클릭하여 #ffffff로 설정한 후 'Style(스타일) : Linear(선형), Angle(각도) : 90°'로 설정합니다.

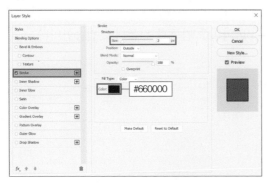

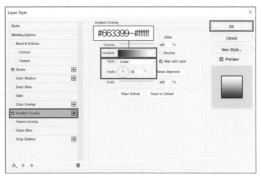

07 [File(파일)]-[Save(저장)](Ctrl+S)를 선택하여 파일을 저장합니다.

07 정답 파일 저장

01 [View(보기)]−[Show(표시)]−[Grid(격자)]([Ctrl]+['])를 선택하여 격자를 가립니다.

02 [File(파일)]−[Save As(다른 이름으로 저장)]([Shift]+[Ctrl]+[S])를 선택하고 '저장 위치 : 내 PC₩문서₩GTQ, 파일 이름 : 수험번호−성명−문제번호, 파일 형식 : JPEG(*.JPG, *. JPEG, *.JPE)'를 선택하고 [저장]을 클릭한 후 [JPEG Options(JPEG 옵션)] 대화상자에서 'Quality(품질) : 8'로 설정하고 [OK(확인)]를 클릭합니다.

합격생의 비법

CC 2020 이후 버전에서 [Save As(다른 이름으로 저장)]로 '파일 형식 : JPEG(*.JPG, *.JPEG, *.JPE)'가 없는 경우에는 아래와 같이 저장하면 됩니다.

※ CC 버전에 따라 정답 파일을 '파일 형식 : JPEG(*.JPG, *.JPEG, *.JPE)'로 저장하기

• [File(파일)]−[Save As(다른 이름으로 저장)]([Shift]+[Ctrl]+[S])를 선택하고 [다른 이름으로 저장] 대화상자에서 [Save A Copy(사본 저장)]를 선택합니다.
• [File(파일)]−[Save A Copy(사본 저장)]([Alt]+[Ctrl]+[S])를 선택합니다.

---

03 [Image(이미지)]−[Image Size(이미지 크기)]([Alt]+[Ctrl]+[I])를 선택하고 'Constrain aspect ratio(종횡비 제한) : 클릭, Width(폭) : 60Pixels(픽셀), Height(높이) : 40Pixels(픽셀)'로 입력하여 이미지 크기를 1/10로 축소한 후 [OK(확인)]를 클릭합니다.

04 [File(파일)]−[Save As(다른 이름으로 저장)]([Shift]+[Ctrl]+[S])를 선택하고 '저장 위치 : 내 PC₩문서₩GTQ, 파일 이름 : 수험번호−성명−문제번호, 파일 형식 : Photoshop(*.PSD, *.PDD, *.PSDT)'을 선택하고 [저장]을 클릭합니다.

05 답안 저장이 완료가 되면 [File(파일)]−[Close(닫기)]([Ctrl]+[W])를 선택하여 파일을 닫고 수험 프로그램에서 [답안 전송]을 클릭하여 psd와 jpg 파일을 감독관 컴퓨터로 전송합니다.

작업과정	새 작업 이미지 만들기 및 파일 저장하기 ▶ 필터 적용하기 ▶ 이미지 선택 및 레이어 스타일 적용 ▶ 모양 생성 및 필터와 클리핑 마스크 적용 ▶ 불투명도 조절하여 합성 ▶ 모양 생성 및 레이어 스타일 적용 ▶ 문자 입력 및 왜곡, 레이어 스타일 적용 ▶ 정답 파일 저장
완성이미지	Part04₩정답파일₩수험번호-성명-4.jpg, 수험번호-성명-4.psd

01 새 작업 이미지 만들기 및 파일 저장하기

01 [File(파일)]-[New(새로 만들기)]([Ctrl]+[N])를 선택하고 'Width(폭) : 600Pixels(픽셀), Height(높이) : 400Pixels(픽셀), Resolution(해상도) : 72Pixels/Inch(픽셀/인치), Color Mode(색상 모드) : RGB Color(RGB 색상), 8bit(비트), Background Contents(배경 내용) : White(흰색)'로 설정하여 새 작업 이미지를 만듭니다.

02 [Edit(편집)]-[Preference(환경설정)]([Ctrl]+[K])-[Guides, Grid & Slices(안내선, 격자 및 분할 영역)]를 선택하고 Grid(격자)의 'Color(색상)'를 클릭하여 밝은 색상으로 변경한 후 'Gridline Every(격자 간격) : 100Pixels(픽셀), Subdivisions(세분) : 1'로 설정합니다.

03 [View(보기)]-[Show(표시)]-[Grid(격자)]([Ctrl]+['])와 [View(보기)]-[Rulers(눈금자)]([Ctrl]+[R])를 선택하여 격자와 눈금자를 표시합니다.

04 작업 도큐먼트를 저장하기 위해 [File(파일)]-[Save As(다른 이름으로 저장)]([Shift]+[Ctrl]+[S])를 선택하고 임의 경로에 '파일 이름 : 수험번호-성명-문제번호, 파일 형식 : Photoshop (*.PSD, *.PDD, *.PSDT)'으로 파일을 저장합니다.

합격생의 비법

작업 중 발생할 수 있는 에러나 시스템 오류에 대비하여 [Ctrl]+[S]를 수시로 눌러 저장합니다.

02 필터 적용하기

01 [File(파일)]-[Open(열기)]([Ctrl]+[O])을 선택하여 2급-9.jpg를 불러옵니다. [Ctrl]+[A]를 눌러 전체를 선택한 후 [Ctrl]+[C]를 눌러 복사하고, 작업 이미지를 선택하여 [Ctrl]+[V]로 붙여넣기를 합니다. [Ctrl]+[T]를 누르고 [Shift]를 누른 채 조절점을 드래그하여 크기를 조절하여 배치합니다.

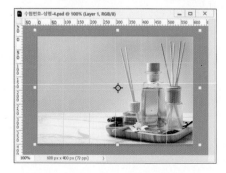

02 [Filter(필터)]−[Filter Gallery(필터 갤러리)]−[Artistic(예술 효과)]−[Dry Brush(드라이 브러시)]를 선택합니다.

03 이미지 선택 및 레이어 스타일 적용

01 [File(파일)]−[Open(열기)]([Ctrl]+[O])을 선택하여 2급−10.jpg를 불러옵니다. Rectangular Marquee Tool(사각형 선택 윤곽 도구, [□])을 클릭하고 Options Bar(옵션 바)에서 'New Selection(새 선택 영역, [□]), Feather(페더) : 0px'을 설정한 후 나비 이미지를 드래그하여 선택합니다.

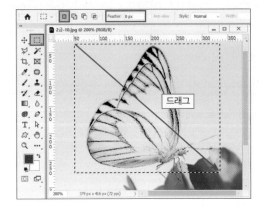

02 Magic Wand Tool(자동 선택 도구, [✦])을 클릭한 후 Options Bar(옵션 바)에서 Subtract from selection(선택 영역에서 빼기, [□])을 클릭하고 선택에서 제외할 배경 부분을 여러 번 클릭하여 선택을 완료한 후 [Ctrl]+[C]를 눌러 복사합니다.

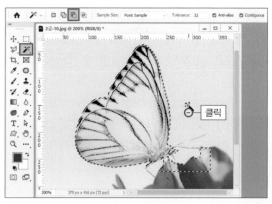

03 작업 이미지에 Ctrl+V로 붙여넣기를 합니다. Ctrl+T를 누르고 Shift를 누른 채 드래그하여 크기를 조절한 후 마우스 오른쪽 버튼을 누르고 [Flip Horizontal(가로로 뒤집기)]로 뒤집고 조절점 밖을 드래그하여 회전하여 배치합니다.

04 Layers(레이어) 패널 하단의 'Add a layer style(레이어 스타일 추가, fx.)'을 클릭하여 [Bevel & Emboss(경사와 엠보스)]를 선택하고 'Style(스타일) : Inner Bevel(내부 경사), Direction(방향) : Up(위), Size(크기) : 5px'로 설정합니다. 계속해서 [Drop Shadow(드롭 섀도)]를 선택하고 'Opacity(불투명도) : 75%, Angle(각도) : 90°, Distance(거리) : 5px, Size(크기) : 5px'로 설정하고 [OK(확인)]를 클릭합니다.

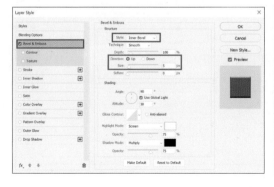

05 [File(파일)]–[Open(열기)]([Ctrl]+[O])을 선택하여 2급–11.jpg를 불러옵니다. Magic Wand Tool(자동 선택 도구, 🪄)을 클릭하고 배경 부분을 클릭하여 선택합니다. [Select(선택)]–[Inverse(선택 반전)]([Shift]+[Ctrl]+[I])를 클릭하고 선택 영역을 반전한 후 [Ctrl]+[C]를 눌러 복사합니다.

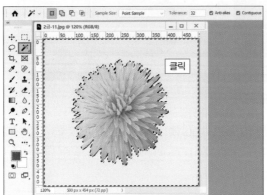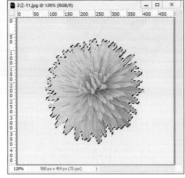

06 작업 이미지를 선택하여 [Ctrl]+[V]로 붙여넣고 [Ctrl]+[T]를 누르고 [Shift]를 누른 채 드래그하여 크기를 조절한 후 배치합니다.

07 Layers(레이어) 패널 하단의 'Add a layer style(레이어 스타일 추가, 🄵🅇)'을 클릭하여 [Inner Glow (내부 광선)]를 선택하고 'Opacity (불투명도) : 75%, Choke(경계 감소) : 0%, Size(크기) : 7px'로 설정하고 [OK(확인)]를 클릭합니다.

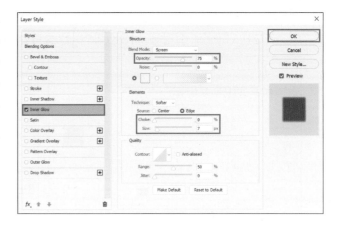

04 모양 생성 및 필터와 클리핑 마스크 적용

01 Custom Shape Tool(사용자 정의 모양 도구, 🔊)을 클릭하고 Options Bar(옵션 바)에서 'Shape(모양), Fill(칠) : 임의 색상, Stroke(획) : No Color(색상 없음), Shape(모양) : Flower 1(꽃 1, ●)'을 설정한 후 Shift 를 누른 채 드래그하여 모양을 그립니다.

> **Shape 경로**
>
> [Legacy Shapes and More (레거시 모양 및 기타)]–[All Legacy Default Shapes(모든 레거시 기본 모양)]–[Shapes (모양)]

02 Layers(레이어) 패널 하단의 'Add a layer style(레이어 스타일 추가, *fx*)'을 클릭하여 [Stroke(획)]를 선택하고 'Size(크기) : 3px, Color(색상) : #cc9933'으로 설정합니다. 계속해서 [Drop Shadow(드롭 섀도)]를 선택하고 'Opacity(불투명도) : 75%, Angle(각도) : 90°, Distance(거리) : 5px, Size(크기) : 5px'로 설정하고 [OK(확인)]를 클릭합니다.

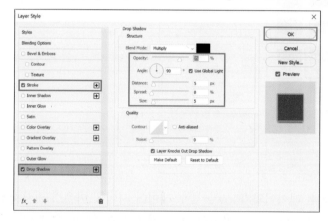

03 [Layer(레이어)]–[Arrang(정돈)]–[Send Backward(뒤로 보내기)](Ctrl + [ )를 2번 클릭하여 'Layer 2' 레이어의 아래쪽으로 배치합니다.

04 [File(파일)]-[Open(열기)]([Ctrl]+[O])을 선택하여 2급-12.jpg를 불러온 후 [Ctrl]+[A]를 눌러 전체를 선택하고 [Ctrl]+[C]를 눌러 복사합니다. 작업 이미지를 선택하고 [Ctrl]+[V]로 붙여넣고 [Ctrl]+[T]를 누르고 [Shift]를 누른 채 조절점을 드래그하여 크기를 조절하고 꽃 모양과 겹치도록 배치합니다.

05 [Filter(필터)]-[Filter Gallery(필터 갤러리)]-[Artistic(예술 효과)]-[Rough Pastels(거친 파스텔 효과)]를 선택합니다.

06 Layers(레이어) 패널에서 'Layer 4' 레이어와 'Flower 1 1' 레이어 사이에 마우스 커서를 놓고 [Alt]를 누르고 클릭하여 Clipping Mask(클리핑 마스크)를 적용한 후 레이아웃에 맞게 이동하여 배치합니다.

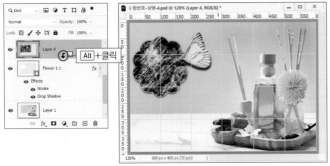

05 불투명도 조절하여 합성

01 [File(파일)]–[Open(열기)](Ctrl+O)을 선택하여 2급–13.jpg를 불러온 후 Pen Tool(펜 도구, ✐)을 클릭하고 Options Bar(옵션 바)에서 'Path(패스), Exclude Overlapping Shapes(모양 오버랩 제외, 回)'로 설정한 후 이미지의 외곽선을 따라 닫힌 패스로 완료합니다. 패스가 완료되면 Ctrl+Enter를 눌러 선택 상태로 전환합니다.

02 Ctrl+C를 눌러 복사를 한 후 작업 이미지를 선택하고 Layers(레이어) 패널에서 'Layer 3' 레이어를 선택합니다. Ctrl+V로 붙여넣고 Ctrl+T를 누른 후 조절점을 드래그하여 크기를 축소하고 마우스 오른쪽 버튼을 눌러 [Flip Horizontal(가로로 뒤집기)]로 뒤집고 배치합니다.

 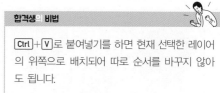

03 Layers(레이어) 패널 하단의 'Add a layer style(레이어 스타일 추가, fx)'을 클릭하여 [Drop Shadow(그림자)]를 선택하고 'Opacity(불투명도) : 75%, Angle(각도) : 90°, Distance(거리) : 5px, Size(크기) : 5px'로 설정하고 [OK(확인)]를 클릭합니다.

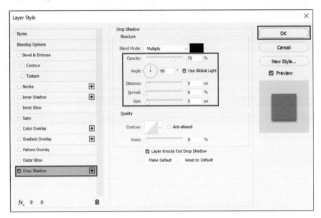

04 Layers(레이어) 패널 상단의 'Opacity(불투명도) : 70%'를 설정하고 불투명도를 적용하여 합성합니다.

06 모양 생성 및 레이어 스타일 적용

01 Custom Shape Tool(사용자 정의 모양 도구, $\boxed{\&}$)을 클릭하고 Options Bar(옵션 바)에서 'Shape(모양), Fill(칠) : 임의 색상, Stroke(획) : No Color(색상 없음), Shape(모양) : Fern(고사리, $\boxed{\#}$)'를 설정한 후 Shift 를 누르고 모양을 그립니다. Ctrl + T 를 누르고 마우스 오른쪽 버튼을 클릭하여 [Flip Horizontal(가로로 뒤집기)]로 뒤집은 후 회전하여 배치합니다.

Shape 경로

[Legacy Shapes and More(레거시 모양 및 기타)]–[All Legacy Default Shapes(모든 레거시 기본 모양)]–[Nature(자연)]

02 Layers(레이어) 패널 하단의 'Add a layer style(레이어 스타일 추가, $\boxed{fx}$)'을 클릭하여 [Gradient Overlay(그레이디언트 오버레이)]를 선택하고 'Click to edit the gradient(클릭 하여 그레이디언트 편집)'를 클릭합니다. 그레이디언트 슬라이더 왼쪽 하단의 'Color Stop(색 상 정지점)'을 더블 클릭하여 #006600을, 오른쪽 'Color Stop(색상 정지점)'을 더블 클릭하여 #ffff00으로 설정한 후 'Style(스타일) : Linear(선형), Angle(각도) : 90°'로 설정합니다. 계 속해서 [Drop Shadow(드롭 섀도)]를 선택하고 'Opacity(불투명도) : 75%, Angle(각도) : 90°, Distance(거리) : 5px, Size(크기) : 5px'로 설정하고 [OK(확인)]를 클릭합니다.

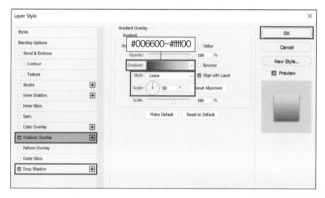

03 Layers(레이어) 패널 상단의 'Opacity (불투명도) : 70%'를 설정합니다.

04 Custom Shape Tool(사용자 정의 모양 도구, $\boxed{\wideparen{\otimes}}$)을 클릭하고 Options Bar(옵션 바)에서 'Shape(모양), Fill(칠) : #006600, Stroke(획) : No Color(색상 없음), Shape(모양) : Grass 2(풀 2, $\boxed{\psi}$)'를 설정한 후 $\boxed{\text{Shift}}$를 누른 채 드래그하여 모양을 그립니다.

> **Shape 경로**
>
> [Legacy Shapes and More(레거시 모양 및 기타)]–[All Legacy Default Shapes(모든 레거시 기본 모양)]–[Nature(자연)]

05 Layers(레이어) 패널 하단의 'Add a layer style(레이어 스타일 추가, fx)'을 클릭하여 [Bevel & Emboss (경사와 엠보스)]를 선택하고 'Style(스타일) : Inner Bevel(내부 경사), Direction(방향) : Up (위로), Size(크기) : 5px'로 설정하고 [OK(확인)]를 클릭합니다.

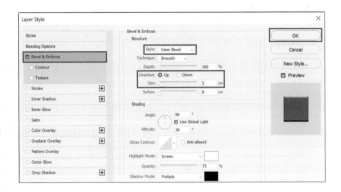

07 문자 입력 및 왜곡, 레이어 스타일 적용

01 Horizontal Type Tool(수평 문자 도구, T)로 작업 이미지를 클릭하고 Options Bar(옵션 바)에서 'Font(글꼴) : 바탕, Set font size(글꼴 크기) : 22pt, Set anti-aliasing method (앤티 앨리어싱 방법 설정) : Strong(강하게), Color(색상) : #333366'으로 설정한 후 천연 디 퓨저 만들기 행사를 입력합니다.

02 Layers(레이어) 패널 하단의 'Add a layer style(레이어 스타일 추가, fx)'을 클릭하여 [Outer Glow(외부 광선)]를 선택하고 'Opacity(불투명도) : 75%, Spread(스프레드) : 5%, Size(크기) : 10px'로 설정하고 [OK(확인)]를 클릭합니다.

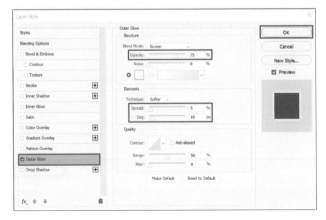

03 Horizontal Type Tool(수평 문자 도구, T)로 작업 이미지를 클릭하고 Options Bar(옵션 바)에서 'Font(글꼴) : 돋움, Set font size(글꼴 크기) : 25pt, Set anti-aliasing method (앤티 앨리어싱 방법 설정) : Strong(강하게), Color(색상) : 임의 색상'으로 설정한 후 향기로 가득한 나만의 공간을 입력합니다.

04 Options Bar(옵션 바)에서 Create warped text(뒤틀어진 텍스트 만들기, ⊥)를 클릭하고 [Warp Text(텍스트 뒤틀기)] 대화상자에서 'Style(스타일) : Flag(깃발), Horizontal(가로) : 체크, Bend(구부리기) : 80%'를 설정하여 문자의 모양을 왜곡합니다.

05 Layers(레이어) 패널 하단의 'Add a layer style(레이어 스타일 추가, fx)'을 클릭하여 [Stroke(획)]를 선택하고 'Size(크기) : 2px, Color(색상) : #ffffff'로 설정합니다. 계속해서 [Gradient Overlay(그레이디언트 오버레이)]를 선택하고 'Click to edit the gradient(클릭 하여 그레이디언트 편집)'를 클릭합니다. 그레이디언트 슬라이더 왼쪽 하단의 'Color Stop(색 상 정지점)'을 더블 클릭하여 #cc0000을, 오른쪽 'Color Stop(색상 정지점)'을 더블 클릭하여 #006633으로 설정한 후 'Style(스타일) : Linear(선형), Angle(각도) : 90°'로 설정합니다.

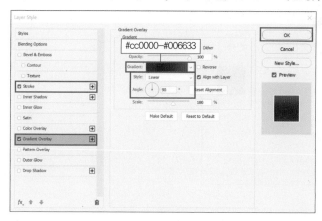

06 Horizontal Type Tool(수평 문자 도구, T)로 작업 이미지를 클릭하고 Options Bar(옵션 바)에서 'Font(글꼴) : Times New Roman, Set font style(글꼴 스타일 설정) : Bold, Set font size(글꼴 크기) : 48pt, Color(색상) : #ffffff'로 설정한 후 Perfume Diffuser를 입력합니다.

07 Options Bar(옵션 바)에서 Create warped text(뒤틀어진 텍스트 만들기, ㅜ)를 클릭하고 [Warp Text(텍스트 뒤틀기)] 대화상자에서 'Style(스타일) : Flag(깃발), Horizontal(가로) : 체크, Bend(구부리기) : 40%'를 설정하여 문자의 모양을 왜곡합니다

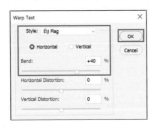

08 Layers(레이어) 패널 하단의 'Add a layer style(레이어 스타일 추가, fx)'을 클릭하여 [Stroke(획)]를 선택하고 'Size(크기) : 3px, Color (색상) : #993333'으로 설정합니다. 계속해서 [Drop Shadow(드롭 섀도)]를 선택하고 'Opacity(불투명도) : 75%, Angle(각도) : 120˚, Use Global Light(전체 조명 사용) : 체크 해제, Distance(거리) : 5px, Size(크기) : 5px'로 설정하고 [OK(확인)]를 클릭합니다.

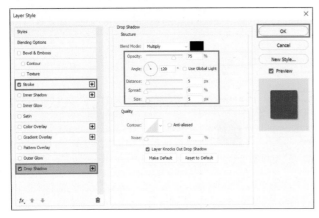

09 [File(파일)]–[Save(저장)]($\boxed{Ctrl}$+$\boxed{S}$)를 선택하여 파일을 저장합니다.

08 정답 파일 저장

01 [View(보기)]–[Show(표시)]–[Grid(격자)]($\boxed{Ctrl}$+$\boxed{\cdot}$)를 선택하여 격자를 가립니다.

02 [File(파일)]–[Save As(다른 이름으로 저장)]($\boxed{Shift}$+$\boxed{Ctrl}$+$\boxed{S}$)를 선택하고 '저장 위치 : 내 PCW문서WGTQ, 파일 이름 : 수험번호-성명-문제번호, 파일 형식 : JPEG(*.JPG, *. JPEG, *.JPE)'를 선택하고 [저장]을 클릭한 후 [JPEG Options(JPEG 옵션)] 대화상자에서 'Quality(품질) : 8'로 설정하고 [OK(확인)]를 클릭합니다.

합격생의 **비법**

CC 2020 이후 버전에서 [Save As(다른 이름으로 저장)]로 '파일 형식 : JPEG(*.JPG, *.JPEG, *.JPE)'가 없는 경우에는 아래와 같이 저장하면 됩니다.

※ CC 버전에 따라 정답 파일을 '파일 형식 : JPEG(*.JPG, *.JPEG, *.JPE)'로 저장하기

• [File(파일)]–[Save As(다른 이름으로 저장)]($\boxed{Shift}$+$\boxed{Ctrl}$+$\boxed{S}$)를 선택하고 [다른 이름으로 저장] 대화상자에서 [Save A Copy(사본 저장)]를 선택합니다.

• [File(파일)]–[Save A Copy(사본 저장)]($\boxed{Alt}$+$\boxed{Ctrl}$+$\boxed{S}$)를 선택합니다.

---

03 [Image(이미지)]–[Image Size(이미지 크기)]($\boxed{Alt}$+$\boxed{Ctrl}$+$\boxed{I}$)를 선택하고 'Constrain aspect ratio(종횡비 제한) : 클릭, Width(폭) : 60Pixels(픽셀), Height(높이) : 40Pixels(픽셀)'로 입력하여 이미지 크기를 1/10로 축소한 후 [OK(확인)]를 클릭합니다.

04 [File(파일)]–[Save As(다른 이름으로 저장)]($\boxed{Shift}$+$\boxed{Ctrl}$+$\boxed{S}$)를 선택하고 '저장 위치 : 내 PCW문서WGTQ, 파일 이름 : 수험번호-성명-문제번호, 파일 형식 : Photoshop(*.PSD, *.PDD, *.PSDT)'을 선택하고 [저장]을 클릭합니다.

05 답안 저장이 완료가 되면 [File(파일)]–[Exit(종료)]($\boxed{Ctrl}$+$\boxed{Q}$)를 선택하여 프로그램을 종료하고 수험 프로그램에서 [답안 전송]을 클릭하여 psd와 jpg 파일을 감독관 컴퓨터로 전송합니다.

05
PART

기출 유형 문제

기출 유형 문제 1회

▶ 동영상 무료

급수	문제유형	시험시간	수험번호	성명
2급	A	90분	G220240001	

문제 1 ┊ Tool(도구) 활용　　　　　　　　20점

다음의 《조건》에 따라 아래의 《출력형태》와 같이 작업하시오.

출력형태

조건

원본 이미지	Part05₩기출유형문제01회₩2급-1.jpg		
파일저장규칙	JPG	파일명	문서₩GTQ₩수험번호-성명-1.jpg
		크기	400×500 pixels
	PSD	파일명	문서₩GTQ₩수험번호-성명-1.psd
		크기	40×50 pixels

1. 그림 효과
① 복제 및 변형 : 완두콩
② Shape Tool(모양 도구) 사용 :
　– 나뭇잎 모양 (#99ff00, 레이어 스타일 – Drop Shadow(그림자 효과))
　– 얼룩 모양 (#ff9999, #ffff99, 레이어 스타일 – Bevel & Emboss(경사와 엠보스))

2. 문자 효과
① Green Peas(Arial, Bold, 60pt, 레이어 스타일 – 그레이디언트 오버레이(#00cccc, #ffcccc), Stroke(선/획)(3px, #333333))

문제 2 ┊ 사진편집 기초　　　　　　　　20점

다음의 《조건》에 따라 아래의 《출력형태》와 같이 작업하시오.

출력형태

조건

원본 이미지	Part05₩기출유형문제01회₩2급-2.jpg, 2급-3.jpg, 2급-4.jpg		
파일저장규칙	JPG	파일명	문서₩GTQ₩수험번호-성명-2.jpg
		크기	400×500 pixels
	PSD	파일명	문서₩GTQ₩수험번호-성명-2.psd
		크기	40×50 pixels

1. 그림 효과
① 색상 보정 : 2급-3.jpg – 노란색 계열로 보정, 레이어 스타일 – Drop Shadow(그림자 효과)
② 액자 제작 :
　필터 – Mosaic Tiles(모자이크 타일), 안쪽 테두리 (5px, #99ff00), 레이어 스타일 – Drop Shadow(그림자 효과)
③ 2급-4.jpg : 레이어 스타일 – Outer Glow(외부 광선)

2. 문자 효과
① Soybean Milk(Times New Roman, Bold, 45pt, #ffff99, 레이어 스타일 – Stroke(선/획)(4px, #996633))

다음의 《조건》에 따라 아래의 《출력형태》와 같이 작업하시오.

조건

원본 이미지		Part05₩기출유형문제01회₩2급-5.jpg, 2급-6.jpg, 2급-7.jpg, 2급-8.jpg	
파일저장규칙	JPG	파일명	문서₩GTQ₩수험번호-성명-3.jpg
		크기	600×400 pixels
	PSD	파일명	문서₩GTQ₩수험번호-성명-3.psd
		크기	60×40 pixels

1. 그림 효과

① 배경 : #ffcc99
② 2급-5.jpg : 필터 – Paint Daubs(페인트 덥스/페인트 바르기), 레이어 마스크 – 대각선 방향으로 흐릿하게
③ 2급-6.jpg : 레이어 스타일 – Outer Glow(외부 광선)
④ 2급-7.jpg : 레이어 스타일 – Bevel and Emboss(경사와 엠보스)
⑤ 2급-8.jpg : 레이어 스타일 – Drop Shadow(그림자 효과)
⑥ 그 외《출력형태》참조

2. 문자 효과

① 건강을 위한 자연 식단(바탕, 26pt, #009900, #cc3300, 레이어 스타일 – Stroke(선/획)(2px, #ffffff), Drop Shadow(그림자 효과))
② Healthy Food(Times New Roman, Bold, 55pt, 레이어 스타일 – Stroke(선/획)(2px, #663333), 그레이디언트 오버레이(#99ff99, #ff6600))

출력형태

Shape Tool(모양 도구) 사용
#cc6633,
레이어 스타일 – Inner Shadow(내부 그림자)

Shape Tool(모양 도구) 사용
레이어 스타일 –
Stroke(선/획)(4px, #663366),
그레이디언트 오버레이
(#cc6600, #cc33ff),
Opacity(불투명도)(70%)

다음의 《조건》에 따라 아래의 《출력형태》와 같이 작업하시오.

조건

원본 이미지		Part05₩기출유형문제01회₩2급─9.jpg, 2급─10.jpg, 2급─11.jpg, 2급─12.jpg, 2급─13.jpg	
파일저장규칙	JPG	파일명	문서₩GTQ₩수험번호─성명─4.jpg
		크기	600×400 pixels
	PSD	파일명	문서₩GTQ₩수험번호─성명─4.psd
		크기	60×40 pixels

1. 그림 효과

① 2급─9.jpg : 필터 – Rough Pastels(거친 파스텔)
② 2급─10.jpg : 레이어 스타일 – Inner Glow(내부 광선), Drop Shadow(그림자 효과)
③ 2급─11.jpg : 레이어 스타일 – Bevel and Emboss(경사와 엠보스), Drop Shadow(그림자 효과)
④ 2급─12.jpg : 필터 – Paint Daubs (페인트 덥스/페인트 바르기), Opacity(불투명도)(70%)
⑤ 2급─13.jpg : 레이어 스타일 – Drop Shadow(그림자 효과), Opacity(불투명도)(70%)
⑥ 그 외 《출력형태》 참조

2. 문자 효과

① Fermented Foods(Arial, Bold, 30pt, 레이어 스타일 – Stroke(선/획)(2px, #cc9999), 그레이디언트 오버레이 (#cc3333, #330000))
② 한국의 발효음식(돋움, 32pt, 20pt, #ff6600, #000000, 레이어 스타일 – Stroke(선/획)(2px, #ffffff, Drop Shadow(그림자 효과))
③ 태양초 고추장(궁서, 24pt, #ffcc66, 레이어 스타일 – Drop Shadow(그림자 효과))

출력형태

Shape Tool(모양 도구) 사용
#ff9900, 레이어 스타일 – Inner Shadow(내부 그림자),
Stroke(선/획)(5px, #cc9966)

Shape Tool(모양 도구) 사용
레이어 스타일 –
Inner Shadow(내부 그림자),
그레이디언트 오버레이
(#663333, #cccccc),
Opacity(불투명도)(70%)

Shape Tool(모양 도구) 사용
#ff9966,
레이어 스타일 –
Stroke(선/획)(2px, #996633)

작업과정	새 작업 이미지 만들고 파일 저장하기 ▶ 선택 영역 만들고 복제 및 변형하기 ▶ 모양 생성 및 레이어 스타일 적용 ▶ 문자 입력 및 레이어 스타일 적용 ▶ 정답 파일 저장
완성이미지	Part05₩기출유형문제01회₩정답파일₩수험번호-성명-1.jpg, 수험번호-성명-1.psd

① 새 작업 이미지 만들고 파일 저장하기

01 [File(파일)]-[New(새로 만들기)]([Ctrl]+[N])를 선택하고 'Width(폭) : 400Pixels(픽셀), Height(높이) : 500Pixels(픽셀), Resolution(해상도) : 72Pixels/Inch(픽셀/인치), Color Mode(색상 모드) : RGB Color(RGB 색상), 8bit(비트), Background Contents(배경 내용) : White(흰색)'를 설정하여 새 작업 이미지를 만듭니다.

02 [Edit(편집)]-[Preference(환경설정)]([Ctrl]+[K])를 클릭하고 [Guides, Grid & Slices(안내선, 격자 및 분할 영역)]를 선택하여 Grid(격자)의 'Color(색상)'를 클릭하여 밝은 색상으로 변경한 후 'Gridline Every(격자 간격) : 100Pixels(픽셀), Subdivisions(세분) : 1'로 설정합니다.

03 [View(보기)]-[Show(표시)]-[Grid(격자)]([Ctrl]+[']')와 [View(보기)]-[Rulers(눈금자)] ([Ctrl]+[R])를 선택하여 격자와 눈금자를 표시합니다.

04 작업 도큐먼트를 저장하기 위해 [File(파일)]-[Save As(다른 이름으로 저장)]([Shift]+[Ctrl]+[S])를 선택하고 임의 경로에 '파일 이름 : 수험번호-성명-문제번호, 파일 형식 : Photoshop (*.PSD, *.PDD, *.PSDT)'으로 파일을 저장합니다.

② 선택 영역 만들고 복제 및 변형하기

01 [File(파일)]-[Open(열기)]([Ctrl]+[O])을 선택하여 2급-1.jpg를 불러옵니다. [Ctrl]+[A]를 눌러 전체를 선택한 후 [Ctrl]+[C]를 눌러 복사합니다. 작업 이미지를 선택하여 [Ctrl]+[V]로 붙여넣고 [Ctrl]+[T]를 누르고 [Shift]를 누른 채 드래그하여 크기를 조절한 후 격자를 참조하여 배치합니다.

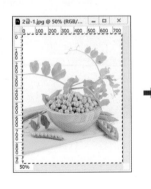 

02 Pen Tool(펜 도구, ✐)을 클릭하고 Options Bar(옵션 바)에서 'Path(패스), Exclude Overlapping Shapes(모양 오버랩 제외, ▣)'로 설정한 후 제시된 완두콩 모양을 따라 닫힌 패스로 완료합니다.

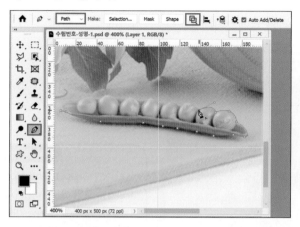 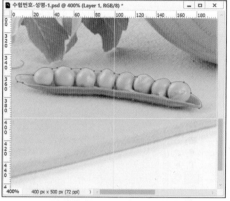

03 패스가 완료되면 Ctrl + Enter 를 눌러 선택 상태로 전환한 후 Ctrl + J 를 눌러 레이어를 복사합니다.

04 Ctrl + T 를 누르고 Shift 를 누른 채 조절점을 드래그하여 크기를 조절한 후 마우스 오른쪽 버튼을 클릭하여 [Flip Horizontal(가로로 뒤집기)]로 뒤집고 조절점 밖을 드래그하여 회전한 후 배치합니다.

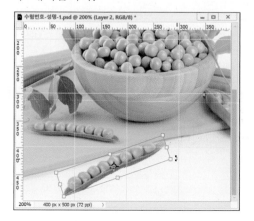

03 모양 생성 및 레이어 스타일 적용

01 Custom Shape Tool(사용자 정의 모양 도구, ⚙)을 클릭하고 Options Bar(옵션 바)에서 'Shape(모양), Fill(칠) : #ff9999, Stroke(획) : No Color(색상 없음), Shape(모양) : Blob 2(얼룩 2, ✱)'를 설정한 후 **Shift**를 누른 채 드래그하여 모양을 그립니다.

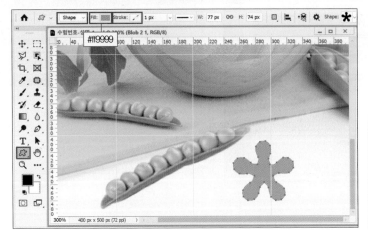

> **Shape 경로**
>
> [Legacy Shapes and More (레거시 모양 및 기타)]-[All Legacy Default Shapes(모든 레거시 기본 모양)]-[Shapes (모양)]

02 Layers(레이어) 패널 하단의 'Add a layer style(레이어 스타일 추가, *fx*)'을 클릭하여 [Bevel & Emboss(경사와 엠보스)]를 선택하고 'Style(스타일) : Inner Bevel(내부 경사), Direction(방향) : Up(위로), Size(크기) : 5px'로 설정한 후 [OK(확인)]를 클릭합니다.

03 **Ctrl**+**J**를 눌러 'Blob 2 1' 레이어를 복사한 후 Layers(레이어) 패널에서 'Blob 2 1 copy' 레이어의 'Layer thumbnail(레이어 축소판)'을 더블 클릭하여 'Color(색상) : #ffff99'로 변경합니다. **Ctrl**+**T**를 누르고 **Shift**를 누른 채 크기를 조절하고 회전하여 배치합니다.

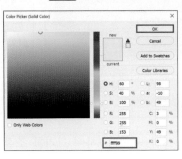
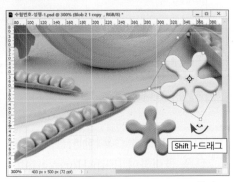

합격생 비법

Ctrl+**T**를 클릭하고 **Shift**를 누른 채 크기를 조절하면 가로, 세로 비율에 맞게 크기가 조절되고, 회전하면 15° 단위로 회전할 수 있습니다.

---

04 Custom Shape Tool(사용자 정의 모양 도구, ⚙)을 클릭하고 Options Bar(옵션 바)에서 'Shape(모양), Fill(칠) : #99ff00, Stroke(획) : No Color(색상 없음), Shape(모양) : Leaf 1(나뭇잎 1, 🍃)'을 설정한 후 **Shift**를 누른 채 모양을 그립니다.

Shape 경로

[Legacy Shapes and More (레거시 모양 및 기타)]–[All Legacy Default Shapes(모든 레거시 기본 모양)]–[Nature(자연)]

05 Ctrl+T를 누르고 마우스 오른쪽 버튼을 눌러 [Flip Vertical(세로로 뒤집기)]로 뒤집은 후 회전하여 배치합니다.

06 Layers(레이어) 패널 하단의 'Add a layer style(레이어 스타일 추가, fx.)'을 클릭하여 [Drop Shadow(그림자)]를 선택하고 'Opacity(불투명도) : 75%, Angle(각도) : 90°, Distance(거리) : 5px, Size(크기) : 5px'로 설정하고 [OK(확인)]를 클릭합니다.

04 문자 입력 및 레이어 스타일 적용

01 Horizontal Type Tool(수평 문자 도구, T)로 작업 이미지를 클릭하고 Options Bar(옵션 바)에서 'Font(글꼴) : Arial, Set font style(글꼴 스타일 설정) : Bold, Set font size(글꼴 크기) : 60pt, Color(색상) : 임의 색상'으로 설정한 후 Green Peas를 입력합니다.

02 Layers(레이어) 패널 하단의 'Add a layer style(레이어 스타일 추가, fx.)'을 클릭하여 [Stroke(획)]를 선택하고 'Size(크기) : 3px, Color(색상) : #333333'으로 설정합니다. 계속 해서 [Gradient Overlay(그레이디언트 오버레이)]를 선택하고 'Click to edit the gradient(클릭하여 그레이디언트 편집)'를 클릭합니다.

03 그레이디언트 슬라이더 왼쪽 하단의 'Color Stop(색상 정지점)'을 더블 클릭하여 #00cccc를, 오른쪽 'Color Stop(색상 정지점)'을 더블 클릭하여 #ffcccc로 설정한 후 'Location : 70%'를 설정하고 [OK(확인)]를 클릭합니다. 'Style(스타일) : Linear(선형), Angle(각도) : 0˚'로 설정한 후 Ctrl + S 를 눌러 파일을 저장합니다.

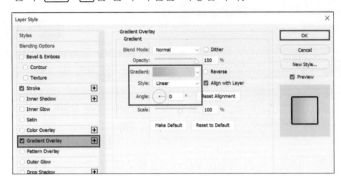 

05 정답 파일 저장

01 [View(보기)]-[Show(표시)]-[Grid(격자)](Ctrl + ')를 선택하여 격자를 가립니다.

02 [File(파일)]-[Save As(다른 이름으로 저장)](Shift + Ctrl + S)를 선택하고 '저장 위치 : 내 PC₩문서₩GTQ, 파일 이름 : 수험번호-성명-문제번호, 파일 형식 : JPEG(*.JPG, *. JPEG, *.JPE)'를 선택하고 [저장]을 클릭한 후 [JPEG Options(JPEG 옵션)] 대화상자에서 'Quality(품질) : 8'로 설정하고 [OK(확인)]를 클릭합니다.

합격생의 비법

CC 2020 이후 버전에서 [Save As(다른 이름으로 저장)]로 '파일 형식 : JPEG(*.JPG, *.JPEG, *.JPE)'가 없는 경우에는 아래와 같이 저장하면 됩니다.

※ CC 버전에 따라 정답 파일을 '파일 형식 : JPEG(*.JPG, *.JPEG, *.JPE)'로 저장하기

• [File(파일)]-[Save As(다른 이름으로 저장)](Shift + Ctrl + S)를 선택하고 [다른 이름으로 저장] 대화상자에서 [Save A Copy(사본 저장)]를 선택합니다.
• [File(파일)]-[Save A Copy(사본 저장)](Alt + Ctrl + S)를 선택합니다.

---

03 [Image(이미지)]-[Image Size(이미지 크기)](Alt + Ctrl + I)를 선택하고 'Constrain aspect ratio(종횡비 제한) : 클릭, Width(폭) : 40Pixels(픽셀), Height(높이) : 50Pixels(픽셀)'로 입력하여 이미지 크기를 1/10로 축소한 후 [OK(확인)]를 클릭합니다.

04 [File(파일)]-[Save As(다른 이름으로 저장)](Shift + Ctrl + S)를 선택하고 '저장 위치 : 내 PC₩문서₩GTQ, 파일 이름 : 수험번호-성명-문제번호, 파일 형식 : Photoshop(*.PSD, *.PDD, *.PSDT)'을 선택하고 [저장]을 클릭합니다.

05 답안 저장이 완료가 되면 [File(파일)]-[Close(닫기)](Ctrl + W)를 선택하여 파일을 닫고 수험 프로그램에서 [답안 전송]을 클릭하여 psd와 jpg 파일을 감독관 컴퓨터로 전송합니다.

작업과정	새 작업 이미지 만들기 및 파일 저장하기 ▶ 필터 적용 및 액자 제작 ▶ 이미지 합성 및 색상 보정, 레이어 스타일 적용 ▶ 문자 입력 및 레이어 스타일 적용 ▶ 정답 파일 저장
완성이미지	Part05₩기출유형문제01회₩정답파일₩수험번호-성명-2.jpg, 수험번호-성명-2.psd

⑴ 새 작업 이미지 만들기 및 파일 저장하기

01 [File(파일)]-[New(새로 만들기)]([Ctrl]+[N])를 선택하고 'Width(폭) : 400Pixels(픽셀), Height(높이) : 500Pixels(픽셀), Resolution(해상도) : 72Pixels/Inch(픽셀/인치), Color Mode(색상 모드) : RGB Color(RGB 색상), 8bit(비트), Background Contents(배경 내용) : White(흰색)'로 설정하여 새 작업 이미지를 만듭니다.

02 [Edit(편집)]-[Preference(환경설정)]([Ctrl]+[K])를 클릭하고 [Guides, Grid & Slices(안내선, 격자 및 분할 영역)]를 선택하여 Grid(격자)의 'Color(색상)'를 클릭하여 밝은 색상으로 변경한 후 'Gridline Every(격자 간격) : 100pixels(픽셀), Subdivisions(세분) : 1'로 설정합니다.

03 [View(보기)]-[Show(표시)]-[Grid(격자)]([Ctrl]+['])와 [View(보기)]-[Rulers(눈금자)]([Ctrl]+[R])를 선택하여 격자와 눈금자를 표시합니다.

04 작업 도큐먼트를 저장하기 위해 [File(파일)]-[Save As(다른 이름으로 저장)]([Shift]+[Ctrl]+[S])를 선택하고 임의 경로에 '파일 이름 : 수험번호-성명-문제번호, 파일 형식 : Photoshop (*.PSD, *.PDD, *.PSDT)'으로 파일을 저장합니다.

⑵ 필터 적용 및 액자 제작

01 [File(파일)]-[Open(열기)]([Ctrl]+[O])을 선택하여 2급-2.jpg를 불러옵니다. [Ctrl]+[A]를 눌러 전체를 선택한 후 [Ctrl]+[C]를 눌러 복사하고 작업 이미지를 선택하여 [Ctrl]+[V]로 붙여넣기를 합니다. [Ctrl]+[T]를 누르고 [Shift]를 누른 채 크기를 조절한 후 마우스 오른쪽 버튼을 누르고 [Flip Horizontal(가로로 뒤집기)]로 뒤집은 후 격자를 참조하여 배치합니다.

02 [Layer(레이어)]-[New(새로 만들기)]-[Layer Via Copy(복사한 레이어)]([Ctrl]+[J])를 클릭하고 레이어를 복사합니다.

03 [Filter(필터)]-[Filter Gallery(필터 갤러리)]-[Texture(텍스처)]-[Mosaic Tiles(모자이크 타일)]를 선택하고 [OK(확인)]를 클릭합니다. 위쪽의 눈금자에서 아래로 드래그하여 작업 이미지의 세로 중앙인 250px의 위치에 안내선을 표시합니다.

합격생의 **비법**

[View(보기)]-[Snap(스냅)]을 클릭하여 설정하면 눈금자에서 작업 이미지로 드래그하여 안내선을 표시할 때 눈금자에 물리기가 가능합니다.

04 Rectangular Marquee Tool(사각형 선택 윤곽 도구, [□])을 클릭하고 Options Bar(옵션 바)에서 'New selection(새 선택 영역, [■]), Feather(페더) : 0px(픽셀), Style(스타일) : Fixed Size(크기 고정), Width(폭) : 300px, Height(높이) : 400px'로 설정합니다. 작업 이미지의 중앙 위치인 가로 안내선과 중앙의 격자 교차지점에 [Alt]를 클릭하여 직사각형 모양으로 선택합니다.

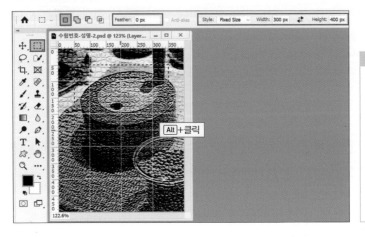

합격생의 **비법**

액자 프레임의 간격은 따로 제시되지 않습니다. 작업 이미지의 눈금자를 참조하여 액자 프레임의 크기를 지정합니다. 'Style(스타일)'을 'Fixed Size(사이즈 고정)'로 설정한 후 상하좌우 각각의 간격인 50px씩을 뺀 나머지 수치를 'Width(폭)'와 'Height(높이)'에 직접 입력합니다.

05 [Select(선택)]-[Modify(수정)]-[Smooth(매끄럽게)]를 클릭한 후 'Sample Radius(샘플 반경) : 10pixels(픽셀)'를 설정하고 [OK(확인)]를 클릭하여 모서리를 둥글게 합니다. [Delete]를 눌러 선택된 이미지를 삭제하고 프레임을 만듭니다.

합격생의 **비법**

'Sample Radius(샘플 반경)'은 따로 제시되지 않습니다. 눈금자를 참고하여 적용하고, 결과가 다를 경우는 [Ctrl]+[Z]로 작업 과정을 되돌린 후 다시 변경하여 적용합니다.

06 [Edit(편집)]−[Stroke(획)]를 클릭하여 'Width(폭) : 5px, Color(색상) : #99ff00, Location (위치) : Inside(안쪽), Mode(모드) : Normal(표준), Opacity(불투명도) : 100%, Preserve Transparency(투명도 유지) : 체크 해제'를 설정하고 [OK(확인)]를 클릭하여 안쪽 테두리를 적용합니다.

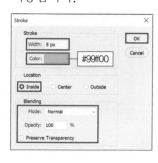 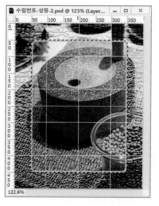

07 Ctrl + D 를 눌러 선택을 해제하고 Layers(레이어) 패널 하단의 'Add a layer style(레이어 스타일 추가, *fx.*)'을 클릭하여 [Drop Shadow(그림자)]를 선택하고 'Opacity(불투명도) : 75%, Angle(각도) : 120°, Distance(거리) : 8px, Size(크기) : 8px'로 설정하고 [OK(확인)] 를 클릭합니다.

03 이미지 합성 및 색상 보정, 레이어 스타일 적용

01 [File(파일)]−[Open(열기)]을 선택하여 2급−3.jpg를 불러온 후 Quick Selection Tool(빠른 선택 도구, 🖌)을 클릭하고 Options Bar(옵션 바)에서 Add to selection(선택 영역에 추가, 🖌)을 설정한 후 브러시의 크기를 조절하며 드래그하여 선택합니다.

02 Options Bar(옵션 바)에서 'Select and Mask(선택 및 마스크)'를 클릭하여 'Properties(속성)'에서 'Radius(반경) : 1px, Smooth(매끄럽게) : 1'을 설정한 후 [OK(확인)]를 클릭하고 Ctrl + C 로 복사합니다.

03 작업 이미지에 Ctrl+V로 붙여넣은 후 Ctrl+T를 누르고 Shift를 누른 채 드래그하여 크기 축소 및 회전한 후 배치합니다.

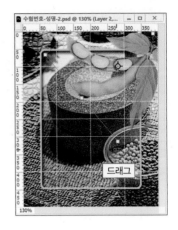

04 Layers(레이어) 패널 하단의 'Add a layer style(레이어 스타일 추가, fx.)'을 클릭하여 [Drop Shadow(그림자)]를 선택하고 'Opacity(불투명도) : 75%, Angle(각도) : 120°, Distance(거리) : 7px, Size(크기) : 10px'로 설정한 후 [OK(확인)]를 클릭합니다.

05 Quick Selection Tool(빠른 선택 도구,)을 클릭하고 브러시의 크기를 조절하며 드래그하여 3개의 콩알 부분을 선택합니다.

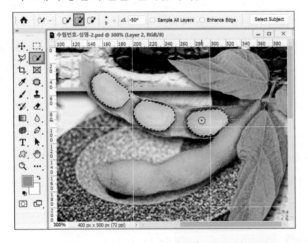

06 Layers(레이어) 패널 하단의 'Create new fill or adjustment layer(새 칠 또는 조정 레이어 생성,)'를 클릭하고 [Hue/Saturation(색조/채도)]을 선택합니다. Properties(속성) 패널에서 'Colorize(색상화) : 체크, Hue(색조) : 40, Saturation(채도) : 90, Lightness(명도) : 5'로 설정하여 노란색 계열로 색상을 보정합니다.

07 [File(파일)]–[Open(열기)]을 선택하여 2급-4.jpg를 불러온 후 Pen Tool(펜 도구, )을 클릭하고 Options Bar(옵션 바)에서 'Path(패스), Exclude Overlapping Shapes(모양 오버랩 제외,)'로 설정한 후 제시된 컵과 스푼 모양을 따라 닫힌 패스로 완료합니다. 패스가 완료되면 Ctrl+Enter를 눌러 선택 상태로 전환하고 Ctrl+C로 복사합니다.

08 작업 이미지에 Ctrl+V로 붙여넣은 후 Ctrl+T를 누르고 Shift를 누른 채 크기를 축소하고 격자를 참조하여 배치합니다.

09 Layers(레이어) 패널 하단의 'Add a layer style(레이어 스타일 추가, fx.)'을 클릭하여 [Outer Glow(외부 광선)]를 선택한 후, 'Opacity(불투명도) : 75%, Spread(스프레드) : 0%, Size(크기) : 10px'로 설정하고 [OK(확인)]를 클릭합니다.

04 문자 입력 및 레이어 스타일 적용

01 Horizontal Type Tool(수평 문자 도구, T)로 작업 이미지를 클릭하고 Options Bar(옵션 바)에서 'Font(글꼴) : Times New Roman, Set font style(글꼴 스타일 설정) : Bold, Set font size(글꼴 크기) : 45pt, Color(색상) : #ffff99, Right align text(텍스트 오른쪽 정렬,)'로 설정한 후 Soybean Milk를 입력합니다.

02 Options Bar(옵션 바)에서 Create warped text(뒤틀어진 텍스트 만들기, ⟨I⟩)를 클릭하여 [Warp Text(텍스트 뒤틀기)] 대화상자에서 'Style(스타일) : Wave(파형), Horizontal(가로) : 체크, Bend(구부리기) : −40%'를 설정하여 문자의 모양을 왜곡합니다.

03 Layers(레이어) 패널 하단의 'Add a layer style(레이어 스타일 추가, ⟨fx.⟩)'을 클릭하여 [Stroke(획)]를 선택하고 'Size(크기) : 4px, Color(색상) : #996633'으로 설정하고 [OK(확인)]를 클릭합니다. ⟨Ctrl⟩+⟨S⟩를 눌러 파일을 저장합니다.

🅞🅓 정답 파일 저장

01 [View(보기)]−[Show(표시)]−[Grid(격자)](⟨Ctrl⟩+⟨'⟩)와 [Guides(안내선)](⟨Ctrl⟩+⟨;⟩)를 각각 선택하여 격자와 안내선을 가립니다.

02 [File(파일)]−[Save As(다른 이름으로 저장)](⟨Shift⟩+⟨Ctrl⟩+⟨S⟩)를 선택하고 '저장 위치 : 내 PC₩문서₩GTQ, 파일 이름 : 수험번호−성명−문제번호, 파일 형식 : JPEG(*.JPG, *. JPEG, *.JPE)'를 선택하고 [저장]을 클릭한 후 [JPEG Options(JPEG 옵션)]대화상자에서 'Quality(품질) : 8'로 설정하고 [OK(확인)]를 클릭합니다.

03 [Image(이미지)]−[Image Size(이미지 크기)](⟨Alt⟩+⟨Ctrl⟩+⟨I⟩)를 선택하고 'Constrain aspect ratio(종횡비 제한) : 클릭, Width(폭) : 40Pixels(픽셀), Height(높이) : 50Pixels(픽셀)'로 입력하여 이미지 크기를 1/10로 축소한 후 [OK(확인)]를 클릭합니다.

04 [File(파일)]−[Save As(다른 이름으로 저장)](⟨Shift⟩+⟨Ctrl⟩+⟨S⟩)를 선택하고 '저장 위치 : 내 PC₩문서₩GTQ, 파일 이름 : 수험번호−성명−문제번호, 파일 형식 : Photoshop(*.PSD, *.PDD, *.PSDT)'을 선택하고 [저장]을 클릭합니다.

05 답안 저장이 완료가 되면 [File(파일)]−[Close(닫기)](⟨Ctrl⟩+⟨W⟩)를 선택하여 파일을 닫고 수험 프로그램에서 [답안 전송]을 클릭하여 psd와 jpg 파일을 감독관 컴퓨터로 전송합니다.

작업과정	새 작업 이미지 만들기 및 파일 저장하기 ▶ 배경색 적용 ▶ 필터 및 레이어 마스크 적용하여 합성하기 ▶ 이미지 선택 및 레이어 스타일 적용 ▶ 모양 생성 및 레이어 스타일 적용 ▶ 문자 입력 및 왜곡, 레이어 스타일 적용 ▶ 정답 파일 저장
완성이미지	Part05₩기출유형문제01회₩정답파일₩수험번호-성명-3.jpg, 수험번호-성명-3.psd

01 새 작업 이미지 만들기 및 파일 저장하기

01 [File(파일)]-[New(새로 만들기)]([Ctrl]+[N])를 선택하고 'Width(폭) : 600Pixels(픽셀), Height(높이) : 400Pixels(픽셀), Resolution(해상도) : 72Pixels/Inch(픽셀/인치), Color Mode(색상 모드) : RGB Color(RGB 색상), 8bit(비트), Background Contents(배경 내용) : White(흰색)'로 설정하여 새 작업 이미지를 만듭니다.

02 [Edit(편집)]-[Preference(환경설정)]([Ctrl]+[K])를 클릭하고 [Guides, Grid & Slices(안내선, 격자 및 분할 영역)]를 선택하여 Grid(격자)의 'Color(색상)'를 클릭하여 밝은 색상으로 변경한 후 'Gridline Every(격자 간격) : 100Pixels(픽셀), Subdivisions(세분) : 1'로 설정합니다.

03 [View(보기)]-[Show(표시)]-[Grid(격자)]([Ctrl]+['])와 [View(보기)]-[Rulers(눈금자)]([Ctrl]+[R])를 선택하여 격자와 눈금자를 표시합니다.

04 작업 도큐먼트를 저장하기 위해 [File(파일)]-[Save As(다른 이름으로 저장)]([Shift]+[Ctrl]+[S])를 선택하고 임의 경로에 '파일 이름 : 수험번호-성명-문제번호, 파일 형식 : Photoshop (*.PSD, *.PDD, *.PSDT)'으로 파일을 저장합니다.

02 배경색 적용

01 Tool Panel(도구 패널) 하단의 'Set foreground color(전경색 설정)'를 클릭하여 #ffcc99로 설정하고 [Alt]+[Delete]를 눌러 이미지의 배경을 채웁니다.

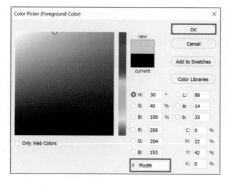
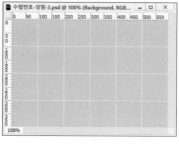

03 필터 및 레이어 마스크 적용하여 합성하기

01 [File(파일)]–[Open(열기)]을 선택하여 2급–5.jpg를 불러옵니다. Ctrl + A 를 눌러 전체를 선택한 후 Ctrl + C 를 눌러 복사하고, 작업 이미지를 선택하여 Ctrl + V 로 붙여넣고 Ctrl + T 를 누르고 Shift 를 누른 채 조절점을 드래그하여 크기를 조절한 후 배치합니다.

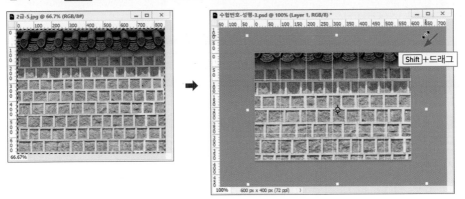

02 [Filter(필터)]–[Filter Gallery(필터 갤러리)]–[Artistic(예술 효과)]–[Paint Daubs(페인트 바르기)]를 선택하고 [OK(확인)]를 클릭합니다.

> **합격생의 비법**
>
> [Filter Gallery(필터 갤러리)]의 필터 효과는 보통의 경우 필터 옵션은 기본 설정을 그대로 적용합니다. 적용 결과가 다르면 문제지의 《출력형태》와 비교하면서 옵션의 설정을 조절합니다.

03 Layers(레이어) 패널에서 하단의 'Add layer mask(레이어 마스크 추가,)'를 클릭하여 레이어 마스크를 추가합니다.

04 Gradient Tool(그레이디언트 도구,)을 클릭하고 Options Bar(옵션 바)에서 'Click to open Gradient picker(클릭하여 그레이디언트 픽커 열기)'를 클릭합니다. Basics(기본 사항)에서 Black, White(검정, 흰색)를 선택하고 'Type(유형) : Linear Gradient(선형 그레이디언트), Mode(모드) : Normal(표준), Opacity(불투명도) : 100%'로 설정한 후 대각선 방향으로 드래그하여 이미지의 일부를 자연스럽게 지워 합성합니다.

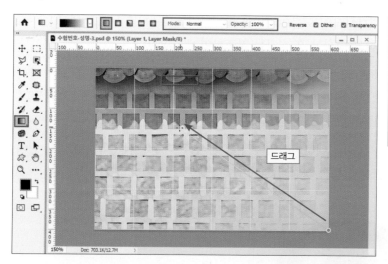

⑷ 이미지 선택 및 레이어 스타일 적용

01 [File(파일)]-[Open(열기)]을 선택하여 2급-6.jpg를 불러온 후 Quick Selection Tool(빠른 선택 도구, ✎)을 클릭하고 Options Bar(옵션 바)에서 Add to selection(선택 영역에 추가, ✎)을 설정한 후 브러시의 크기를 조절하며 드래그하여 제시된 이미지를 선택하고 Ctrl+C로 복사합니다.

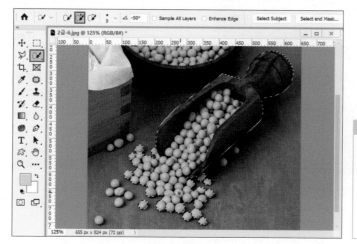

02 작업 이미지를 선택하여 Ctrl + V로 붙여넣기를 합니다. Ctrl + T를 누르고 Shift를 누른 채 드래그하여 크기를 조절하고 회전한 후 격자를 참조하여 배치합니다.

03 Layers(레이어) 패널 하단의 'Add a layer style(레이어 스타일 추가, fx.)'을 클릭하여 [Outer Glow(외부 광선)]를 선택한 후 'Opacity(불투명도) : 75%, Spread(스프레드) : 0%, Size(크기) : 10px'로 설정하고 [OK(확인)]를 클릭합니다.

04 [File(파일)]—[Open(열기)]을 선택하여 2급-7.jpg를 불러옵니다. 위쪽과 왼쪽의 눈금자에서 각각 드래그하여 원형 접시의 왼쪽 상단 위치에 안내선을 표시합니다.

05 Elliptical Marquee Tool(원형 선택 윤곽 도구, ○)을 클릭하고 Options Bar(옵션 바)에서 'New selection(새 선택 영역, ■), Feather(페더) : 0px, Anti-alias(앤티 앨리어스) : 체크, Style(스타일) : Normal(표준)'을 설정합니다. 안내선의 교차 지점에서부터 대각선 방향으로 드래그하여 원형 접시를 선택합니다.

합격생의 비법

• Elliptical Marquee Tool(원형 선택 윤곽 도구, ○)로 드래그하여 원형 영역으로 선택할 때 Shift를 누른 채 드래그하면 정원형으로 선택이 가능합니다.
• 이미지를 선택한 후 선택 도구로 선택 영역 안쪽에 커서를 위치하면 선택 영역을 이동하여 편집할 수 있습니다.

06 Pen Tool(펜 도구, ⬦)을 클릭하고 Options Bar(옵션 바)에서 'Path(패스), Exclude Overlapping Shapes(모양 오버랩 제외, ⬚)'로 설정한 후 제시된 숟가락과 젓가락 모양을 따라 2개의 닫힌 패스를 완료합니다.

07 Paths(패스) 패널 하단의 'Load path as a selection(선택 영역 만들기, ⬚)'을 Alt 를 누른 채 클릭하여 'Feather Radius(페더 반경) : 0pixels, Add to Selection(선택 영역에 추가) : 체크'를 설정하고 [OK(확인)]를 클릭합니다.

 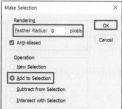 

08 Ctrl + C 로 복사하고 작업 이미지를 선택하여 Ctrl + V 로 붙여넣고 Ctrl + T 를 누르고 Shift 를 누른 채 크기를 조절하고 회전한 후 격자를 참조하여 배치합니다.

09 Layers(레이어) 패널 하단의 'Add a layer style(레이어 스타일 추가, *fx.*)'을 클릭하여 [Bevel & Emboss(경사와 엠보스)]를 선택하고 'Style(스타일) : Inner Bevel(내부 경사), Direction(방향) : Up(위로), Size(크기) : 10px'로 설정하고 [OK(확인)]를 클릭합니다.

10 [File(파일)]−[Open(열기)]을 선택하여 2급−8.jpg를 불러온 후 Quick Selection Tool(빠른 선택 도구, *☑️*)을 클릭하고 Options Bar(옵션 바)에서 Add to selection(선택 영역에 추가, *☑️*)을 설정한 후 브러시의 크기를 조절하며 드래그하여 선택하고 [Ctrl]+[C]로 복사합니다.

11 작업 이미지에 [Ctrl]+[V]로 붙여넣고 [Ctrl]+[T]를 누르고 [Shift]를 누른 채 크기를 조절하고 마우스 오른쪽 버튼을 클릭하여 [Flip Horizontal(가로로 뒤집기)]로 뒤집고 회전한 후 배치합니다. [Layer(레이어)]−[Arrange(정돈)]−[Send Backward(뒤로 보내기)]([Ctrl]+[[])를 두 번 클릭하고 'Layer 1' 레이어의 뒤로 보내기를 하여 순서를 정돈합니다.

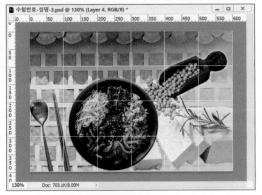

12 Layers(레이어) 패널 하단의 'Add a layer style(레이어 스타일 추가, *fx.*)'을 클릭하여 [Drop Shadow(그림자)]를 선택하고 'Opacity(불투명도) : 75%, Angle(각도) : 90°, Distance(거리) : 10px, Size(크기) : 10px'로 설정하고 [OK(확인)]를 클릭합니다.

05 모양 생성 및 레이어 스타일 적용

01 Custom Shape Tool(사용자 정의 모양 도구, ⬚)를 클릭하고 Options Bar(옵션 바)에서 'Shape(모양), Shape(모양) : Talk 1(대화 1, 💬)'을 클릭합니다.

Shape 경로

[Legacy Shapes and More(레거시 모양 및 기타)]-[All Legacy Default Shapes(모든 레거시 기본 모양)]-[Talk Bubbles(말 풍선)]

02 Options Bar(옵션 바)에서 'Fill(칠) : #cc6633, Stroke(획) : No Color(색상 없음)'을 설정한 후 **Shift**를 누른 채 드래그하여 모양을 그립니다.

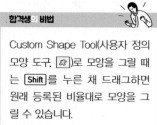

합격생의 **비법**

Custom Shape Tool(사용자 정의 모양 도구, ⬚)로 모양을 그릴 때는 **Shift**를 누른 채 드래그하면 원래 등록된 비율대로 모양을 그릴 수 있습니다.

03 **Ctrl**+**T**를 누르고 마우스 오른쪽 버튼을 클릭하여 [Flip Horizontal(가로로 뒤집기)]로 뒤집어서 배치합니다.

04 Layers(레이어) 패널 하단의 'Add a layer style(레이어 스타일 추가, *fx.*)'을 클릭하여 [Inner Shadow(내부 그림자)]를 선택하고 'Opacity(불투명도) : 75%, Angle(각도) : 90°, Distance(거리) : 5px, Size(크기) : 5px'로 설정하고 [OK(확인)]를 클릭합니다.

05 Custom Shape Tool(사용자 정의 모양 도구, 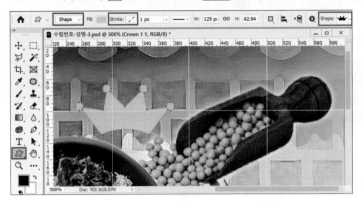)을 클릭하고 Options Bar(옵션 바)에서 'Shape(모양), Fill(칠) : 임의 색상, Stroke(획) : No Color(색상 없음), Shape(모양) : Crown 1(왕관 1, ♛)'을 설정한 후 Shift 를 누른 채 드래그하여 모양을 그립니다.

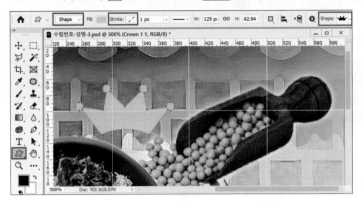

Shape 경로

[Legacy Shapes and More(레거시 모양 및 기타)]-[All Legacy Default Shapes(모든 레거시 기본 모양)]-[Objects (물건)]

06 Layers(레이어) 패널 하단의 'Add a layer style(레이어 스타일 추가, *fx.*)'을 클릭하여 [Stroke(획)]를 선택하고 'Size(크기) : 4px, Color(색상) : #663366'으로 설정합니다. 계속 해서 [Gradient Overlay(그레이디언트 오버레이)]를 선택하고 'Click to edit the gradient (클릭하여 그레이디언트 편집)'를 클릭합니다.

07 그레이디언트 슬라이더 왼쪽 하단의 'Color Stop(색상 정지점)'을 더블 클릭하여 #cc6600 을, 오른쪽 'Color Stop(색상 정지점)'을 더블 클릭하여 #cc33ff로 설정한 후 'Style(스타일) : Linear(선형), Angle(각도) : 0°로 설정하고 [OK(확인)]를 클릭합니다.

08 Layers(레이어) 패널 상단의 'Opacity(불투명도) : 70%'를 설정하고 불투명도를 적용하여 합 성합니다. Ctrl + T 를 누르고 조절점 밖을 드래그하여 회전한 후 배치합니다.

06 문자 입력 및 레이어 스타일 적용

01 Horizontal Type Tool(수평 문자 도구, T)로 작업 이미지를 클릭하고 Options Bar(옵션 바)에서 'Font(글꼴) : 바탕, Set font size(글꼴 크기) : 26pt, Set anti-aliasing method (앤티 앨리어싱 방법 설정) : Strong(강하게), Center text(텍스트 중앙 정렬, 三), Color(색상) : #009900'으로 설정한 후 건강을 위한 자연 식단을 입력합니다.

02 Horizontal Type Tool(수평 문자 도구, T)로 '자연 식단' 문자를 드래그하여 선택하고 Options Bar(옵션 바)에서 'Color(색상) : #cc3300'으로 설정합니다.

03 Layers(레이어) 패널 하단의 'Add a layer style(레이어 스타일 추가, fx)'을 클릭하여 [Stroke(획)]를 선택하고 'Size(크기) : 2px, Color(색상) : #ffffff'로 설정합니다. 계속해서 Drop Shadow(드롭 섀도)]를 선택하고 'Opacity(불투명도) : 75%, Angle(각도) : 90°, Distance(거리) : 5px, Size(크기) : 5px'로 설정하고 [OK(확인)]를 클릭합니다.

04 Horizontal Type Tool(수평 문자 도구, T)로 작업 이미지를 클릭하고 Options Bar(옵션 바)에서 'Font(글꼴) : Times New Roman, Set font style(글꼴 스타일 설정) : Bold, Set font size(글꼴 크기) : 55pt, Color(색상) : 임의 색상'으로 설정한 후 Healthy Food를 입력합니다.

05 Options Bar(옵션 바)에서 Create warped text(뒤틀어진 텍스트 만들기, [I])를 클릭하여 [Warp Text(텍스트 뒤틀기)] 대화상자에서 'Style(스타일) : Flag(깃발), Horizontal(가로) : 체크, Bend(구부리기) : −40%'를 설정하여 문자의 모양을 왜곡합니다.

06 Layers(레이어) 패널 하단의 'Add a layer style(레이어 스타일 추가, [fx])'을 클릭하여 [Stroke(획)]를 선택하고 'Size(크기) : 2px, Color(색상) : #663333'으로 설정합니다. 계속해서 [Gradient Overlay(그레이디언트 오버레이)]를 선택하고 'Click to edit the gradient (클릭하여 그레이디언트 편집)'를 클릭합니다.

07 그레이디언트 슬라이더 왼쪽 하단의 'Color Stop(색상 정지점)'을 더블 클릭하여 #99ff99를, 오른쪽 'Color Stop(색상 정지점)'을 더블 클릭하여 #ff6600으로 설정한 후 'Style(스타일) : Linear(선형), Angle(각도) : 180°'로 설정하고 [OK(확인)]를 클릭합니다.

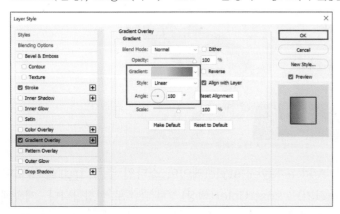

🟦07 정답 파일 저장

01 [View(보기)]−[Show(표시)]−[Grid(격자)]([Ctrl]+['])를 선택하여 격자를 가립니다.

02 [File(파일)]−[Save As(다른 이름으로 저장)]([Shift]+[Ctrl]+[S])를 선택하고 '저장 위치 : 내 PC₩문서₩GTQ, 파일 이름 : 수험번호−성명−문제번호, 파일 형식 : JPEG(*.JPG, *. JPEG, *.JPE)'를 선택하고 [저장]을 클릭한 후 [JPEG Options(JPEG 옵션)] 대화상자에서 'Quality(품질) : 8'로 설정하고 [OK(확인)]를 클릭합니다.

03 [Image(이미지)]−[Image Size(이미지 크기)]([Alt]+[Ctrl]+[I])를 선택하고 'Constrain aspect ratio(종횡비 제한) : 클릭, Width(폭) : 60Pixels(픽셀), Height(높이) : 40Pixels(픽셀)'로 입력하여 이미지 크기를 1/10로 축소한 후 [OK(확인)]를 클릭합니다.

04 [File(파일)]−[Save As(다른 이름으로 저장)]([Shift]+[Ctrl]+[S])를 선택하고 '저장 위치 : 내 PC₩문서₩GTQ, 파일 이름 : 수험번호−성명−문제번호, 파일 형식 : Photoshop(*.PSD, *.PDD, *.PSDT)'을 선택하고 [저장]을 클릭합니다.

05 답안 저장이 완료가 되면 [File(파일)]−[Close(닫기)]([Ctrl]+[W])를 선택하여 파일을 닫고 수험 프로그램에서 [답안 전송]을 클릭하여 psd와 jpg 파일을 감독관 컴퓨터로 전송합니다.

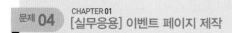

문제 **04** CHAPTER 01
[실무응용] 이벤트 페이지 제작

작업과정	새 작업 이미지 만들기 및 파일 저장하기 ▶ 필터 적용하기 ▶ 이미지 선택 및 레이어 스타일 적용 ▶ 모양 생성 및 필터와 클리핑 마스크 적용 ▶ 불투명도 조절하여 합성 ▶ 모양 생성 및 레이어 스타일 적용 ▶ 문자 입력 및 왜곡, 레이어 스타일 적용 ▶ 정답 파일 저장
완성이미지	Part05₩기출유형문제01회₩정답파일₩수험번호-성명-4.jpg, 수험번호-성명-4.psd

01 새 작업 이미지 만들기 및 파일 저장하기

01 [File(파일)]-[New(새로 만들기)]([Ctrl]+[N])를 선택하고 'Width(폭) : 600Pixels(픽셀), Height(높이) : 400Pixels(픽셀), Resolution(해상도) : 72Pixels/Inch(픽셀/인치), Color Mode(색상 모드) : RGB Color(RGB 색상), 8bit(비트), Background Contents(배경 내용) : White(흰색)'로 설정하여 새 작업 이미지를 만듭니다.

02 [Edit(편집)]-[Preference(환경설정)]([Ctrl]+[K])를 클릭하고 [Guides, Grid & Slices(안내선, 격자 및 분할 영역)]를 선택하여 Grid(격자)의 'Color(색상)'를 클릭하여 밝은 색상으로 변경한 후 'Gridline Every(격자 간격) : 100Pixels(픽셀), Subdivisions(세분) : 1'로 설정합니다.

03 [View(보기)]-[Show(표시)]-[Grid(격자)]([Ctrl]+['])와 [View(보기)]-[Rulers(눈금자)]([Ctrl]+[R])를 선택하여 격자와 눈금자를 표시합니다.

04 작업 도큐먼트를 저장하기 위해 [File(파일)]-[Save As(다른 이름으로 저장)]([Shift]+[Ctrl]+[S])를 선택하고 임의 경로에 '파일 이름 : 수험번호-성명-문제번호, 파일 형식 : Photoshop (*.PSD, *.PDD, *.PSDT)'으로 파일을 저장합니다.

02 필터 적용하기

01 [File(파일)]-[Open(열기)]([Ctrl]+[O])을 선택하여 2급-9.jpg를 불러옵니다. [Ctrl]+[A]를 눌러 전체를 선택한 후 [Ctrl]+[C]를 눌러 복사하고 작업 이미지를 선택하여 [Ctrl]+[V]로 붙여넣기를 하고 격자를 참조하여 배치합니다.

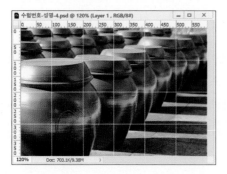

02 [Filter(필터)]-[Filter Gallery(필터 갤러리)]-[Artistic(예술 효과)]-[Rough Pastels(거친 파스텔)]를 선택하고 [OK(확인)]를 클릭합니다.

03 이미지 선택 및 레이어 스타일 적용

01 [File(파일)]-[Open(열기)]을 선택하여 2급-10.jpg를 불러옵니다. Magic Wand Tool(자동 선택 도구, [🪄])을 클릭하고 Options Bar(옵션 바)에서 'New selection(새 선택 영역, [▣]), Tolerance(허용치) : 32, Anti-alias(앤티 앨리어스) : 체크, Contiguous(인접) : 체크 해제'를 설정한 후 배경 부분을 클릭하여 선택합니다.

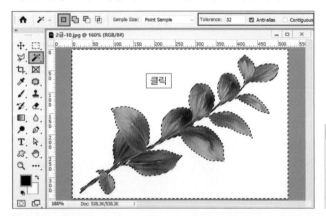

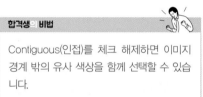

합격생의 비법

Contiguous(인접)를 체크 해제하면 이미지 경계 밖의 유사 색상을 함께 선택할 수 있습니다.

02 Shift + Ctrl + I 로 선택 영역을 반전하여 Ctrl + C 로 복사합니다. 작업 이미지를 선택하여 Ctrl + V 로 붙여넣고 Ctrl + T 를 누르고 Shift 를 누른 채 크기를 조절한 후, 마우스 오른쪽 버튼을 누르고 [Flip Horizontal(가로로 뒤집기)]로 뒤집고 회전하여 배치합니다.

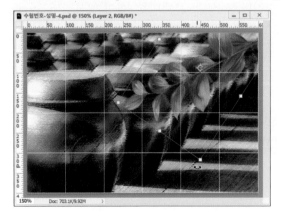

03 Layers(레이어) 패널 하단의 'Add a layer style(레이어 스타일 추가, [fx.])'을 클릭하여 [Inner Glow(내부 광선)]를 선택하고 'Opacity(불투명도) : 75%, Size(크기) : 5px'로 설정합니다. 계속해서 [Drop Shadow(드롭 섀도)]를 선택하고 'Opacity(불투명도) : 75%, Angle(각도) : 120°, Distance(거리) : 10px, Size(크기) : 10px'로 설정한 후 [OK(확인)]를 클릭합니다.

04 [File(파일)]-[Open(열기)]을 선택하여 2급-11.jpg를 불러옵니다. Quick Selection Tool(빠른 선택 도구,)을 클릭하고 Options Bar(옵션 바)에서 Add to selection(선택 영역에 추가,)을 설정한 후 브러시의 크기를 조절하며 드래그하여 선택합니다.

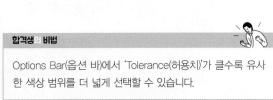

합격생의 비법

Options Bar(옵션 바)에서 'Tolerance(허용치)'가 클수록 유사한 색상 범위를 더 넓게 선택할 수 있습니다.

05 Options Bar(옵션 바)에서 'Select and Mask(선택 및 마스크)'를 클릭하여 'Properties(속성)' 패널에서 'Radius(반경) : 1px'로 설정한 후 [OK(확인)]를 클릭합니다.

합격생의 비법

Options Bar(옵션 바)의 'Select and Mask(선택 및 마스크)'에서 세부 설정을 통해 선택 이미지의 가장자리를 좀 더 깔끔하게 선택할 수 있습니다.

06 Ctrl+C로 복사하고 Layers(레이어) 패널에서 'Layer 1' 레이어를 선택한 후 Ctrl+V로 붙여넣고 Ctrl+T로 Shift를 누른 채 크기를 조절하여 배치합니다.

07 Layers(레이어) 패널 하단의 'Add a layer style(레이어 스타일 추가, *fx.*)'을 클릭하여 [Bevel & Emboss(경사와 엠보스)]를 선택하고 'Style(스타일) : Inner Bevel(내부 경사), Direction(방향) : Up(위로), Size(크기) : 10px'로 설정합니다. 계속해서 [Drop Shadow(드롭 새도)]를 선택하고 'Opacity(불투명도) : 75%, Angle(각도) : 120°, Distance(거리) : 10px, Size(크기) : 10px'로 설정하고 [OK(확인)]를 클릭합니다.

04 모양 생성 및 필터와 클리핑 마스크 적용

01 Custom Shape Tool(사용자 정의 모양 도구, 🔊)을 클릭하고 Options Bar(옵션 바)에서 'Shape(모양), Fill(칠) : #ff9900, Stroke(획) : No Color(색상 없음), Shape(모양) : Cloud 1(구름 1, ⬤)'을 설정한 후 드래그하여 모양을 그리고 배치합니다.

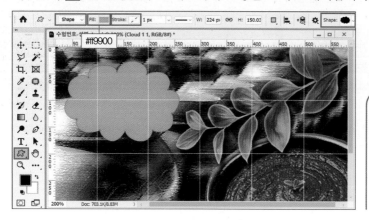

Shape 경로

[Legacy Shapes and More (레거시 모양 및 기타)]–[All Legacy Default Shapes(모든 레거시 기본 모양)]–[Nature(자연)]

02 Layers(레이어) 패널 하단의 'Add a layer style(레이어 스타일 추가, *fx.*)'을 클릭하여 [Stroke(획)]를 선택하고 'Size(크기) : 5px, Color(색상) : #cc9966'으로 설정합니다. 계속해서 [Inner Shadow(내부 그림자)]를 선택하고 'Opacity(불투명도) : 75%, Angle(각도) : 120°, Distance(거리) : 10px, Size(크기) : 10px'로 설정하고 [OK(확인)]를 클릭합니다.

03 [File(파일)]–[Open(열기)]을 선택하여 2급-12.jpg를 불러온 후 Ctrl+A를 눌러 전체를 선택하고 Ctrl+C를 눌러 복사합니다. 작업 이미지를 선택하고 Ctrl+V로 붙여넣고 Ctrl+T를 눌러 Shift를 누른 채 조절점을 드래그하여 크기를 조절하고 퍼즐 모양과 겹치도록 배치합니다.

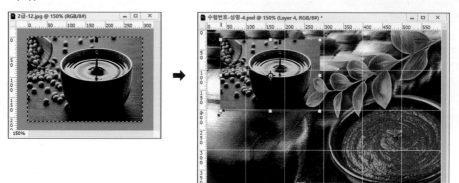

04 [Filter(필터)]–[Filter Gallery(필터 갤러리)]–[Artistic(예술 효과)]–[Paint Daubs(페인트 덥스/페인트 바르기)]를 선택하고 [OK(확인)]를 클릭합니다.

05 Layers(레이어) 패널에서 'Layer 4' 레이어와 'Cloud 1 1' 레이어 사이에 마우스 커서를 놓고 Alt 를 누르고 클릭하여 Clipping Mask(클리핑 마스크)를 적용합니다.

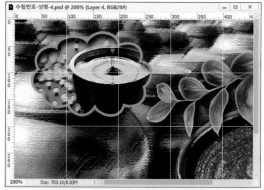

합격생의 비법

Clipping Mask(클리핑 마스크)를 적용할 때는 반드시 'Cloud 1 1' 레이어 바로 위에 이미지 레이어를 서로 겹치도록 배치해야 합니다.

05 불투명도 조절하여 합성

01 Layers(레이어) 패널 상단의 'Opacity(불투명도) : 70%'를 설정하고 불투명도를 적용하여 합성합니다.

02 [File(파일)]-[Open(열기)]을 선택하여 2급-13.jpg를 불러옵니다. Quick Selection Tool (빠른 선택 도구, 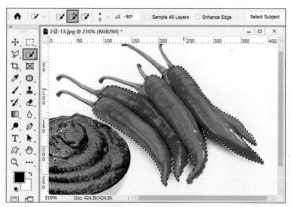)을 클릭하고 Options Bar(옵션 바)에서 Add to selection(선택 영역에 추가,)을 설정한 후 브러시의 크기를 조절하며 드래그하여 선택합니다.

02 Options Bar(옵션 바)에서 'Click to open the brush options(클릭하여 브러시 옵션 열기)'를 클릭하여 'Size(크기) : 3px'로 설정하고 줄기 부분에 여러 번 클릭하여 선택을 정교하게 추가한 후 [Ctrl]+[C]로 복사합니다.

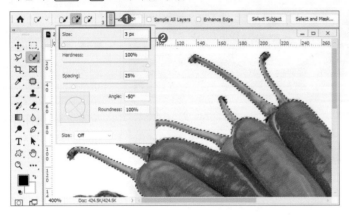

03 작업 이미지를 선택하고 Layers(레이어) 패널에서 'Layer 1' 레이어를 클릭하고 [Ctrl]+[V]로 붙여넣기를 합니다. [Ctrl]+[T]를 눌러 [Shift]를 누른 채 크기를 조절하고 마우스 오른쪽 버튼을 누르고 [Flip Horizontal(가로로 뒤집기)]로 뒤집은 후 회전하여 배치합니다.

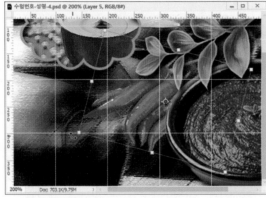

04 Layers(레이어) 패널 하단의 'Add a layer style(레이어 스타일 추가, [fx.])'을 클릭하여 [Drop Shadow(그림자)]를 선택하고 'Opacity(불투명도) : 75%, Angle(각도) : 120°, Distance(거리) : 10px, Size(크기) : 10px'로 설정하고 [OK(확인)]를 클릭합니다.

05 Layers(레이어) 패널 상단의 'Opacity(불투명도) : 70%'를 설정하고 불투명도를 적용합니다.

06 모양 생성 및 레이어 스타일 적용

01 Custom Shape Tool(사용자 정의 모양 도구, ⬚)을 클릭하고 Options Bar(옵션 바)에서 'Shape(모양), Fill(칠) : 임의 색상, Stroke(획) : No Color(색상 없음), Shape(모양) : Ornament 3(장식 3, ⬚)'을 설정한 후 Shift 를 누른 채 드래그하여 모양을 그립니다.

Shape 경로

[Legacy Shapes and More (레거시 모양 및 기타)]–[All Legacy Default Shapes(모든 레거시 기본 모양)]–[Ornaments(장식)]

02 Layers(레이어) 패널 하단의 'Add a layer style(레이어 스타일 추가, fx.)'을 클릭하여 [Inner Shadow(내부 그림자)]를 선택하고 'Opacity(불투명도) : 75%, Angle(각도) : 120°, Distance(거리) : 5px, Size(크기) : 5px'로 설정합니다. 계속해서 [Gradient Overlay(그레이디언트 오버레이)]를 선택하고 'Click to edit the gradient(클릭하여 그레이디언트 편집)'를 클릭합니다.

03 그레이디언트 슬라이더 왼쪽 하단의 'Color Stop(색상 정지점)'을 더블 클릭하여 #663333을, 오른쪽 'Color Stop(색상 정지점)'을 더블 클릭하여 #cccccc로 설정한 후 'Style(스타일) : Linear(선형), Angle(각도) : 180°, Scale(비율) : 150%'로 설정하고 [OK(확인)]를 클릭합니다.

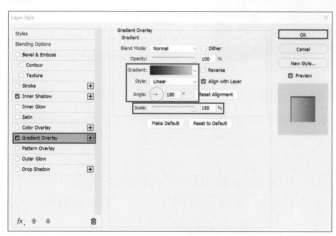

04 Layers(레이어) 패널 상단의 'Opacity(불투명도) : 70%'를 설정하고 불투명도를 적용합니다. Layers(레이어) 패널에서 'Ornament 3 1' 레이어를 'Layer 5' 레이어의 아래쪽으로 드래그하여 순서를 정돈한 후 Ctrl+T로 회전하여 배치합니다.

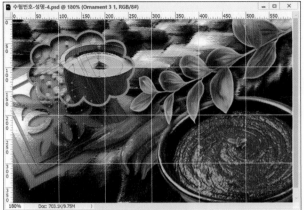

05 Custom Shape Tool(사용자 정의 모양 도구, 🔲)을 클릭하고 Options Bar(옵션 바)에서 'Shape(모양), Fill(칠) : #ff9966, Stroke(획) : No Color(색상 없음), Shape(모양) : Ornament 1(장식 1, 🔲)'를 설정한 후 Shift를 누르고 모양을 그립니다. Ctrl+T를 눌러 Shift를 누른 채 반시계 방향으로 'Angle : -15°'로 회전하여 배치합니다.

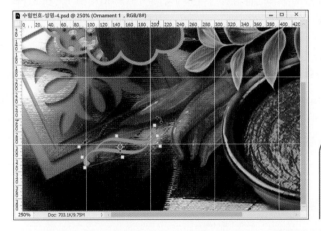

> **Shape 경로**
>
> [Legacy Shapes and More(레거시 모양 및 기타)]-[All Legacy Default Shapes(모든 레거시 기본 모양)]-[Ornaments(장식)]

합격생의 비법

Ctrl+T를 눌러 Shift를 누른 채 조절점 밖을 드래그하여 회전을 하면 15° 단위로 회전이 가능합니다. 반시계 방향으로 회전하면 'Angle : -15°'가 설정됩니다.

---

06 Layers(레이어) 패널 하단의 'Add a layer style(레이어 스타일 추가, 🔲)'을 클릭하여 [Stroke(획)]를 선택하고 'Size(크기) : 2px, Color(색상) : #996633'으로 설정하고 [OK(확인)]를 클릭합니다.

07 문자 입력 및 왜곡, 레이어 스타일 적용

01 Layers(레이어) 패널에서 'Layer 3' 레이어를 선택합니다. Horizontal Type Tool(수평 문자 도구, T)로 작업 이미지를 클릭하고 Options Bar(옵션 바)에서 'Font(글꼴) : Arial, Set font style(글꼴 스타일 설정) : Bold, Set font size(글꼴 크기) : 30pt, Color(색상) : 임의 색상'으로 설정한 후 Fermented Foods를 입력합니다.

02 Options Bar(옵션 바)에서 Create warped text(뒤틀어진 텍스트 만들기, ⊥)를 클릭하여 [Warp Text(텍스트 뒤틀기)] 대화상자에서 'Style(스타일) : Flag(깃발), Horizontal(가로) : 체크, Bend(구부리기) : 50%'를 설정하여 문자의 모양을 왜곡합니다.

03 Layers(레이어) 패널 하단의 'Add a layer style(레이어 스타일 추가, fx)'을 클릭하여 [Stroke(획)]를 선택하고 'Size(크기) : 2px, Color(색상) : #cc9999'로 설정합니다. 계속해서 [Gradient Overlay(그레이디언트 오버레이)]를 선택하고 'Click to edit the gradient(클릭하여 그레이디언트 편집)'를 클릭합니다.

04 그레이디언트 슬라이더 왼쪽 하단의 'Color Stop(색상 정지점)'을 더블 클릭하여 #cc3333을, 오른쪽 'Color Stop(색상 정지점)'을 더블 클릭하여 #330000으로 설정한 후 'Style(스타일) : Linear(선형), Angle(각도) : 0°로 설정하고 [OK(확인)]를 클릭합니다.

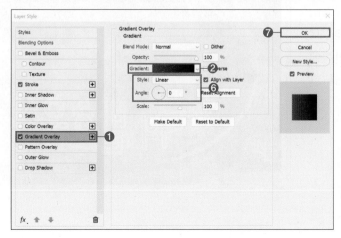

05 Layers(레이어) 패널에서 'Layer 3' 레이어를 선택합니다. Horizontal Type Tool(수평 문자 도구, T)로 작업 이미지를 클릭하고 Options Bar(옵션 바)에서 'Font(글꼴) : 돋움, Set font size(글꼴 크기) : 32pt, Set anti-aliasing method(앤티 앨리어싱 방법 설정) : Strong(강하게), Color(색상) : #ff6600'으로 설정한 후 한국의 발효음식을 입력합니다.

06 Horizontal Type Tool(수평 문자 도구, T)로 '의' 문자를 드래그하여 선택하고 Options Bar (옵션 바)에서 'Set font size(글꼴 크기) : 20pt, Color(색상) : #000000'으로 설정합니다.

07 Options Bar(옵션 바)에서 Create warped text(뒤틀어진 텍스트 만들기, T)를 클릭하여 [Warp Text(텍스트 뒤틀기)] 대화상자에서 'Style(스타일) : Arc Lower(아래 부채꼴), Horizontal(가로) : 체크, Bend(구부리기) : 40%'를 설정하여 문자의 모양을 왜곡합니다.

08 Layers(레이어) 패널 하단의 'Add a layer style(레이어 스타일 추가, fx)'을 클릭하여 [Stroke(획)]를 선택하고 'Size(크기) : 2px, Color(색상) : #ffffff'로 설정합니다. 계속해서 [Drop Shadow(드롭 섀도)]를 선택하고 'Opacity(불투명도) : 75%, Angle(각도) : 120°, Distance(거리) : 5px, Size(크기) : 5px'로 설정하고 [OK(확인)]를 클릭합니다.

09 Pen Tool(펜 도구, ✐)을 클릭하고 Options Bar(옵션 바)에서 'Path (패스), Exclude Overlapping Shapes(모양 오버랩 제외, ◧)'로 설정한 후, 고추장 그릇 모양 안쪽에 드래그하여 곡선의 열린 패스를 그립니다.

10 Horizontal Type Tool(수평 문자 도구, T)을 클릭하고 Options Bar(옵션 바)에서 'Font(글꼴) : 궁서, Set font size(글꼴 크기) : 24pt, Set anti-aliasing method(앤티 앨리어싱 방법 설정) : Strong(강하게), Left align text(텍스트 왼쪽 맞춤, ▤), Color(색상) : #ffcc66'으로 설정합니다. 열린 패스의 왼쪽에 클릭한 후 태양초 고추장을 입력합니다.

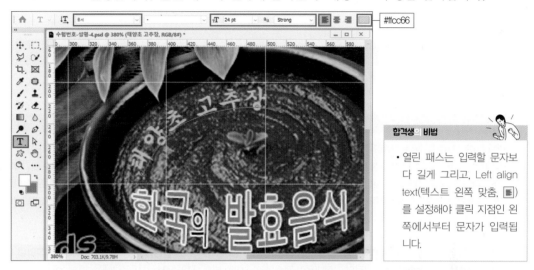

• 열린 패스는 입력할 문자보다 길게 그리고, Left align text(텍스트 왼쪽 맞춤, ▤)를 설정해야 클릭 지점인 왼쪽에서부터 문자가 입력됩니다.

11 Layers(레이어) 패널 하단의 'Add a layer style(레이어 스타일 추가, fx.)'을 클릭하여 [Drop Shadow(그림자)]를 선택하고 'Opacity(불투명도) : 75%, Angle(각도) : 120°, Distance(거리) : 2px, Size(크기) : 2px'로 설정하고 [OK(확인)]를 클릭합니다. Ctrl+S를 눌러 파일을 저장합니다.

08 정답 파일 저장

01 [View(보기)]-[Show(표시)]-[Grid(격자)](Ctrl+')를 선택하여 격자를 가립니다.

02 [File(파일)]-[Save As(다른 이름으로 저장)](Shift+Ctrl+S)를 선택하고 '저장 위치 : 내 PC₩문서₩GTQ, 파일 이름 : 수험번호-성명-문제번호, 파일 형식 : JPEG(*.JPG, *.JPEG, *.JPE)'를 선택하고 [저장]을 클릭한 후 [JPEG Options(JPEG 옵션)] 대화상자에서 'Quality(품질) : 8'로 설정하고 [OK(확인)]를 클릭합니다.

03 [Image(이미지)]-[Image Size(이미지 크기)](Alt+Ctrl+I)를 선택하고 'Constrain aspect ratio(종횡비 제한) : 클릭, Width(폭) : 60Pixels(픽셀), Height(높이) : 40Pixels(픽셀)'로 입력하여 이미지 크기를 1/10로 축소한 후 [OK(확인)]를 클릭합니다.

04 [File(파일)]-[Save As(다른 이름으로 저장)](Shift+Ctrl+S)를 선택하고 '저장 위치 : 내 PC₩문서₩GTQ, 파일 이름 : 수험번호-성명-문제번호, 파일 형식 : Photoshop(*.PSD, *.PDD, *.PSDT)'을 선택하고 [저장]을 클릭합니다.

05 답안 저장이 완료가 되면 [File(파일)]-[Exit(종료)](Ctrl+Q)를 선택하여 프로그램을 종료하고 수험 프로그램에서 [답안 전송]을 클릭하여 psd와 jpg 파일을 감독관 컴퓨터로 전송합니다.

기출 유형 문제 2회

▶ 동영상 무료

급수	문제유형	시험시간	수험번호	성명
2급	A	90분	G220240002	

수 험 자 유 의 사 항

- 수험자는 문제지를 받는 즉시 응시하고자 하는 **과목 및 급수가 맞는지 확인**한 후 수험번호와 성명을 작성합니다.
- 파일명은 본인의 "수험번호—성명—문제번호"로 공백 없이 정확히 입력하고 답안폴더(내 PC₩문서₩GTQ)에 jpg 파일과 psd 파일의 2가지 포맷으로 저장해야 하며, jpg 파일과 psd 파일의 내용이 상이할 경우 0점 처리됩니다. 답안문서 파일명이 "수험번호—성명—문제번호"와 일치하지 않거나, 답안 파일을 전송하지 않아 미제출로 처리될 경우 불합격 처리됩니다.
- 문제의 세부조건은 '영문(한글)' 형식으로 표기되어 있으니 유의하시기 바랍니다.
- 수험자 정보와 저장한 파일명, 저장 위치가 다를 경우 전송이 되지 않으므로, 주의하시기 바랍니다.
- 답안 작성 중에도 **주기적으로 '저장'과 '답안 전송'**을 이용하여 감독위원 PC로 답안을 전송하셔야 합니다.(※ 작업한 내용을 **저장하지 않고 전송할 경우** 이전의 저장내용이 전송되오니 이점 반드시 유념하시기 바랍니다.)
- 답안문서는 지정된 경로 외의 다른 보조기억장치에 저장하는 행위, 지정된 시험 시간 외에 작성된 파일을 활용한 행위, 기타 통신수단(이메일, 메신저, 네트워크 등)을 이용하여 타인에게 전달 또는 외부 반출하는 행위는 부정으로 간주되어 자격기본법 제32조에 의거 본 시험 및 국가공인 자격시험을 2년간 응시할 수 없습니다.
- 시험 중 부주의 또는 고의로 시스템을 파손한 경우와 〈수험자 유의사항〉에 기재된 방법대로 이행하지 않아 생기는 불이익은 수험자의 책임임을 알려 드립니다.
- 시험을 완료한 수험자는 최종적으로 저장한 답안파일이 전송되었는지 확인한 후 감독위원의 지시에 따라 문제지를 제출하고 퇴실합니다.

답 안 작 성 요 령

- **온라인 답안 작성 절차**

  수험자 등록 ⇒ 시험 시작 ⇒ 답안파일 저장 ⇒ 답안 전송 ⇒ 시험 종료
- 내 PC₩문서₩GTQ₩Image폴더에 있는 그림 원본파일을 사용하여 답안을 작성하시고 최종답안을 답안폴더(내 PC₩문서₩GTQ)에 저장하여 답안을 전송하시고, 이미지의 크기가 다른 경우 감점 처리됩니다.
- 배점은 총 100점으로 이루어지며, 점수는 각 문제별로 차등 배분됩니다.
- 각 문제는 주어진 〈조건〉에 따라 작성하고, 언급하지 않은 조건은 《출력형태》와 같이 작성합니다.
- 배치 등의 편의를 위해 주어진 눈금자의 단위는 '픽셀'입니다.

  그 외는 출력형태(효과, 이미지, 문자, 색상, 레이아웃, 규격 등)와 같게 작업하십시오.
- 문제 조건에 서체의 지정이 없을 경우 한글은 굴림이나 돋움, 영문은 Arial로 작업하십시오.

  (단, 그 외에 제시되지 않은 문자 속성을 기본값으로 작성하지 않은 경우는 감점 처리됩니다.)
- Image Mode(이미지 모드)는 별도의 처리조건이 없을 경우에는 RGB(8비트)로 작업하십시오.
- 모든 답안 파일은 해상도 72Pixels/Inch로 작업하십시오.
- Layer(레이어)는 각 기능별로 분할해야 하며, 임의로 합칠 경우나 각 기능에 대한 속성을 해지할 경우 해당 요소는 0점 처리됩니다.

한 국 생 산 성 본 부

문제 1 : Tool(도구) 활용   20점

다음의 《조건》에 따라 아래의 《출력형태》와 같이 작업하시오.

출력형태

조건

원본 이미지		Part05\기출유형문제02회\2급-1.jpg	
파일저장규칙	JPG	파일명	문서\GTQ\수험번호-성명-1.jpg
		크기	400×500 pixels
	PSD	파일명	문서\GTQ\수험번호-성명-1.psd
		크기	40×50 pixels

1. 그림 효과
① 복제 및 변형 : 해바라기
② Shape Tool(모양 도구) 사용 :
  – 벌 모양 (#663300, 레이어 스타일 – Stroke(선/획)(3px, #ffff66))
  – 나뭇잎 모양 (#cc6633, #999933, 레이어 스타일 – Drop Shadow(그림자 효과))

2. 문자 효과
① Sunflower(Arial, Bold, 65pt, 레이어 스타일 – 그레이디언트 오버레이(#009999, #ff9900), Stroke(선/획)(3px, #ffffff))

문제 2 : 사진편집 기초   20점

다음의 《조건》에 따라 아래의 《출력형태》와 같이 작업하시오.

출력형태

조건

원본 이미지		Part05\기출유형문제02회\2급-2.jpg, 2급-3.jpg, 2급-4.jpg	
파일저장규칙	JPG	파일명	문서\GTQ\수험번호-성명-2.jpg
		크기	400×500 pixels
	PSD	파일명	문서\GTQ\수험번호-성명-2.psd
		크기	40×50 pixels

1. 그림 효과
① 색상 보정 : 2급-3.jpg – 노란색 계열로 보정, 레이어 스타일 – Inner Glow(내부 광선)
② 액자 제작 :
  필터 – Paint Daubs(페인트 덥스/페인트 바르기), 안쪽 테두리 (5px, #ffffff), 레이어 스타일 – Drop Shadow(그림자 효과)
③ 2급-4.jpg : 레이어 스타일 – Bevel & Emboss(경사와 엠보스)

2. 문자 효과
① With Squirrel(Times New Roman, Bold, 50pt, 레이어 스타일 – 그레이디언트 오버레이(#ccffff, #cc6633), Stroke(선/획)(3px, #663300))

다음의 《조건》에 따라 아래의 《출력형태》와 같이 작업하시오.

조건

원본 이미지	Part05₩기출유형문제02회₩2급-5.jpg, 2급-6.jpg, 2급-7.jpg, 2급-8.jpg		
파일저장규칙	JPG	파일명	문서₩GTQ₩수험번호-성명-3.jpg
		크기	600×400 pixels
	PSD	파일명	문서₩GTQ₩수험번호-성명-3.psd
		크기	60×40 pixels

1. 그림 효과
① 배경 : #cccccc
② 2급-5.jpg : 필터 – Texturizer(텍스처화), 레이어 마스크 – 대각선 방향으로 흐릿하게
③ 2급-6.jpg : 레이어 스타일 – Bevel and Emboss(경사와 엠보스)
④ 2급-7.jpg : 레이어 스타일 – Drop Shadow(그림자 효과)
⑤ 2급-8.jpg : 레이어 스타일 – Outer Glow(외부 광선)
⑥ 그 외 《출력형태》 참조

2. 문자 효과
① Eco-friendly Products(Times New Roman, Bold, 50pt, #33cccc, #0066cc, 레이어 스타일 – Stroke(선/획)(2px, #ffffff), Drop Shadow(그림자 효과))
② 자연의 향을 담아서...(돋움, 30pt, 레이어 스타일 – Stroke(선/획)(2px, #ffffff), 그레이디언트 오버레이(#33cccc, #990000))

출력형태

Shape Tool(모양 도구) 사용
#cc99ff,
Inner Shadow(내부 그림자),
Opacity(불투명도)(70%)

Shape Tool(모양 도구) 사용
레이어 스타일 –
그레이디언트 오버레이
(#cc3399, #0099ff),
Inner Shadow(내부 그림자)

다음의 《조건》에 따라 아래의 《출력형태》와 같이 작업하시오.

조건

원본 이미지			Part05₩기출유형문제02회₩2급-9.jpg, 2급-10.jpg, 2급-11.jpg, 2급-12.jpg, 2급-13.jpg
파일저장규칙	JPG	파일명	문서₩GTQ₩수험번호-성명-4.jpg
		크기	600×400 pixels
	PSD	파일명	문서₩GTQ₩수험번호-성명-4.psd
		크기	60×40 pixels

1. 그림 효과

① 2급-9.jpg : 필터 – Angled Strokes(각진 선)
② 2급-10.jpg : 레이어 스타일 – Bevel and Emboss(경사와 엠보스), Inner Glow(내부 광선)
③ 2급-11.jpg : 레이어 스타일 – Drop Shadow(그림자 효과)
④ 2급-12.jpg : 필터 – Film Grain(필름 그레인), Opacity(불투명도)(70%)
⑤ 2급-13.jpg : 레이어 스타일 – Bevel and Emboss(경사와 엠보스), Opacity(불투명도)(70%)
⑥ 그 외 《출력형태》 참조

2. 문자 효과

① My Happy Life(Arial, Bold, 50pt, 40pt, #cc33cc, #66ccff, 레이어 스타일 – Stroke(선/획)(3px, #663333), Drop Shadow(그림자 효과))
② 삶의 여유를 즐기세요~(바탕, 19pt, #99ccff, 레이어 스타일 – Stroke(선/획)(2px, #003399))
③ 건강하고 행복한 삶(돋움, 25pt, 레이어 스타일 – Stroke(선/획)(2px, #ffffff), 그레이디언트 오버레이(#333300, #0099ff))

출력형태

Shape Tool(모양 도구) 사용
#66ccff, 레이어 스타일 – Stroke(선/획)(6px, #ccffff),
Inner Shadow(내부 그림자)

Shape Tool(모양 도구) 사용
#ff99cc, 레이어 스타일 –
Inner Glow(내부 광선),
Opacity(불투명도)(70%)

Shape Tool(모양 도구) 사용
레이어 스타일 –
그레이디언트 오버레이
(#ffcccc, #0099ff),
Drop Shadow(그림자 효과)

문제 **01** CHAPTER 02
[기능평가] Tool(도구) 활용

작업과정	새 작업 이미지 만들고 파일 저장하기 ▶ 선택 영역 만들고 복제 및 변형하기 ▶ 모양 생성 및 레이어 스타일 적용 ▶ 문자 입력 및 레이어 스타일 적용 ▶ 정답 파일 저장
완성이미지	Part05₩기출유형문제02회₩정답파일₩수험번호-성명-1.jpg, 수험번호-성명-1.psd

01 새 작업 이미지 만들고 파일 저장하기

01 [File(파일)]-[New(새로 만들기)]([Ctrl]+[N])를 선택하고 'Width(폭) : 400Pixels(픽셀), Height(높이) : 500Pixels(픽셀), Resolution(해상도) : 72Pixels/Inch(픽셀/인치), Color Mode(색상 모드) : RGB Color(RGB 색상), 8bit(비트), Background Contents(배경 내용) : White(흰색)'를 설정하여 새 작업 이미지를 만듭니다.

02 [Edit(편집)]-[Preference(환경설정)]([Ctrl]+[K])를 클릭하고 [Guides, Grid & Slices(안내선, 격자 및 분할 영역)]를 선택하여 Grid(격자)의 'Color(색상)'를 클릭하여 밝은 색상으로 변경한 후 'Gridline Every(격자 간격) : 100Pixels(픽셀), Subdivisions(세분) : 1'로 설정합니다.

03 [View(보기)]-[Show(표시)]-[Grid(격자)]([Ctrl]+['])와 [View(보기)]-[Rulers(눈금자)] ([Ctrl]+[R])를 선택하여 격자와 눈금자를 표시합니다.

04 작업 도큐먼트를 저장하기 위해 [File(파일)]-[Save As(다른 이름으로 저장)]([Shift]+[Ctrl]+[S])를 선택하고 임의 경로에 '파일 이름 : 수험번호-성명-문제번호, 파일 형식 : Photoshop (*.PSD, *.PDD, *.PSDT)'으로 파일을 저장합니다.

02 선택 영역 만들고 복제 및 변형하기

01 [File(파일)]-[Open(열기)]([Ctrl]+[O])을 선택하여 2급-1.jpg를 불러옵니다. [Ctrl]+[A]를 눌러 전체를 선택한 후 [Ctrl]+[C]를 눌러 복사합니다. 작업 이미지를 선택하여 [Ctrl]+[V]로 붙여넣고 [Ctrl]+[T]를 눌러 Options Bar(옵션 바)에서 'W : 75%, H : 75%'를 각각 입력하고 크기를 조절한 후 격자를 참고하여 배치합니다.

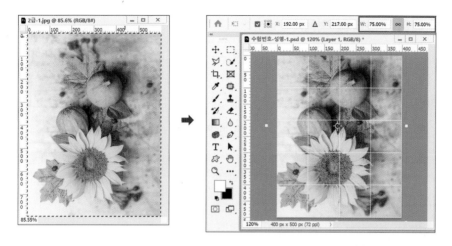

02 Quick Selection Tool(빠른 선택 도구,)을 클릭하고 브러시의 크기를 조절하며 제시된 해바라기 이미지에 드래그하여 선택합니다. Options Bar(옵션 바)에서 Subtract from selection(선택 영역에서 빼기,)을 클릭하고 선택 영역에서 제외할 부분에 드래그하여 선택을 정교하게 합니다.

> **합격생 비법**
>
> • Quick Selection Tool(빠른 선택 도구,)로 클릭 또는 드래그하여 선택하면 Options Bar(옵션 바)의 'Add to selection(선택 영역에 추가,)'으로 자동으로 설정됩니다.
> • Quick Selection Tool(빠른 선택 도구,)로 드래그하여 선택할 때 키보드의 [,]를 누르면 점증적으로 브러시의 크기를 축소, 확대할 수 있습니다.

03 [Layer(레이어)]-[New(새로 만들기)]-[Layer Via Copy(복사한 레이어)]([Ctrl]+[J])를 클릭하고 레이어를 복사합니다. [Edit(편집)]-[Free Transform(자유 변형)]([Ctrl]+[T])을 클릭하고 [Shift]를 누른 채 크기를 조절하고 마우스 오른쪽 버튼을 누르고 [Flip Horizontal(가로로 뒤집기)]로 뒤집은 후 회전하여 배치합니다.

03 모양 생성 및 레이어 스타일 적용

01 Custom Shape Tool(사용자 정의 모양 도구, 🔷)을 클릭하고 Options Bar(옵션 바)에서 'Shape(모양), Fill(칠) : #cc6633, Stroke(획) : No Color(색상 없음), Shape(모양) : Leaf 7(나뭇잎 7, 🍁)'을 설정한 후 Shift를 누른 채 드래그하여 모양을 그립니다.

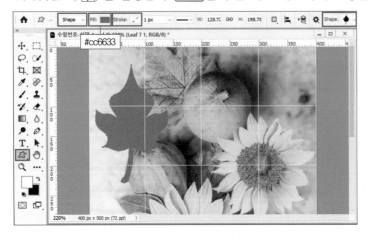

Shape 경로

[Legacy Shapes and More(레거시 모양 및 기타)]−[All Legacy Default Shapes(모든 레거시 기본 모양)]−[Nature (자연)]

02 [Edit(편집)]−[Free Transform Path(패스 자유 변형)]([Ctrl]+[T])를 클릭하고 회전하여 배치합니다. Layers(레이어) 패널 하단의 'Add a layer style(레이어 스타일 추가, 🔅)'을 클릭하여 [Drop Shadow(그림자)]를 선택하고 'Opacity(불투명도) : 75%, Angle(각도) : 90°, Distance(거리) : 3px, Size(크기) : 5px'로 설정하고 [OK(확인)]를 클릭합니다.

03 [Ctrl]+[J]를 눌러 'Leaf 7 1' 레이어를 복사합니다. Layers(레이어) 패널에서 'Leaf 7 1 copy' 레이어의 'Layer thumbnail(레이어 축소판)'을 더블 클릭하여 'Color(색상) : #999933'으로 변경합니다. [Ctrl]+[T]를 눌러 Shift를 누른 채 크기를 조절하고 회전하여 배치합니다.

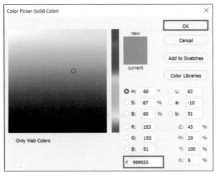
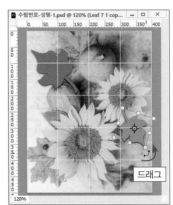

04 Custom Shape Tool(사용자 정의 모양 도구, ⚙)을 클릭하고 Options Bar(옵션 바)에서 'Shape(모양), Fill(칠) : #663300, Stroke(획) : No Color(색상 없음), Shape(모양) : Hornet(말벌, ✈)'를 설정한 후 Shift 를 누른 채 드래그하여 모양을 그립니다.

Shape 경로

[Legacy Shapes and More (레거시 모양 및 기타)]–[2019 Shapes(2019 모양)]–[Insects and Arachnids(곤충류 및 거미류)]

05 Ctrl + T 를 눌러 회전하여 배치한 후 Layers(레이어) 패널 하단의 'Add a layer style(레이어 스타일 추가, fx.)'을 클릭하여 [Stroke(획)]를 선택하고 'Size(크기) : 3px, Color(색상) : #ffff66'으로 설정하고 [OK(확인)]를 클릭합니다.

④ 문자 입력 및 레이어 스타일 적용

01 Horizontal Type Tool(수평 문자 도구, T)로 작업 이미지를 클릭하고 Options Bar(옵션 바)에서 'Font(글꼴) : Arial, Set font style(글꼴 스타일 설정) : Bold, Set font size(글꼴 크기) : 65pt, Color(색상) : 임의 색상'으로 설정한 후 Sunflower를 입력합니다.

02 Layers(레이어) 패널 하단의 'Add a layer style(레이어 스타일 추가, _fx._)'을 클릭하여 [Stroke(획)]를 선택하고 'Size(크기) : 3px, Color(색상) : #ffffff'로 설정합니다. 계속해서 [Gradient Overlay(그레이디언트 오버레이)]를 선택하고 'Click to edit the gradient(클릭하여 그레이디언트 편집)'를 클릭합니다.

03 그레이디언트 슬라이더 왼쪽 하단의 'Color Stop(색상 정지점)'을 더블 클릭하여 #009999를, 오른쪽 'Color Stop(색상 정지점)'을 더블 클릭하여 #ff9900으로 설정한 후 'Style(스타일) : Linear(선형), Angle(각도) : 0'로 설정하고 [OK(확인)]를 클릭합니다.

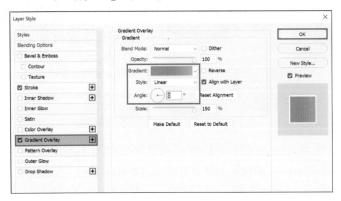

04 Ctrl+T를 눌러 반시계 방향으로 회전하여 배치합니다. Layers(레이어) 패널에서 'Leaf 7 1 copy' 레이어를 선택하고 [Layer(레이어)]-[Arrange(정돈)]-[Send Backward(뒤로 보내기)](Ctrl+[)를 여러 번 클릭하고 복제 변형된 해바라기 레이어의 뒤로 보내기를 하여 순서를 정돈합니다. Ctrl+S를 눌러 파일을 저장합니다.

05 정답 파일 저장

01 [View(보기)]-[Show(표시)]-[Grid(격자)](Ctrl+')를 선택하여 격자를 가립니다.

02 [File(파일)]-[Save As(다른 이름으로 저장)](Shift+Ctrl+S)를 선택하고 '저장 위치 : 내 PC₩문서₩GTQ, 파일 이름 : 수험번호-성명-문제번호, 파일 형식 : JPEG(*.JPG, *. JPEG, *.JPE)'를 선택하고 [저장]을 클릭한 후 [JPEG Options(JPEG 옵션)] 대화상자에서 'Quality(품질) : 8'로 설정하고 [OK(확인)]를 클릭합니다.

합격생의 비법

CC 2020 이후 버전에서 [Save As(다른 이름으로 저장)]로 '파일 형식 : JPEG(*.JPG, *.JPEG, *.JPE)'가 없는 경우에는 아래와 같이 저장하면 됩니다.

※ CC 버전에 따라 정답 파일을 '파일 형식 : JPEG(*.JPG, *.JPEG, *.JPE)'로 저장하기

• [File(파일)]–[Save As(다른 이름으로 저장)]([Shift]+[Ctrl]+[S])를 선택하고 [다른 이름으로 저장] 대화상자에서 [Save A Copy(사본 저장)]를 선택합니다.
• [File(파일)]–[Save A Copy(사본 저장)]([Alt]+[Ctrl]+[S])를 선택합니다.

03 [Image(이미지)]–[Image Size(이미지 크기)]([Alt]+[Ctrl]+[I])를 선택하고 'Constrain aspect ratio(종횡비 제한) : 클릭, Width(폭) : 40Pixels(픽셀), Height(높이) : 50Pixels(픽셀)'로 입력하여 이미지 크기를 1/10로 축소한 후 [OK(확인)]를 클릭합니다.

04 [File(파일)]–[Save As(다른 이름으로 저장)]([Shift]+[Ctrl]+[S])를 선택하고 '저장 위치 : 내 PC₩문서₩GTQ, 파일 이름 : 수험번호–성명–문제번호, 파일 형식 : Photoshop(*.PSD, *.PDD, *.PSDT)'을 선택하고 [저장]을 클릭합니다.

05 답안 저장이 완료가 되면 [File(파일)]–[Close(닫기)]([Ctrl]+[W])를 선택하여 파일을 닫고 수험 프로그램에서 [답안 전송]을 클릭하여 psd와 jpg 파일을 감독관 컴퓨터로 전송합니다.

문제 02 | **CHAPTER 02**
[기능평가] 사진편집 기초

작업과정	새 작업 이미지 만들기 및 파일 저장하기 ▶ 필터 적용 및 액자 제작 ▶ 이미지 합성 및 색상 보정, 레이어 스타일 적용 ▶ 문자 입력 및 레이어 스타일 적용 ▶ 정답 파일 저장
완성이미지	Part05₩기출유형문제02회₩정답파일₩수험번호–성명–2.jpg, 수험번호–성명–2.psd

01 새 작업 이미지 만들기 및 파일 저장하기

01 [File(파일)]–[New(새로 만들기)]([Ctrl]+[N])를 선택하고 'Width(폭) : 400Pixels(픽셀), Height(높이) : 500Pixels(픽셀), Resolution(해상도) : 72Pixels/Inch(픽셀/인치), Color Mode(색상 모드) : RGB Color(RGB 색상), 8bit(비트), Background Contents(배경 내용) : White(흰색)'로 설정하여 새 작업 이미지를 만듭니다.

02 [Edit(편집)]–[Preference(환경설정)]([Ctrl]+[K])를 클릭하고 [Guides, Grid & Slices(안내선, 격자 및 분할 영역)]를 선택하여 Grid(격자)의 'Color(색상)'를 클릭하여 밝은 색상으로 변경한 후 'Gridline Every(격자 간격) : 100pixels(픽셀), Subdivisions(세분) : 1'로 설정합니다.

03 [View(보기)]–[Show(표시)]–[Grid(격자)]([Ctrl]+[']')와 [View(보기)]–[Rulers(눈금자)] ([Ctrl]+[R])를 선택하여 격자와 눈금자를 표시합니다.

04 작업 도큐먼트를 저장하기 위해 [File(파일)]-[Save As(다른 이름으로 저장)]([Shift]+[Ctrl]+ [S])를 선택하고 임의 경로에 '파일 이름 : 수험번호-성명-문제번호, 파일 형식 : Photoshop (*.PSD, *.PDD, *.PSDT)'으로 파일을 저장합니다.

02 필터 적용 및 액자 제작

01 [File(파일)]-[Open(열기)]([Ctrl]+[O])을 선택하여 2급-2.jpg를 불러옵니다. [Ctrl]+[A]를 눌러 전체를 선택한 후 [Ctrl]+[C]를 눌러 복사하고 작업 이미지를 선택하여 [Ctrl]+[V]로 붙여넣기를 합니다. [Ctrl]+[T]로 [Shift]를 누른 채 크기를 조절하고 격자를 참조하여 배치합니다.

02 [Layer(레이어)]-[New(새로 만들기)]-[Layer Via Copy(복사한 레이어)]([Ctrl]+[J])를 클릭하고 레이어를 복사합니다.

03 [Filter(필터)]-[Filter Gallery(필터 갤러리)]-[Artistic(예술 효과)]-[Paint Daubs(페인트 덥스/페인트 바르기)]를 선택하고 [OK(확인)]를 클릭합니다. 위쪽의 눈금자에서 아래로 드래그하여 작업 이미지의 세로 중앙인 250px의 위치에 안내선을 표시합니다.

04 Rectangular Marquee Tool(사각형 선택 윤곽 도구,)을 클릭하고 Options Bar(옵션 바)에서 'New selection(새 선택 영역,), Feather(페더) : 0px(픽셀), Style(스타일) : Normal(표준)'을 설정합니다. 작업 이미지의 중앙 위치인 가로 안내선과 중앙의 격자 교차지점에 [Alt]를 누른 채 대각선 방향으로 드래그하여 중앙에서부터 직사각형 모양으로 선택합니다.

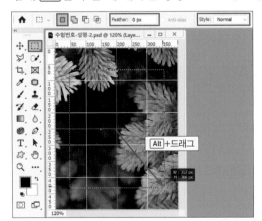

합격생의 **비법**

액자 프레임의 간격은 따로 제시되지 않습니다. 작업 이미지의 눈금자를 참조하여 액자 프레임의 크기를 지정합니다. 'Style(스타일) : Normal(표준)'을 설정하고 [Alt]를 누른 채 작업 이미지의 중앙으로부터 대각선 방향으로 드래그하여 선택이 가능합니다.

05 [Select(선택)]–[Modify(수정)]–[Smooth(매끄럽게)]를 클릭한 후 'Sample Radius(샘플 반경) : 8pixels(픽셀)'를 설정하고 [OK(확인)]를 클릭하여 모서리를 둥글게 합니다. Delete 를 눌러 선택된 이미지를 삭제하고 프레임을 만듭니다.

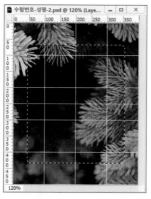

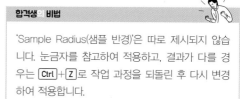

합격생의 비법

'Sample Radius(샘플 반경)'은 따로 제시되지 않습니다. 눈금자를 참고하여 적용하고, 결과가 다를 경우는 Ctrl + Z 로 작업 과정을 되돌린 후 다시 변경하여 적용합니다.

06 [Edit(편집)]–[Stroke(획)]를 클릭하여 'Width(폭) : 5px, Color(색상) : #ffffff, Location(위치) : Inside(안쪽), Mode(모드) : Normal(표준), Opacity(불투명도) : 100%, Preserve Transparency(투명도 유지) : 체크 해제'를 설정하고 [OK(확인)]를 클릭하여 안쪽 테두리를 적용합니다.

07 Ctrl + D 를 눌러 선택을 해제하고 Layers(레이어) 패널 하단의 'Add a layer style(레이어 스타일 추가, fx.)'을 클릭하여 [Drop Shadow(그림자)]를 선택하고 'Opacity(불투명도) : 75%, Angle(각도) : 120°, Distance(거리) : 10px, Size(크기) : 10px'로 설정하고 [OK(확인)]를 클릭합니다.

03 이미지 합성 및 색상 보정, 레이어 스타일 적용

01 [File(파일)]–[Open(열기)]을 선택하여 2급-3.jpg를 불러온 후 Object Selection Tool(개체 선택 도구, 🖫)을 클릭한 후 Options Bar(옵션 바)에서 'New selection(새 선택 영역, ◻), Mode(모드) : Rectangle(사각형)'을 선택하고 이미지에 드래그하여 선택합니다.

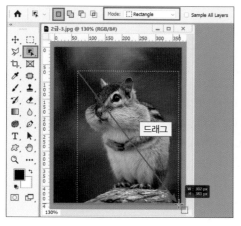

02 Quick Selection Tool(빠른 선택 도구, [이미지])을 클릭하고 Options Bar(옵션 바)에서 Add to selection(선택 영역에 추가, [이미지])을 설정한 후 브러시의 크기를 조절하며 하단 바위 모양에 드래그하여 선택 영역을 추가합니다.

03 Options Bar(옵션 바)에서 'Select and Mask(선택 및 마스크)'를 클릭하여 'Properties(속성)'에서 'Radius(반경) : 1px(픽셀), Smooth(매끄럽게) : 1'을 설정한 후 [OK(확인)]를 클릭하고 [Ctrl]+[C]로 복사합니다.

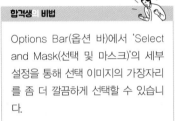

합격생의 비법

Options Bar(옵션 바)에서 'Select and Mask(선택 및 마스크)'의 세부 설정을 통해 선택 이미지의 가장자리를 좀 더 깔끔하게 선택할 수 있습니다.

04 작업 이미지에 [Ctrl]+[V]로 붙여넣은 후 [Ctrl]+[T]를 눌러 [Shift]를 누른 채 크기를 축소하고 마우스 오른쪽 버튼을 누르고 [Flip Horizontal(가로로 뒤집기)]을 클릭하여 뒤집은 후 격자를 참조하여 배치합니다.

05 Layers(레이어) 패널 하단의 'Add a layer style(레이어 스타일 추가, [fx.])'을 클릭하여 [Inner Glow(내부 광선)]를 선택한 후, 'Opacity(불투명도) : 75%, Choke(경계 감소) : 0%, Size(크기) : 15px'로 설정하고 [OK(확인)]를 클릭합니다.

06 Layers(레이어) 패널에서 'Layer 2'의 'Layer thumbnail(레이어 축소판)'을 [Ctrl]을 누른 채 클릭하여 이미지를 빠르게 선택합니다.

07 Quick Selection Tool(빠른 선택 도구, [이미지])을 클릭하고 Options Bar(옵션 바)에서 Subtract from selection(선택 영역에서 빼기, [이미지])을 설정한 후 브러시의 크기를 조절하며 선택에서 제외할 이미지에 드래그하여 선택 영역에서 빼기를 합니다.

08 Layers(레이어) 패널 하단의 'Create new fill or adjustment layer(새 칠 또는 조정 레이어 생성, [이미지])'를 클릭하고 [Hue/Saturation(색조/채도)]을 선택합니다. Properties(속성) 패널에서 'Colorize(색상화) : 체크, Hue(색조) : 54, Saturation(채도) : 50, Lightness(명도) : 5'로 설정하여 노란색 계열로 색상을 보정합니다.

09 [File(파일)]-[Open(열기)]을 선택하여 2급-4.jpg를 불러온 후 Object Selection Tool(개체 선택 도구,)을 클릭하고 Options Bar(옵션 바)에서 'New selection(새 선택 영역, ▣), Mode(모드) : Rectangle(사각형)'을 선택하고 이미지에 드래그하여 선택합니다.

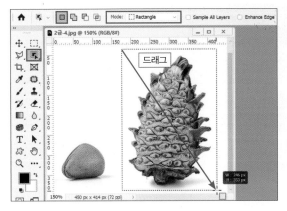

10 Ctrl+C로 복사하고 작업 이미지의 Layers(레이어) 패널에서 'Layer 1' 레이어를 선택하고 Ctrl+V로 붙여넣기를 합니다. Ctrl+T를 눌러 Shift를 누른 채 크기를 축소한 후, 마우스 오른쪽 버튼을 눌러 [Flip Vertical(세로로 뒤집기)]을 클릭하여 뒤집고 회전하여 배치합니다.

합격생의 비법

Ctrl+V로 붙여넣기를 하면 선택된 레이어 바로 위쪽으로 레이어가 생성되므로 [Arrange] 명령으로 레이어의 순서를 따로 설정하지 않아도 됩니다.

11 Layers(레이어) 패널 하단의 'Add a layer style(레이어 스타일 추가, *fx.*)'을 클릭하여 [Bevel & Emboss(경사와 엠보스)]를 선택하고 'Style(스타일) : Inner Bevel(내부 경사), Direction(방향) : Up(위로), Size(크기) : 10px'로 설정하고 [OK(확인)]를 클릭합니다.

04 문자 입력 및 레이어 스타일 적용

01 Layers(레이어) 패널에서 'Hue/Saturation 1' 레이어를 선택합니다. Horizontal Type Tool(수평 문자 도구, [T])로 작업 이미지를 클릭하고 Options Bar(옵션 바)에서 'Font(글꼴) : Times New Roman, Set font style(글꼴 스타일 설정) : Bold, Set font size(글꼴 크기) : 50pt, Color(색상) : 임의 색상'을 설정한 후 With Squirrel을 입력합니다.

02 Options Bar(옵션 바)에서 Create warped text(뒤틀어진 텍스트 만들기, [工])를 클릭하여 [Warp Text(텍스트 뒤틀기)] 대화상자에서 'Style(스타일) : Rise(상승), Horizontal(가로) : 체크, Bend(구부리기) : 70%'를 설정하여 문자의 모양을 왜곡합니다.

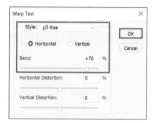

03 Layers(레이어) 패널 하단의 'Add a layer style(레이어 스타일 추가, [fx])'을 클릭하여 [Stroke(획)]를 선택하고 'Size(크기) : 3px, Color(색상) : #663300'으로 설정합니다. 계속해서 [Gradient Overlay(그레이디언트 오버레이)]를 선택하고 'Click to edit the gradient(클릭하여 그레이디언트 편집)'를 클릭합니다.

04 그레이디언트 슬라이더 왼쪽 하단의 'Color Stop(색상 정지점)'을 더블 클릭하여 #ccffff를, 오른쪽 'Color Stop(색상 정지점)'을 더블 클릭하여 #cc6633으로 설정한 후 'Style(스타일) : Linear(선형), Angle(각도) : 0°'로 설정하고 [OK(확인)]를 클릭합니다. [Ctrl]+[S]를 눌러 파일을 저장합니다.

05 정답 파일 저장

01 [View(보기)]-[Show(표시)]-[Grid(격자)]([Ctrl]+[']')와 [Guides(안내선)]([Ctrl]+[;])를 각각 선택하여 격자와 안내선을 가립니다.

02 [File(파일)]-[Save As(다른 이름으로 저장)]([Shift]+[Ctrl]+[S])를 선택하고 '저장 위치 : 내 PC₩문서₩GTQ, 파일 이름 : 수험번호-성명-문제번호, 파일 형식 : JPEG(*.JPG, *.JPEG, *.JPE)'를 선택하고 [저장]을 클릭한 후 [JPEG Options(JPEG 옵션)] 대화상자에서 'Quality(품질) : 8'로 설정하고 [OK(확인)]를 클릭합니다.

03 [Image(이미지)]-[Image Size(이미지 크기)]([Alt]+[Ctrl]+[I])를 선택하고 'Constrain aspect ratio(종횡비 제한) : 클릭, Width(폭) : 40Pixels(픽셀), Height(높이) : 50Pixels(픽셀)'로 입력하여 이미지 크기를 1/10로 축소한 후 [OK(확인)]를 클릭합니다.

04 [File(파일)]-[Save As(다른 이름으로 저장)]([Shift]+[Ctrl]+[S])를 선택하고 '저장 위치 : 내 PC₩문서₩GTQ, 파일 이름 : 수험번호-성명-문제번호, 파일 형식 : Photoshop(*.PSD, *.PDD, *.PSDT)'을 선택하고 [저장]을 클릭합니다.

05 답안 저장이 완료가 되면 [File(파일)]-[Close(닫기)]([Ctrl]+[W])를 선택하여 파일을 닫고 수험 프로그램에서 [답안 전송]을 클릭하여 psd와 jpg 파일을 감독관 컴퓨터로 전송합니다.

문제 03	CHAPTER 02 [기능평가] 사진편집
작업과정	새 작업 이미지 만들기 및 파일 저장하기 ▶ 배경색 적용 ▶ 필터 및 레이어 마스크 적용하여 합성하기 ▶ 이미지 선택 및 레이어 스타일 적용 ▶ 모양 생성 및 레이어 스타일 적용 ▶ 문자 입력 및 왜곡, 레이어 스타일 적용 ▶ 정답 파일 저장
완성이미지	Part05₩기출유형문제02회₩정답파일₩수험번호-성명-3.jpg, 수험번호-성명-3.psd

01 새 작업 이미지 만들기 및 파일 저장하기

01 [File(파일)]-[New(새로 만들기)]([Ctrl]+[N])를 선택하고 'Width(폭) : 600Pixels(픽셀), Height(높이) : 400Pixels(픽셀), Resolution(해상도) : 72Pixels/Inch(픽셀/인치), Color Mode(색상 모드) : RGB Color(RGB 색상), 8bit(비트), Background Contents(배경 내용) : White(흰색)'로 설정하여 새 작업 이미지를 만듭니다.

02 [Edit(편집)]-[Preference(환경설정)]([Ctrl]+[K])를 클릭하고 [Guides, Grid & Slices(안내선, 격자 및 분할 영역)]를 선택하여 Grid(격자)의 'Color(색상)'를 클릭하여 밝은 색상으로 변경한 후 'Gridline Every(격자 간격) : 100Pixels(픽셀), Subdivisions(세분) : 1'로 설정합니다.

03 [View(보기)]-[Show(표시)]-[Grid(격자)]([Ctrl]+[']')와 [View(보기)]-[Rulers(눈금자)] ([Ctrl]+[R])를 선택하여 격자와 눈금자를 표시합니다.

04 작업 도큐먼트를 저장하기 위해 [File(파일)]-[Save As(다른 이름으로 저장)]([Shift]+[Ctrl]+ [S])를 선택하고 임의 경로에 '파일 이름 : 수험번호-성명-문제번호, 파일 형식 : Photoshop(*.PSD, *.PDD, *.PSDT)'으로 파일을 저장합니다.

⑫ 배경색 적용

01 Tool Panel(도구 패널) 하단의 'Set foreground color(전경색 설정)'를 클릭하여 #cccccc로 설정하고 [Alt]+[Delete]를 눌러 이미지의 배경을 채웁니다.

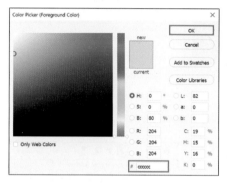 

합격생 비법

Foreground Color(전경색)를 불투명하게 채우기는 [Alt]+[Delete]를, Background Color(배경색)는 [Ctrl]+[Delete]를 눌러 빠르게 채울 수 있습니다.

⑬ 필터 및 레이어 마스크 적용하여 합성하기

01 [File(파일)]-[Open(열기)]을 선택하여 2급-5.jpg를 불러옵니다. [Ctrl]+[A]를 눌러 전체를 선택한 후 [Ctrl]+[C]를 눌러 복사하고 작업 이미지를 선택하여 [Ctrl]+[V]로 붙여넣고 격자를 참조하여 배치합니다.

02 [Filter(필터)]-[Filter Gallery(필터 갤러리)]-[Texture(텍스처)]-[Texturizer(텍스처화)]를 선택하고 [OK(확인)]를 클릭합니다.

03 Layers(레이어) 패널에서 하단의 'Add layer mask(레이어 마스크 추가, [◻])'를 클릭하여 레이어 마스크를 추가합니다.

04 Gradient Tool(그레이디언트 도구, ■)을 클릭하고 Options Bar(옵션 바)에서 Click to edit the gradient(클릭하여 그레이디언트 편집)'를 클릭합니다. Presets(사전 설정)에서 Basics(기본 사항)을 클릭하여 'Black, White(검정, 흰색)'를 선택하고 'Type(유형) : Linear Gradient(선형 그레이디언트), Mode(모드) : Normal(표준), Opacity(불투명도) : 100%'로 설정한 후 대각선 방향으로 드래그하여 이미지의 일부를 자연스럽게 지워 합성합니다.

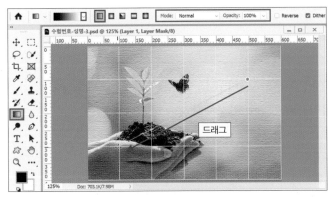
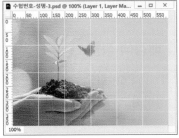

04 이미지 선택 및 레이어 스타일 적용

01 [File(파일)]−[Open(열기)]([Ctrl]+[O])을 선택하여 2 급-6.jpg를 불러옵니다. Quick Selection Tool(빠른 선택 도구, ☑)을 클릭하고 Options Bar(옵션 바)에서 Add to selection(선택 영역에 추가, ☑)을 설정한 후 브러시의 크기를 조절하며 드래그하여 선택하고 [Ctrl]+ [C]로 복사합니다.

02 작업 이미지를 선택하여 [Ctrl]+[V]로 붙여넣 고 [Ctrl]+[T]를 눌러 [Shift]를 누른 채 크기를 축소한 후, 마우스 오른쪽 버튼을 눌러 [Flip Horizontal(가로로 뒤집기)]을 클릭하여 뒤 집고 회전하여 배치합니다.

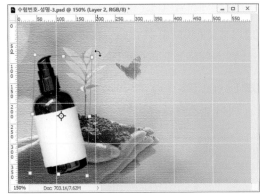

03 Layers(레이어) 패널 하단의 'Add a layer style(레이어 스타일 추가, fx.)'을 클릭하여 [Bevel & Emboss(경사와 엠보스)]를 선택한 후, 'Style(스타일) : Inner Bevel(내부 경사), Direction(방향) : Up(위로), Size(크기) : 10px'로 설정하고 [OK(확인)]를 클릭합니다.

04 [File(파일)]-[Open(열기)]을 선택하여 2급-7.jpg를 불러옵니다. Object Selection Tool (개체 선택 도구, 🖫)을 클릭한 후 Options Bar(옵션 바)에서 'New selection(새 선택 영역, ▣), Mode(모드) : Rectangle(사각형)'을 선택하고 이미지에 드래그하여 선택하고 Ctrl + C 로 복사합니다.

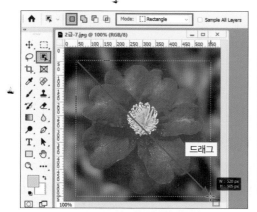 

05 작업 이미지를 선택하여 Ctrl + V 로 붙여넣고 Ctrl + T 를 눌러 Shift 를 누른 채 크기를 조절하고 회전한 후 격자를 참조하여 배치합니다.

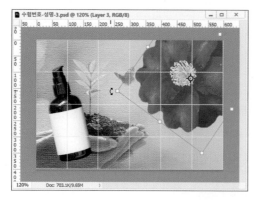

06 Layers(레이어) 패널 하단의 'Add a layer style(레이어 스타일 추가, fx.)'을 클릭하여 [Drop Shadow(그림자)]를 선택하고 'Opacity(불투명도) : 75%, Angle(각도) : 120°, Distance(거리) : 5px, Size(크기) : 10px'로 설정하고 [OK(확인)]를 클릭합니다.

07 [File(파일)]-[Open(열기)]을 선택하여 2급-8.jpg를 불러온 후 Object Selection Tool(개체 선택 도구, 🖫)을 클릭한 후 Options Bar(옵션 바)에서 'New selection(새 선택 영역, ▣), Mode(모드) : Rectangle(사각형)'을 선택하고 제시된 실루엣 이미지에 드래그하여 선택합니다.

08 Quick Selection Tool(빠른 선택 도구, [도구])을 클릭하고 Options Bar(옵션 바)에서 Sub-tract from selection(선택 영역에서 빼기, [도구])을 클릭하고 브러시의 크기를 조절하며 팔과 다리 사이의 제외할 부분에 드래그하고 [Ctrl]+[C]로 복사합니다.

09 작업 이미지에 [Ctrl]+[V]로 붙여넣고 [Ctrl]+[T]를 눌러 [Shift]를 누른 채 크기를 조절하고 마우스 오른쪽 버튼을 누르고 [Flip Horizontal(가로로 뒤집기)]을 클릭하여 뒤집어 배치합니다.

10 Layers(레이어) 패널 하단의 'Add a layer style(레이어 스타일 추가, [fx.])'을 클릭하여 [Outer Glow(외부 광선)]를 선택한 후, 'Opacity(불투명도) : 75%, Spread(스프레드) : 0%, Size(크기) : 15px'로 설정하고 [OK(확인)]를 클릭합니다.

⑤ 모양 생성 및 레이어 스타일 적용

01 Custom Shape Tool(사용자 정의 모양 도구, [도구])을 클릭하고 Options Bar(옵션 바)에서 'Shape(모양), Fill(칠) : #cc99ff, Stroke(획) : No Color(색상 없음), Shape(모양) : Flower 4(꽃 4, [꽃])'를 클릭한 후 [Shift]를 누른 채 드래그하여 모양을 그립니다.

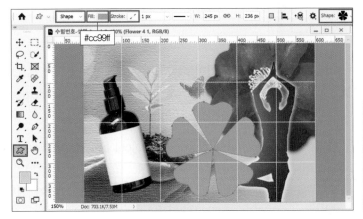

> **Shape 경로**
>
> [Legacy Shapes and More (레거시 모양 및 기타)]-[All Legacy Default Shapes(모든 레거시 기본 모양)]-[Nature(자연)]

02 Layers(레이어) 패널 상단의 'Opacity(불투명도) : 70%'를 설정하여 불투명도를 적용한 후 `Ctrl`+`T`를 눌러 회전합니다.

03 Layers(레이어) 패널 하단의 'Add a layer style(레이어 스타일 추가, `fx.`)'을 클릭하여 [Inner Shadow(내부 그림자)]를 선택하고 'Opacity(불투명도) : 75%, Angle(각도) : 90°, Distance(거리) : 8px, Size(크기) : 5px'로 설정하고 [OK(확인)]를 클릭합니다.

04 Layers(레이어) 패널에서 'Flower 4 1' 레이어를 선택하고 'Layer 3' 레이어의 아래쪽으로 드래그하여 뒤로 보내기를 하고 순서를 정돈하여 배치합니다.

 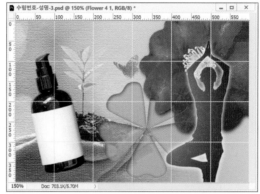

합격생의 비법

[Layer(레이어)]-[Arrange(정돈)]-[Send Backward(뒤로 보내기)](`Ctrl`+`[`)를 2번 클릭하고 'Layer 3' 레이어의 아래쪽으로 순서를 정돈하여 배치할 수도 있습니다.

---

05 Custom Shape Tool(사용자 정의 모양 도구, `⚙`)을 클릭하고 Options Bar(옵션 바)에서 'Shape(모양), Fill(칠) : 임의 색상, Stroke(획) : No Color(색상 없음), Shape(모양) : Ash Leaf(물푸레나무 잎, `🌾`)'를 설정한 후 `Shift`를 누른 채 드래그하여 모양을 그립니다.

Shape 경로

[Legacy Shapes and More(레거시 모양 및 기타)]-[2019 Shapes(2019 모양)]-[Leaves(나뭇잎)]]

06 Layers(레이어) 패널 하단의 'Add a layer style(레이어 스타일 추가, *fx.*)'을 클릭하여 [Inner Shadow(내부 그림자)]를 선택하고 'Opacity(불투명도) : 75%, Angle(각도) : 120°, Distance(거리) : 8px, Size(크기) : 5px'로 설정합니다. 계속해서 [Gradient Overlay(그레이디언트 오버레이)]를 선택하고 'Click to edit the gradient(클릭하여 그레이디언트 편집)'를 클릭합니다.

07 그레이디언트 슬라이더 왼쪽 하단의 'Color Stop(색상 정지점)'을 더블 클릭하여 #cc3399를, 오른쪽 'Color Stop(색상 정지점)'을 더블 클릭하여 #0099ff로 설정한 후 'Style(스타일) : Linear(선형), Angle(각도) : -90°로 설정하고 [OK(확인)]를 클릭합니다. Ctrl+T를 눌러 회전하여 배치합니다.

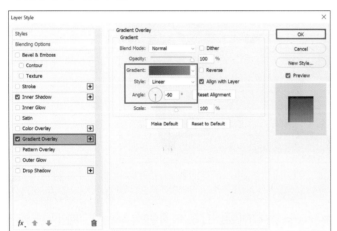 

⑥ 문자 입력 및 레이어 스타일 적용

01 Layers(레이어) 패널에서 'Layer 4' 레이어를 선택합니다. Horizontal Type Tool(수평 문자 도구, T)로 작업 이미지를 클릭하고 Options Bar(옵션 바)에서 'Font(글꼴) : 돋움, Set font size(글꼴 크기) : 30pt, Set anti-aliasing method(앤티 앨리어싱 방법 설정) : Strong(강하게), Color(색상) : 임의 색상'으로 설정한 후 자연의 향을 담아서…를 입력합니다.

02 Options Bar(옵션 바)에서 Create warped text(뒤틀어진 텍스트 만들기, 🔲)를 클릭하여 [Warp Text(텍스트 뒤틀기)] 대화상자에서 'Style(스타일) : Rise(상승), Horizontal(가로) : 체크, Bend(구부리기) : 60%'를 설정하여 문자의 모양을 왜곡합니다.

03 [Edit(편집)]-[Free Transform(자유 변형)]을 선택하고 Options Bar(옵션 바)에서 'Rotate(회전) : -7°'를 입력하고 Enter 를 눌러 회전하여 배치합니다.

합격생의 비법

Horizontal Type Tool(수평 문자 도구, T)로 문자를 선택한 상태에서 Ctrl+T를 누르면 Character(문자) 패널이 활성화되므로 키패드의 Enter 를 눌러 문자를 완료한 후 Ctrl+T를 눌러야 Free Transform (자유 변형)을 설정할 수 있습니다.

04 Layers(레이어) 패널 하단의 'Add a layer style(레이어 스타일 추가, 🔲)'을 클릭하여 [Stroke(획)]를 선택하고 'Size(크기) : 2px, Color(색상) : #ffffff'로 설정합니다. 계속해서 [Gradient Overlay(그레이디언트 오버레이)]를 선택하고 'Click to edit the gradient(클릭하여 그레이디언트 편집)'를 클릭합니다.

05 그레이디언트 슬라이더 왼쪽 하단의 'Color Stop(색상 정지점)'을 더블 클릭하여 #33cccc를, 오른쪽 'Color Stop(색상 정지점)'을 더블 클릭하여 #990000으로 설정한 후 'Style(스타일) : Linear(선형), Angle(각도) : 0°'로 설정하고 [OK(확인)]를 클릭합니다.

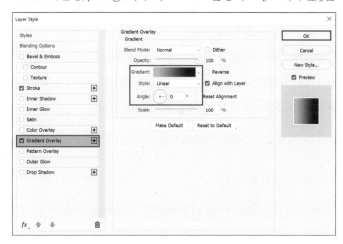

06 Horizontal Type Tool(수평 문자 도구, T)로 작업 이미지를 클릭하고 Options Bar(옵션 바)에서 'Font(글꼴) : Times New Roman, Set font style(글꼴 스타일 설정) : Bold, Set font size(글꼴 크기) : 50pt, Right align text(텍스트 오른쪽 정렬, 🔲), Color(색상) : #33cccc'로 설정한 후 Eco-friendly Products를 입력합니다.

07 Horizontal Type Tool(수평 문자 도구, T)로 'Products' 문자를 드래그하여 선택하고 Options Bar(옵션 바)에서 'Color(색상) : #0066cc'로 설정합니다.

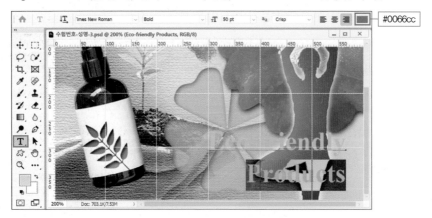

08 Layers(레이어) 패널 하단의 'Add a layer style(레이어 스타일 추가, fx.)'을 클릭하여 [Stroke(획)]를 선택하고 'Size(크기) : 2px, Color(색상) : #ffffff'로 설정합니다. 계속해서 Drop Shadow(드롭 섀도)]를 선택하고 'Opacity(불투명도) : 75%, Angle(각도) : 120°, Distance(거리) : 5px, Size(크기) : 10px'로 설정하고 [OK(확인)]를 클릭합니다.

07 정답 파일 저장

01 [View(보기)]−[Show(표시)]−[Grid(격자)]([Ctrl]+['])를 선택하여 격자를 가립니다.

02 [File(파일)]−[Save As(다른 이름으로 저장)]([Shift]+[Ctrl]+[S])를 선택하고 '저장 위치 : 내 PC₩문서₩GTQ, 파일 이름 : 수험번호−성명−문제번호, 파일 형식 : JPEG(*.JPG, *. JPEG, *.JPE)'를 선택하고 [저장]을 클릭한 후 [JPEG Options(JPEG 옵션)] 대화상자에서 'Quality(품질) : 8'로 설정하고 [OK(확인)]를 클릭합니다.

03 [Image(이미지)]−[Image Size(이미지 크기)]([Alt]+[Ctrl]+[I])를 선택하고 'Constrain aspect ratio(종횡비 제한) : 클릭, Width(폭) : 60Pixels(픽셀), Height(높이) : 40Pixels(픽셀)'로 입력하여 이미지 크기를 1/10로 축소한 후 [OK(확인)]를 클릭합니다.

04 [File(파일)]−[Save As(다른 이름으로 저장)]([Shift]+[Ctrl]+[S])를 선택하고 '저장 위치 : 내 PC₩문서₩GTQ, 파일 이름 : 수험번호−성명−문제번호, 파일 형식 : Photoshop(*.PSD, *.PDD, *.PSDT)'을 선택하고 [저장]을 클릭합니다.

05 답안 저장이 완료가 되면 [File(파일)]−[Close(닫기)]([Ctrl]+[W])를 선택하여 파일을 닫고 수험 프로그램에서 [답안 전송]을 클릭하여 psd와 jpg 파일을 감독관 컴퓨터로 전송합니다.

작업과정	새 작업 이미지 만들기 및 파일 저장하기 ▶ 필터 적용하기 ▶ 이미지 선택 및 레이어 스타일 적용 ▶ 모양 생성 및 필터와 클리핑 마스크 적용 ▶ 불투명도 조절하여 합성 ▶ 모양 생성 및 레이어 스타일 적용 ▶ 문자 입력 및 왜곡, 레이어 스타일 적용 ▶ 정답 파일 저장
완성이미지	Part05₩기출유형문제02회₩정답파일₩수험번호-성명-4.jpg, 수험번호-성명-4.psd

01 새 작업 이미지 만들기 및 파일 저장하기

01 [File(파일)]-[New(새로 만들기)]([Ctrl]+[N])를 선택하고 'Width(폭) : 600Pixels(픽셀), Height(높이) : 400Pixels(픽셀), Resolution(해상도) : 72Pixels/Inch(픽셀/인치), Color Mode(색상 모드) : RGB Color(RGB 색상), 8bit(비트), Background Contents(배경 내용) : White(흰색)'로 설정하여 새 작업 이미지를 만듭니다.

02 [Edit(편집)]-[Preference(환경설정)]([Ctrl]+[K])를 클릭하고 [Guides, Grid & Slices(안내선, 격자 및 분할 영역)]를 선택하여 Grid(격자)의 'Color(색상)'를 클릭하여 밝은 색상으로 변경한 후 'Gridline Every(격자 간격) : 100Pixels(픽셀), Subdivisions(세분) : 1'로 설정합니다.

03 [View(보기)]-[Show(표시)]-[Grid(격자)]([Ctrl]+[']])와 [View(보기)]-[Rulers(눈금자)] ([Ctrl]+[R])를 선택하여 격자와 눈금자를 표시합니다.

04 작업 도큐먼트를 저장하기 위해 [File(파일)]-[Save As(다른 이름으로 저장)]([Shift]+[Ctrl]+[S])를 선택하고 임의 경로에 '파일 이름 : 수험번호-성명-문제번호, 파일 형식 : Photoshop (*.PSD, *.PDD, *.PSDT)'으로 파일을 저장합니다.

02 필터 적용하기

01 [File(파일)]-[Open(열기)]([Ctrl]+[O])을 선택하여 2급-9.jpg를 불러옵니다. [Ctrl]+[A]를 눌러 전체를 선택한 후 [Ctrl]+[C]를 눌러 복사하고 작업 이미지를 선택하여 [Ctrl]+[V]로 붙여넣기를 격자를 참조하고 배치합니다.

02 [Filter(필터)]-[Filter Gallery(필터 갤러리)]-[Brush Strokes(브러시 선)]-[Angled Strokes(각진 선)]를 선택하고 [OK(확인)]를 클릭합니다.

03 이미지 선택 및 레이어 스타일 적용

01 [File(파일)]−[Open(열기)]을 선택하여 2급−10.jpg를 불러옵니다. Object Selection Tool
(개체 선택 도구, ⊡)을 클릭한 후 Options Bar(옵션 바)에서 'New selection(새 선택 영역,
⊡), Mode(모드) : Rectangle(사각형)'을 선택하고 이미지에 드래그하여 선택합니다.

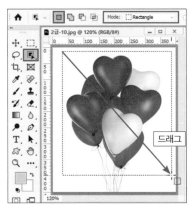
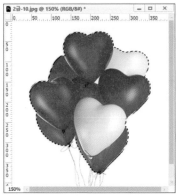

02 Magic Wand Tool(자동 선택 도구, ⊁)을 클릭하고 Options Bar(옵션 바)에서 'Subtract
from selection(선택 영역에서 빼기, ⊡), Tolerance(허용치) : 32'를 설정한 후 풍선 사이의
배경 부분을 클릭하여 선택에서 제외한 후 Ctrl + C 로 복사합니다.

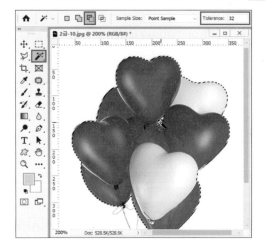

03 작업 이미지를 선택하여 Ctrl + V 로 붙여넣기를 하고 Ctrl + T 를 눌러 Shift 를 누른 채 크기
를 조절하고 회전하여 격자를 참조하여 배치합니다.

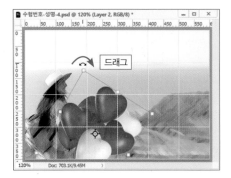

04 Layers(레이어) 패널 하단의 'Add a layer style(레이어 스타일 추가, *fx.*)'을 클릭하여 [Bevel & Emboss(경사와 엠보스)]를 선택하고 'Style(스타일) : Inner Bevel(내부 경사), Direction(방향) : Up(위로), Size(크기) : 10px'로 설정합니다.

05 계속해서 [Inner Glow(내부 광선)]를 선택한 후, 'Opacity(불투명도) : 75%, Choke(경계 감소) : 0%, Size(크기) : 10px'로 설정하고 [OK(확인)]를 클릭합니다.

06 [File(파일)]-[Open(열기)]을 선택하여 2급-11.jpg를 불러옵니다. Magic Wand Tool(자동 선택 도구, *✦*)을 클릭하고 Options Bar(옵션 바)에서 'New selection(새 선택 영역, *▣*), Tolerance(허용치) : 40, Anti-alias(앤티 앨리어스) : 체크'를 설정한 후 배경 부분을 클릭하여 선택합니다.

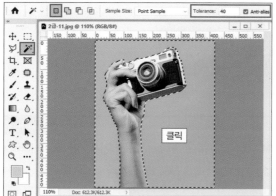

합격생의 비법

Options Bar(옵션 바)에서 'Tolerance(허용치)'가 클수록 유사한 색상 범위를 더 넓게 선택할 수 있습니다.

07 Shift+Ctrl+I로 선택 영역을 반전하여 Ctrl+C로 복사합니다. 작업 이미지에 Ctrl+V로 붙여넣고 Ctrl+T를 눌러 Shift를 누른 채 크기를 조절하고 마우스 오른쪽 버튼을 누르고 [Flip Horizontal(가로로 뒤집기)]로 뒤집고 회전한 후 배치합니다.

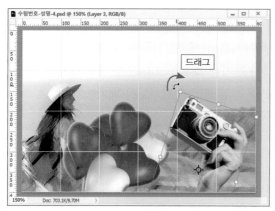

08 Layers(레이어) 패널 하단의 'Add a layer style(레이어 스타일 추가, *fx.*)'을 클릭하여 [Drop Shadow(그림자)]를 선택하고 'Opacity(불투명도) : 75%, Angle(각도) : 120°, Distance(거리) : 5px, Size(크기) : 10px'로 설정하고 [OK(확인)]를 클릭합니다.

04 모양 생성 및 필터와 클리핑 마스크 적용

01 Custom Shape Tool(사용자 정의 모양 도구, 🔯)을 클릭하고 Options Bar(옵션 바)에서 'Shape(모양), Fill(칠) : #66ccff, Stroke(획) : No Color(색상 없음), Shape(모양) : Hexagon(육각형, ⬡)'를 설정한 후 Shift 를 누른 채 드래그하여 모양을 그립니다.

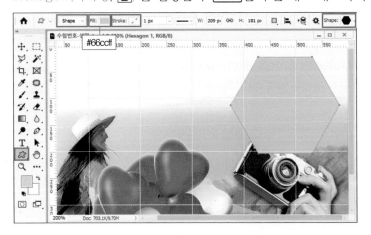

Shape 경로

[Legacy Shapes and More(레거시 모양 및 기타)]–[All Legacy Default Shapes(모든 레거시 기본 모양)]–[Shapes (모양)]

02 Layers(레이어) 패널 하단의 'Add a layer style(레이어 스타일 추가, fx.)'을 클릭하여 [Stroke(획)]를 선택하고 'Size(크기) : 6px, Color(색상) : #ccffff'로 설정합니다. 계속해서 [Inner Shadow(내부 그림자)]를 선택하고 'Opacity(불투명도) : 75%, Angle(각도) : 120°, Distance(거리) : 7px, Size(크기) : 7px'로 설정하고 [OK(확인)]를 클릭합니다.

03 [File(파일)]–[Open(열기)]을 선택하여 2급-12.jpg를 불러온 후 Ctrl + A 를 눌러 전체를 선택하고 Ctrl + C 를 눌러 복사합니다. 작업 이미지를 선택하고 Ctrl + V 로 붙여넣고 Ctrl + T 를 눌러 Shift 를 누른 채 조절점을 드래그하여 크기를 조절하고 마우스 오른쪽 버튼을 누르고 [Flip Horizontal(가로로 뒤집기)]로 뒤집고 육각형 모양과 겹치도록 배치합니다.

 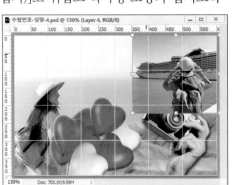

212 PART 05 기출 유형 문제

04 [Filter(필터)]-[Filter Gallery(필터 갤러리)]-[Artistic(예술 효과)]-[Film Grain(필름 그 레인)]을 선택하고 [OK(확인)]를 클릭합니다.

05 Layers(레이어) 패널에서 'Layer 4' 레이어와 'Hexagon 1' 레이어 사이에 마우스 커서를 놓 고 Alt 를 누르고 클릭하여 Clipping Mask(클리핑 마스크)를 적용합니다.

합격생의 비법

Clipping Mask(클리핑 마스크)를 적용할 때는 반드시 'Puzzle 4 1' 레이어 바로 위에 이미지 레이어를 서로 겹치도록 배치해 야 합니다.

06 Layers(레이어) 패널 상단의 'Opacity(불투명도) : 70%'를 설정하고 불투명도를 적용하여 합 성합니다.

07 Layers(레이어) 패널에서 Shift 를 누른 채 'Hexagon 1' 레이어를 클릭하여 'Layer 4' 레이어 와 함께 선택하고 Ctrl + [를 눌러 'Layer 3' 레이어의 아래쪽으로 이동하여 순서를 정돈합니 다.

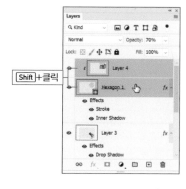
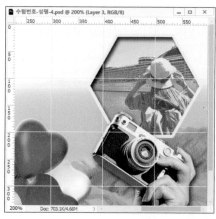

05 불투명도 조절하여 합성

01 [File(파일)]−[Open(열기)]을 선택하여 2급−13.jpg를 불러옵니다. Object Selection Tool (⬚)을 클릭하고 Options Bar(옵션 바)에서 'New Selection(새 선택 영역, ▢), Mode(모드) : Rectangle(사각형)'을 설정하고 이미지에 드래그하여 선택한 후 Ctrl+C로 복사합니다.

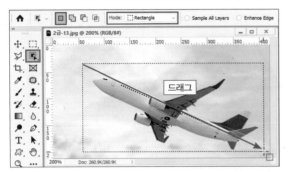

02 Magic Wand Tool(자동 선택 도구, ✎)을 클릭하고 Options Bar(옵션 바)에서 'Subtract from selection(선택 영역에서 빼기, ▣), Tolerance(허용치) : 32'를 설정한 후 비행기 날개 사이의 배경 부분을 클릭하여 선택에서 제외한 후 Ctrl+C로 복사합니다.

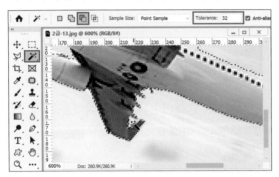

03 작업 이미지를 선택하고 Ctrl+V로 붙여넣기를 합니다. Ctrl+T를 눌러 Shift를 누른 채 크기를 조절하고 격자를 참조하여 배치합니다.

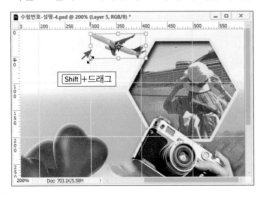

04 Layers(레이어) 패널 하단의 'Add a layer style(레이어 스타일 추가, _fx._)'을 클릭하여 [Bevel & Emboss(경사와 엠보스)]를 선택하고 'Style(스타일) : Inner Bevel(내부 경사), Direction(방향) : Up(위로), Size(크기) : 7px'로 설정하고 [OK(확인)]를 클릭합니다.

05 Layers(레이어) 패널 상단의 'Opacity(불투명도) : 70%'를 설정하고 불투명도를 적용하여 합성합니다.

 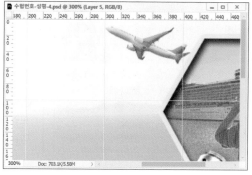

06 모양 생성 및 레이어 스타일 적용

01 Custom Shape Tool(사용자 정의 모양 도구, _▨_)을 클릭하고 Options Bar(옵션 바)에서 'Shape(모양), Fill(칠) : 임의 색상, Stroke(획) : No Color(색상 없음), Shape(모양) : Skooter(스쿠터, _▨_)'를 설정한 후 Shift 를 누른 채 드래그하여 모양을 그립니다.

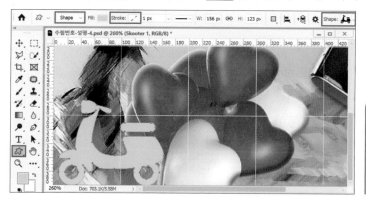

> **Shape 경로**
>
> [Legacy Shapes and More (레거시 모양 및 기타)]-[2019 Shapes(2019 모양)]-[Vehicles 2(차량 2)]

02 Ctrl + T 를 눌러 마우스 오른쪽 버튼을 누르고 [Flip Horizontal(가로로 뒤집기)]로 뒤집은 후 배치합니다. Layers(레이어) 패널 하단의 'Add a layer style(레이어 스타일 추가, _fx._)'을 클릭하여 [Gradient Overlay(그레이디언트 오버레이)]를 선택하고 'Click to edit the gradient(클릭하여 그레이디언트 편집)'를 클릭합니다.

03 그레이디언트 슬라이더 왼쪽 하단의 'Color Stop(색상 정지점)'을 더블 클릭하여 #ffcccc를, 오른쪽 'Color Stop(색상 정지점)'을 더블 클릭하여 #0099ff로 설정한 후 'Style(스타일) : Linear(선형), Angle(각도) : −90°로 설정합니다. 계속해서 [Drop Shadow(드롭 섀도)]를 선택하고 'Opacity(불투명도) : 75%, Angle(각도) : 120°, Distance(거리) : 5px, Size(크기) : 5px'로 설정하고 [OK(확인)]를 클릭합니다.

04 Custom Shape Tool(사용자 정의 모양 도구, ✿)을 클릭하고 Options Bar(옵션 바)에서 'Shape(모양), Fill(칠) : #ff99cc, Stroke(획) : No Color(색상 없음), Shape(모양) : LOL (LOL, 😈)'을 설정한 후 Shift 를 누르고 모양을 그립니다. Ctrl + T 를 눌러 회전하여 배치합니다.

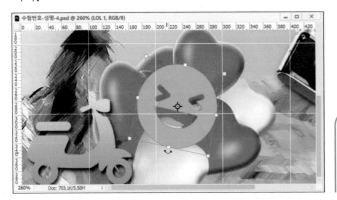

Shape 경로

[Legacy Shapes and More(레거시 모양 및 기타)]-[2019 Shapes(2019 모양)]-[Emoticons(이모티콘)]

05 Layers(레이어) 패널 하단의 'Add a layer style(레이어 스타일 추가, *fx*)'을 클릭하여 [Inner Glow(내부 광선)]를 선택하고 'Opacity(불투명도) : 75%, Size(크기) : 7px'로 설정하고 [OK(확인)]를 클릭합니다.

06 Layers(레이어) 패널 상단의 'Opacity(불투명도) : 70%'를 설정하고 불투명도를 적용하여 합성합니다.

07 문자 입력 및 왜곡, 레이어 스타일 적용

01 Layers(레이어) 패널에서 'Layer 3' 레이어를 선택합니다. Horizontal Type Tool(수평 문자 도구, T)로 작업 이미지를 클릭하고 Options Bar(옵션 바)에서 'Font(글꼴) : 돋움, Set font size(글꼴 크기) : 25pt, Set anti-aliasing method(앤티 앨리어싱 방법 설정) : Strong(강하게), Color(색상) : 임의 색상'으로 설정한 후 건강하고 행복한 삶을 입력합니다.

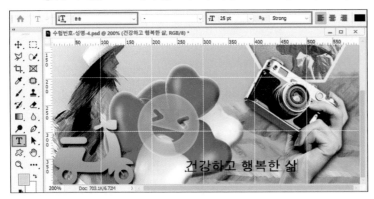

02 Options Bar(옵션 바)에서 Create warped text(뒤틀어진 텍스트 만들기,)를 클릭하여 [Warp Text(텍스트 뒤틀기)] 대화상자에서 'Style(스타일) : Rise(상승), Horizontal(가로) : 체크, Bend(구부리기) : −80%'를 설정하여 문자의 모양을 왜곡합니다.

03 Layers(레이어) 패널 하단의 'Add a layer style(레이어 스타일 추가,)'을 클릭하여 [Stroke(획)]를 선택하고 'Size(크기) : 2px, Color(색상) : #ffffff'로 설정합니다. 계속해서 [Gradient Overlay(그레이디언트 오버레이)]를 선택하고 'Click to edit the gradient(클릭 하여 그레이디언트 편집)'를 클릭합니다. 그레이디언트 슬라이더 왼쪽 하단의 'Color Stop(색 상 정지점)'을 더블 클릭하여 #333300을, 오른쪽 'Color Stop(색상 정지점)'을 더블 클릭하여 #0099ff로 설정한 후 'Style(스타일) : Linear(선형), Angle(각도) : 0°'로 설정하고 [OK(확 인)]를 클릭합니다.

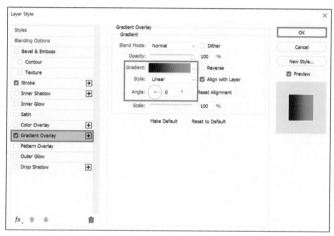

04 Horizontal Type Tool(수평 문자 도구,)로 작업 이미지를 클릭하고 Options Bar(옵션 바)에서 'Font(글꼴) : Arial, Set font style(글꼴 스타일 설정) : Bold, Set font size(글꼴 크기) : 40pt, Color(색상) : #66ccff'으로 설정한 후 My Happy Life를 입력합니다.

05 Horizontal Type Tool(수평 문자 도구, T)로 'M', 'H', 'L' 문자를 각각 드래그하여 선택하고 Options Bar(옵션 바)에서 'Set font size(글꼴 크기) : 50pt, Color(색상) : #cc33cc'로 각각 설정합니다.

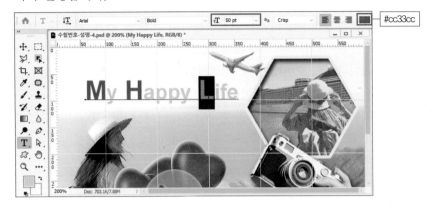

06 Options Bar(옵션 바)에서 Create warped text(뒤틀어진 텍스트 만들기, T)를 클릭하여 [Warp Text(텍스트 뒤틀기)] 대화상자에서 'Style(스타일) : Arc Upper(위 부채꼴), Horizontal(가로) : 체크, Bend(구부리기) : 40%'를 설정하여 문자의 모양을 왜곡합니다.

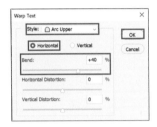

07 Layers(레이어) 패널 하단의 'Add a layer style(레이어 스타일 추가, fx)'을 클릭하여 [Stroke(획)]를 선택하고 'Size(크기) : 3px, Color(색상) : #663333'으로 설정합니다. 계속해서 [Drop Shadow(드롭 새도)]를 선택하고 'Opacity(불투명도) : 75%, Angle(각도) : 120˚, Distance(거리) : 7px, Size(크기) : 7px'로 설정하고 [OK(확인)]를 클릭합니다.

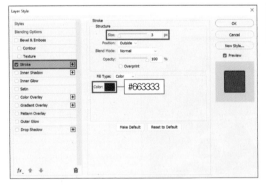
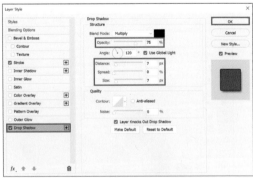

08 Horizontal Type Tool(수평 문자 도구, ⊤)로 작업 이미지를 클릭하고 Options Bar(옵션 바)에서 'Font(글꼴) : 바탕, Set font size(글꼴 크기) : 19pt, Set anti-aliasing method (앤티 앨리어싱 방법 설정) : Strong(강하게), Color(색상) : #99ccff'로 설정한 후 삶의 여유를 즐기세요~를 입력합니다.

09 Layers(레이어) 패널 하단의 'Add a layer style(레이어 스타일 추가, fx.)'을 클릭하여 [Stroke(획)]를 선택하고 'Size(크기) : 2px, Color(색상) : #003399'로 설정합니다. Ctrl + S 를 눌러 파일을 저장합니다.

08 정답 파일 저장

01 [View(보기)]-[Show(표시)]-[Grid(격자)](Ctrl + ')를 선택하여 격자를 가립니다.

02 [File(파일)]-[Save As(다른 이름으로 저장)](Shift + Ctrl + S)를 선택하고 '저장 위치 : 내 PC₩문서₩GTQ, 파일 이름 : 수험번호-성명-문제번호, 파일 형식 : JPEG(*.JPG, *. JPEG, *.JPE)'를 선택하고 [저장]을 클릭한 후 [JPEG Options(JPEG 옵션)] 대화상자에서 'Quality(품질) : 8'로 설정하고 [OK(확인)]를 클릭합니다.

03 [Image(이미지)]-[Image Size(이미지 크기)](Alt + Ctrl + I)를 선택하고 'Constrain as-pect ratio(종횡비 제한) : 클릭, Width(폭) : 60Pixels(픽셀), Height(높이) : 40Pixels(픽셀)'로 입력하여 이미지 크기를 1/10로 축소한 후 [OK(확인)]를 클릭합니다.

04 [File(파일)]-[Save As(다른 이름으로 저장)](Shift + Ctrl + S)를 선택하고 '저장 위치 : 내 PC₩문서₩GTQ, 파일 이름 : 수험번호-성명-문제번호, 파일 형식 : Photoshop(*.PSD, *.PDD, *.PSDT)'을 선택하고 [저장]을 클릭합니다.

05 답안 저장이 완료가 되면 [File(파일)]-[Exit(종료)](Ctrl + Q)를 선택하여 프로그램을 종료하고 수험 프로그램에서 [답안 전송]을 클릭하여 psd와 jpg 파일을 감독관 컴퓨터로 전송합니다.

기출 유형 문제 3회

▶동영상 무료

급수	문제유형	시험시간	수험번호	성명
2급	A	90분	G220240003	

수 험 자 유 의 사 항

- 수험자는 문제지를 받는 즉시 응시하고자 하는 **과목 및 급수가 맞는지 확인**한 후 수험번호와 성명을 작성합니다.
- 파일명은 본인의 "수험번호–성명–문제번호"로 공백 없이 정확히 입력하고 답안폴더(내 PC\문서\GTQ)에 jpg 파일과 psd 파일의 2가지 포맷으로 저장해야 하며, jpg 파일과 psd 파일의 내용이 상이할 경우 0점 처리됩니다. 답안문서 파일명이 "수험번호–성명–문제번호"와 일치하지 않거나, 답안 파일을 전송하지 않아 미제출로 처리될 경우 불합격 처리됩니다.
- 문제의 세부조건은 '영문(한글)' 형식으로 표기되어 있으니 유의하시기 바랍니다.
- 수험자 정보와 저장한 파일명, 저장 위치가 다를 경우 전송이 되지 않으므로, 주의하시기 바랍니다.
- 답안 작성 중에도 **주기적으로 '저장'과 '답안 전송'**을 이용하여 감독위원 PC로 답안을 전송하셔야 합니다.(※ 작업한 내용을 **저장하지 않고 전송할 경우** 이전의 저장내용이 전송되오니 이점 반드시 유념하시기 바랍니다.)
- 답안문서는 지정된 경로 외의 다른 보조기억장치에 저장하는 행위, 지정된 시험 시간 외에 작성된 파일을 활용한 행위, 기타 통신수단(이메일, 메신저, 네트워크 등)을 이용하여 타인에게 전달 또는 외부 반출하는 행위는 부정으로 간주되어 자격기본법 제32조에 의거 본 시험 및 국가공인 자격시험을 2년간 응시할 수 없습니다.
- 시험 중 부주의 또는 고의로 시스템을 파손한 경우와 〈수험자 유의사항〉에 기재된 방법대로 이행하지 않아 생기는 불이익은 수험자의 책임임을 알려 드립니다.
- 시험을 완료한 수험자는 최종적으로 저장한 답안파일이 전송되었는지 확인한 후 감독위원의 지시에 따라 문제지를 제출하고 퇴실합니다.

답 안 작 성 요 령

- **온라인 답안 작성 절차**
  수험자 등록 ⇒ 시험 시작 ⇒ 답안파일 저장 ⇒ 답안 전송 ⇒ 시험 종료
- 내 PC\문서\GTQ\Image폴더에 있는 그림 원본파일을 사용하여 답안을 작성하시고 최종답안을 답안폴더(내 PC\문서\GTQ)에 저장하여 답안을 전송하시고, 이미지의 크기가 다른 경우 감점 처리됩니다.
- 배점은 총 100점으로 이루어지며, 점수는 각 문제별로 차등 배분됩니다.
- 각 문제는 주어진 〈조건〉에 따라 작성하고, 언급하지 않은 조건은 《출력형태》와 같이 작성합니다.
- 배치 등의 편의를 위해 주어진 눈금자의 단위는 '픽셀'입니다.
  그 외는 출력형태(효과, 이미지, 문자, 색상, 레이아웃, 규격 등)와 같게 작업하십시오.
- 문제 조건에 서체의 지정이 없을 경우 한글은 굴림이나 돋움, 영문은 Arial로 작업하십시오.
  (단, 그 외에 제시되지 않은 문자 속성을 기본값으로 작성하지 않은 경우는 감점 처리됩니다.)
- Image Mode(이미지 모드)는 별도의 처리조건이 없을 경우에는 RGB(8비트)로 작업하십시오.
- 모든 답안 파일은 해상도 72Pixels/Inch로 작업하십시오.
- Layer(레이어)는 각 기능별로 분할해야 하며, 임의로 합칠 경우나 각 기능에 대한 속성을 해지할 경우 해당 요소는 0점 처리됩니다.

한 국 생 산 성 본 부

문제 1 ┆ Tool(도구) 활용   20점

다음의 《조건》에 따라 아래의 《출력형태》와 같이 작업하시오.

출력형태

조건

원본 이미지	Part05₩기출유형문제03회₩2급-1.jpg	
파일저장규칙	JPG	파일명	문서₩GTQ₩수험번호-성명-1.jpg
		크기	400×500 pixels
	PSD	파일명	문서₩GTQ₩수험번호-성명-1.psd
		크기	40×50 pixels

1. 그림 효과
① 복제 및 변형 : 요가하는 사람
② Shape Tool(모양 도구) 사용
- 장식 모양(#66cc99, #99ccff, 레이어 스타일 – Bevel & Emboss(경사와 엠보스))
- 낮은 음표 모양(#3399ff, 레이어 스타일 – Inner Shadow(내부 그림자))

2. 문자 효과
① YOGA(Times New Roman, Bold, 60pt, 레이어 스타일 – Stroke(선/획)(2px, #ffffff), 그레이디언트 오버레이(#cc0033, #3399cc))

문제 2 ┆ 사진편집 기초   20점

다음의 《조건》에 따라 아래의 《출력형태》와 같이 작업하시오.

출력형태

조건

원본 이미지	Part05₩기출유형문제03회₩2급-2.jpg, 2급-3.jpg, 2급-4.jpg	
파일저장규칙	JPG	파일명	문서₩GTQ₩수험번호-성명-2.jpg
		크기	400×500 pixels
	PSD	파일명	문서₩GTQ₩수험번호-성명-2.psd
		크기	40×50 pixels

1. 그림 효과
① 색상 보정 : 2급-3.jpg-빨간색 계열로 보정, 레이어 스타일 – Drop Shadow(그림자 효과)
② 액자 제작 :
필터 – Patchwork(패치워크/이어붙이기), 안쪽 테두리(5px, #ffffff), 레이어 스타일 – Drop Shadow(그림자 효과)
③ 2급-4.jpg : 레이어 스타일 – Bevel & Emboss(경사와 엠보스)

2. 문자 효과
① Learning to Swim(Times New Roman, Bold, 42pt, 레이어 스타일 – Stroke(선/획)(2px, #ccffff), Drop Shadow(그림자 효과), 그레이디언트 오버레이(#ffff33, #000099))

다음의 《조건》에 따라 아래의 《출력형태》와 같이 작업하시오.

조건

원본 이미지		Part05\기출유형문제03회\2급-5.jpg, 2급-6.jpg, 2급-7.jpg, 2급-8.jpg	
파일저장규칙	JPG	파일명	문서\GTQ\수험번호-성명-3.jpg
		크기	600×400 pixels
	PSD	파일명	문서\GTQ\수험번호-성명-3.psd
		크기	60×40 pixels

1. 그림 효과
① 배경 : #669999
② 2급-5.jpg : 필터 – Diffuse Glow(광선 확산), 레이어 마스크 – 대각선 방향으로 흐릿하게
③ 2급-6.jpg : 레이어 스타일 – Bevel and Emboss(경사와 엠보스)
④ 2급-7.jpg : 레이어 스타일 – Drop Shadow(그림자 효과)
⑤ 2급-8.jpg : 레이어 스타일 – Outer Glow(외부 광선)
⑥ 그 외 《출력형태》 참조

2. 문자 효과
① CHAMPIONSHIP(Arial, Bold, 19pt, #cccccc, 레이어 스타일 – Drop Shadow(그림자 효과),
     Stroke(선/획)(2px, #990033))
② 프로축구 플레이오프(궁서, 53pt, 레이어 스타일 – 그레이디언트 오버레이(#cccccc, #cc0033),
     Stroke(선/획)(2px, #ffffcc))

출력형태

Shape Tool(모양 도구) 사용
#990033,
레이어 스타일 – Stroke(선/획)(2px, #cccccc)

Shape Tool(모양 도구) 사용
레이어 스타일 –
그레이디언트 오버레이
(#33cc99, #3399ff),
Inner Shadow(내부 그림자),
Opacity(불투명도)(60%)

다음의 《조건》에 따라 아래의 《출력형태》와 같이 작업하시오.

조건

원본 이미지	Part05₩기출유형문제03회₩2급-9.jpg, 2급-10.jpg, 2급-11.jpg, 2급-12.jpg, 2급-13.jpg		
파일저장규칙	JPG	파일명	문서₩GTQ₩수험번호-성명-4.jpg
		크기	600×400 pixels
	PSD	파일명	문서₩GTQ₩수험번호-성명-4.psd
		크기	60×40 pixels

1. 그림 효과

① 2급-9.jpg : 필터 - Accented Edges(강조된 가장자리)
② 2급-10.jpg : 레이어 스타일 - Drop Shadow(그림자 효과)
③ 2급-11.jpg : 레이어 스타일 - Drop Shadow(그림자 효과)
④ 2급-12.jpg : 필터 - Texturizer(텍스처화), Opacity(불투명도)(80%)
⑤ 2급-13.jpg : 레이어 스타일 - Bevel and Emboss(경사와 엠보스), Opacity(불투명도)(70%)
⑥ 그 외 《출력형태》 참조

2. 문자 효과

① WINTER SALE(Arial, Bold, 55pt, 레이어 스타일 - 그레이디언트 오버레이(#00ff99, #003399, #ff9900), Stroke(선/획)(2px, #ffffff))
② UP TO 50% OFF(Times New Roman, Regular, 25pt, #cc0000, 레이어 스타일 - Stroke(선/획)(2px, #cccccc))
③ 보드 고글 / 장갑 / 부츠 / 보드복 / 보드세트 등(돋움, 15pt, 레이어 스타일 - 그레이디언트 오버레이(#ffff00, #00ffff), Stroke(선/획)(2px, #000066))

출력형태

Shape Tool(모양 도구) 사용
#ffffff, 레이어 스타일 - Outer Glow(외부 광선),
Opacity(불투명도)(80%)

Shape Tool(모양 도구) 사용
#000000, 레이어 스타일 -
Inner Shadow(내부 그림자),
Stroke(선/획)(2px, #ffffff)

Shape Tool(모양 도구) 사용
#99cccc, #ccccff,
레이어 스타일 -
Inner Shadow(내부 그림자)

문제 **01** CHAPTER 03
[기능평가] Tool(도구) 활용

작업과정	새 작업 이미지 만들고 파일 저장하기 ▶ 선택 영역 만들고 복제 및 변형하기 ▶ 모양 생성 및 레이어 스타일 적용 ▶ 문자 입력 및 레이어 스타일 적용 ▶ 정답 파일 저장
완성이미지	Part05₩기출유형문제03회₩정답파일₩수험번호-성명-1.jpg, 수험번호-성명-1.psd

01 새 작업 이미지 만들고 파일 저장하기

01 [File(파일)]-[New(새로 만들기)]([Ctrl]+[N])를 선택하고 'Width(폭) : 400Pixels(픽셀), Height(높이) : 500Pixels(픽셀), Resolution(해상도) : 72Pixels/Inch(픽셀/인치), Color Mode(색상 모드) : RGB Color(RGB 색상), 8bit(비트), Background Contents(배경 내용) : White(흰색)'를 설정하여 새 작업 이미지를 만듭니다.

02 [Edit(편집)]-[Preference(환경설정)]([Ctrl]+[K])-[Guides, Grid & Slices(안내선, 격자 및 분할 영역)]를 선택하고 Grid(격자)의 'Color(색상)'를 클릭하여 밝은 색상으로 변경한 후 'Gridline Every(격자 간격) : 100Pixels(픽셀), Subdivisions(세분) : 1'로 설정합니다.

03 [View(보기)]-[Show(표시)]-[Grid(격자)]([Ctrl]+[']와 [View(보기)]-[Rulers(눈금자)] ([Ctrl]+[R])를 선택하여 격자와 눈금자를 표시합니다.

04 작업 도큐먼트를 저장하기 위해 [File(파일)]-[Save As(다른 이름으로 저장)]([Shift]+[Ctrl]+ [S])를 선택하고 임의 경로에 '파일 이름 : 수험번호-성명-문제번호, 파일 형식 : Photoshop (*.PSD, *.PDD, *.PSDT)'으로 파일을 저장합니다.

02 선택 영역 만들고 복제 및 변형하기

01 [File(파일)]-[Open(열기)]을 선택하여 2급-1.jpg를 불러옵니다. [Ctrl]+[A]를 눌러 전체를 선택한 후 [Ctrl]+[C]를 눌러 복사합니다. 작업 이미지에 [Ctrl]+[V]로 붙여넣고 [Ctrl]+[T]를 누르고 [Shift]를 누른 채 조절점을 드래그하여 크기를 조절한 후 배치합니다.

02 Object Selection Tool(개체 선택 도구,)을 클릭한 후 Options Bar(옵션 바)에서 'New Selection(새 선택 영역, ▣), Mode (모드) : Rectangle(사각형)'을 선택하고 이미지에 드래그하여 선택합니다.

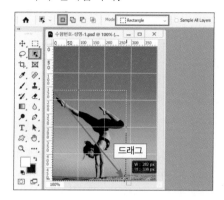

03 Quick Selection Tool(빠른 선택 도구, ✎)을 클릭하고 Options Bar(옵션 바)에서 Add to selection(선택 영역에 추가, ✎)을 설정한 후 브러시의 크기를 조절하며 드래그하여 선택을 추가합니다. 계속해서 Subtract from selection(선택 영역에서 빼기, ✎)을 클릭하여 양팔 사이의 배경 이미지에 클릭하여 선택 영역에서 빼기를 합니다.

합격생의 비법

- Quick Selection Tool(빠른 선택 도구, ✎) 로 클릭 또는 드래그하여 선택하면 Options Bar(옵션 바)의 'Add to selection(선택 영역 에 추가, ✎)'으로 자동으로 설정됩니다.
- Quick Selection Tool(빠른 선택 도구, ✎) 로 드래그하여 선택할 때 키보드의 [,] 를 누르면 점증적으로 브러시의 크기를 축 소, 확대할 수 있습니다.

04 [Layer(레이어)]−[New(새로 만들기)]−[Layer Via Copy(복사한 레이어)](Ctrl+J)를 클릭하고 레이어를 복사합니다. [Edit(편집)]−[Free Transform(자유 변형)](Ctrl+T)을 클릭하고 Shift 를 누른 채 크기를 조절하고 마우스 오른쪽 버튼을 클릭하여 [Flip Horizontal(가로로 뒤집기)]로 뒤집은 후 배치합니다.

합격생의 비법

Ctrl+T로 비율에 맞게 크기 조절하기

- Shift 를 누른 채 조절점을 드래그합니다.
- Options Bar(옵션 바)의 'Maintain aspect ratio(종횡비 유지), ∞)'를 클릭한 후 조절점을 드래그합니다. 또는 W(폭)이나 H(높이) 위에 마우스로 드래그하거나 수치를 입력합니다.

03 모양 생성 및 레이어 스타일 적용

01 Custom Shape Tool(사용자 정의 모양 도구, ⬢)을 클릭하고 Options Bar(옵션 바)에서 'Shape(모양), Fill(칠) : #66cc99, Stroke(획) : No Color(색상 없음), Shape(모양) : Ornament 1(장식 1, ⬢)'을 설정한 후 드래그하여 모양을 그립니다.

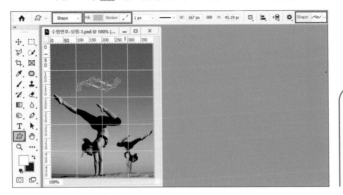

> **Shape 경로**
>
> [Legacy Shapes and More(레거시 모양 및 기타)]-[All Legacy Default Shapes(모든 레거시 기본 모양)]-[Ornaments(장식)]

02 [Edit(편집)]-[Free Transform Path(패스 자유 변형)]((Ctrl)+(T))를 클릭하고 회전하여 배치합니다. Layers(레이어) 패널 하단의 'Add a layer style(레이어 스타일 추가, fx.)'을 클릭하여 [Bevel & Emboss(경사와 엠보스)]를 선택하고 'Style(스타일) : Inner Bevel(내부 경사), Direction(방향) : Up(위로), Size(크기) : 4px'로 설정한 후 [OK(확인)]를 클릭합니다.

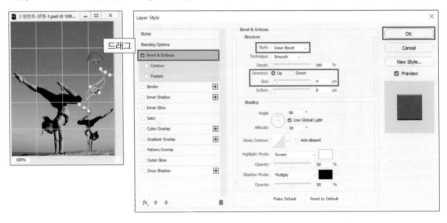

03 (Ctrl)+(J)를 눌러 'Ornament 1' 레이어를 복사한 후 (Ctrl)+(T)를 누르고 드래그하여 크기 축소 및 회전하여 배치합니다. 'Ornament 1 1 copy' 레이어의 'Layer thumbnail(레이어 축소판)'을 더블 클릭하여 'Color(색상) : #99ccff'로 변경합니다.

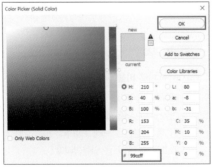

04 Custom Shape Tool(사용자 정의 모양 도구,)을 클릭하고 Options Bar(옵션 바)에서 'Shape(모양), Fill(칠) : #3399ff, Stroke(획) : No Color(색상 없음), Shape(모양) : Bass Clef(낮은음자리표, 𝄢)'를 설정한 후 Shift 를 누르고 모양을 그립니다.

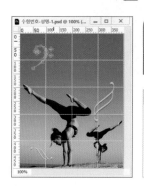

Shape 경로

[Legacy Shapes and More(레거시 모양 및 기타)]–[All Legacy Default Shapes (모든 레거시 기본 모양)]–[Music(음악)]

합격생의 비법

연속해서 사용자 정의 모양 도구로 그릴 때 Fill(칠) 설정하기

Options Bar(옵션 바)에서 목록 단추를 눌러 제시된 Shape(모양)을 선택하여 그린 후에 'Layer thumbnail(레이어 축소판)'을 더블 클릭하여 Fill(칠)를 변경합니다.

05 Layers(레이어) 패널 하단의 'Add a layer style(레이어 스타일 추가, _fx._)'을 클릭하여 [Inner Shadow(내부 그림자)]를 선택하고 'Opacity(불투명도) : 75%, Angle(각도) : 90˚, Distance (거리) : 3px, Size(크기) : 4px'로 설정하고 [OK(확인)]를 클릭합니다.

04 문자 입력 및 레이어 스타일 적용

01 Horizontal Type Tool(수평 문자 도구, T)로 작업 이미지를 클릭하고 Options Bar(옵션 바)에서 'Font(글꼴) : Times New Roman, Set font style(글꼴 스타일 설정) : Bold, Set font size(글꼴 크기) : 60pt, Color(색상) : 임의 색상'으로 설정한 후 YOGA를 입력합니다.

02 Layers(레이어) 패널 하단의 'Add a layer style(레이어 스타일 추가, _fx._)'을 클릭하여 [Stroke(획)]를 선택하고 'Size(크기) : 2px, Color(색상) : #ffffff'로 설정합니다. 계속해서 [Gradient Overlay(그레이디언트 오버레이)]를 선택하고 'Click to edit the gradient(클릭하여 그레이디언트 편집)'를 클릭합니다.

03 그레이디언트 슬라이더 왼쪽 하단의 'Color Stop(색상 정지점)'을 더블 클릭하여 #cc0033을, 오른쪽 'Color Stop(색상 정지점)'을 더블 클릭하여 #3399cc로 설정한 후 'Style(스타일) : Linear(선형), Angle(각도) : 90˚로 설정합니다. Ctrl + S 를 눌러 파일을 저장합니다.

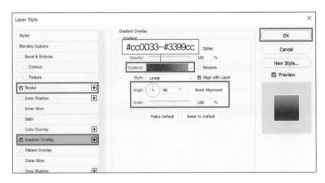
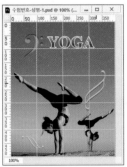

⑤ 정답 파일 저장

01 [View(보기)]-[Show(표시)]-[Grid(격자)]([Ctrl]+['])를 선택하여 격자를 가립니다.

02 [File(파일)]-[Save As(다른 이름으로 저장)]([Shift]+[Ctrl]+[S])를 선택하고 '저장 위치 : 내 PC\문서\GTQ, 파일 이름 : 수험번호-성명-문제번호, 파일 형식 : JPEG(*.JPG, *.JPEG, *.JPE)'를 선택하고 [저장]을 클릭한 후 [JPEG Options(JPEG 옵션)] 대화상자에서 'Quality(품질) : 8'로 설정하고 [OK(확인)]를 클릭합니다.

합격생의 비법

CC 2020 이후 버전에서 [Save As(다른 이름으로 저장)]로 '파일 형식 : JPEG(*.JPG, *.JPEG, *.JPE)'가 없는 경우에는 아래와 같이 저장하면 됩니다.

※ CC 버전에 따라 정답 파일을 '파일 형식 : JPEG(*.JPG, *.JPEG, *.JPE)'로 저장하기
• [File(파일)]-[Save As(다른 이름으로 저장)]([Shift]+[Ctrl]+[S])를 선택하고 [다른 이름으로 저장] 대화상자에서 [Save A Copy(사본 저장)]를 선택합니다.
• [File(파일)]-[Save A Copy(사본 저장)]([Alt]+[Ctrl]+[S])를 선택합니다.

03 [Image(이미지)]-[Image Size(이미지 크기)]([Alt]+[Ctrl]+[I])를 선택하고 'Constrain aspect ratio(종횡비 제한) : 클릭, Width(폭) : 40Pixels(픽셀), Height(높이) : 50Pixels(픽셀)'로 입력하여 이미지 크기를 1/10로 축소한 후 [OK(확인)]를 클릭합니다.

04 [File(파일)]-[Save As(다른 이름으로 저장)]([Shift]+[Ctrl]+[S])를 선택하고 '저장 위치 : 내 PC\문서\GTQ, 파일 이름 : 수험번호-성명-문제번호, 파일 형식 : Photoshop(*.PSD, *.PDD, *.PSDT)'을 선택하고 [저장]을 클릭합니다.

05 답안 저장이 완료가 되면 [File(파일)]-[Close(닫기)]([Ctrl]+[W])를 선택하여 파일을 닫고 수험 프로그램에서 [답안 전송]을 클릭하여 psd와 jpg 파일을 감독관 컴퓨터로 전송합니다.

작업과정	새 작업 이미지 만들기 및 파일 저장하기 ▶ 필터 적용 및 액자 제작 ▶ 이미지 합성 및 색상 보정, 레이어 스타일 적용 ▶ 문자 입력 및 레이어 스타일 적용 ▶ 정답 파일 저장
완성이미지	Part05₩기출유형문제03회₩정답파일₩수험번호-성명-2.jpg, 수험번호-성명-2.psd

01 새 작업 이미지 만들기 및 파일 저장하기

01 [File(파일)]–[New(새로 만들기)]([Ctrl]+[N])를 선택하고 'Width(폭) : 400Pixels(픽셀), Height(높이) : 500Pixels(픽셀), Resolution(해상도) : 72Pixels/Inch(픽셀/인치), Color Mode(색상 모드) : RGB Color(RGB 색상), 8bit(비트), Background Contents(배경 내용) : White(흰색)'로 설정하여 새 작업 이미지를 만듭니다.

02 [Edit(편집)]–[Preference(환경설정)]([Ctrl]+[K])–[Guides, Grid & Slices(안내선, 격자 및 분할 영역)]를 선택하고 Grid(격자)의 'Color(색상)'를 클릭하여 밝은 색상으로 변경한 후 'Gridline Every(격자 간격) : 100Pixels(픽셀), Subdivisions(세분) : 1'로 설정합니다

03 [View(보기)]–[Show(표시)]–[Grid(격자)]([Ctrl]+[']) 와 [View(보기)]–[Rulers(눈금자)]([Ctrl]+[R])를 선택하여 격자와 눈금자를 표시합니다.

04 작업 도큐먼트를 저장하기 위해 [File(파일)]–[Save As(다른 이름으로 저장)]([Shift]+[Ctrl]+[S])를 선택하고 임의 경로에 '파일 이름 : 수험번호-성명-문제번호, 파일 형식 : Photoshop (*.PSD, *.PDD, *.PSDT)'으로 파일을 저장합니다.

02 필터 적용 및 액자 제작

01 [File(파일)]–[Open(열기)]을 선택하여 2급-2.jpg를 불러옵니다. [Ctrl]+[A]를 눌러 전체를 선택한 후 [Ctrl]+[C]를 눌러 복사하고 작업 이미지에 [Ctrl]+[V]로 붙여넣기를 합니다. [Ctrl]+[T]를 누르고 [Shift]를 누른 채 조절점을 드래그하여 크기를 조절한 후 배치합니다.

 ➡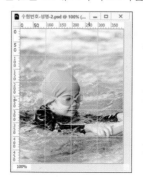

02 [Layer(레이어)]–[New(새로 만들기)]–[Layer Via Copy(복사한 레이어)]([Ctrl]+[J])를 클릭하고 레이어를 복사합니다.

03 [Filter(필터)]-[Filter Gallery(필터 갤러리)]-[Texture(텍스처)]-[Patchwork(패치워크/이어붙이기)]를 선택합니다. 위쪽의 눈금자에서 아래로 드래그하여 작업 이미지의 세로 중앙인 250px의 위치에 안내선을 표시합니다.

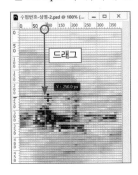

04 Rectangular Marquee Tool(사각형 선택 윤곽 도구, ▢)을 클릭하고 Options Bar(옵션 바)에서 'New selection(새 선택 영역, ▢), Feather(페더) : 0px, Style(스타일) : Fixed Size(크기 고정), Width(폭) : 300px, Height(높이) : 400px'로 설정합니다. 작업 이미지의 중앙 위치인 가로 안내선과 중앙의 격자 교차지점에 Alt 를 클릭하여 직사각형 모양으로 선택합니다.

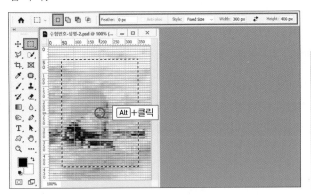

합격생의 비법

액자 프레임의 간격은 따로 제시되지 않습니다. 작업 이미지의 눈금자를 참조하여 액자 프레임의 크기를 지정합니다. 'Style(스타일)'을 Fixed Size(사이즈 고정)로 설정한 후 상하좌우 각각의 간격인 50px씩을 뺀 나머지 수치를 'Width(폭)'와 'Height(높이)'에 직접 입력합니다.

05 [Select(선택)]-[Modify(수정)]-[Smooth(매끄럽게)]를 클릭한 후 'Sample Radius(샘플 반경) : 10pixels(픽셀)'을 설정하고 [OK(확인)]를 클릭하여 모서리를 둥글게 합니다. Delete 를 눌러 선택된 이미지를 삭제하고 프레임을 만듭니다.

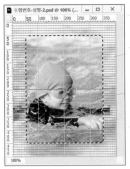

합격생의 비법

'Sample Radius(샘플 반경)'은 따로 제시되지 않습니다. 눈금자를 참조하여 적용하고, 결과가 다를 경우는 Ctrl + Z 로 작업 과정을 되돌린 후 다시 변경하여 적용합니다.

06 [Edit(편집)]–[Stroke(획)]를 클릭하여 'Width(폭) : 5px, Color(색상) : #ffffff, Location (위치) : Inside(안쪽), Mode(모드) : Normal(표준), Opacity(불투명도) : 100%, Preserve Transparency(투명도 유지) : 체크 해제'를 설정하고 [OK(확인)]를 클릭하여 안쪽 테두리를 적용합니다.

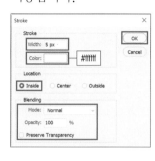 

07 Ctrl + D 를 눌러 선택을 해제하고 Layers(레이어) 패널 하단의 'Add a layer style(레이어 스타일 추가, fx.)'을 클릭하여 [Drop Shadow(그림자)]를 선택하고 'Opacity(불투명도) : 75%, Angle(각도) : 90°, Distance(거리) : 5px, Size(크기) : 5px'로 설정하고 [OK(확인)] 를 클릭합니다.

03 이미지 합성 및 색상 보정, 레이어 스타일 적용

01 [File(파일)]–[Open(열기)]을 선택하여 2급-3.jpg를 불러온 후 Quick Selection Tool(빠른 선택 도구, ☑️)을 클릭하고 Options Bar(옵션 바)에서 Add to selection(선택 영역에 추가, ☑️)을 설정한 후 브러시의 크기를 조절하며 드래그하여 선택합니다.

02 Options Bar(옵션 바)에서 'Select and Mask(선택 및 마스크)'를 클릭하여 'Properties(속 성)'에서 'Radius(반경) : 1px, Smooth(매끄럽게) : 1'을 설정한 후 [OK(확인)]를 클릭하고 Ctrl + C 로 복사합니다.

합격생의 비법

Options Bar(옵션 바)에서 'Select and Mask(선택 및 마스크)'의 세부 설정을 통해 선택 이미지의 가장자리를 좀 더 깔끔하게 선택할 수 있습니다.

03 작업 이미지에 Ctrl+V로 붙여넣은 후 Ctrl+T를 누르고 Shift를 누른 채 조절점을 드래그하여 크기를 축소하고 마우스 오른쪽 버튼을 클릭하여 [Flip Vertical(세로로 뒤집기)]로 뒤집은 후 회전하여 배치합니다.

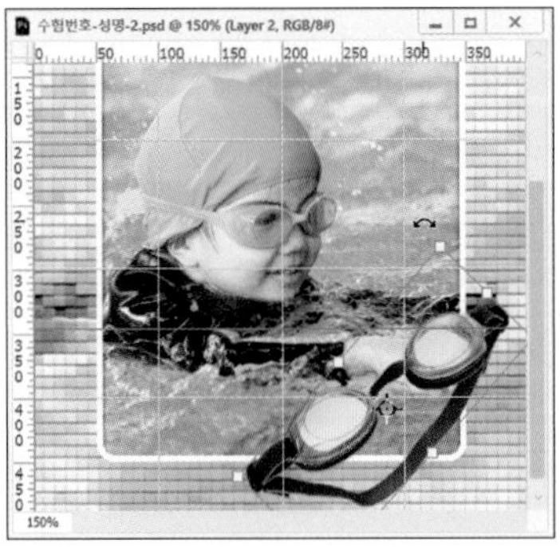

04 Layers(레이어) 패널 하단의 'Add a layer style(레이어 스타일 추가, fx)'을 클릭하여 [Drop Shadow(그림자)]를 선택하고 'Opacity(불투명도) : 75%, Angle(각도) : 90°, Distance(거리) : 5px, Size(크기) : 5px'로 설정한 후 [OK(확인)]를 클릭합니다.

05 Quick Selection Tool(빠른 선택 도구,)을 클릭하고 브러시의 크기를 조절하며 드래그하여 물안경의 렌즈 부분을 선택합니다.

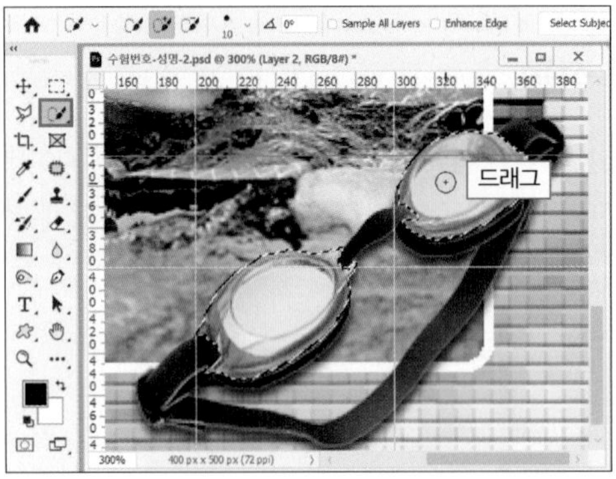

06 Layers(레이어) 패널 하단의 'Create new fill or adjustment layer(새 칠 또는 조정 레이어 생성,)'를 클릭하고 [Hue/Saturation(색조/채도)]을 선택합니다. Properties(속성) 패널에서 'Colorize(색상화) : 체크, Hue(색조) : 340, Saturation(채도) : 85, Lightness(명도) : −20'으로 설정하여 빨간색 계열로 색상을 보정합니다.

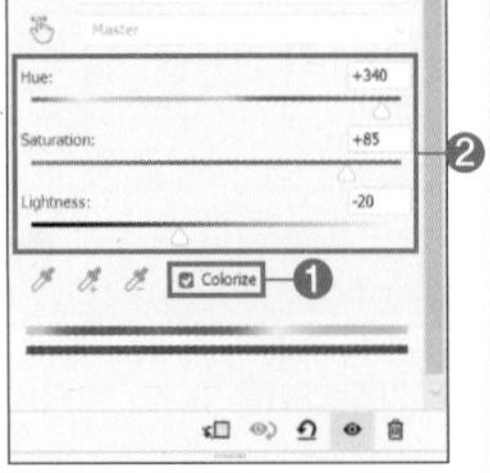

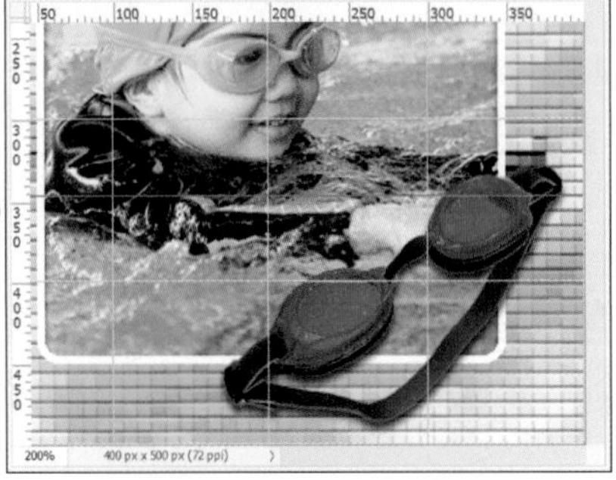

07 [File(파일)]-[Open(열기)]을 선택하여 2급-4.jpg를 불러옵니다. Object Selection Tool (개체 선택 도구, 🖫)을 클릭하고 Options Bar(옵션 바)에서 'New Selection(새 선택 영역, ▣), Mode(모드) : Rectangle(사각형)'을 선택하고 이미지에 드래그하여 선택한 후 Ctrl+C로 복사합니다.

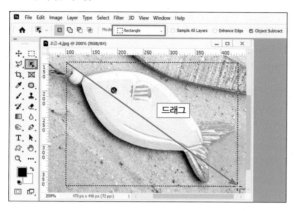 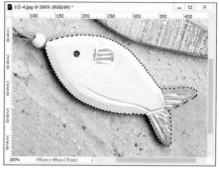

08 작업 이미지에 Ctrl+V로 붙여넣은 후 Ctrl+T를 누르고 Shift를 누른 채 드래그하여 크기를 축소한 후 마우스 오른쪽 버튼을 클릭하여 [Flip Horizontal(가로로 뒤집기)]로 뒤집고 회전하여 배치합니다.

09 Layers(레이어) 패널 하단의 'Add a layer style(레이어 스타일 추가, fx.)'을 클릭하여 [Bevel & Emboss(경사와 엠보스)]를 선택하고 'Style(스타일) : Inner Bevel(내부 경사), Direction(방향) : Up(위로), Size(크기) : 9px'로 설정하고 [OK(확인)]를 클릭합니다.

⑭ 문자 입력 및 레이어 스타일 적용

01 Horizontal Type Tool(수평 문자 도구, T)로 작업 이미지를 클릭하고 Options Bar(옵션 바)에서 'Font(글꼴) : Times New Roman, Set font style(글꼴 스타일 설정) : Bold, Set font size(글꼴 크기) : 42pt, Color(색상) : 임의 색상, Center text(텍스트 중앙 정렬, ▤)'로 설정한 후 Learning to Swim을 입력합니다.

02 Options Bar(옵션 바)에서 Create warped text(뒤틀어진 텍스트 만들기, ⚒)를 클릭하고 [Warp Text(텍스트 뒤틀기)] 대화상자에서 'Style(스타일) : Wave(파형), Horizontal(가로) : 체크, Bend (구부리기) : 60%'를 설정하여 문자의 모양을 왜곡합니다.

03 Layers(레이어) 패널 하단의 'Add a layer style(레이어 스타일 추가, *fx.*)'을 클릭하여 [Stroke(획)]를 선택하고 'Size(크기) : 2px, Color(색상) : #ccffff'로 설정합니다. 계속해서 [Gradient Overlay(그레이디언트 오버레이)]를 선택하고 'Click to edit the gradient (클릭하여 그레이디언트 편집)'를 클릭합니다.

04 그레이디언트 슬라이더 왼쪽 하단의 'Color Stop(색상 정지점)'을 더블 클릭하여 #ffff33을, 오른쪽 'Color Stop(색상 정지점)'을 더블 클릭하여 #000099로 설정한 후 'Style(스타일) : Linear(선형), Angle(각도) : 90˚로 설정합니다. 계속해서 [Drop Shadow(드롭 섀도)]를 선택하고 'Opacity(불투명도) : 75%, Angle(각도) : 90˚, Distance(거리) : 5px, Size(크기) : 5px'로 설정하고 [OK(확인)]를 클릭합니다. Ctrl + S 를 눌러 파일을 저장합니다.

🅞⑤ 정답 파일 저장

01 [View(보기)]-[Show(표시)]-[Grid(격자)](Ctrl + ')와 [Guides(안내선)](Ctrl + ;)를 각각 선택하여 격자와 안내선을 가립니다.

02 [File(파일)]-[Save As(다른 이름으로 저장)](Shift + Ctrl + S)를 선택하고 '저장 위치 : 내 PC₩문서₩GTQ, 파일 이름 : 수험번호-성명-문제번호, 파일 형식 : JPEG(*.JPG, *. JPEG, *.JPE)'를 선택하고 [저장]을 클릭한 후 [JPEG Options(JPEG 옵션)] 대화상자에서 'Quality(품질) : 8'로 설정하고 [OK(확인)]를 클릭합니다.

03 [Image(이미지)]-[Image Size(이미지 크기)](Alt + Ctrl + I)를 선택하고 'Constrain aspect ratio(종횡비 제한) : 클릭, Width(폭) : 40Pixels(픽셀), Height(높이) : 50Pixels(픽셀)'로 입력하여 이미지 크기를 1/10로 축소한 후 [OK(확인)]를 클릭합니다.

04 [File(파일)]-[Save As(다른 이름으로 저장)](Shift + Ctrl + S)를 선택하고 '저장 위치 : 내 PC₩문서₩GTQ, 파일 이름 : 수험번호-성명-문제번호, 파일 형식 : Photoshop(*.PSD, *.PDD, *.PSDT)'을 선택하고 [저장]을 클릭합니다.

05 답안 저장이 완료가 되면 [File(파일)]-[Close(닫기)](Ctrl + W)를 선택하여 파일을 닫고 수험 프로그램에서 [답안 전송]을 클릭하여 psd와 jpg 파일을 감독관 컴퓨터로 전송합니다.

작업과정	새 작업 이미지 만들기 및 파일 저장하기 ▶ 배경색 적용 ▶ 필터 및 레이어 마스크 적용하여 합성하기 ▶ 이미지 선택 및 레이어 스타일 적용 ▶ 모양 생성 및 레이어 스타일 적용 ▶ 문자 입력 및 왜곡, 레이어 스타일 적용 ▶ 정답 파일 저장
완성이미지	Part05₩기출유형문제03회₩정답파일₩수험번호-성명-3.jpg, 수험번호-성명-3.psd

01 새 작업 이미지 만들기 및 파일 저장하기

01 [File(파일)]-[New(새로 만들기)]([Ctrl]+[N])를 선택하고 'Width(폭) : 600Pixels(픽셀), Height(높이) : 400Pixels(픽셀), Resolution(해상도) : 72Pixels/Inch(픽셀/인치), Color Mode(색상 모드) : RGB Color(RGB 색상), 8bit(비트), Background Contents(배경 내용) : White(흰색)'로 설정하여 새 작업 이미지를 만듭니다.

02 [Edit(편집)]-[Preference(환경설정)]([Ctrl]+[K])-[Guides, Grid & Slices(안내선, 격자 및 분할 영역)]를 선택하고 Grid(격자)의 'Color(색상)'를 클릭하여 밝은 색상으로 변경한 후 'Gridline Every(격자 간격) : 100Pixels(픽셀), Subdivisions(세분) : 1'로 설정합니다.

03 [View(보기)]-[Show(표시)]-[Grid(격자)]([Ctrl]+['])와 [View(보기)]-[Rulers(눈금자)]([Ctrl]+[R])를 선택하여 격자와 눈금자를 표시합니다.

04 작업 도큐먼트를 저장하기 위해 [File(파일)]-[Save As(다른 이름으로 저장)]([Shift]+[Ctrl]+[S])를 선택하고 임의 경로에 '파일 이름 : 수험번호-성명-문제번호, 파일 형식 : Photoshop (*.PSD, *.PDD, *.PSDT)'으로 파일을 저장합니다.

02 배경색 적용

01 Tool Panel(도구 패널) 하단의 'Set foreground color(전경색 설정)'를 클릭하여 #669999로 설정하고 [Alt]+[Delete]를 눌러 이미지의 배경을 채웁니다.

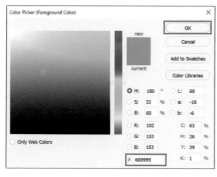
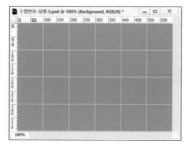

03 필터 및 레이어 마스크 적용하여 합성하기

01 [File(파일)]-[Open(열기)]을 선택하여 2급-5.jpg를 불러옵니다. Ctrl + A 를 눌러 전체를 선택한 후 Ctrl + C 를 눌러 복사하고 작업 이미지를 선택하여 Ctrl + V 로 붙여넣고 Ctrl + T 를 누르고 Shift 를 누른 채 조절점을 드래그하여 크기를 조절한 후 배치합니다.

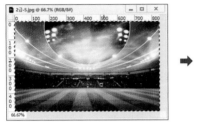 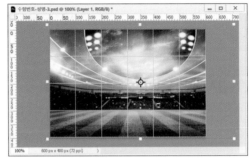

02 [Filter(필터)]-[Filter Gallery(필터 갤러리)]-[Distort(왜곡)]-[Diffuse Glow(광선 확산)]를 선택합니다.

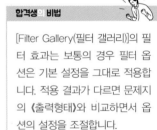

합격생의 비법

[Filter Gallery(필터 갤러리)]의 필터 효과는 보통의 경우 필터 옵션은 기본 설정을 그대로 적용합니다. 적용 결과가 다르면 문제지의 《출력형태》와 비교하면서 옵션의 설정을 조절합니다.

03 Layers(레이어) 패널 하단의 'Add layer mask(레이어 마스크 추가, ▣)'를 클릭하여 레이어 마스크를 추가합니다.

04 Gradient Tool(그레이디언트 도구,)을 클릭하고 Options Bar(옵션 바)에서 'Click to open Gradient picker(클릭하여 그레이디언트 픽커 열기)'를 클릭합니다. Basics(기본 사항)에서 Black, White(검정, 흰색)를 선택하고 'Type(유형) : Linear Gradient(선형 그레이디언트), Mode(모드) : Normal(표준), Opacity(불투명도) : 100%'로 설정한 후 대각선 방향으로 드래그하여 이미지의 일부를 자연스럽게 지워 합성합니다.

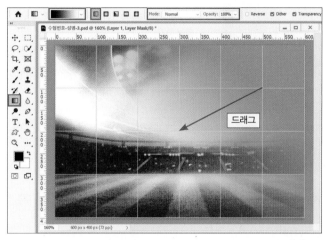

합격생의 비법

Tool Panel(도구 패널) 하단의 Default Foreground and Background Colors(기본 전경색과 배경색,)를 클릭하여 기본값으로 설정한 후 Switch Foreground and Background Colors(전경색과 배경색 교체, ⤤)를 클릭하여 설정하는 방법도 있습니다.

04 이미지 선택 및 레이어 스타일 적용

01 [File(파일)]-[Open(열기)]을 선택하여 2급-6.jpg를 불러온 후, Quick Selection Tool(빠른 선택 도구, ⯃)을 클릭하고 Options Bar(옵션 바)에서 Add to selection(선택 영역에 추가, ⯃)을 설정한 후 브러시의 크기를 조절하며 드래그하여 선택합니다.

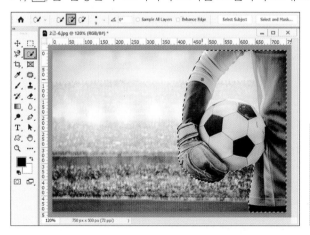

합격생의 비법

Quick Selection Tool(빠른 선택 도구, ⯃)로 클릭 또는 드래그하여 선택하면 Options Bar(옵션 바)의 'Add to selection(선택 영역에 추가, ⯃)'으로 자동으로 설정됩니다.

02 Magnetic Lasso Tool(자석 올가미 도구, )을 클릭하고 Options Bar(옵션 바)에서 Sub-tract from selection(선택 영역에서 빼기,)을 설정한 후 팔 안쪽 공간의 경계면을 따라 드래그하여 선택합니다.

03 Ctrl + C 로 복사한 후 작업 이미지에 Ctrl + V 로 붙여넣고 Ctrl + T 를 누르며 Shift 를 누른 채 조절점을 드래그하여 크기를 조절한 후 배치합니다.

04 Layers(레이어) 패널 하단의 'Add a layer style(레이어 스타일 추가, fx)'을 클릭하여 [Bevel & Emboss(경사와 엠보스)]를 선택한 후 'Style(스타일) : Inner Bevel(내부 경사), Direction(방향) : Up(위로), Size(크기) : 10px'로 설정하고 [OK(확인)]를 클릭합니다.

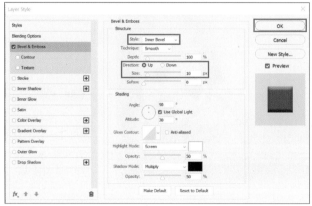

05 [File(파일)]-[Open(열기)]을 선택하여 2급-7.jpg를 불러옵니다. Magic Wand Tool(자동 선택 도구, ✎)을 선택하고 Options Bar(옵션 바)에서 'Tolerance(허용치) : 20'을 설정한 후 배경 부분을 클릭하여 선택합니다.

06 Rectangular Marquee Tool(사각형 선택 윤곽 도구, ▭)을 클릭하고 Options Bar(옵션 바)에서 Add to selection(선택 영역에 추가, ▣)을 설정하고 축구공 이미지에 드래그하여 선택을 추가합니다. Shift+Ctrl+I로 선택 영역을 반전하고 Ctrl+C로 복사합니다.

07 작업 이미지를 선택하여 Ctrl+V로 붙여넣고 Ctrl+T를 누르고 Shift를 누른 채 조절점 밖을 드래그하여 회전하여 배치합니다.

08 Layers(레이어) 패널 하단의 'Add a layer style(레이어 스타일 추가, _fx._)'을 클릭하여 [Drop Shadow(그림자)]를 선택하고 'Opacity(불투명도) : 75%, Angle(각도) : 90°, Distance (거리) : 6px, Size(크기) : 7px'로 설정하고 [OK(확인)]를 클릭합니다.

09 [File(파일)]—[Open(열기)]을 선택하여 2급-8.jpg를 불러온 후 Quick Selection Tool(빠른 선택 도구, _⊘_)을 클릭하고 Options Bar(옵션 바)에서 Add to selection(선택 영역에 추가, _⊘_)을 설정한 후 브러시의 크기를 조절하며 드래그하여 선택하고 Ctrl+C로 복사합니다.

10 작업 이미지에 Ctrl+V로 붙여 넣고 Ctrl+T를 누르고 Shift를 누른 채 크기를 조절하고 마우스 오른쪽 버튼을 클릭하여 [Flip Horizontal(가로로 뒤집기)]로 뒤집고 회전한 후 배치합니다.

11 Layers(레이어) 패널 하단의 'Add a layer style(레이어 스타일 추가, _fx._)'을 클릭하여 [Outer Glow(외부 광선)]를 선택한 후 'Opacity(불투명도) : 75%, Spread(스프레드) : 10%, Size(크기) : 15px'로 설정하고 [OK(확인)]를 클릭합니다.

05 모양 생성 및 레이어 스타일 적용

01 Custom Shape Tool(사용자 정의 모양 도구, ☒)을 클릭하고 Options Bar(옵션 바)에서 'Shape(모양), Shape(모양) : Sign 4(기호 4, ▧)'를 클릭합니다.

> **Shape 경로**
>
> [Legacy Shapes and More(레거시 모양 및 기타)]–[All Legacy Default Shapes(모든 레거시 기본 모양)]– [Symbols(기호)]

02 'Fill(칠) : 임의 색상, Stroke(획) : No Color(색상 없음)'를 설정한 후 Shift 를 누른 채 드래 그하여 모양을 그립니다.

> **합격생의 비법**
>
> Custom Shape Tool(사용자 정의 모양 도구, ☒)로 모양을 그릴 때는 Shift 를 누른 채 드래그하면 원래 등록된 비율대로 모양을 그릴 수 있습니다.

03 Layers(레이어) 패널 하단의 'Add a layer style(레이어 스타일 추가, *fx.*)'을 클릭하여 [In- ner Shadow(내부 그림자)]를 선택하고 'Opacity(불투명도) : 75%, Angle(각도) : 90°, Distance(거리) : 8px, Size(크기) : 5px'로 설정합니다. 계속해서 [Gradient Overlay(그레 이디언트 오버레이)]를 선택하고 'Click to edit the gradient(클릭하여 그레이디언트 편집)' 를 클릭합니다. 그레이디언트 슬라이더 왼쪽 하단의 'Color Stop(색상 정지점)'을 더블 클릭하 여 #33cc99를, 오른쪽 'Color Stop(색상 정지점)'을 더블 클릭하여 #3399ff로 설정한 후 'Style(스타일) : Linear(선형), Angle(각도) : 90°'로 설정합니다.

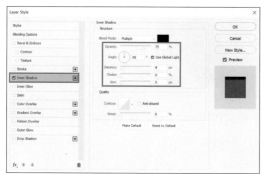

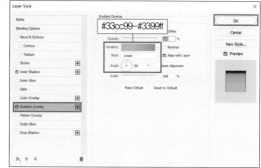

04 Layers(레이어) 패널 상단의 'Opacity(불투명도) : 60%'를 설정합니다.

05 Custom Shape Tool(사용자 정의 모양 도구, [아이콘])을 클릭하고 Options Bar(옵션 바)에서 'Shape(모양), Fill(칠) : #990033, Stroke(획) : No Color(색상 없음), Shape(모양) : Fleur-De-Lis(백합, [아이콘])'를 설정한 후 [Shift]를 누른 채 드래그하여 모양을 그립니다.

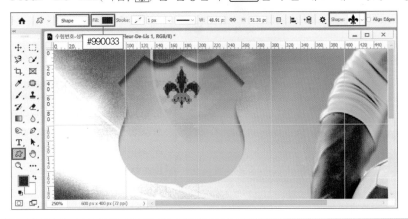

Shape 경로

[Legacy Shapes and More(레거시 모양 및 기타)]−[All Legacy Default Shapes(모든 레거시 기본 모양)]− [Ornaments(장식)]

06 Layers(레이어) 패널 하단의 'Add a layer style(레이어 스타일 추가, [fx])'을 클릭하여 [Stroke(획)]를 선택하고 'Size(크기) : 2px, Color(색상) : #cccccc'로 설정합니다.

06 문자 입력 및 레이어 스타일 적용

01 Horizontal Type Tool(수평 문자 도구, [T])로 작업 이미지를 클릭하고 Options Bar(옵션 바)에서 'Font(글꼴) : Arial, Set font style(글꼴 스타일 설정) : Bold, Set font size(글꼴 크기) : 19pt, Color(색상) : #cccccc'로 설정한 후 CHAMPIONSHIP을 입력합니다.

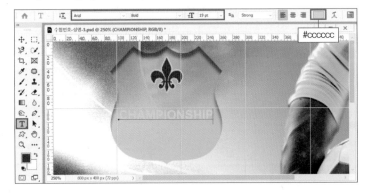

02 Options Bar(옵션 바)에서 Create warped text(뒤틀어진 텍스트 만들기, [아이콘])를 클릭하여 [Warp Text(텍스트 뒤틀기)] 대화상자에서 'Style(스타일) : Arc Lower(아래 부채꼴), Horizontal (가로) : 체크, Bend(구부리기) : 50%'를 설정하여 문자의 모양을 왜곡합니다.

03 Layers(레이어) 패널 하단의 'Add a layer style(레이어 스타일 추가, [fx.])'을 클릭하여 [Stroke(획)]를 선택하고 'Size(크기) : 2px, Color(색상) : #990033'으로 설정합니다. 계속해서 Drop Shadow(드롭 섀도)]를 선택하고 'Opacity(불투명도) : 75%, Angle(각도) : 90°, Distance(거리) : 5px, Size(크기) : 5px'로 설정하고 [OK(확인)]를 클릭합니다.

04 Horizontal Type Tool(수평 문자 도구, [T])로 작업 이미지를 클릭하고 Options Bar(옵션 바)에서 'Font(글꼴) : 궁서, Set font size(글꼴 크기) : 53pt, Set anti-aliasing method (앤티 앨리어싱 방법 설정) : Strong(강하게), Color(색상) : 임의 색상'으로 설정한 후 프로축구 플레이오프를 입력합니다.

05 Layers(레이어) 패널 하단의 'Add a layer style(레이어 스타일 추가, [fx.])'을 클릭하여 [Stroke(획)]를 선택하고 'Size(크기) : 2px, Color(색상) : #ffffcc'로 설정합니다. 계속해서 [Gradient Overlay(그레이디언트 오버레이)]를 선택하고 'Click to edit the gradient(클릭하여 그레이디언트 편집)'를 클릭합니다.

06 그레이디언트 슬라이더 왼쪽 하단의 'Color Stop(색상 정지점)'을 더블 클릭하여 #cccccc를, 오른쪽 'Color Stop(색상 정지점)'을 더블 클릭하여 #cc0033으로 설정한 후 'Style(스타일) : Linear(선형), Angle(각도) : 90°로 설정합니다.

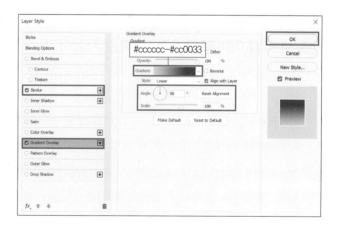

⑦ 정답 파일 저장

01 [View(보기)]-[Show(표시)]-[Grid(격자)]([Ctrl]+[']를 선택하여 격자를 가립니다.

02 [File(파일)]-[Save As(다른 이름으로 저장)]([**Shift**]+[**Ctrl**]+[**S**])를 선택하고 '저장 위치 : 내 PC₩문서₩GTQ, 파일 이름 : 수험번호-성명-문제번호, 파일 형식 : JPEG(*.JPG, *. JPEG, *.JPE)'를 선택하고 [저장]을 클릭한 후 [JPEG Options(JPEG 옵션)] 대화상자에서 'Quality(품질) : 8'로 설정하고 [OK(확인)]를 클릭합니다.

03 [Image(이미지)]-[Image Size(이미지 크기)]([**Alt**]+[**Ctrl**]+[**I**])를 선택하고 'Constrain aspect ratio(종횡비 제한) : 클릭, Width(폭) : 60Pixels(픽셀), Height(높이) : 40Pixels(픽셀)'로 입력하여 이미지 크기를 1/10로 축소한 후 [OK(확인)]를 클릭합니다.

04 [File(파일)]-[Save As(다른 이름으로 저장)]([**Shift**]+[**Ctrl**]+[**S**])를 선택하고 '저장 위치 : 내 PC₩문서₩GTQ, 파일 이름 : 수험번호-성명-문제번호, 파일 형식 : Photoshop(*.PSD, *.PDD, *.PSDT)'을 선택하고 [저장]을 클릭합니다.

05 답안 저장이 완료가 되면 [File(파일)]-[Close(닫기)]([**Ctrl**]+[**W**])를 선택하여 파일을 닫고 수험 프로그램에서 [답안 전송]을 클릭하여 psd와 jpg 파일을 감독관 컴퓨터로 전송합니다.

문제 04 | CHAPTER 03
[실무응용] 이벤트 페이지 제작

작업과정	새 작업 이미지 만들기 및 파일 저장하기 ▶ 필터 적용하기 ▶ 이미지 선택 및 레이어 스타일 적용 ▶ 모양 생성 및 필터와 클리핑 마스크 적용 ▶ 불투명도 조절하여 합성 ▶ 모양 생성 및 레이어 스타일 적용 ▶ 문자 입력 및 왜곡, 레이어 스타일 적용 ▶ 정답 파일 저장
완성이미지	Part05₩기출유형문제03회₩정답파일₩수험번호-성명-4.jpg, 수험번호-성명-4.psd

🕐 새 작업 이미지 만들기 및 파일 저장하기

01 [File(파일)]-[New(새로 만들기)]([**Ctrl**]+[**N**])를 선택하고 'Width(폭) : 600Pixels(픽셀), Height(높이) : 400Pixels(픽셀), Resolution(해상도) : 72Pixels/Inch(픽셀/인치), Color Mode(색상 모드) : RGB Color(RGB 색상), 8bit(비트), Background Contents(배경 내용) : White(흰색)'로 설정하여 새 작업 이미지를 만듭니다.

02 [Edit(편집)]-[Preference(환경설정)]([**Ctrl**]+[**K**])-[Guides, Grid & Slices(안내선, 격자 및 분할 영역)]를 선택하고 Grid(격자)의 'Color(색상)'를 클릭하여 밝은 색상으로 변경한 후 'Gridline Every(격자 간격) : 100Pixels(픽셀), Subdivisions(세분) : 1'로 설정합니다.

03 [View(보기)]-[Show(표시)]-[Grid(격자)]([**Ctrl**]+[**'**])와 [View(보기)]-[Rulers(눈금자)] ([**Ctrl**]+[**R**])를 선택하여 격자와 눈금자를 표시합니다.

04 작업 도큐먼트를 저장하기 위해 [File(파일)]-[Save As(다른 이름으로 저장)]([**Shift**]+[**Ctrl**]+[**S**])를 선택하고 임의 경로에 '파일 이름 : 수험번호-성명-문제번호, 파일 형식 : Photoshop (*.PSD, *.PDD, *.PSDT)'으로 파일을 저장합니다.

② 필터 적용하기

01 [File(파일)]-[Open(열기)]을 선택하여 2급-9.jpg를 불러옵니다. Ctrl+A를 눌러 전체를 선택한 후 Ctrl+C를 눌러 복사하고 작업 이미지를 선택하여 Ctrl+V로 붙여넣기를 하고 격자를 참고하여 배치합니다.

02 [Filter(필터)]-[Filter Gallery(필터 갤러리)]-[Brush Strokes(브러시 선)]-[Accented Edges(강조된 가장자리)]를 선택합니다.

③ 이미지 선택 및 레이어 스타일 적용

01 [File(파일)]-[Open(열기)]을 선택하여 2급-10.jpg를 불러옵니다. Quick Selection Tool(빠른 선택 도구,)을 클릭하고 Options Bar(옵션 바)에서 Add to selection(선택 영역에 추가, ✓)을 설정한 후 브러시의 크기를 조절하며 드래그하여 선택하고 Ctrl+C로 복사합니다.

> **합격생의 비법**
>
> 선택 작업 중 선택 영역에서 제외할 부분은 Alt 를 누른 채 드래그나 클릭하면 'Subtract from selection(선택 영역에서 빼기, ✓)'으로 빠르게 전환이 가능합니다.

02 작업 이미지를 선택하여 Ctrl+V로 붙여넣기를 하고 Ctrl+T를 누르고 Shift를 누른 채 조절점을 드래그하여 크기를 조절합니다. 계속해서 마우스 오른쪽 버튼을 클릭하여 [Flip Horizontal(가로로 뒤집기)]로 뒤집고 조절점 밖을 드래그하여 회전한 후 배치합니다.

03 Layers(레이어) 패널 하단의 'Add a layer style(레이어 스타일 추가, fx.)'을 클릭하여 [Drop Shadow(그림자)]를 선택하고 'Opacity(불투명도) : 75%, Angle(각도) : 90°, Distance(거리) : 5px, Size(크기) : 5px'로 설정한 후 [OK(확인)]를 클릭합니다.

04 [File(파일)]-[Open(열기)]을 선택하여 2급-11.jpg를 불러옵니다. Magic Wand Tool(자동
선택 도구,)을 선택하고 Options Bar(옵션 바)에서 'Add to selection(선택 영역에 추가,
), Tolerance(허용치) : 60'을 설정한 후 배경 부분을 여러 번 클릭하여 선택합니다.

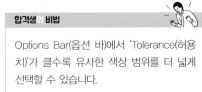

05 Shift + Ctrl + I 로 선택 영역을 반전하여 Ctrl + C 로 복사
합니다. 작업 이미지에 Ctrl + V 로 붙여넣고 Ctrl + T 를
누르고 Shift 를 누른 채 조절점을 드래그하여 크기를 조절
한 후 배치합니다.

06 Layers(레이어) 패널 하단의 'Add a layer style(레이어 스타일 추가,)'을 클릭하여
[Drop Shadow(그림자)]를 선택하고 'Opacity(불투명도) : 75%, Angle(각도) : 90°,
Distance(거리) : 5px, Size(크기) : 5px'로 설정한 후 [OK(확인)]를 클릭합니다.

04 모양 생성 및 필터와 클리핑 마스크 적용

01 Custom Shape Tool(사용자 정의 모양 도구,)을 클릭하고 Options Bar(옵션 바)에서
'Shape(모양), Fill(칠) : #000000, Stroke(획) : No Color(색상 없음), Shape(모양) :
Puzzle 4(퍼즐 4,)'를 설정한 후 Shift 를 누른 채 드래그하여 모양을 그립니다. Ctrl + T
로 회전하여 배치합니다.

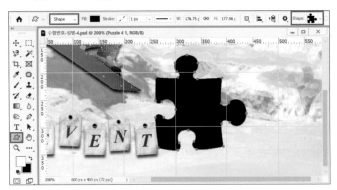

[Legacy Shapes and More(레거시 모양 및 기타)]-[All Legacy Default Shapes(모든 레거시 기본 모양)]-[Objects(물건)]

02 Layers(레이어) 패널 하단의 'Add a layer style(레이어 스타일 추가, _fx._)'을 클릭하여 [Stroke(획)]를 선택하고 'Size(크기) : 2px, Color(색상) : #ffffff'로 설정합니다. 계속해서 [Inner Shadow(내부 그림자)]를 선택하고 'Opacity(불투명도) : 75%, Angle(각도) : 90°, Distance(거리) : 5px, Size(크기) : 5px'로 설정하고 [OK(확인)]를 클릭합니다.

03 [File(파일)]-[Open(열기)]을 선택하여 2급-12.jpg를 불러온 후 Ctrl+A를 눌러 전체를 선택하고 Ctrl+C를 눌러 복사합니다. 작업 이미지에 Ctrl+V로 붙여넣고 Ctrl+T를 누르고 Shift를 누른 채 조절점을 드래그하여 크기를 조절한 후 마우스 오른쪽 버튼을 클릭하여 [Flip Horizontal(가로로 뒤집기)]로 뒤집고 퍼즐 모양과 겹치도록 배치합니다.

04 [Filter(필터)]-[Filter Gallery(필터 갤러리)]-[Texture(텍스처)]-[Texturizer(텍스처화)]를 선택합니다.

05 Layers(레이어) 패널에서 'Layer 4' 레이어와 'Puzzle 4 1' 레이어 사이에 마우스 커서를 놓고 Alt를 누르고 클릭하여 Clipping Mask(클리핑 마스크)를 적용합니다.

합격생의 비법

Clipping Mask(클리핑 마스크)를 적용할 때는 반드시 'Puzzle 4 1' 레이어 바로 위에 이미지 레이어를 서로 겹치도록 배치해야 합니다.

06 Layers(레이어) 패널 상단의 'Opacity(불투명도) : 80%'를 설정하고 불투명도를 적용하여 합성합니다.

05 불투명도 조절하여 합성

01 [File(파일)]−[Open(열기)]을 선택하여 2급−13.jpg를 불러옵니다. Magic Wand Tool(자동 선택 도구, 🪄)을 선택하고 Options Bar(옵션 바)에서 'Add to selection(선택 영역에 추가, ▣), Tolerance(허용치) : 40'을 설정한 후 배경 부분을 여러 번 클릭하여 선택합니다. [Shift] +[Ctrl]+[I]로 선택 영역을 반전하여 [Ctrl]+[C]로 복사합니다.

02 작업 이미지를 선택하고 [Ctrl]+[V]로 붙여넣기를 합니다. [Ctrl]+[T]를 누르고 [Shift]를 누른 채 조절점을 드래그하여 크기를 조절한 후 배치합니다.

03 Layers(레이어) 패널 하단의 'Add a layer style(레이어 스타일 추가, fx,)'을 클릭하여 [Bevel & Emboss(경사와 엠보스)]를 선택하고 'Style(스타일) : Inner Bevel(내부 경사), Direction(방향) : Up(위로), Size(크기) : 5px'로 설정하고 [OK(확인)]를 클릭합니다.

04 Layers(레이어) 패널 상단의 'Opacity(불투명도) : 70%'를 설정하고 불투명도를 적용하여 합성합니다.

06 모양 생성 및 레이어 스타일 적용

01 Custom Shape Tool(사용자 정의 모양 도구, ⬚)을 클릭하고 Options Bar(옵션 바)에서 'Shape(모양), Fill(칠) : #99cccc, Stroke(획) : No Color(색상 없음), Shape(모양) : Puzzle 3(퍼즐 3, ✦)'을 설정한 후 Shift 를 누른 채 드래그하여 모양을 그립니다. Ctrl + T 를 눌러 조절점 밖을 드래그하여 회전한 후 배치합니다.

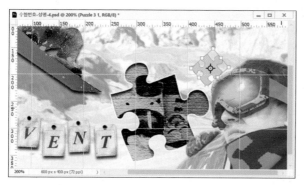

Shape 경로

[Legacy Shapes and More(레거시 모양 및 기타)]─[All Legacy Default Shapes(모든 레거시 기본 모양)]─[Objects (물건)]

02 Layers(레이어) 패널 하단의 'Add a layer style(레이어 스타일 추가, *fx.*)'을 클릭하여 [Inner Shadow(내부 그림자)]를 선택하고 'Opacity(불투명도) : 75%, Angle(각도) : 90°, Distance(거리) : 5px, Size(크기) : 5px'로 설정한 후 [OK(확인)]를 클릭합니다.

03 Ctrl + J 를 눌러 복사한 레이어를 만들고 Layers(레이어) 패널에서 'Puzzle 3 1 copy' 레이어의 Layer thumbnail(레이어 축소판)을 더블 클릭하여 Color Picker(색상 픽커)에서 '색상 : #ccccff'를 설정합니다.

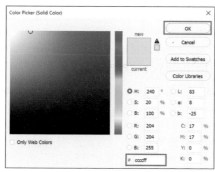

04 [Ctrl]+[T]를 누른 후 드래그하여 회전하여 배치합니다.

05 Custom Shape Tool(사용자 정의 모양 도구, [⚙️])을 클릭하고 Options Bar(옵션 바)에서 'Shape(모양), Fill(칠) : #ffffff, Stroke(획) : No Color(색상 없음), Shape(모양) : Snow-flake 1(눈송이 1, [❄️])'을 설정한 후 [Shift]를 누르고 모양을 그립니다. [Ctrl]+[T]를 누르고 조절점 밖을 드래그하여 회전한 후 배치합니다.

Shape 경로

[Legacy Shapes and More(레거시 모양 및 기타)]- [All Legacy Default Shapes(모든 레거시 기본 모양)]-[Nature (자연)]

06 Layers(레이어) 패널 하단의 'Add a layer style(레이어 스타일 추가, [fx.])'을 클릭하여 [Outer Glow(외부 광선)]를 선택하고 'Opacity(불투명도) : 75%, Size(크기) : 5px'로 설정한 후 [OK(확인)]를 클릭합니다.

07 Layers(레이어) 패널 상단의 'Opacity(불투명도) : 80%'를 설정합니다.

⑦ 문자 입력 및 왜곡, 레이어 스타일 적용

01 Horizontal Type Tool(수평 문자 도구, [T])로 작업 이미지를 클릭하고 Options Bar(옵션 바)에서 'Font(글꼴) : Arial, Set font style(글꼴 스타일 설정) : Bold, Set font size(글꼴 크기) : 55pt, Set anti-aliasing method(앤티 앨리어싱 방법 설정) : Strong(강하게), Color(색상) : 임의 색상'으로 설정한 후 WINTER SALE을 입력합니다.

02 Layers(레이어) 패널 하단의 'Add a layer style(레이어 스타일 추가, *fx.*)'을 클릭하여 [Stroke(획)]를 선택하고 'Size(크기) : 2px, Color(색상) : #ffffff'로 설정합니다. 계속해서 [Gradient Overlay(그레이디언트 오버레이)]를 선택하고 'Click to edit the gradient(클릭하여 그레이디언트 편집)'를 클릭합니다. 그레이디언트 슬라이더 왼쪽 하단의 'Color Stop(색상 정지점)'을 더블 클릭하여 #00ff99를, 가운데 빈 곳을 클릭하여 'Color Stop(색상 정지점)'을 추가하고 더블 클릭하여 #003399로 설정합니다. 오른쪽 'Color Stop(색상 정지점)'을 더블 클릭하여 #ff9900으로 설정한 후 'Style(스타일) : Linear(선형), Angle(각도) : 0°'로 설정합니다.

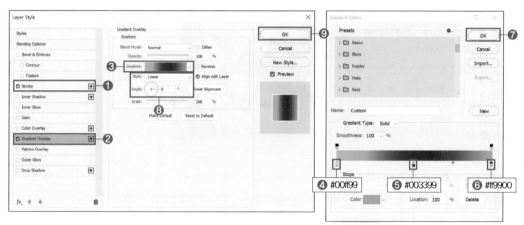

03 Horizontal Type Tool(수평 문자 도구, *T*)로 작업 이미지를 클릭하고 Options Bar(옵션 바)에서 'Font(글꼴) : Times New Roman, Set font style(글꼴 스타일 설정) : Regular, Set font size(글꼴 크기) : 25pt, Set anti-aliasing method(앤티 앨리어싱 방법 설정) : Strong(강하게), Color(색상) : #cc0000'으로 설정한 후 UP TO 50% OFF를 입력합니다.

04 Options Bar(옵션 바)에서 Create warped text(뒤틀어진 텍스트 만들기, [🅣])를 클릭하고 [Warp Text(텍스트 뒤틀기)] 대화상자에서 'Style(스타일) : Rise(상승), Horizontal(가로) : 체크, Bend (구부리기) : 40%'를 설정하여 문자의 모양을 왜곡합니다.

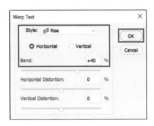

05 Layers(레이어) 패널 하단의 'Add a layer style(레이어 스타일 추가, [fx.])'을 클릭하여 [Stroke(획)]를 선택하고 'Size(크기) : 2px, Color(색상) : #cccccc'로 설정합니다.

06 Horizontal Type Tool(수평 문자 도구, [🅣])로 작업 이미지를 클릭하고 Options Bar(옵션 바)에서 'Font(글꼴) : 돋움, Set font size(글꼴 크기) : 15pt, Set anti-aliasing method (앤티 앨리어싱 방법 설정) : Strong(강하게), Color(색상) : 임의 색상'으로 설정한 후 보드 고글 / 장갑 / 부츠 / 보드복 / 보드세트 등을 입력합니다.

07 Options Bar(옵션 바)에서 Create warped text(뒤틀어진 텍스트 만들기, [🅣])를 클릭하여 [Warp Text(텍스트 뒤틀기)] 대화상자에서 'Style(스타일) : Flag(깃발), Horizontal(가로) : 체크, Bend(구부리기) : 50%'를 설정하여 문자의 모양을 왜곡합니다.

08 Layers(레이어) 패널 하단의 'Add a layer style(레이어 스타일 추가, [fx.])'을 클릭하여 [Stroke(획)]를 선택하고 'Size(크기) : 2px, Color(색상) : #000066'으로 설정합니다. 계속해서 [Gradient Overlay(그레이디언트 오버레이)]를 선택하고 'Click to edit the gradient (클릭하여 그레이디언트 편집)'를 클릭합니다.

09 그레이디언트 슬라이더 왼쪽 하단의 'Color Stop(색상 정지점)'을 더블 클릭하여 #ffff00을, 오른쪽 'Color Stop(색상 정지점)'을 더블 클릭하여 #00ffff로 설정한 후 'Style(스타일) : Linear(선형), Angle(각도) : 0°'로 설정합니다. [Ctrl]+[S]를 눌러 파일을 저장합니다.

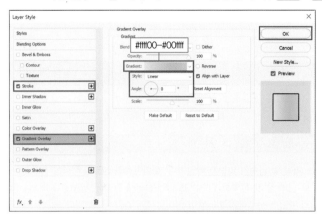

🄇 정답 파일 저장

01 [View(보기)]-[Show(표시)]-[Grid(격자)]([Ctrl]+[']])를 선택하여 격자를 가립니다.

02 [File(파일)]-[Save As(다른 이름으로 저장)]([Shift]+[Ctrl]+[S])를 선택하고 '저장 위치 : 내 PCW문서 WGTQ, 파일 이름 : 수험번호−성명−문제번호, 파일 형식 : JPEG(＊.JPG, ＊. JPEG, ＊.JPE)'를 선택하고 [저장]을 클릭한 후 [JPEG Options(JPEG 옵션)] 대화상자에서 'Quality(품질) : 8'로 설정하고 [OK(확인)]를 클릭합니다.

03 [Image(이미지)]-[Image Size(이미지 크기)]([Alt]+[Ctrl]+[I])를 선택하고 'Constrain aspect ratio(종횡비 제한) : 클릭, Width(폭) : 60Pixels(픽셀), Height(높이) : 40Pixels(픽셀)'로 입력하여 이미지 크기를 1/10로 축소한 후 [OK(확인)]를 클릭합니다.

04 [File(파일)]-[Save As(다른 이름으로 저장)]([Shift]+[Ctrl]+[S])를 선택하고 '저장 위치 : 내 PCW문서WGTQ, 파일 이름 : 수험번호−성명−문제번호, 파일 형식 : Photoshop(＊.PSD, ＊.PDD, ＊.PSDT)'을 선택하고 [저장]을 클릭합니다.

05 답안 저장이 완료가 되면 [File(파일)]-[Exit(종료)]([Ctrl]+[Q])를 선택하여 프로그램을 종료하고 수험 프로그램에서 [답안 전송]을 클릭하여 psd와 jpg 파일을 감독관 컴퓨터로 전송합니다.

동영상 무료

급수	문제유형	시험시간	수험번호	성명
2급	A	90분	G220240004	

수 험 자 유 의 사 항

• 수험자는 문제지를 받는 즉시 응시하고자 하는 <u>과목 및 급수가 맞는지 확인</u>한 후 수험번호와 성명을 작성합니다.
• 파일명은 본인의 "수험번호—성명—문제번호"로 공백 없이 정확히 입력하고 답안폴더(내 PC₩문서₩GTQ)에 jpg 파일과 psd 파일의 2가지 포맷으로 저장해야 하며, jpg 파일과 psd 파일의 내용이 상이할 경우 0점 처리됩니다. 답안문서 파일명이 "수험번호—성명—문제번호"와 일치하지 않거나, 답안 파일을 전송하지 않아 미제출로 처리될 경우 불합격 처리됩니다.
• 문제의 세부조건은 '영문(한글)' 형식으로 표기되어 있으니 유의하시기 바랍니다.
• 수험자 정보와 저장한 파일명, 저장 위치가 다를 경우 전송이 되지 않으므로, 주의하시기 바랍니다.
• 답안 작성 중에도 <u>주기적으로 '저장'과 '답안 전송'</u>을 이용하여 감독위원 PC로 답안을 전송하셔야 합니다.(※ 작업한 내용을 <u>저장하지 않고 전송할 경우</u> 이전의 저장내용이 전송되오니 이점 반드시 유념하시기 바랍니다.)
• 답안문서는 지정된 경로 외의 다른 보조기억장치에 저장하는 행위, 지정된 시험 시간 외에 작성된 파일을 활용한 행위, 기타 통신수단(이메일, 메신저, 네트워크 등)을 이용하여 타인에게 전달 또는 외부 반출하는 행위는 부정으로 간주되어 자격 기본법 제32조에 의거 본 시험 및 국가공인 자격시험을 2년간 응시할 수 없습니다.
• 시험 중 부주의 또는 고의로 시스템을 파손한 경우와 〈수험자 유의사항〉에 기재된 방법대로 이행하지 않아 생기는 불이익은 수험자의 책임임을 알려 드립니다.
• 시험을 완료한 수험자는 최종적으로 저장한 답안파일이 전송되었는지 확인한 후 감독위원의 지시에 따라 문제지를 제출하고 퇴실합니다.

답 안 작 성 요 령

• **온라인 답안 작성 절차**
  수험자 등록 ⇒ 시험 시작 ⇒ 답안파일 저장 ⇒ 답안 전송 ⇒ 시험 종료
• 내 PC₩문서₩GTQ₩Image폴더에 있는 그림 원본파일을 사용하여 답안을 작성하시고 최종답안을 답안폴더(내 PC₩문서₩GTQ)에 저장하여 답안을 전송하시고, 이미지의 크기가 다른 경우 감점 처리됩니다.
• 배점은 총 100점으로 이루어지며, 점수는 각 문제별로 차등 배분됩니다.
• 각 문제는 주어진 〈조건〉에 따라 작성하고, 언급하지 않은 조건은 《출력형태》와 같이 작성합니다.
• 배치 등의 편의를 위해 주어진 눈금자의 단위는 '픽셀'입니다.
  그 외는 출력형태(효과, 이미지, 문자, 색상, 레이아웃, 규격 등)와 같게 작업하십시오.
• 문제 조건에 서체의 지정이 없을 경우 한글은 굴림이나 돋움, 영문은 Arial로 작업하십시오.
  (단, 그 외에 제시되지 않은 문자 속성을 기본값으로 작성하지 않은 경우는 감점 처리됩니다.)
• Image Mode(이미지 모드)는 별도의 처리조건이 없을 경우에는 RGB(8비트)로 작업하십시오.
• 모든 답안 파일은 해상도 72Pixels/Inch로 작업하십시오.
• Layer(레이어)는 각 기능별로 분할해야 하며, 임의로 합칠 경우나 각 기능에 대한 속성을 해지할 경우 해당 요소는 0점 처리됩니다.

한 국 생 산 성 본 부

문제 1 : Tool(도구) 활용   20점

다음의 《조건》에 따라 아래의 《출력형태》와 같이 작업하시오.

출력형태

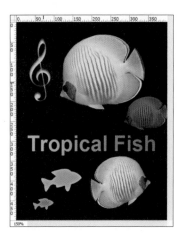

조건

원본 이미지		Part05₩기출유형문제04회₩2급-1.jpg	
파일저장규칙	JPG	파일명	문서₩GTQ₩수험번호-성명-1.jpg
		크기	400×500 pixels
	PSD	파일명	문서₩GTQ₩수험번호-성명-1.psd
		크기	40×50 pixels

1. 그림 효과

① 복제 및 변형 : 물고기
② Shape Tool(모양 도구) 사용 :
 – 높은음자리표 모양(#ccccff, 레이어 스타일 – Inner Shadow(내부 그림자))
 – 물고기 모양(#ff9933, #ff6600, 레이어 스타일 – Inner Glow(내부 광선))

2. 문자 효과

① Tropical Fish(Arial, Bold, 55pt, 레이어 스타일 – 그레이디언트 오버레이(#33cccc, #ff6600))

문제 2 : 사진편집 기초   20점

다음의 《조건》에 따라 아래의 《출력형태》와 같이 작업하시오.

출력형태

조건

원본 이미지		Part05₩기출유형문제04회₩2급-2.jpg, 2급-3.jpg, 2급-4.jpg	
파일저장규칙	JPG	파일명	문서₩GTQ₩수험번호-성명-2.jpg
		크기	400×500 pixels
	PSD	파일명	문서₩GTQ₩수험번호-성명-2.psd
		크기	40×50 pixels

1. 그림 효과

① 색상 보정 : 2급-3.jpg – 녹색 계열로 보정, 레이어 스타일 – Inner Shadow(내부 그림자)
② 액자 제작 :
 필터 – Stained Glass(스테인드 글라스/채색 유리), 안쪽 테두리(5px, #999999), 레이어 스타일 – Drop Shadow(그림자 효과)
③ 2급-4.jpg : 레이어 스타일 – Drop Shadow(그림자 효과)

2. 문자 효과

① 신비한 바다의 이야기(바탕, 30pt, #cc0000, 레이어 스타일 – Stroke(선/획)(3px, #ffffff))

다음의 《조건》에 따라 아래의 《출력형태》와 같이 작업하시오.

조건

원본 이미지	Part05₩기출유형문제04회₩2급-5.jpg, 2급-6.jpg, 2급-7.jpg, 2급-8.jpg	
파일저장규칙	JPG	파일명	문서₩GTQ₩수험번호-성명-3.jpg
		크기	600×400 pixels
	PSD	파일명	문서₩GTQ₩수험번호-성명-3.psd
		크기	60×40 pixels

1. 그림 효과

① 배경 : #99ff99

② 2급-5.jpg : 필터 – Texturizer(텍스처화), 레이어 마스크 – 가로 방향으로 흐릿하게

③ 2급-6.jpg : 레이어 스타일 – Drop Shadow(그림자 효과)

④ 2급-7.jpg : 레이어 스타일 – Drop Shadow(그림자 효과)

⑤ 2급-8.jpg : 레이어 스타일 – Bevel and Emboss(경사와 엠보스)

⑥ 그 외 《출력형태》 참조

2. 문자 효과

① 바다 속 생물 그리기 대회(바탕, 27pt, #ffffff, 레이어 스타일 – Drop Shadow(그림자 효과), Stroke(선/획)(2px, #666633))

② DRAWING CONTEST(Arial, Narrow, 37pt, 레이어 스타일 – 그레이디언트 오버레이(#ffff00, #00cc99), Stroke(선/획)(3px, #003333))

출력형태

Shape Tool(모양 도구) 사용
레이어 스타일 –
그레이디언트 오버레이
(#339999, #ff6666),
Inner Shadow(내부 그림자)

Shape Tool(모양 도구) 사용
#ffffff, 레이어 스타일 –
Drop Shadow(그림자 효과),
Opacity(불투명도)(50%)

다음의 《조건》에 따라 아래의 《출력형태》와 같이 작업하시오.

조건

원본 이미지	Part05₩기출유형문제04회₩2급-9.jpg, 2급-10.jpg, 2급-11.jpg, 2급-12.jpg, 2급-13.jpg		
파일저장규칙	JPG	파일명	문서₩GTQ₩수험번호-성명-4.jpg
		크기	600×400 pixels
	PSD	파일명	문서₩GTQ₩수험번호-성명-4.psd
		크기	60×40 pixels

1. 그림 효과

① 2급-9.jpg : 필터 – Crosshatch(그물 눈)
② 2급-10.jpg : 레이어 스타일 – Drop Shadow(그림자 효과)
③ 2급-11.jpg : 레이어 스타일 – Drop Shadow(그림자 효과)
④ 2급-12.jpg : 필터 – Texturizer(텍스처화)
⑤ 2급-13.jpg : 레이어 스타일 – Drop Shadow(그림자 효과), Opacity(불투명도)(70%)
⑥ 그 외 《출력형태》 참조

2. 문자 효과

① FISH WORLD(Arial, Bold, 48pt, #ffffff, 레이어 스타일 – Drop Shadow(그림자 효과), Stroke(선/획)(3px, #ff3300))
② 해양생물과 함께 하는 힐링 체험!(돋움, 25pt, 레이어 스타일 – 그레이디언트 오버레이(#cc0000, #006633), Stroke(선/획)(2px, #ffffff))
③ 바다 생물이 가득한 곳으로 놀러 오세요.(궁서, 17pt, #ffff66, 레이어 스타일 – Drop Shadow(그림자 효과))

출력형태

Shape Tool(모양 도구) 사용
레이어 스타일 – Bevel and Emboss(경사와 엠보스),
그레이디언트 오버레이(#669933, #ffff00),
Drop Shadow(그림자 효과)

Shape Tool(모양 도구) 사용
레이어 스타일 –
Stroke(선/획)(5px, #ffffff),
Inner Shadow(내부 그림자)

Shape Tool(모양 도구) 사용
#ffffff, #ccffff,
레이어 스타일 –
Drop Shadow(그림자 효과)

문제 **01** CHAPTER 04
[기능평가] Tool(도구) 활용

작업과정	새 작업 이미지 만들고 파일 저장하기 ▶ 선택 영역 만들고 복제 및 변형하기 ▶ 모양 생성 및 레이어 스타일 적용 ▶ 문자 입력 및 레이어 스타일 적용 ▶ 정답 파일 저장
완성이미지	Part05₩기출유형문제04회₩정답파일₩수험번호-성명-1.jpg, 수험번호-성명-1.psd

01 새 작업 이미지 만들고 파일 저장하기

01 [File(파일)]-[New(새로 만들기)]([Ctrl]+[N])를 선택하고 'Width(폭) : 400Pixels(픽셀), Height(높이) : 500Pixels(픽셀), Resolution(해상도) : 72Pixels/Inch(픽셀/인치), Color Mode(색상 모드) : RGB Color(RGB 색상), 8bit(비트), Background Contents(배경 내용) : White(흰색)'를 설정하여 새 작업 이미지를 만듭니다.

02 [Edit(편집)]-[Preference(환경설정)]([Ctrl]+[K])-[Guides, Grid & Slices(안내선, 격자 및 분할 영역)]를 선택하고 Grid(격자)의 'Color(색상)'를 클릭하여 밝은 색상으로 변경한 후 'Gridline Every(격자 간격) : 100Pixels(픽셀), Subdivisions(세분) : 1'로 설정합니다.

03 [View(보기)]-[Show(표시)]-[Grid(격자)]([Ctrl]+['])와 [View(보기)]-[Rulers(눈금자)] ([Ctrl]+[R])를 선택하여 격자와 눈금자를 표시합니다.

04 작업 도큐먼트를 저장하기 위해 [File(파일)]-[Save As(다른 이름으로 저장)]([Shift]+[Ctrl]+[S])를 선택하고 임의 경로에 '파일 이름 : 수험번호-성명-문제번호, 파일 형식 : Photoshop (*.PSD, *.PDD, *.PSDT)'으로 파일을 저장합니다.

02 선택 영역 만들고 복제 및 변형하기

01 [File(파일)]-[Open(열기)]을 선택하여 2급-1.jpg를 불러옵니다. [Ctrl]+[A]를 눌러 전체를 선택한 후 [Ctrl]+[C]를 눌러 복사합니다. 작업 이미지를 선택하여 [Ctrl]+[V]로 붙여넣고 [Ctrl]+[T]를 누르고 [Shift]를 누른 채 조절점을 드래그하여 크기를 조절하여 배치합니다.

02 Quick Selection Tool(빠른 선택 도구,) 을 클릭하고 Options Bar(옵션 바)에서 Add to selection(선택 영역에 추가,)을 설정한 후 브러시의 크기를 조절하며 드래그하여 선택합니다.

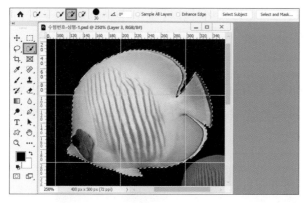

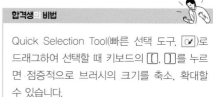

03 [Layer(레이어)]-[New(새로 만들기)]-[Layer Via Copy(복사한 레이어)]([Ctrl]+[J])를 클릭하고 레이어를 복사합니다. [Edit(편집)]-[Free Transform(자유 변형)]([Ctrl]+[T])을 클릭하고 [Shift]를 누른 채 조절점을 드래그하여 크기를 조절하고 마우스 오른쪽 버튼을 클릭하여 [Flip Horizontal(가로로 뒤집기)]로 뒤집은 후 조절점 밖을 드래그하여 회전한 후 배치합니다.

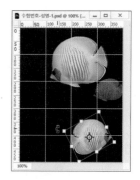

⑬ 모양 생성 및 레이어 스타일 적용

01 Custom Shape Tool(사용자 정의 모양 도구, ☒)을 클릭하고 Options Bar(옵션 바)에서 'Shape(모양), Fill(칠) : #ff9933, Stroke(획) : No Color(색상 없음), Shape(모양) : Fish(물고기, ▶)'를 설정한 후 [Shift]를 누른 채 드래그하여 모양을 그리고 [Ctrl]+[T]를 누르고 조절점 밖을 드래그하여 회전한 후 배치합니다.

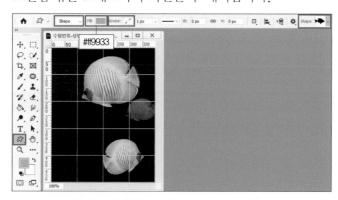

Shape 경로

[Legacy Shapes and More(레거시 모양 및 기타)]-[All Legacy Default Shapes(모든 레거시 기본 모양)]-[Animals (동물)]

02 Layers(레이어) 패널 하단의 'Add a layer style(레이어 스타일 추가, fx)'을 클릭하여 [Inner Glow(내부 광선)]를 선택하고 'Opacity(불투명도) : 35%, Choke(경계 감소) : 8%, Size(크기) : 13px'로 설정합니다.

03 Ctrl + J를 눌러 'Fish 1' 레이어를 복사한 후 Ctrl + T를 누르고 드래그하여 크기 및 회전한 후 배치합니다. 'Fish 1 copy' 레이어의 'Layer thumbnail(레이어 축소판)'을 더블 클릭하여 'Color(색상) : #ff6600'으로 변경합니다.

 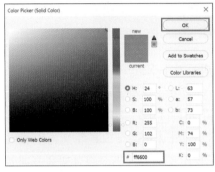 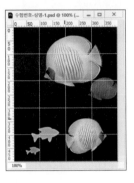

04 Custom Shape Tool(사용자 정의 모양 도구, $\diagup$)을 클릭하여 Options Bar(옵션 바)에서 'Shape(모양), Fill(칠) : #ccccff, Stroke(획) : No Color(색상 없음), Shape(모양) : Treble Clef(높은음자리표, $\clubsuit$)'를 설정한 후 Shift를 누르고 모양을 그리고 Ctrl + T를 누르고 조절점 밖을 드래그하여 회전한 후 배치합니다.

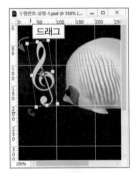

> **합격생의 비법**
>
> **연속해서 사용자 정의 모양 도구로 그릴 때 Fill(칠) 설정하기**
>
> Options Bar(옵션 바)에서 목록 단추를 눌러 제시된 Shape(모양)을 선택하여 그린 후에 'Layer thumbnail(레이어 축소판)'을 더블 클릭하여 Fill(칠)를 변경합니다.

Shape 경로

[Legacy Shapes and More(레거시 모양 및 기타)]-[All Legacy Default Shapes(모든 레거시 기본 모양)]-[Music(음악)]

05 Layers(레이어) 패널 하단의 'Add a layer style(레이어 스타일 추가, fx)'을 클릭하여 [Inner Shadow(내부 그림자)]를 선택하고 'Angle(각도) : 90°, Distance(거리) : 5px, Size(크기) : 5px'로 설정한 후 [OK(확인)]를 클릭합니다.

04 문자 입력 및 레이어 스타일 적용

01 Horizontal Type Tool(수평 문자 도구, T)로 작업 이미지를 클릭하고 Options Bar(옵션 바)에서 'Font(글꼴) : Arial, Set font style(글꼴 스타일 설정) : Bold, Set font size (글꼴 크기) : 55pt, Color(색상) : 임의 색상'으로 설정한 후 Tropical Fish를 입력합니다.

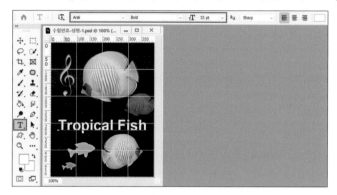

02 Layers(레이어) 패널 하단의 'Add a layer style(레이어 스타일 추가, fx.)'을 클릭하여 [Gradient Overlay(그레이디언트 오버레이)]를 선택하고 'Click to edit the gradient(클릭 하여 그레이디언트 편집)'를 클릭합니다. 그레이디언트 슬라이더 왼쪽 하단의 'Color Stop(색 상 정지점)'을 더블 클릭하여 #33cccc를, 오른쪽 'Color Stop(색상 정지점)'을 더블 클릭하여 #ff6600으로 설정한 후 'Style(스타일) : Linear(선형), Angle(각도) : 0˚'로 설정하고 [OK(확인)]를 클릭합니다. Ctrl+S를 눌러 파일을 저장합니다.

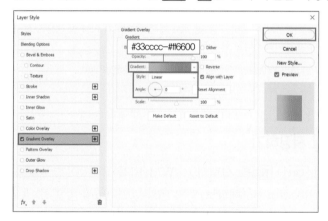

05 정답 파일 저장

01 [View(보기)]-[Show(표시)]-[Grid(격자)](Ctrl+')를 선택하여 격자를 가립니다.

02 [File(파일)]-[Save As(다른 이름으로 저장)](Shift+Ctrl+S)를 선택하고 '저장 위치 : 내 PC₩문서₩GTQ, 파일 이름 : 수험번호-성명-문제번호, 파일 형식 : JPEG(*.JPG, *. JPEG, *.JPE)'를 선택하고 [저장]을 클릭한 후 [JPEG Options(JPEG 옵션)] 대화상자에서 'Quality(품질) : 8'로 설정하고 [OK(확인)]를 클릭합니다.

03 [Image(이미지)]-[Image Size(이미지 크기)]((Alt)+(Ctrl)+(I))를 선택하고 'Constrain aspect ratio(종횡비 제한) : 클릭, Width(폭) : 40Pixels(픽셀), Height(높이) : 50Pixels(픽셀)'로 입력하여 이미지 크기를 1/10로 축소한 후 [OK(확인)]를 클릭합니다.

04 [File(파일)]-[Save As(다른 이름으로 저장)]((Shift)+(Ctrl)+(S))를 선택하고 '저장 위치 : 내 PCW문서WGTQ, 파일 이름 : 수험번호-성명-문제번호, 파일 형식 : Photoshop(*.PSD, *.PDD, *.PSDT)'을 선택하고 [저장]을 클릭합니다.

05 답안 저장이 완료가 되면 [File(파일)]-[Close(닫기)]((Ctrl)+(W))를 선택하여 파일을 닫고 수험 프로그램에서 [답안 전송]을 클릭하여 psd와 jpg 파일을 감독관 컴퓨터로 전송합니다.

문제 02	CHAPTER 04 [기능평가] 사진편집 기초
작업과정	새 작업 이미지 만들기 및 파일 저장하기 ▶ 필터 적용 및 액자 제작 ▶ 이미지 합성 및 색상 보정, 레이어 스타일 적용 ▶ 문자 입력 및 레이어 스타일 적용 ▶ 정답 파일 저장
완성이미지	Part05W기출유형문제04회W정답파일W수험번호-성명-2.jpg, 수험번호-성명-2.psd

🔘 새 작업 이미지 만들기 및 파일 저장하기

01 [File(파일)]-[New(새로 만들기)]((Ctrl)+(N))를 선택하고 'Width(폭) : 400Pixels(픽셀), Height(높이) : 500Pixels(픽셀), Resolution(해상도) : 72Pixels/Inch(픽셀/인치), Color Mode(색상 모드) : RGB Color(RGB 색상), 8bit(비트), Background Contents(배경 내용) : White(흰색)'로 설정하여 새 작업 이미지를 만듭니다.

02 [Edit(편집)]-[Preference(환경설정)]((Ctrl)+(K))-[Guides, Grid & Slices(안내선, 격자 및 분할 영역)]를 선택하고 Grid(격자)의 'Color(색상)'를 클릭하여 밝은 색상으로 변경한 후 'Gridline Every(격자 간격) : 100Pixels(픽셀), Subdivisions(세분) : 1'로 설정합니다.

03 [View(보기)]-[Show(표시)]-[Grid(격자)]((Ctrl)+(' '))와 [View(보기)]-[Rulers(눈금자)]((Ctrl)+(R))를 선택하여 격자와 눈금자를 표시합니다.

04 작업 도큐먼트를 저장하기 위해 [File(파일)]−[Save As(다른 이름으로 저장)](Shift+Ctrl+S)를 선택하고 임의 경로에 '파일 이름 : 수험번호−성명−문제번호, 파일 형식 : Photoshop (*.PSD, *.PDD, *.PSDT)'으로 파일을 저장합니다.

02 필터 적용 및 액자 제작

01 [File(파일)]−[Open(열기)]을 선택하여 2급-2.jpg를 불러옵니다. Ctrl+A를 눌러 전체를 선택한 후 Ctrl+C를 눌러 복사하고, 작업 이미지를 선택하여 Ctrl+V로 붙여넣기를 합니다. Ctrl+T를 누르고 Shift를 누른 채 조절점을 드래그하여 크기를 조절하고 배치합니다.

 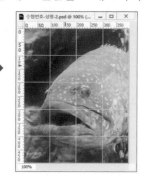

02 [Layer(레이어)]−[New(새로 만들기)]−[Layer Via Copy(복사한 레이어)](Ctrl+J)를 클릭하고 레이어를 복사합니다.

03 Tool Panel(도구 패널) 하단의 Set foreground color(전경색 설정)를 클릭하여 Color Picker(색상 픽커) 대화상자에서 'Color(색상) : #ffffff'를 설정합니다.

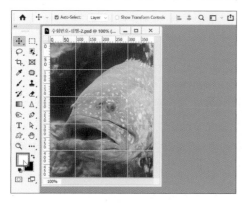 

합격생의 비법

'Stained Glass(스테인드 글라스/채색 유리)' 필터는 Foreground color(전경색)가 Border(테두리) 색상이므로 미리 설정합니다.

04 [Filter(필터)]−[Filter Gallery(필터 갤러리)]−[Texture(텍스처)]−[Stained Glass(스테인드 글라스/채색 유리)]를 선택합니다. 위쪽의 눈금자에서 아래로 드래그하여 작업 이미지의 세로 중앙인 250px의 위치에 안내선을 표시합니다.

05 Rectangular Marquee Tool(사각형 선택 윤곽 도구, ▢)을 클릭하고 Options Bar(옵션 바)에서 'New selection(새 선택 영역, ▣), Feather(페더) : 0px, Style(스타일) : Fixed Size (크기 고정), Width(폭) : 320px, Height(높이) : 420px'로 설정합니다. 제시된 액자의 프레임을 만들기 위해서 격자와 안내선을 참고하여 Alt 를 누르고 작업 이미지의 중앙에 클릭하여 직사각형 모양으로 선택합니다.

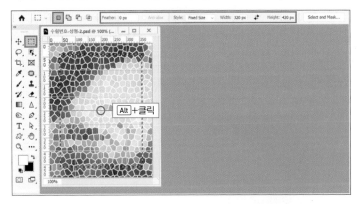

06 [Select(선택)]–[Modify(수정)]–[Smooth(매끄럽게)]를 클릭하여 'Sample Radius(샘플 반경) : 10pixels(픽셀)'을 설정하고 [OK(확인)]를 클릭하여 모서리를 둥글게 합니다. Delete 를 눌러 선택된 이미지를 삭제하고 프레임을 만듭니다.

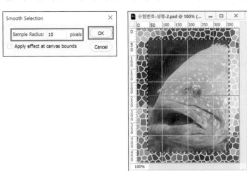

07 [Edit(편집)]–[Stroke(획)]를 클릭하여 'Width(폭) : 5px, Color(색상) : #999999, Location(위치) : Inside(안쪽), Mode(모드) : Normal(표준), Opacity(불투명도) : 100%, Preserve Transparency(투명도 유지) : 체크 해제'를 설정하고 [OK(확인)]를 클릭하여 안쪽 테두리를 적용한 후 Ctrl + D 를 눌러 선택을 해제합니다.

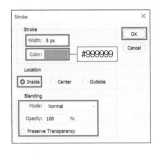

08 Layers(레이어) 패널 하단의 'Add a layer style(레이어 스타일 추가, $fx.$)'을 클릭하여 [Drop Shadow(그림자)]를 선택하고 'Opacity(불투명도) : 75%, Angle(각도) : 90˚, Distance(거리) : 5px, Size(크기) : 5px'로 설정하고 [OK(확인)]를 클릭합니다.

03 이미지 합성 및 색상 보정, 레이어 스타일 적용

01 [File(파일)]-[Open(열기)]을 선택하여 2급-3.jpg를 불러옵니다. Object Selection Tool (개체 선택 도구, $⬚$)을 클릭하고 Options Bar(옵션 바)에서 'New Selection(새 선택 영역, $▣$), Mode(모드) : Rectangle(사각형)'을 선택하고 이미지에 드래그하여 선택한 후 Ctrl + C 를 눌러 복사합니다.

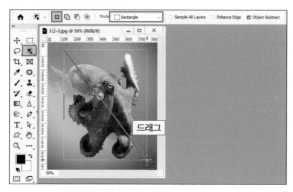

합격생 비법

Object Selection Tool(개체 선택 도구, $⬚$)로 드래그하여 복잡한 이미지의 선택 영역을 지정할 수 있습니다. 선택하려는 이미지 영역 이외의 불필요한 배경 또는 겹쳐져 있는 이미지를 선택 영역으로 지정하지 않습니다.

02 작업 이미지에 Ctrl + V 로 붙여넣은 후 Ctrl + T 를 누르고 드래그하여 크기를 조절하고 회전한 후 배치합니다.

03 Layers(레이어) 패널 하단의 'Add a layer style(레이어 스타일 추가, $fx.$)'을 클릭하여 [Inner Shadow(내부 그림자)]를 선택하고 'Opacity(불투명도) : 75%, Angle(각도) : 90˚, Distance (거리) : 7px, Size(크기) : 7px'로 설정하고 [OK(확인)]를 클릭합니다.

04 [Layer(레이어)]-[Arrang(정돈)]-[Send Backward(뒤로 보내기)](Ctrl + [ )를 클릭하여 액자 프레임 레이어의 아래쪽으로 배치합니다.

05 Layers(레이어) 패널에서 'Layer 2' 레이어의 'Layer thumbnail(레이어 축소판)'을 [Ctrl]을 누르고 클릭하여 문어 이미지를 빠르게 선택합니다.

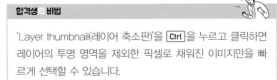

합격생의 비법

'Layer thumbnail(레이어 축소판)'을 [Ctrl]을 누르고 클릭하면 레이어의 투명 영역을 제외한 픽셀로 채워진 이미지만을 빠르게 선택할 수 있습니다.

06 Layers(레이어) 패널 하단의 'Create new fill or adjustment layer(새 칠 또는 조정 레이어 생성,)'를 클릭하고 [Hue/Saturation(색조/채도)]을 선택합니다. Properties(속성) 패널에서 'Colorize(색상화) : 체크, Hue(색조) : 170, Saturation(채도) : 80, Lightness(명도) : −30'으로 설정하여 녹색 계열로 색상을 보정합니다.

07 [File(파일)]−[Open(열기)]을 선택하여 2급−4.jpg를 불러온 후 Magic Wand Tool(자동 선택 도구,)를 클릭하고 Options Bar(옵션 바)에서 'New selection(새 선택 영역,), Tolerance(허용치) : 10'을 설정하고 흰 배경 부분을 클릭하여 선택합니다.

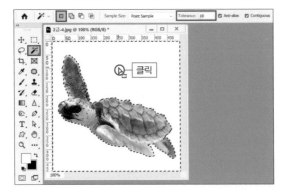

08 Shift + Ctrl + I 로 선택 영역을 반전하고 Ctrl + C 로 복사합니다. 작업 이미지에 Ctrl + V 로 붙여넣은 후, [Layer(레이어)]−[Arrang(정돈)]−[Bring Forward(앞으로 가져오기)](Ctrl +])를 클릭하여 액자 프레임 레이어의 위쪽으로 배치합니다. Ctrl + T 를 누르고 Shift 를 누른 채 조절점을 드래그하여 크기를 축소하고 마우스 오른쪽 버튼을 클릭하여 [Flip Horizontal (가로로 뒤집기)]로 뒤집고 조절점 밖을 드래그하여 회전한 후 배치합니다.

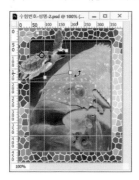

09 Layers(레이어) 패널 하단의 'Add a layer style(레이어 스타일 추가, *fx.*)'을 클릭하여 [Drop Shadow(그림자)]를 선택하고 'Opacity(불투명도) : 75%, Angle(각도) : 90°, Distance(거리) : 5px, Size(크기) : 5px'로 설정하고 [OK(확인)]를 클릭합니다.

04 문자 입력 및 레이어 스타일 적용

01 Horizontal Type Tool(수평 문자 도구, T)로 작업 이미지를 클릭하고 Options Bar(옵션 바)에서 'Font(글꼴) : 바탕, Set font size(글꼴 크기) : 30pt, Set anti−aliasing method (앤티 앨리어싱 방법 설정) : Strong(강하게), Center text(텍스트 중앙 정렬, ▤), Color(색 상) : #cc0000'으로 설정한 후 신비한 바다의 이야기!를 입력합니다.

02 Options Bar(옵션 바)에서 Create warped text(뒤틀어진 텍스트 만들기, ㊄)를 클릭하여 [Warp Text(텍스트 뒤틀기)] 대화상자에서 'Style(스타일) : Rise(상승), Horizontal(가로) : 체크, Bend(구부리기) : 45%'를 설정하여 문자의 모양을 왜곡합니다.

03 Layers(레이어) 패널 하단의 'Add a layer style(레이어 스타일 추가, [fx.])'을 클릭하여 [Stroke(획)]를 선택하고 'Size(크기) : 3px, Color(색상) : #ffffff'로 설정한 후 [OK(확인)]를 클릭합니다. [Ctrl]+[S]를 눌러 파일을 저장합니다.

05 정답 파일 저장

01 [View(보기)]-[Show(표시)]-[Grid(격자)]([Ctrl]+[']))와 [Guides(안내선)]([Ctrl]+[;])를 각각 선택하여 격자와 안내선을 가립니다.

02 [File(파일)]-[Save As(다른 이름으로 저장)]([Shift]+[Ctrl]+[S])를 선택하고 '저장 위치 : 내 PC₩문서₩GTQ, 파일 이름 : 수험번호-성명-문제번호, 파일 형식 : JPEG(*.JPG, *.JPEG, *.JPE)'를 선택하고 [저장]을 클릭한 후 [JPEG Options(JPEG 옵션)] 대화상자에서 'Quality(품질) : 8'로 설정하고 [OK(확인)]를 클릭합니다.

03 [Image(이미지)]-[Image Size(이미지 크기)]([Alt]+[Ctrl]+[I])를 선택하고 'Constrain aspect ratio(종횡비 제한) : 클릭, Width(폭) : 40Pixels(픽셀), Height(높이) : 50Pixels(픽셀)'로 입력하여 이미지 크기를 1/10로 축소한 후 [OK(확인)]를 클릭합니다.

04 [File(파일)]-[Save As(다른 이름으로 저장)]([Shift]+[Ctrl]+[S]))를 선택하고 '저장 위치 : 내 PC₩문서₩GTQ, 파일 이름 : 수험번호-성명-문제번호, 파일 형식 : Photoshop(*.PSD, *.PDD, *.PSDT)'을 선택하고 [저장]을 클릭합니다.

05 답안 저장이 완료가 되면 [File(파일)]-[Close(닫기)]([Ctrl]+[W])를 선택하여 파일을 닫고 수험 프로그램에서 [답안 전송]을 클릭하여 psd와 jpg 파일을 감독관 컴퓨터로 전송합니다.

문제 **03**	**CHAPTER 04** [기능평가] 사진편집
작업과정	새 작업 이미지 만들기 및 파일 저장하기 ▶ 배경색 적용 ▶ 필터 및 레이어 마스크 적용하여 합성하기 ▶ 이미지 선택 및 레이어 스타일 적용 ▶ 모양 생성 및 레이어 스타일 적용 ▶ 문자 입력 및 왜곡, 레이어 스타일 적용 ▶ 정답 파일 저장
완성이미지	Part05₩기출유형문제04회₩정답파일₩수험번호-성명-3.jpg, 수험번호-성명-3.psd

01 새 작업 이미지 만들기 및 파일 저장하기

01 [File(파일)]-[New(새로 만들기)]([Ctrl]+[N])를 선택하고 'Width(폭) : 600Pixels(픽셀), Height(높이) : 400Pixels(픽셀), Resolution(해상도) : 72Pixels/Inch(픽셀/인치), Color Mode(색상 모드) : RGB Color(RGB 색상), 8bit(비트), Background Contents(배경 내용) : White(흰색)'로 설정하여 새 작업 이미지를 만듭니다.

02 [Edit(편집)]-[Preference(환경설정)]([Ctrl]+[K])-[Guides, Grid & Slices(안내선, 격자 및 분할 영역)]를 선택하고 Grid(격자)의 'Color(색상)'를 클릭하여 밝은 색상으로 변경한 후 'Gridline Every(격자 간격) : 100Pixels(픽셀), Subdivisions(세분) : 1'로 설정합니다.

03 [View(보기)]-[Show(표시)]-[Grid(격자)]([Ctrl]+['])와 [View(보기)]-[Rulers(눈금자)] ([Ctrl]+[R])를 선택하여 격자와 눈금자를 표시합니다.

04 작업 도큐먼트를 저장하기 위해 [File(파일)]-[Save As(다른 이름으로 저장)]([Shift]+[Ctrl]+[S])를 선택하고 임의 경로에 '파일 이름 : 수험번호-성명-문제번호, 파일 형식 : Photoshop (*.PSD, *.PDD, *.PSDT)'으로 파일을 저장합니다.

② 배경색 적용

01 Tool Panel(도구 패널) 하단의 'Set foreground color(전경색 설정)'를 클릭하여 #99ff99로 설정하고 [Alt]+[Delete]를 눌러 이미지의 배경을 채웁니다.

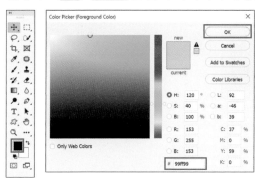 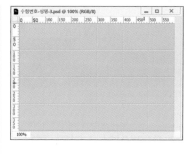

③ 필터 및 레이어 마스크 적용하여 합성하기

01 [File(파일)]-[Open(열기)]을 선택하여 2급-5.jpg를 불러옵니다. [Ctrl]+[A]를 눌러 전체를 선택한 후 [Ctrl]+[C]를 눌러 복사하고 작업 이미지에 [Ctrl]+[V]로 붙여넣습니다. 계속해서 [Ctrl]+[T]를 누르고 [Shift]를 누른 채 조절점을 드래그하여 크기를 조절하고 마우스 오른쪽 버튼을 클릭한 후 [Flip Horizontal(가로로 뒤집기)]로 뒤집어 격자를 참고하여 배치합니다.

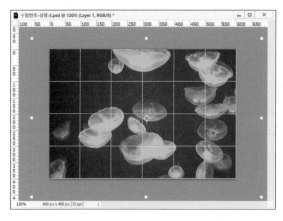

02 [Filter(필터)]–[Filter Gallery(필터 갤러리)]–[Texture(텍스처)]–[Texturizer(텍스처화)]를 선택합니다.

03 Layers(레이어) 패널 하단의 'Add layer mask(레이어 마스크 추가, 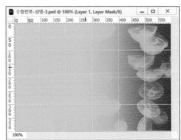)'를 클릭하여 레이어 마스크를 추가합니다.

04 Gradient Tool(그레이디언트 도구, ▦)을 클릭하고 Options Bar(옵션 바)에서 'Click to open Gradient picker(클릭하여 그레이디언트 픽커 열기)'를 클릭합니다. Basics(기본 사항)에서 Black, White(검정, 흰색)를 선택하고 'Type(유형) : Linear Gradient(선형 그레이디언트), Mode(모드) : Normal(표준), Opacity(불투명도) : 100%'로 설정한 후 Shift 를 누르고 왼쪽에서 오른쪽으로 드래그하여 배경과 합성합니다.

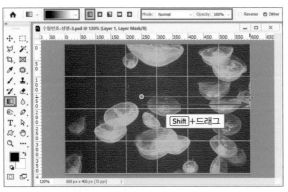

04 이미지 선택 및 레이어 스타일 적용

01 [File(파일)]–[Open(열기)]을 선택하여 2급-6.jpg를 불러옵니다. Quick Selection Tool(빠른 선택 도구, ▨)을 클릭하고 Options Bar(옵션 바)에서 Add to selection(선택 영역에 추가, ▨)을 설정한 후 브러시의 크기를 조절하며 드래그하고 Ctrl + C 로 복사합니다.

02 작업 이미지를 선택하여 Ctrl + V 로 붙여넣고 Ctrl + T 를 누르고 조절점을 드래그하여 크기를 조절하고 마우스 오른쪽 버튼을 클릭하여 [Flip Horizontal(가로로 뒤집기)]로 뒤집고 조절점 밖을 드래그하여 회전한 후 배치합니다.

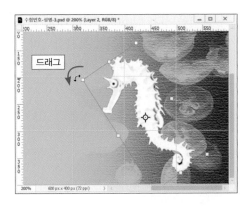

03 Layers(레이어) 패널 하단의 'Add a layer style(레이어 스타일 추가, _fx._)'을 클릭하여 [Drop Shadow(그림자)]를 선택하고 'Opacity(불투명도) : 75%, Angle(각도) : 90°, Distance(거리) : 5px, Size(크기) : 5px'로 설정한 후 [OK(확인)]를 클릭합니다.

04 [File(파일)]–[Open(열기)]을 선택하여 2급–7.jpg를 불러옵니다. Magic Wand Tool(자동 선택 도구, _✦_)을 클릭하고 Options Bar(옵션 바)에서 'Add to selection(선택 영역에 추가, _⬚_), Tolerance(허용치) : 40'을 설정한 후 배경 부분을 여러 번 클릭합니다. Shift + Ctrl + I 로 선택 영역을 반전하여 Ctrl + C 로 복사합니다.

05 작업 이미지를 선택하여 Ctrl + V 로 붙여넣고 Ctrl + T 로 크기 조절과 회전을 하여 배치합니다. Layers(레이어) 패널 하단의 'Add a layer style(레이어 스타일 추가, _fx._)'을 클릭하여 [Drop Shadow(그림자)]를 선택하고 [OK(확인)]를 클릭합니다.

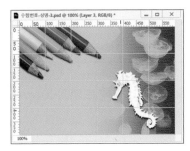

06 [File(파일)]−[Open(열기)]을 선택하여 2급−8.jpg를 불러옵니다. Quick Selection Tool(빠른 선택 도구, ■)을 클릭하고 이미지에 드래그하여 선택한 후 Ctrl + C 로 복사합니다. 작업 이미지에 Ctrl + V 로 붙여넣고 Ctrl + T 를 누르고 크기 조절 및 회전한 후 배치합니다.

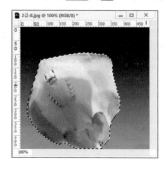 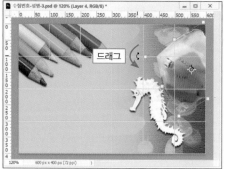

07 Layers(레이어) 패널 하단의 'Add a layer style(레이어 스타일 추가, *fx.*)'을 클릭하여 [Bevel & Emboss(경사와 엠보스)]를 선택하고 'Style(스타일) : Inner Bevel(내부 경사), Direction(방향) : Up(위로), Size(크기) : 5px'로 설정한 후 [OK(확인)]를 클릭합니다.

05 모양 생성 및 레이어 스타일 적용

01 Custom Shape Tool(사용자 정의 모양 도구, ■)을 클릭하고 Options Bar(옵션 바)에서 'Shape(모양), Fill(칠) : #ffffff, Stroke(획) : No Color(색상 없음), Shape(모양) : Frame 3(프레임 3, ■)'을 클릭한 후 드래그하여 모양을 그립니다.

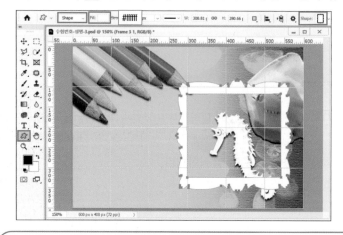

> **Shape 경로**
>
> [Legacy Shapes and More(레거시 모양 및 기타)]−[All Legacy Default Shapes(모든 레거시 기본 모양)]−[Frames(프레임)]

02 Layers(레이어) 패널 상단의 'Opacity(불투명도) : 50%'를 설정하여 불투명도를 적용한 후 Ctrl + T 를 누르고 드래그하여 회전하여 배치합니다.

 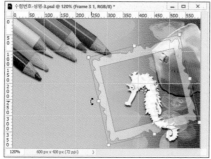

03 Layers(레이어) 패널 하단의 'Add a layer style(레이어 스타일 추가, fx.)'을 클릭하여 [Drop Shadow(그림자)]를 선택하고 [OK(확인)]를 클릭합니다.

04 Layers(레이어) 패널에서 'Layer 3' 레이어를 선택하고 'Frame 3 1' 레이어보다 위쪽으로 드래그하여 맨 앞으로 이동하여 배치합니다.

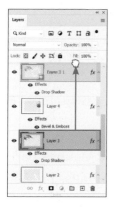 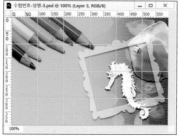

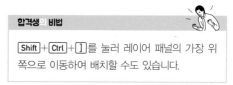

합격생의 비법

Shift + Ctrl +] 를 눌러 레이어 패널의 가장 위쪽으로 이동하여 배치할 수도 있습니다.

05 Custom Shape Tool(사용자 정의 모양 도구, ⬚)을 클릭하고 Options Bar(옵션 바)에서 'Shape(모양), Fill(칠) : 임의 색상, Stroke(획) : No Color(색상 없음), Shape(모양) : Ribbon 1(리본 1, 🎗)'을 클릭한 후 Shift 를 누른 채 드래그하여 모양을 그립니다.

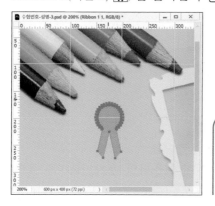

Shape 경로

[Legacy Shapes and More(레거시 모양 및 기타)]-[All Legacy Default Shapes(모든 레거시 기본 모양)]-[Banners and Awards (배너 및 상장)]

06 Layers(레이어) 패널 하단의 'Add a layer style(레이어 스타일 추가, $fx.$)'을 클릭하여 [Inner Shadow(내부 그림자)]를 선택하고 'Opacity(불투명도) : 75%, Angle(각도) : 90°, Distance(거리) : 5px, Size(크기) : 5px'로 설정합니다.

07 계속해서 [Gradient Overlay(그레이디언트 오버레이)]를 선택하고 'Click to edit the gradient(클릭하여 그레이디언트 편집)'를 클릭합니다. 그레이디언트 슬라이더 왼쪽 하단의 'Color Stop(색상 정지점)'을 더블 클릭하여 #339999를, 오른쪽 'Color Stop(색상 정지점)'을 더블 클릭하여 #ff6666으로 설정한 후 'Style(스타일) : Linear(선형), Angle(각도) : 90°로 설정합니다.

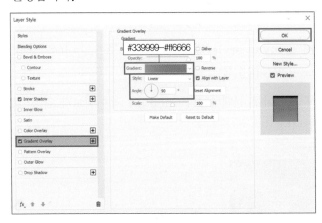

06 문자 입력 및 레이어 스타일 적용

01 Horizontal Type Tool(수평 문자 도구, T)로 작업 이미지를 클릭하고 Options Bar(옵션 바)에서 'Font(글꼴) : 바탕, Set font size(글꼴 크기) : 27pt, Set anti-aliasing method (앤티 앨리어싱 방법 설정) : Strong(강하게), Color(색상) : #ffffff'로 설정한 후 바다 속 생물 그리기 대회를 입력합니다.

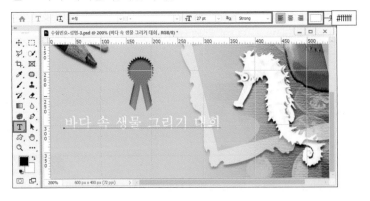

02 Layers(레이어) 패널 하단의 'Add a layer style(레이어 스타일 추가, $fx.$)'을 클릭하여 [Stroke(획)]를 선택하고 'Size(크기) : 2px, Color(색상) : #666633'으로 설정합니다. 계속 해서 [Drop Shadow(드롭 섀도)]를 선택한 후 'Opacity(불투명도) : 75%, Angle(각도) : 90°, Distance(거리) : 5px, Size(크기) : 5px'로 설정하고 [OK(확인)]를 클릭합니다.

03 Horizontal Type Tool(수평 문자 도구, T)로 작업 이미지를 클릭하고 Options Bar(옵션 바)에서 'Font(글꼴) : Arial, Set font style(글꼴 스타일 설정) : Narrow, Set font size(글꼴 크기) : 37pt, Color(색상) : 임의 색상'을 설정한 후 DRAWING CONTEST를 입력합니다.

04 Options Bar(옵션 바)에서 Create warped text(뒤틀어진 텍스트 만들기, 工)를 클릭하여 [Warp Text(텍스트 뒤틀기)] 대화상자에서 'Style(스타일) : Arc Lower(아래 부채꼴), Horizontal(가로) : 체크, Bend(구부리기) : 40%'를 설정하여 문자의 모양을 왜곡합니다.

05 Layers(레이어) 패널 하단의 'Add a layer style(레이어 스타일 추가, fx.)'을 클릭하여 [Stroke(획)]를 선택하고 'Size(크기) : 3px, Color(색상) : #003333'으로 설정합니다. 계속해서 [Gradient Overlay(그레이디언트 오버레이)]를 선택하고 'Click to edit the gradient(클릭하여 그레이디언트 편집)'를 클릭합니다.

06 그레이디언트 슬라이더 왼쪽 하단의 'Color Stop(색상 정지점)'을 더블 클릭하여 #ffff00을, 오른쪽 'Color Stop(색상 정지점)'을 더블 클릭하여 #00cc99로 설정한 후 'Style(스타일) : Linear(선형), Angle(각도) : 90°'로 설정합니다.

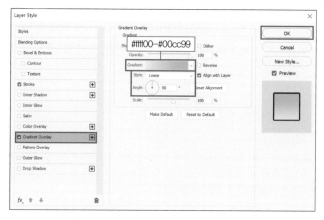

07 Layers(레이어) 패널에서 Shift를 누른 채 'Ribbon 1 1' 레이어를 클릭하여 3개의 레이어를 동시에 선택합니다. Move Tool(이동 도구, ⊕)을 클릭하고 Options Bar(옵션 바)에서 Align horizontal centers(가로 가운데 정렬, ▯)를 클릭하여 가로 가운데 정렬을 합니다. Ctrl+S를 눌러 파일을 저장합니다.

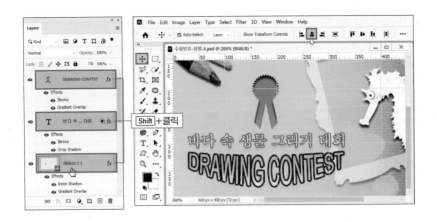

07 정답 파일 저장

01 [View(보기)]−[Show(표시)]−[Grid(격자)]([Ctrl]+[']))를 선택하여 격자를 가립니다

02 [File(파일)]−[Save As(다른 이름으로 저장)]([Shift]+[Ctrl]+[S]))를 선택하고 '저장 위치 : 내 PC₩문서₩GTQ, 파일 이름 : 수험번호−성명−문제번호, 파일 형식 : JPEG(*.JPG, *. JPEG, *.JPE)'를 선택하고 [저장]을 클릭한 후 [JPEG Options(JPEG 옵션)] 대화상자에서 'Quality(품질) : 8'로 설정하고 [OK(확인)]를 클릭합니다.

03 [Image(이미지)]−[Image Size(이미지 크기)]([Alt]+[Ctrl]+[I]))를 선택하고 'Constrain aspect ratio(종횡비 제한) : 클릭, Width(폭) : 60Pixels(픽셀), Height(높이) : 40Pixels(픽셀)'로 입력하여 이미지 크기를 1/10로 축소한 후 [OK(확인)]를 클릭합니다.

04 [File(파일)]−[Save As(다른 이름으로 저장)]([Shift]+[Ctrl]+[S]))를 선택하고 '저장 위치 : 내 PC₩문서₩GTQ, 파일 이름 : 수험번호−성명−문제번호, 파일 형식 : Photoshop(*.PSD, *.PDD, *.PSDT)'을 선택하고 [저장]을 클릭합니다.

05 답안 저장이 완료가 되면 [File(파일)]−[Close(닫기)]([Ctrl]+[W])를 선택하여 파일을 닫고 수험 프로그램에서 [답안 전송]을 클릭하여 psd와 jpg 파일을 감독관 컴퓨터로 전송합니다.

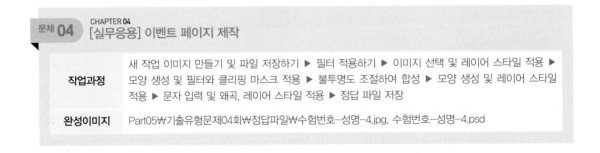

문제 04	CHAPTER 04 [실무응용] 이벤트 페이지 제작	
작업과정	새 작업 이미지 만들기 및 파일 저장하기 ▶ 필터 적용하기 ▶ 이미지 선택 및 레이어 스타일 적용 ▶ 모양 생성 및 필터와 클리핑 마스크 적용 ▶ 불투명도 조절하여 합성 ▶ 모양 생성 및 레이어 스타일 적용 ▶ 문자 입력 및 왜곡, 레이어 스타일 적용 ▶ 정답 파일 저장	
완성이미지	Part05₩기출유형문제04회₩정답파일₩수험번호−성명−4.jpg, 수험번호−성명−4.psd	

🔘 새 작업 이미지 만들기 및 파일 저장하기

01 [File(파일)]-[New(새로 만들기)]([Ctrl]+[N])를 선택하고 'Width(폭) : 600Pixels(픽셀), Height(높이) : 400Pixels(픽셀), Resolution(해상도) : 72Pixels/Inch(픽셀/인치), Color Mode(색상 모드) : RGB Color(RGB 색상), 8bit(비트), Background Contents(배경 내용) : White(흰색)'로 설정하여 새 작업 이미지를 만듭니다.

02 [Edit(편집)]-[Preference(환경설정)]([Ctrl]+[K])-[Guides, Grid & Slices(안내선, 격자 및 분할 영역)]를 선택하고 Grid(격자)의 'Color(색상)'를 클릭하여 밝은 색상으로 변경한 후 'Gridline Every(격자 간격) : 100Pixels(픽셀), Subdivisions(세분) : 1'로 설정합니다.

03 [View(보기)]-[Show(표시)]-[Grid(격자)]([Ctrl]+[']）와 [View(보기)]-[Rulers(눈금자)] ([Ctrl]+[R])를 선택하여 격자와 눈금자를 표시합니다.

04 작업 도큐먼트를 저장하기 위해 [File(파일)]-[Save As(다른 이름으로 저장)]([Shift]+[Ctrl]+ [S])를 선택하고 임의 경로에 '파일 이름 : 수험번호-성명-문제번호, 파일 형식 : Photoshop (*.PSD, *.PDD, *.PSDT)'으로 파일을 저장합니다.

🔘 필터 적용하기

01 [File(파일)]-[Open(열기)]을 선택하여 2급-9.jpg를 불러 옵니다. [Ctrl]+[A]로 선택한 후 [Ctrl]+[C]를 눌러 복사하고 작업 이미지에 [Ctrl]+[V]로 붙여넣기를 합니다. [Ctrl]+[T]를 누르고 [Shift]를 누른 채 조절점을 드래그하여 크기를 축소 하고 배치합니다.

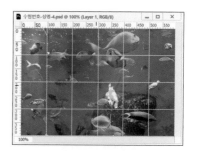

02 [Filter(필터)]-[Filter Gallery(필터 갤러리)]-[Brush Strokes(브러시 선)]-[Crosshatch (그물 눈)]를 선택합니다.

🔘 이미지 선택 및 레이어 스타일 적용

01 [File(파일)]-[Open(열기)]을 선택하여 2 급-10.jpg를 불러옵니다. Magic Wand Tool(자동 선택 도구, [🪄])을 클릭하고 Options Bar(옵션 바)에서 'Add to selec-tion(선택 영역에 추가, [🔲]), Tolerance (허용치) : 32'를 설정한 후 배경 부분을 여 러 번 클릭하여 선택합니다.

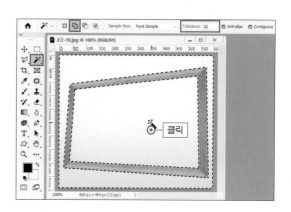

02 Shift + Ctrl + I 로 선택 영역을 반전하고 Ctrl + C 로 복사합니다. 작업 이미지를 선택하여 Ctrl + V 로 붙여넣고 Ctrl + T 를 누르고 드래그하여 크기 조절 및 회전한 후 배치합니다.

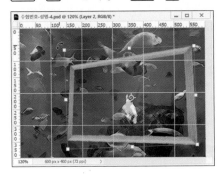

03 Layers(레이어) 패널 하단의 'Add a layer style(레이어 스타일 추가, *fx.*)'을 클릭하여 [Drop Shadow(그림자)]를 선택하고 'Opacity(불투명도) : 75%, Angle(각도) : 90°, Distance(거리) : 5px, Size(크기) : 5px'로 설정한 후 [OK(확인)]를 클릭합니다.

04 [File(파일)]−[Open(열기)]을 선택하여 2급−11.jpg를 불러옵니다. Magic Wand Tool(자동 선택 도구, *✦*)을 클릭하고 Options Bar(옵션 바)에서 'Add to selection(선택 영역에 추가, *▣*), Tolerance(허용치) : 60'을 설정한 후 배경을 여러 번 클릭하여 선택합니다.

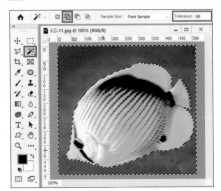

05 Shift + Ctrl + I 로 선택 영역을 반전하여 Ctrl + C 로 복사합니다. 작업 이미지에 Ctrl + V 로 붙여넣고 Ctrl + T 를 누르고 조절점을 드래그하여 크기를 조절하고 마우스 오른쪽 버튼을 클릭하여 [Flip Horizontal(가로로 뒤집기)]로 뒤집고 회전한 후 배치합니다.

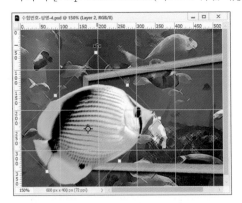

06 Layers(레이어) 패널 하단의 'Add a layer style(레이어 스타일 추가, *fx.*)'을 클릭하여 [Drop Shadow(그림자)]를 선택하고 'Opacity(불투명도) : 90%, Angle(각도) : 90°, Distance(거리) : 5px, Size(크기) : 5px'로 설정하고 [OK(확인)]를 클릭합니다.

04 모양 생성 및 필터와 클리핑 마스크 적용

01 Custom Shape Tool(사용자 정의 모양 도구, *⍟*)을 클릭하고 Options Bar(옵션 바)에서 'Shape(모양), Fill(칠) : 임의 색상, Stroke(획) : No Color(색상 없음), Shape(모양) : Thought 1(생각 1, *●*)'을 설정한 후 드래그하여 모양을 그린 후 [Ctrl]+[T]를 누르고 조절점 밖을 드래그하여 회전한 후 배치합니다.

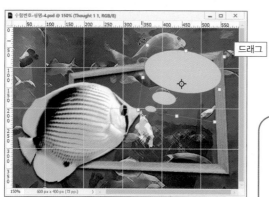

드래그

> **Shape 경로**
>
> [Legacy Shapes and More(레거시 모양 및 기타)]–
> [All Legacy Default Shapes(모든 레거시 기본 모양)]–
> [Talk Bubbles(말풍선)]

02 Layers(레이어) 패널 하단의 'Add a layer style(레이어 스타일 추가, *fx.*)'을 클릭하여 [Stroke(획)]를 선택하고 'Size(크기) : 5px, Color(색상) : #ffffff'로 설정합니다. 계속해서 [Inner Shadow(내부 그림자)]를 선택하고 'Opacity(불투명도) : 75%, Angle(각도) : 90°, Distance(거리) : 5px, Size(크기) : 5px'로 설정한 후 [OK(확인)]를 클릭합니다.

03 [File(파일)]–[Open(열기)]을 선택하여 2급-12.jpg를 불러온 후 [Ctrl]+[A]를 눌러 전체를 선택하고 [Ctrl]+[C]를 눌러 복사합니다. 작업 이미지를 선택하고 [Ctrl]+[V]로 붙여넣고 [Ctrl]+[T]를 누르고 [Shift]를 누른 채 조절점을 드래그하여 크기를 조절한 후 말풍선 모양과 겹치도록 배치합니다.

04 Layers(레이어) 패널에서 'Layer 4' 레이어와 'Thought 1 1' 레이어 사이에 마우스 커서를 놓고 Alt를 누르고 클릭하여 Clipping Mask(클리핑 마스크)를 적용합니다. Ctrl+T를 누르고 Shift를 누른 채 조절점을 드래그하여 크기를 조절하고 배치합니다.

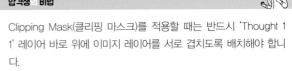

합격생의 비법

Clipping Mask(클리핑 마스크)를 적용할 때는 반드시 'Thought 1 1' 레이어 바로 위에 이미지 레이어를 서로 겹치도록 배치해야 합니다.

05 [Filter(필터)]-[Filter Gallery(필터 갤러리)]-[Texture(텍스처)]-[Texturizer(텍스처화)]를 선택합니다.

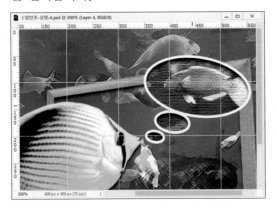

⑤ 불투명도 조절하여 합성

01 [File(파일)]-[Open(열기)]을 선택하여 2급-13.jpg를 불러옵니다. Magic Wand Tool(자동 선택 도구, ✦)을 클릭하고 Options Bar(옵션 바)에서 'Tolerance(허용치) : 10'을 설정한 후 배경 부분을 클릭하여 선택합니다.

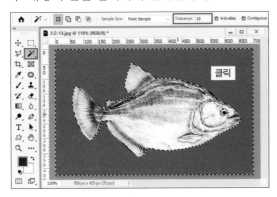

02 [Shift]+[Ctrl]+[I]로 선택 영역을 반전하여 [Ctrl]+[C]로 복사한 후 작업 이미지에 [Ctrl]+[V]로 붙여넣기를 합니다. [Ctrl]+[T]를 누르고 [Shift]를 누른 채 조절점을 드래그하여 크기를 조절하고 마우스 오른쪽 버튼을 클릭하여 [Flip Horizontal(가로로 뒤집기)]로 뒤집고 회전한 후 배치합니다.

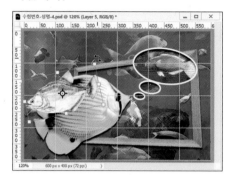

03 Layers(레이어) 패널 하단의 'Add a layer style(레이어 스타일 추가, [fx.])'을 클릭하여 [Drop Shadow(그림자)]를 선택하고 'Opacity(불투명도) : 75%, Angle(각도) : 90°, Distance(거리) : 5px, Size(크기) : 5px'로 설정한 후 [OK(확인)]를 클릭합니다.

04 Layers(레이어) 패널 상단의 'Opacity(불투명도) : 70%'를 설정하고 불투명도를 적용합니다.

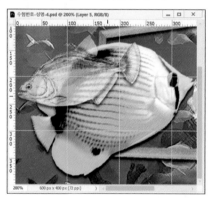

06 모양 생성 및 레이어 스타일 적용

01 Custom Shape Tool(사용자 정의 모양 도구, [⬈])을 클릭하고 Options Bar(옵션 바)에서 'Shape(모양), Fill(칠) : #ccffff, Stroke(획) : No Color(색상 없음), Shape(모양) : Thought 1(생각 1, [●])'을 설정한 후 드래그하여 모양을 그립니다.

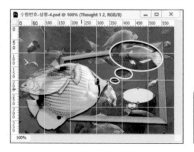

> **Shape 경로**
>
> [Legacy Shapes and More(레거시 모양 및 기타)]–[All Legacy Default Shapes(모든 레거시 기본 모양)]–[Talk Bubbles(말풍선)]

02 Layers(레이어) 패널 하단의 'Add a layer style(레이어 스타일 추가,)'을 클릭하여 [Drop Shadow(그림자)]를 선택하고 'Opacity(불투명도) : 75%, Angle(각도) : 120˚, Distance(거리) : 5px, Size(크기) : 5px'로 설정한 후 [OK(확인)]를 클릭합니다.

합격생의 비법

작업 이미지의 레이어 스타일에서 그림자 효과의 Angle(각도)을 레이어별로 따로 적용하려면 'Use Global Light(전체 조명 사용)'의 체크를 해제해야 합니다.

03 Ctrl+J를 눌러 복사한 레이어를 만들고 레이어 페널에서 'Thought 1 2 copy' 레이어의 Layer thumbnail(레이어 축소판)을 더블 클릭하여 Color Picker(색상 픽커)에서 'Color(색상) : #ffffff'를 설정합니다. Ctrl+T를 누르고 조절점 밖을 드래그하여 회전한 후 배치합니다.

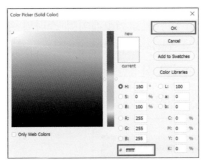

04 Custom Shape Tool(사용자 정의 모양 도구, 🔯)을 클릭하고 Options Bar(옵션 바)에서 'Shape(모양), Fill(칠) : 임의 색상, Stroke(획) : No Color(색상 없음), Shape(모양) : Eighth Notes(8분 음표(두개), 🎵)'를 설정한 후 Shift를 누르고 모양을 그립니다. Ctrl+T를 누르고 조절점 밖을 드래그하여 회전한 후 배치합니다.

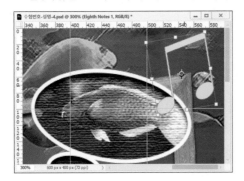

Shape 경로

[Legacy Shapes and More(레거시 모양 및 기타)]─[All Legacy Default Shapes(모든 레거시 기본 모양)]─[Music (음악)]

05 Layers(레이어) 패널 하단의 'Add a layer style(레이어 스타일 추가, fx.)'을 클릭하여 [Bevel & Emboss(경사와 엠보스)]를 선택하고 'Style(스타일) : Inner Bevel(내부 경사), Direction(방향) : Up(위로), Size(크기) : 5px'로 설정합니다. 계속해서 [Gradient Overlay (그레이디언트 오버레이)]를 선택하고 'Click to edit the gradient(클릭하여 그레이디언트 편집)'를 클릭합니다. 그레이디언트 슬라이더 왼쪽 하단의 'Color Stop(색상 정지점)'을 더블 클릭하여 #669933을, 오른쪽 'Color Stop(색상 정지점)'을 더블 클릭하여 #ffff00으로 설정한 후 'Style(스타일) : Linear(선형), Angle(각도) : 90°'로 설정합니다.

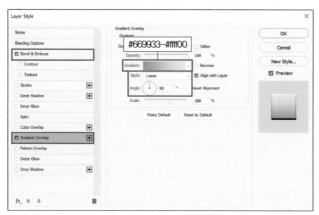

06 계속해서 [Drop Shadow(드롭 섀도)]를 선택하고 'Opacity(불투명도) : 75%, Angle(각도) : 90°, Distance(거리) : 5px, Size(크기) : 5px'로 설정한 후 [OK(확인)]를 클릭합니다.

07 문자 입력 및 왜곡, 레이어 스타일 적용

01 Horizontal Type Tool(수평 문자 도구, T)로 작업 이미지를 클릭하고 Options Bar(옵션 바)에서 'Font(글꼴) : Arial, Set font style(글꼴 스타일 설정) : Bold, Set font size(글꼴 크기) : 48pt, Color(색상) : #ffffff'로 설정한 후 FISH WORLD를 입력합니다.

02 Options Bar(옵션 바)에서 Create warped text(뒤틀어진 텍스트 만들기, ⌴)를 클릭하여 [Warp Text(텍스트 뒤틀기)] 대화상자에서 'Style(스타일) : Fish(물고기), Horizontal(가로) : 체크, Bend(구부리기) : 40%'를 설정한 후 문자의 모양을 왜곡합니다.

03 Layers(레이어) 패널 하단의 'Add a layer style(레이어 스타일 추가, *fx.*)'을 클릭하여 [Stroke(획)]를 선택하고 'Size(크기) : 3px, Color(색상) : #ff3300'으로 설정합니다. 계속해서 [Drop Shadow(드롭 섀도)]를 선택하고 'Opacity(불투명도) : 75%, Angle(각도) : 120˚, Distance(거리) : 5px, Size(크기) : 5px'로 설정한 후 [OK(확인)]를 클릭합니다.

04 Horizontal Type Tool(수평 문자 도구, T)로 작업 이미지를 클릭하고 Options Bar(옵션 바)에서 'Font(글꼴) : 돋움, Set font size(글꼴 크기) : 25pt, Set anti-aliasing method (앤티 앨리어싱 방법 설정) : Strong(강하게), Color(색상) : 임의 색상'으로 설정한 후 해양생물과 함께 하는 힐링 체험!을 입력합니다.

05 Layers(레이어) 패널 하단의 'Add a layer style(레이어 스타일 추가, *fx.*)'을 클릭하여 [Stroke(획)]를 선택하고 'Size(크기) : 2px, Color(색상) : #ffffff'로 설정합니다. 계속해서 [Gradient Overlay(그레이디언트 오버레이)]를 선택하고 'Click to edit the gradient(클릭하여 그레이디언트 편집)'를 클릭합니다. 그레이디언트 슬라이더 왼쪽 하단의 'Color Stop(색상 정지점)'을 더블 클릭하여 #cc0000을, 오른쪽 'Color Stop(색상 정지점)'을 더블 클릭하여 #006633으로 설정한 후 'Style(스타일) : Linear(선형), Angle(각도) : 90˚'로 설정합니다.

06 Horizontal Type Tool(수평 문자 도구, $\boxed{T}$)로 작업 이미지를 클릭하고 Options Bar(옵션바)에서 'Font(글꼴) : 궁서, Set font size(글꼴 크기) : 17pt, Set anti-aliasing method (앤티 앨리어싱 방법 설정) : Strong(강하게), Color(색상) : #ffff66'으로 설정한 후 바다 생물이 가득한 곳으로 놀러 오세요.를 입력합니다.

07 Layers(레이어) 패널 하단의 'Add a layer style(레이어 스타일 추가, $\boxed{fx.}$)'을 클릭하여 [Drop Shadow(그림자)]를 선택하고 'Opacity(불투명도) : 75%, Angle(각도) : 90°, Distance(거리) : 3px, Size(크기) : 3px'로 설정한 후 [OK(확인)]를 클릭합니다. $\boxed{Ctrl}$+$\boxed{S}$를 눌러 파일을 저장합니다.

08 정답 파일 저장

01 [View(보기)]-[Show(표시)]-[Grid(격자)]($\boxed{Ctrl}$+$\boxed{'}$)를 선택하여 격자를 가립니다.

02 [File(파일)]-[Save As(다른 이름으로 저장)]($\boxed{Shift}$+$\boxed{Ctrl}$+$\boxed{S}$)를 선택하고 '저장 위치 : 내 PC\문서\GTQ, 파일 이름 : 수험번호-성명-문제번호, 파일 형식 : JPEG(*.JPG, *. JPEG, *.JPE)'를 선택하고 [저장]을 클릭한 후 [JPEG Options(JPEG 옵션)] 대화상자에서 'Quality(품질) : 8'로 설정하고 [OK(확인)]를 클릭합니다.

03 [Image(이미지)]-[Image Size(이미지 크기)]($\boxed{Alt}$+$\boxed{Ctrl}$+$\boxed{I}$)를 선택하고 'Constrain aspect ratio(종횡비 제한) : 클릭, Width(폭) : 60Pixels(픽셀), Height(높이) : 40Pixels(픽셀)'로 입력하여 이미지 크기를 1/10로 축소한 후 [OK(확인)]를 클릭합니다.

04 [File(파일)]-[Save As(다른 이름으로 저장)]($\boxed{Shift}$+$\boxed{Ctrl}$+$\boxed{S}$)를 선택하고 '저장 위치 : 내 PC\문서 \GTQ, 파일 이름 : 수험번호-성명-문제번호, 파일 형식 : Photoshop(*.PSD, *.PDD, *.PSDT)'을 선택하고 [저장]을 클릭합니다.

05 답안 저장이 완료가 되면 [File(파일)]-[Exit(종료)]($\boxed{Ctrl}$+$\boxed{Q}$)를 선택하여 프로그램을 종료하고 수험 프로그램에서 [답안 전송]을 클릭하여 psd와 jpg 파일을 감독관 컴퓨터로 전송합니다.

기출 유형 문제 5회

▶동영상 무료

급수	문제유형	시험시간	수험번호	성명
2급	A	90분	G220240005	

수 험 자 유 의 사 항

- 수험자는 문제지를 받는 즉시 응시하고자 하는 <u>과목 및 급수가 맞는지 확인</u>한 후 수험번호와 성명을 작성합니다.
- 파일명은 본인의 "수험번호−성명−문제번호"로 공백 없이 정확히 입력하고 답안폴더(내 PC₩문서₩GTQ)에 jpg 파일과 psd 파일의 2가지 포맷으로 저장해야 하며, jpg 파일과 psd 파일의 내용이 상이할 경우 0점 처리됩니다. 답안문서 파일명이 "수험번호−성명−문제번호"와 일치하지 않거나, 답안 파일을 전송하지 않아 미제출로 처리될 경우 불합격 처리됩니다.
- 문제의 세부조건은 '영문(한글)' 형식으로 표기되어 있으니 유의하시기 바랍니다.
- 수험자 정보와 저장한 파일명, 저장 위치가 다를 경우 전송이 되지 않으므로, 주의하시기 바랍니다.
- 답안 작성 중에도 <u>주기적으로 '저장'과 '답안 전송'</u>을 이용하여 감독위원 PC로 답안을 전송하셔야 합니다.(※ 작업한 내용을 <u>저장하지 않고 전송할 경우</u> 이전의 저장내용이 전송되오니 이점 반드시 유념하시기 바랍니다.)
- 답안문서는 지정된 경로 외의 다른 보조기억장치에 저장하는 행위, 지정된 시험 시간 외에 작성된 파일을 활용한 행위, 기타 통신수단(이메일, 메신저, 네트워크 등)을 이용하여 타인에게 전달 또는 외부 반출하는 행위는 부정으로 간주되어 자격기본법 제32조에 의거 본 시험 및 국가공인 자격시험을 2년간 응시할 수 없습니다.
- 시험 중 부주의 또는 고의로 시스템을 파손한 경우와 〈수험자 유의사항〉에 기재된 방법대로 이행하지 않아 생기는 불이익은 수험자의 책임임을 알려 드립니다.
- 시험을 완료한 수험자는 최종적으로 저장한 답안파일이 전송되었는지 확인한 후 감독위원의 지시에 따라 문제지를 제출하고 퇴실합니다.

답 안 작 성 요 령

- **온라인 답안 작성 절차**
  수험자 등록 ⇒ 시험 시작 ⇒ 답안파일 저장 ⇒ 답안 전송 ⇒ 시험 종료
- 내 PC₩문서₩GTQ₩Image폴더에 있는 그림 원본파일을 사용하여 답안을 작성하시고 최종답안을 답안폴더(내 PC₩문서₩GTQ)에 저장하여 답안을 전송하시고, 이미지의 크기가 다른 경우 감점 처리됩니다.
- 배점은 총 100점으로 이루어지며, 점수는 각 문제별로 차등 배분됩니다.
- 각 문제는 주어진 〈조건〉에 따라 작성하고, 언급하지 않은 조건은 《출력형태》와 같이 작성합니다.
- 배치 등의 편의를 위해 주어진 눈금자의 단위는 '픽셀'입니다.
  그 외는 출력형태(효과, 이미지, 문자, 색상, 레이아웃, 규격 등)와 같게 작업하십시오.
- 문제 조건에 서체의 지정이 없을 경우 한글은 굴림이나 돋움, 영문은 Arial로 작업하십시오.
  (단, 그 외에 제시되지 않은 문자 속성을 기본값으로 작성하지 않은 경우는 감점 처리됩니다.)
- Image Mode(이미지 모드)는 별도의 처리조건이 없을 경우에는 RGB(8비트)로 작업하십시오.
- 모든 답안 파일은 해상도 72Pixels/Inch로 작업하십시오.
- Layer(레이어)는 각 기능별로 분할해야 하며, 임의로 합칠 경우나 각 기능에 대한 속성을 해지할 경우 해당 요소는 0점 처리됩니다.

한 국 생 산 성 본 부

: **Tool(도구) 활용**   20점

다음의 《조건》에 따라 아래의 《출력형태》와 같이 작업하시오.

출력형태

조건

원본 이미지	Part05\기출유형문제05회\2급-1.jpg		
파일저장규칙	JPG	파일명	문서\GTQ\수험번호-성명-1.jpg
		크기	400×500 pixels
	PSD	파일명	문서\GTQ\수험번호-성명-1.psd
		크기	40×50 pixels

1. 그림 효과
① 복제 및 변형 : 바이올린
② Shape Tool(모양 도구) 사용 :
　– 프레임 모양(#cccccc, 레이어 스타일 – Drop Shadow(그림자 효과))
　– 음표 모양(#cc0066, #cc9933, 레이어 스타일 – Drop Shadow(그림자 효과))

2. 문자 효과
① Violin(Arial, Bold, 70pt, 레이어 스타일 – 그레이디언트 오버레이(#cc0066, #000066))

: **사진편집 기초**   20점

다음의 《조건》에 따라 아래의 《출력형태》와 같이 작업하시오.

출력형태

조건

원본 이미지	Part05\기출유형문제05회\2급-2.jpg, 2급-3.jpg, 2급-4.jpg		
파일저장규칙	JPG	파일명	문서\GTQ\수험번호-성명-2.jpg
		크기	400×500 pixels
	PSD	파일명	문서\GTQ\수험번호-성명-2.psd
		크기	40×50 pixels

1. 그림 효과
① 색상 보정 : 2급-3.jpg – 갈색 계열로 보정, Drop Shadow(그림자 효과)
② 액자 제작 :
　필터 – Add Noise(노이즈 추가), 안쪽 테두리(5px, #663300), 레이어 스타일 – Drop Shadow(그림자 효과)
③ 2급-4.jpg : 레이어 스타일 – Outer Glow(외부 광선)

2. 문자 효과
① DRUM & BEAT(Arial, Bold, 37pt, #333399, 레이어 스타일 – Stroke(선/획)(3px, #ffffff))

다음의 《조건》에 따라 아래의 《출력형태》와 같이 작업하시오.

조건

원본 이미지		Part05₩기출유형문제05회₩2급-5.jpg, 2급-6.jpg, 2급-7.jpg, 2급-8.jpg
파일저장규칙	JPG	파일명 문서₩GTQ₩수험번호-성명-3.jpg
		크기 600×400 pixels
	PSD	파일명 문서₩GTQ₩수험번호-성명-3.psd
		크기 60×40 pixels

1. 그림 효과
① 배경 : #663300
② 2급-5.jpg : 필터 - Texturizer(텍스처화), 레이어 마스크 - 가로 방향으로 흐릿하게
③ 2급-6.jpg : 레이어 스타일 - Drop Shadow(그림자 효과)
④ 2급-7.jpg : 레이어 스타일 - Drop Shadow(그림자 효과)
⑤ 2급-8.jpg : 레이어 스타일 - Drop Shadow(그림자 효과)
⑥ 그 외 《출력형태》 참조

2. 문자 효과
① 건반 위의 예술(바탕, 30pt, #ff9900, 레이어 스타일 - Stroke(선/획)(2px, #663333), Drop Shadow(그림자 효과))
② Piano Melody(Times New Roman, Bold, 60pt, 레이어 스타일 - 그레이디언트 오버레이(#990000, #003333), Stroke(선/획)(3px, #ffffff))

출력형태

Shape Tool(모양 도구) 사용
#ffffff, 레이어 스타일 - Inner Shadow(내부 그림자)

Shape Tool(모양 도구) 사용
레이어 스타일 - 그레이디언트 오버레이
(#660000, #ffff99),
Outer Glow(외부 광선),
Opacity(불투명도)(70%)

다음의 《조건》에 따라 아래의 《출력형태》와 같이 작업하시오.

조건

원본 이미지		Part05₩기출유형문제05회₩2급-9.jpg, 2급-10.jpg, 2급-11.jpg, 2급-12.jpg, 2급-13.jpg	
파일저장규칙	JPG	파일명	문서₩GTQ₩수험번호-성명-4.jpg
		크기	600×400 pixels
	PSD	파일명	문서₩GTQ₩수험번호-성명-4.psd
		크기	60×40 pixels

1. 그림 효과
① 2급-9.jpg : 필터 - Patchwork(패치워크/이어붙이기)
② 2급-10.jpg : 레이어 마스크 - Drop Shadow(그림자 효과)
③ 2급-11.jpg : 레이어 스타일 - Outer Glow(외부 광선), Bevel and Emboss(경사와 엠보스)
④ 2급-12.jpg : 필터 - Rough Pastels(거친 파스텔 효과)
⑤ 2급-13.jpg : 레이어 스타일 - Drop Shadow(그림자 효과), Opacity(불투명도)(70%)
⑥ 그 외 《출력형태》 참조

2. 문자 효과
① 섬세하고 감미로운 현악기(돋움, 30pt, 레이어 스타일 - Stroke(선/획)(3px, #ffffff), 그레이디언트 오버레이(#000033, #669900))
② String Orchestra(Arial, Regular, 40pt, #ffffff, 레이어 스타일 - Drop Shadow(그림자 효과), Stroke(선/획)(3px, #993333))
③ 현악 오케스트라 단원 모집(궁서, 20pt, #333399, 레이어 스타일 - Stroke(선/획)(2px, #ffffcc))

출력형태

Shape Tool(모양 도구) 사용
#ffffff, 레이어 스타일 -
Drop·Shadow(그림자 효과),
Opacity(불투명도)(60%)

Shape Tool(모양 도구) 사용
레이어 스타일 -
Stroke(선/획)
(4px, 그레이디언트(#cccc99,
#663300)),
Drop Shadow(그림자 효과)

Shape Tool(모양 도구) 사용
#ffcc99, 레이어 스타일 -
Inner Shadow(내부 그림자),
Opacity(불투명도)(60%)

문제 01 CHAPTER 05
[기능평가] Tool(도구) 활용

작업과정	작업 이미지 만들고 파일 저장하기 ▶ 선택 영역 만들고 복제 및 변형하기 ▶ 모양 생성 및 레이어 스타일 적용 ▶ 문자 입력 및 레이어 스타일 적용 ▶ 정답 파일 저장
완성이미지	Part05₩기출유형문제05회₩정답파일₩수험번호-성명-1.jpg, 수험번호-성명-1.psd

01 새 작업 이미지 만들고 파일 저장하기

01 [File(파일)]-[New(새로 만들기)]([Ctrl]+[N])를 선택하고 'Width(폭) : 400Pixels(픽셀), Height(높이) : 500Pixels(픽셀), Resolution(해상도) : 72Pixels/Inch(픽셀/인치), Color Mode(색상 모드) : RGB Color(RGB 색상), 8bit(비트), Background Contents(배경 내용) : White(흰색)'를 설정하여 새 작업 이미지를 만듭니다.

02 [Edit(편집)]-[Preference(환경설정)]([Ctrl]+[K])-[Guides, Grid & Slices(안내선, 격자 및 분할 영역)]를 선택하고 Grid(격자)의 'Color(색상)'를 클릭하여 밝은 색상으로 변경한 후 'Gridline Every(격자 간격) : 100Pixels(픽셀), Subdivisions(세분) : 1'로 설정합니다.

03 [View(보기)]-[Show(표시)]-[Grid(격자)]([Ctrl]+['])와 [View(보기)]-[Rulers(눈금자)] ([Ctrl]+[R])를 선택하여 격자와 눈금자를 표시합니다.

04 작업 도큐먼트를 저장하기 위해 [File(파일)]-[Save As(다른 이름으로 저장)]([Shift]+[Ctrl]+[S])를 선택하고 임의 경로에 '파일 이름 : 수험번호-성명-문제번호, 파일 형식 : Photoshop (*.PSD, *.PDD, *.PSDT)'으로 파일을 저장합니다.

02 선택 영역 만들고 복제 및 변형하기

01 [File(파일)]-[Open(열기)]([Ctrl]+[O])을 선택하여 2급-1.jpg를 불러옵니다. [Ctrl]+[A]를 눌러 전체를 선택한 후 [Ctrl]+[C]를 눌러 복사합니다. 작업 이미지를 선택하여 [Ctrl]+[V]로 붙여넣고 [Ctrl]+[T]를 누르고 [Shift]를 누른 채 조절점을 드래그하여 크기를 조절하고 마우스 오른쪽 버튼을 클릭하여 [Flip Horizontal(가로로 뒤집기)]로 뒤집고 조절점 밖을 드래그하여 회전한 후 배치합니다.

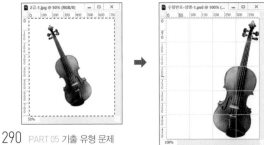

02 Magic Wand Tool(자동 선택 도구, 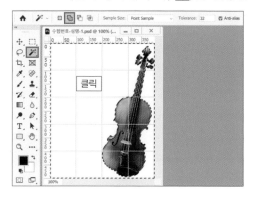)을 클릭하고 Options Bar(옵션 바)에서 Add to selection(선택 영역에 추가,)을 설정한 후 배경 부분을 각각 클릭하고 선택합니다.

03 Shift + Ctrl + I 로 선택 영역을 반전하고 Ctrl + J 를 눌러 레이어를 복사합니다. Ctrl + T 를 누르고 Shift 를 누른 채 조절점을 드래그하여 크기를 조절하고 마우스 오른쪽 버튼을 클릭하여 [Flip Horizontal(가로로 뒤집기)]로 뒤집고 조절점 밖을 드래그하여 회전한 후 배치합니다.

03 모양 생성 및 레이어 스타일 적용

01 Custom Shape Tool(사용자 정의 모양 도구,)을 클릭하고 Options Bar(옵션 바)에서 'Shape(모양), Fill(칠) : #cccccc, Stroke(획) : No Color(색상 없음), Shape(모양) : Frame 5(프레임 5,)'로 설정한 후 Shift 를 누른 채 드래그하여 모양을 그리고 Ctrl + T 를 누르고 조절점 밖을 드래그하여 회전한 후 배치합니다.

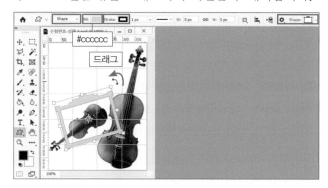

Shape 경로

[Legacy Shapes and More(레거시 모양 및 기타)]–[All Legacy Default Shapes(모든 레거시 기본 모양)]–[Frames(프레임)]

02 Layers(레이어) 패널 하단의 'Add a layer style(레이어 스타일 추가, fx.)'을 클릭하여 [Drop Shadow(그림자)]를 선택하고 'Opacity(불투명도) : 60%, Angle(각도) : 90°, Distance(거리) : 8px, Size(크기) : 8px'로 설정한 후 [OK(확인)]를 클릭합니다.

03 `Ctrl`+`[`를 눌러 'Layer 2' 레이어의 아래쪽으로 이동하여 배치합니다.

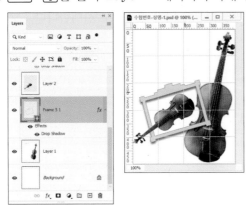

04 Custom Shape Tool(사용자 정의 모양 도구, ⚙)을 클릭하고 Options Bar(옵션 바)에서 'Shape(모양), Color(칠) : #cc0066, Stroke(획) : No Color(색상 없음), Shape(모양) : Eighth Note(8분 음표, ♪)'로 설정한 후 `Shift`를 누른 채 드래그하여 모양을 그리고 `Ctrl`+`T`를 누르고 조절점 밖을 드래그하여 회전한 후 배치합니다.

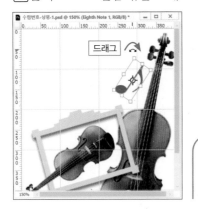

> **Shape 경로**
>
> [Legacy Shapes and More(레거시 모양 및 기타)]–[All Legacy
> Default Shapes(모든 레거시 기본 모양)]–[Music(음악)]

05 Layers(레이어) 패널 하단의 'Add a layer style(레이어 스타일 추가, *fx.*)'을 클릭하여 [Drop Shadow(그림자)]를 선택하고 'Opacity(불투명도) : 60%, Angle(각도) : 90°, Distance(거리) : 6px, Size(크기) : 6px'로 설정한 후 [OK(확인)]를 클릭합니다.

06 `Ctrl`+`J`를 눌러 'Eighth Note 1' 레이어를 복사한 후 'Layer thumbnail(레이어 축소판)'을 더블 클릭하여 'Color(색상) : #cc9933'으로 변경합니다. `Ctrl`+`T`를 누르고 `Shift`를 누른 채 드래그하여 크기를 축소하고 회전한 후 배치합니다.

❹ 문자 입력 및 레이어 스타일 적용

01 Horizontal Type Tool(수평 문자 도구, `T`)로 작업 이미지를 클릭하고 Options Bar(옵션 바)에서 'Font(글꼴) : Arial, Set font style(글꼴 스타일 설정) : Bold, Set font size(글꼴 크기) : 70pt, Color(색상) : 임의 색상'으로 설정한 후 Violin을 입력합니다.

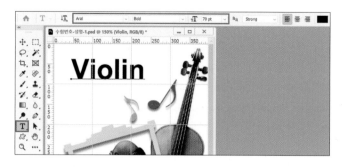

02 Layerss(레이어) 패널 하단의 'Add a layer style(레이어 스타일 추가, [*fx.*])'을 클릭하여 [Gradient Overlay(그레이디언트 오버레이)]를 선택하고 'Click to edit the gradient(클릭 하여 그레이디언트 편집)'를 클릭합니다. 그레이디언트 슬라이더 왼쪽 하단의 'Color Stop(색 상 정지점)'을 더블 클릭하여 #cc0066을, 오른쪽 'Color Stop(색상 정지점)'을 더블 클릭하여 #000066으로 설정한 후 'Style(스타일) : Linear(선형), Angle(각도) : 90˚'로 설정합니다. [Ctrl]+[S]를 눌러 파일을 저장합니다.

05 정답 파일 저장

01 [View(보기)]–[Show(표시)]–[Grid(격자)]([Ctrl]+[']를 선택하여 격자를 가립니다.

02 [File(파일)]–[Save As(다른 이름으로 저장)]([Shift]+[Ctrl]+[S])를 선택하고 '저장 위치 : 내 PC₩문서₩GTQ, 파일 이름 : 수험번호–성명–문제번호, 파일 형식 : JPEG(*.JPG, *. JPEG, *.JPE)'를 선택하고 [저장]을 클릭한 후 [JPEG Options(JPEG 옵션)] 대화상자에서 'Quality(품질) : 8'로 설정하고 [OK(확인)]를 클릭합니다.

합격생의 비법

CC 2020 이후 버전에서 [Save As(다른 이름으로 저장)]로 '파일 형식 : JPEG(*.JPG, *.JPEG, *.JPE)'가 없는 경우에는 아래 와 같이 저장하면 됩니다.

※ **CC 버전에 따라 정답 파일을 '파일 형식 : JPEG(*.JPG, *.JPEG, *.JPE)'로 저장하기**

• [File(파일)]–[Save As(다른 이름으로 저장)]([Shift]+[Ctrl]+[S])를 선택하고 [다른 이름으로 저장] 대화상자에서 [Save A Copy(사본 저장)]를 선택합니다.
• [File(파일)]–[Save A Copy(사본 저장)]([Alt]+[Ctrl]+[S])를 선택합니다.

---

03 [Image(이미지)]–[Image Size(이미지 크기)]([Alt]+[Ctrl]+[I])를 선택하고 'Constrain aspect ratio(종횡비 제한) : 클릭, Width(폭) : 40Pixels(픽셀), Height(높이) : 50Pixels(픽셀)'로 입력하여 이미지 크기를 1/10로 축소한 후 [OK(확인)]를 클릭합니다.

04 [File(파일)]–[Save As(다른 이름으로 저장)]([Shift]+[Ctrl]+[S])를 선택하고 '저장 위치 : 내 PC₩문서₩GTQ, 파일 이름 : 수험번호–성명–문제번호, 파일 형식 : Photoshop(*.PSD, *.PDD, *.PSDT)'을 선택하고 [저장]을 클릭합니다.

05 답안 저장이 완료가 되면 [File(파일)]–[Close(닫기)]([Ctrl]+[W])를 선택하여 파일을 닫고 수험 프로그램에서 [답안 전송]을 클릭하여 psd와 jpg 파일을 감독관 컴퓨터로 전송합니다.

작업과정	새 작업 이미지 만들기 및 파일 저장하기 ▶ 필터 적용 및 액자 제작 ▶ 이미지 합성 및 색상 보정, 레이어 스타일 적용 ▶ 문자 입력 및 레이어 스타일 적용 ▶ 정답 파일 저장
완성이미지	Part5₩기출유형문제₩05회₩정답파일₩수험번호-성명-2.jpg, 수험번호-성명-2.psd

01 새 작업 이미지 만들기 및 파일 저장하기

01 [File(파일)]-[New(새로 만들기)]([Ctrl]+[N])를 선택하고 'Width(폭) : 400Pixels(픽셀), Height(높이) : 500Pixels(픽셀), Resolution(해상도) : 72Pixels/Inch(픽셀/인치), Color Mode(색상 모드) : RGB Color(RGB 색상), 8bit(비트), Background Contents(배경 내용) : White(흰색)'로 설정하여 새 작업 이미지를 만듭니다.

02 [Edit(편집)]-[Preference(환경설정)]([Ctrl]+[K])-[Guides, Grid & Slices(안내선, 격자 및 분할 영역)]를 선택하고 Grid(격자)의 'Color(색상)'를 클릭하여 밝은 색상으로 변경한 후 'Gridline Every(격자 간격) : 100Pixels(픽셀), Subdivisions(세분) : 1'로 설정합니다.

03 [View(보기)]-[Show(표시)]-[Grid(격자)]([Ctrl]+['])와 [View(보기)]-[Rulers(눈금자)] ([Ctrl]+[R])를 선택하여 격자와 눈금자를 표시합니다.

04 작업 도큐먼트를 저장하기 위해 [File(파일)]-[Save As(다른 이름으로 저장)]([Shift]+[Ctrl]+[S])를 선택하고 임의 경로에 '파일 이름 : 수험번호-성명-문제번호, 파일 형식 : Photoshop (*.PSD, *.PDD, *.PSDT)'으로 파일을 저장합니다.

02 필터 적용 및 액자 제작

01 [File(파일)]-[Open(열기)]을 선택하여 2급-2.jpg를 불러옵니다. [Ctrl]+[A]를 눌러 전체를 선택한 후 [Ctrl]+[C]를 눌러 복사하고 작업 이미지를 선택하여 [Ctrl]+[V]로 붙여넣기를 합니다. [Ctrl]+[T]를 누르고 [Shift]를 누른 채 조절점을 드래그하여 크기를 조절하고 배치합니다.

02 [Layer(레이어)]–[New(새로 만들기)]–[Layer Via Copy(복사한 레이어)]($\boxed{\text{Ctrl}}$+$\boxed{\text{J}}$)를 클릭하고 레이어를 복사합니다.

03 [Filter(필터)]–[Noise(노이즈)]–[Add Noise(노이즈 추가)]를 선택하고 'Amount(양) : 35%, Uniform(유니폼) : 체크, Monochromatic(단색) : 체크'를 설정하고 [OK(확인)]를 클릭합니다. 위쪽의 눈금자에서 아래로 드래그하여 작업 이미지의 세로 중앙인 250px의 위치에 안내선을 표시합니다.

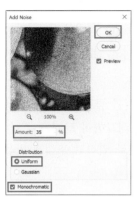
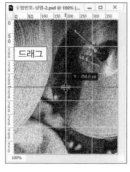

> **합격생의 비법**
>
> 'Monochromatic(단색)'을 체크하면 흰색 픽셀과 검정색 픽셀로 노이즈가 추가됩니다.

04 Rectangular Marquee Tool(사각형 선택 윤곽 도구,)을 클릭하고 Options Bar(옵션바)에서 'New selection(새 선택 영역,), Feather(페더) : 0px, Style(스타일) : Fixed Size(크기 고정), Width(폭) : 320px, Height(높이) : 420px'로 설정합니다. 세로 격자와 안내선의 교차 지점에 $\boxed{\text{Alt}}$를 누르고, 작업 이미지의 중앙에 클릭하여 직사각형 모양으로 선택합니다.

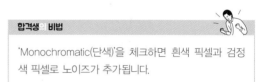
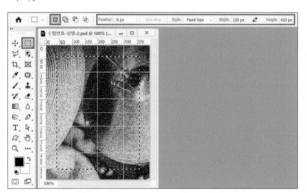

> **합격생의 비법**
>
> 액자 프레임의 간격은 따로 제시되지 않습니다. 작업 이미지의 눈금자를 참조하여 액자 프레임의 크기를 지정합니다. 'Style(스타일)'을 Fixed Size(사이즈 고정)로 설정한 후 상하좌우 각각의 간격인 40px씩을 뺀 나머지 수치를 'Width(폭)'와 'Height(높이)'에 직접 입력합니다.

05 [Select(선택)]–[Modify(수정)]–[Smooth(매끄럽게)]를 선택하여 'Sample Radius(샘플 반경) : 8pixels(픽셀)'을 설정하고 [OK(확인)]를 클릭하여 모서리를 둥글게 합니다. $\boxed{\text{Delete}}$를 눌러 선택된 이미지를 삭제하고 프레임을 만듭니다.

06 [Edit(편집)]–[Stroke(획)]를 클릭하여 'Width(폭) : 5px, Color(색상) : #663300, Location(위치) : Inside(안쪽), Mode(모드) : Normal(표준), Opacity(불투명도) : 100%, Preserve Transparency(투명도 유지) : 체크 해제'를 설정한 후 [OK(확인)]를 클릭하여 안쪽 테두리를 적용합니다.

07 Ctrl+D를 눌러 선택을 해제하고 Layers(레이어) 패널 하단의 'Add a layer style(레이어 스타일 추가, fx.)'을 클릭하여 [Drop Shadow(그림자)]를 선택하고 'Opacity(불투명도) : 75%, Angle(각도) : 120°, Distance(거리) : 5px, Size(크기) : 5px'로 설정하고 [OK(확인)]를 클릭합니다.

03 이미지 합성 및 색상 보정, 레이어 스타일 적용

01 [File(파일)]─[Open(열기)]을 선택하여 2급-3.jpg를 불러온 후 Magic Wand Tool(자동 선택 도구, 🪄)로 배경 부분을 클릭하여 선택합니다. Shift+Ctrl+I로 선택 영역을 반전하여 Ctrl+C로 복사합니다.

02 작업 이미지를 클릭하고 Layers(레이어) 패널에서 'Layer 1' 레이어를 클릭한 후 Ctrl+V로 붙여넣은 후 Ctrl+T를 눌러 누르고 Shift를 누른 채 조절점을 드래그하여 크기를 조절하고 마우스 오른쪽 버튼을 클릭하여 [Flip Horizontal(가로로 뒤집기)]로 뒤집고 조절점 밖을 드래그하여 회전한 후 배치합니다.

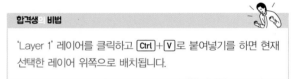

합격생의 비법

'Layer 1' 레이어를 클릭하고 Ctrl+V로 붙여넣기를 하면 현재 선택한 레이어 위쪽으로 배치됩니다.

03 Layers(레이어) 패널 하단의 'Add a layer style(레이어 스타일 추가, fx.)'을 클릭하여 [Drop Shadow(그림자)]를 선택하고 'Opacity(불투명도) : 75%, Angle(각도) : 120°, Distance(거리) : 5px, Size(크기) : 5px'로 설정한 후 [OK(확인)]를 클릭합니다.

04 Layers(레이어) 패널에서 'Layer 2' 레이어의 'Layer thumbnail(레이어 축소판)'을 Ctrl을 누른 채 클릭하여 드럼 스틱 이미지를 빠르게 선택합니다.

05 Layers(레이어) 패널 하단의 'Create new fill or adjustment layer(새 칠 또는 조정 레이어 생성, ◑.)'를 클릭하고 [Hue/Saturation(색조/채도)]을 선택합니다. Properties(속성) 패널에서 'Colorize(색상화) : 체크, Hue(색조) : 20, Saturation(채도) : 70, Lightness(명도) : −40'으로 설정하여 갈색 계열로 색상을 보정합니다.

06 [File(파일)]−[Open(열기)]을 선택하여 2급−4.jpg를 불러온 후 Magic Wand Tool(자동 선택 도구, ⚡)로 검정색 이미지 부분을 클릭하여 선택하고 Ctrl+C로 복사합니다.

07 작업 이미지에 Ctrl+V로 붙여넣은 후 Ctrl+T를 누르고 조절점을 드래그하여 크기를 조절하고 마우스 오른쪽 버튼을 클릭하여 [Flip Horizontal(가로로 뒤집기)]로 뒤집고 배치합니다. Ctrl+]를 눌러 액자 프레임 'Layer 1 copy' 레이어의 위쪽에 배치합니다.

08 Layers(레이어) 패널 하단의 'Add a layer style(레이어 스타일 추가, fx.)'을 클릭하여 [Outer Glow(외부 광선)]를 선택하고 'Opacity(불투명도) : 75%, Size(크기) : 7px'로 설정하고 [OK(확인)]를 클릭합니다.

04 문자 입력 및 레이어 스타일 적용

01 Horizontal Type Tool(수평 문자 도구, T)로 작업 이미지를 클릭하고 Options Bar(옵션 바)에서 'Font(글꼴) : Arial, Set font style(글꼴 스타일 설정) : Bold, Set font size(글꼴 크기) : 37pt, Color (색상) : #333399'로 설정한 후 DRUM & BEAT를 입력합니다.

02 Options Bar(옵션 바)에서 Create warped text(뒤틀어진 텍스트 만들기, [T])를 클릭하고 [Warp Text(텍스트 뒤틀기)] 대화상자에서 'Style(스타일) : Bulge(돌출), Horizontal(가로) : 체크, Bend(구부리기) : 35%'를 설정하여 문자의 모양을 왜곡합니다.

03 Layers(레이어) 패널 하단의 'Add a layer style(레이어 스타일 추가, [fx])'을 클릭하여 [Stroke(획)]를 선택하여 'Size(크기) : 3px, Color(색상) : #ffffff'로 설정합니다. [Ctrl]+[S]를 눌러 파일을 저장합니다.

05 정답 파일 저장

01 [View(보기)]-[Show(표시)]-[Grid(격자)]([Ctrl]+['])와 [Guides(안내선)]([Ctrl]+[;])를 각각 선택하여 격자와 안내선을 가립니다.

02 [File(파일)]-[Save As(다른 이름으로 저장)]([Shift]+[Ctrl]+[S])를 선택하고 '저장 위치 : 내 PC₩문서₩GTQ, 파일 형식 : JPEG(*.JPG, *.JPEG, *.JPE), 파일 이름 : 수험번호-성명-문제번호'를 입력하고 [저장]을 클릭한 후 [JPEG Options(JPEG 옵션)] 대화상자에서 'Quality(품질) : 8'로 설정하고 [OK(확인)]를 클릭합니다.

03 [Image(이미지)]-[Image Size(이미지 크기)]([Alt]+[Ctrl]+[I])를 선택하고 'Constrain aspect ratio(종횡비 제한) : 클릭, Width(폭) : 40Pixels(픽셀), Height(높이) : 50Pixels(픽셀)'로 입력하여 이미지 크기를 1/10로 축소한 후 [OK(확인)]를 클릭합니다.

04 [File(파일)]-[Save As(다른 이름으로 저장)]([Shift]+[Ctrl]+[S])를 선택하고 '저장 위치 : 내 PC₩문서₩GTQ, 파일 이름 : 수험번호-성명-문제번호, 파일 형식 : Photoshop(*.PSD, *.PDD, *.PSDT)'을 선택하고 [저장]을 클릭합니다.

05 답안 저장이 완료가 되면 [File(파일)]-[Close(닫기)]([Ctrl]+[W])를 선택하여 파일을 닫고 수험 프로그램에서 [답안 전송]을 클릭하여 psd와 jpg 파일을 감독관 컴퓨터로 전송합니다.

작업과정	새 작업 이미지 만들기 및 파일 저장하기 ▶ 배경색 적용 ▶ 필터 및 레이어 마스크 적용하여 합성하기 ▶ 이미지 선택 및 레이어 스타일 적용 ▶ 모양 생성 및 레이어 스타일 적용 ▶ 문자 입력 및 왜곡, 레이어 스타일 적용 ▶ 정답 파일 저장
완성이미지	Part5₩기출유형문제05회₩정답파일₩수험번호-성명-3.jpg, 수험번호-성명-3.psd

01 새 작업 이미지 만들기 및 파일 저장하기

01 [File(파일)]-[New(새로 만들기)]([Ctrl]+[N])를 선택하고 'Width(폭) : 600Pixels(픽셀), Height(높이) : 400Pixels(픽셀), Resolution(해상도) : 72Pixels/Inch(픽셀/인치), Color Mode(색상 모드) : RGB Color(RGB 색상), 8bit(비트), Background Contents(배경 내용) : White(흰색)'로 설정하여 새 작업 이미지를 만듭니다.

02 [Edit(편집)]-[Preference(환경설정)]([Ctrl]+[K])-[Guides, Grid & Slices(안내선, 격자 및 분할 영역)]를 선택하고 Grid(격자)의 'Color(색상)'를 클릭하여 밝은 색상으로 변경한 후 'Gridline Every(격자 간격) : 100Pixels(픽셀), Subdivisions(세분) : 1'로 설정합니다.

03 [View(보기)]-[Show(표시)]-[Grid(격자)]([Ctrl]+[']')와 [View(보기)]-[Rulers(눈금자)] ([Ctrl]+[R])를 선택하여 격자와 눈금자를 표시합니다.

04 작업 도큐먼트를 저장하기 위해 [File(파일)]-[Save As(다른 이름으로 저장)]([Shift]+[Ctrl]+ [S])를 선택하고 임의 경로에 '파일 이름 : 수험번호-성명-문제번호, 파일 형식 : Photoshop (*.PSD, *.PDD, *.PSDT)'으로 파일을 저장합니다.

02 배경색 적용

01 Tool Panel(도구 패널) 하단의 'Set foreground color(전경색 설정)'을 클릭하여 #663300 으로 설정하고 [Alt]+[Delete]를 눌러 이미지의 배경을 채웁니다.

03 필터 및 레이어 마스크 적용하여 합성하기

01 [File(파일)]-[Open(열기)]을 선택하여 2급-5.jpg를 불러옵니다. [Ctrl]+[A]를 눌러 전체를 선택한 후 [Ctrl]+[C]를 눌러 복사하고 작업 이미지에 [Ctrl]+[V]로 붙여넣습니다. 계속해서 [Ctrl] +[T]를 누르고 조절점을 드래그하여 크기를 조절한 후 배치합니다.

02 [Filter(필터)]-[Filter Gallery(필터 갤러리)]-[Texture(텍스처)]-[Texturizer(텍스처화)] 를 선택합니다.

03 Layers(레이어) 패널 하단의 'Add layer mask(레이어 마스크 추가, [◻])'를 클릭하여 레이어 마스크를 추가합니다.

04 Gradient Tool(그레이디언트 도구, )을 클릭하고 Options Bar(옵션 바)에서 'Click to open Gradient picker(클릭하여 그레이디언트 픽커 열기)'를 클릭합니다. Basics(기본 사항)에서 Black, White(검정, 흰색)를 선택하고 'Type(유형) : Linear Gradient(선형 그레이디언트), Mode(모드) : Normal(표준), Opacity(불투명도) : 100%'로 설정한 후 오른쪽에서 왼쪽 방향으로 드래그하여 이미지의 일부를 자연스럽게 지워 합성합니다.

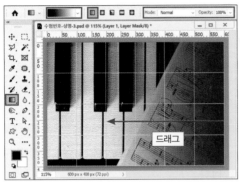

> **합격생의 비법**
>
> Gradient Tool(그레이디언트 도구, )로 Shift 를 누른 채 드래그하면 그레이디언트를 수평, 수직, 45°로 설정할 수 있습니다.

04 이미지 선택 및 레이어 스타일 적용

01 [File(파일)]-[Open(열기)]을 선택하여 2급-6.jpg를 불러온 후 Magic Wand Tool(자동 선택 도구, ✦)을 클릭하고 Options Bar(옵션 바)에서 Add to selection(선택 영역에 추가, ◨)을 설정한 후 흰색 배경 부분을 각각 클릭하고 Shift + Ctrl + I 로 선택 영역을 반전하여 Ctrl + C 로 복사합니다.

02 작업 이미지를 선택하여 Ctrl + V 로 붙여넣고 Ctrl + T 를 누르고 Shift 를 누른 채 조절점을 드래그하여 크기를 조절한 후 배치합니다.

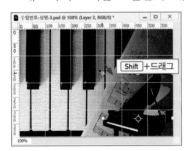

03 Layers(레이어) 패널 하단의 'Add a layer style(레이어 스타일 추가, fx.)'을 클릭하여 [Drop Shadow(그림자)]를 선택하고 'Opacity(불투명도) : 75%, Angle(각도) : 120°, Distance(거리) : 5px, Size(크기) : 5px'로 설정한 후 [OK(확인)]를 클릭합니다.

04 [File(파일)]-[Open(열기)]을 선택하여 2급-7.jpg를 불러옵니다. Quick Selection Tool(빠른 선택 도구, ✐)을 클릭하고 Options Bar(옵션 바)에서 Add to selection(선택 영역에 추가, ✐)을 설정한 후 브러시의 크기를 조절하며 드래그하여 선택합니다.

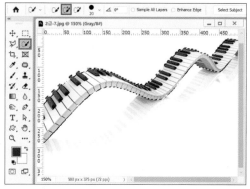

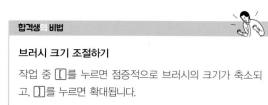

합격생의 비법

브러시 크기 조절하기

작업 중 []를 누르면 점증적으로 브러시의 크기가 축소되고, []를 누르면 확대됩니다.

05 Ctrl + C 로 복사한 후 작업 이미지를 선택하여 Ctrl + V 로 붙여넣고 Ctrl + T 로 크기 조절과 회전을 합니다.

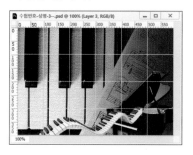

06 Layers(레이어) 패널 하단의 'Add a layer style(레이어 스타일 추가, [fx.])'을 클릭하여 [Drop Shadow(그림자)]를 선택합니다.

07 [File(파일)]–[Open(열기)]을 선택하여 2급–8.jpg를 불러온 후 Quick Selection Tool(빠른 선택 도구, [◻])을 클릭하고 Options Bar(옵션 바)에서 Add to selection(선택 영역에 추가, [◻])을 설정한 후 브러시의 크기를 조절하며 드래그하여 선택합니다. Ctrl + C 로 복사하고 작업 이미지에 Ctrl + V 로 붙여 넣고 Ctrl + T 로 크기를 조절한 후 배치합니다.

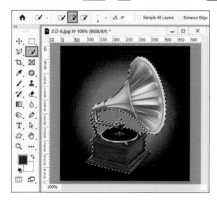

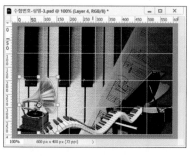

08 Layers(레이어) 패널 하단의 'Add a layer style(레이어 스타일 추가, [fx.])'을 클릭하여 [Drop Shadow(그림자)]를 선택합니다.

01 Custom Shape Tool(사용자 정의 모양 도구, 🔗)을 클릭하고 Options Bar(옵션 바)에서 'Shape(모양), Fill(칠) : #ffffff, Stroke(획) : No Color(색상 없음), Shape(모양) : Sharp Symbol(올림표, ♯)'을 클릭한 후 드래그하여 모양을 그립니다.

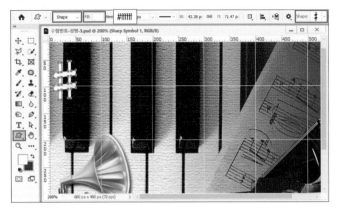

Shape 경로

[Legacy Shapes and More(레거시 모양 및 기타)]-[All Legacy Default Shapes(모든 레거시 기본 모양)]-[Music (음악)]

02 Layers(레이어) 패널 하단의 'Add a layer style(레이어 스타일 추가, fx)'을 클릭하여 [Inner Shadow(내부 그림자)]를 선택하고 'Opacity(불투명도) : 75%, Angle(각도) : 120°, Distance(거리) : 5px, Size(크기) : 5px'로 설정한 후 [OK(확인)]를 클릭합니다.

03 Custom Shape Tool(사용자 정의 모양 도구, 🔗)을 클릭하고 Options Bar(옵션 바)에서 'Shape(모양), Fill(칠) : 임의 색상, Stroke(획) : No Color(색상 없음), Shape(모양) : Treble Clef(높은음자리표, 𝄞)'를 설정한 후 Shift 를 누르고 모양을 그리고 Ctrl + T 를 누르고 조절점 밖을 드래그하여 회전한 후 배치합니다.

Shape 경로

[Legacy Shapes and More(레거시 모양 및 기타)]-[All Legacy Default Shapes(모든 레거시 기본 모양)]-[Music(음악)]

04 Layers(레이어) 패널 하단의 'Add a layer style(레이어 스타일 추가, <u>fx.</u>)'을 클릭하여 [Gradient Overlay(그레이디언트 오버레이)]를 선택하고 'Click to edit the gradient(클릭 하여 그레이디언트 편집)'를 클릭합니다. 그레이디언트 슬라이더 왼쪽 하단의 'Color Stop(색 상 정지점)'을 더블 클릭하여 #660000을, 오른쪽 'Color Stop(색상 정지점)'을 더블 클릭하여 #ffff99로 설정한 후 'Style(스타일) : Linear(선형), Angle(각도) : 90°로 설정합니다. 계속 해서 [Outer Glow(외부 광선)]를 선택하고 'Opacity(불투명도) : 75%, Spread(스프레드) : 5%, Size(크기) : 7px'로 설정하고 [OK(확인)]를 클릭합니다.

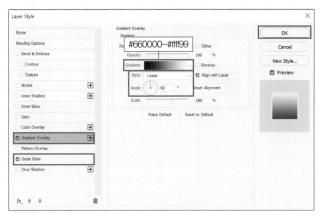

05 Layers(레이어) 패널 상단의 'Opacity(불투명도) : 70%'로 설정합니다.

06 문자 입력 및 레이어 스타일 적용

01 Horizontal Type Tool(수평 문자 도구, <u>T</u>)로 작업 이미지를 클릭하고 Options Bar(옵션 바)에서 'Font(글꼴) : Times New Roman, Set font style(글꼴 스타일 설정) : Bold, Set font size(글꼴 크기) : 60pt, Color(색상) : 임의 색상'으로 설정한 후 Piano Melody를 입력 합니다.

02 Options Bar(옵션 바)에서 Create warped text(뒤틀어진 텍스트 만들기, <u>ㅗ</u>)를 클릭하여 [Warp Text(텍스트 뒤틀기)] 대화상자에서 'Style(스타일) : Flag(깃발), Horizontal(가로) : 체크, Bend(구부리기) : 30%'를 설정하여 문자의 모양을 왜곡합니다.

03 Layers(레이어) 패널 하단의 'Add a layer style(레이어 스타일 추가, *fx.*)'을 클릭하여 [Stroke(획)]를 선택하고 'Size(크기) : 3px, Color(색상) : #ffffff'로 설정합니다. 계속해서 [Gradient Overlay(그레이디언트 오버레이)]를 선택하고 'Click to edit the gradient(클릭하여 그레이디언트 편집)'를 클릭합니다. 그레이디언트 슬라이더 왼쪽 하단의 'Color Stop(색상 정지점)'을 더블 클릭하여 #990000을, 오른쪽 'Color Stop(색상 정지점)'을 더블 클릭하여 #003333으로 설정한 후 'Style(스타일) : Linear(선형), Angle(각도) : 90˚'로 설정합니다.

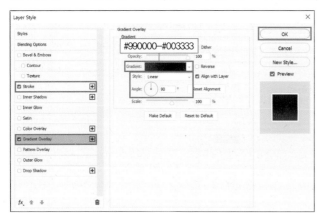

04 Horizontal Type Tool(수평 문자 도구, *T*)로 작업 이미지를 클릭하고 Options Bar(옵션 바)에서 'Font(글꼴) : 바탕, Set font size(글꼴 크기) : 30pt, Set anti-aliasing method (앤티 앨리어싱 방법 설정) : Strong(강하게), Color(색상) : #ff9900'으로 설정한 후 건반 위의 예술을 입력합니다.

05 Layers(레이어) 패널 하단의 'Add a layer style(레이어 스타일 추가, *fx.*)'을 클릭하여 [Stroke(획)]를 선택하고 'Size(크기) : 2px, Color(색상) : #663333'으로 설정합니다. 계속해서 [Drop Shadow(드롭 섀도)]를 선택하고 'Opacity(불투명도) : 75%, Angle(각도) : 120˚, Distance(거리) : 5px, Size(크기) : 5px'로 설정한 후 [OK(확인)]를 클릭합니다. Ctrl +S를 눌러 파일을 저장합니다.

07 정답 파일 저장

01 [View(보기)]-[Show(표시)]-[Grid(격자)]([Ctrl]+[`])를 선택하여 격자를 가립니다.

02 [File(파일)]-[Save As(다른 이름으로 저장)]([Shift]+[Ctrl]+[S])를 선택하고 '저장 위치 : 내 PC₩문서₩GTQ, 파일 이름 : 수험번호-성명-문제번호, 파일 형식 : JPEG(*.JPG, *.JPEG, *.JPE)'를 선택하고 [저장]을 클릭한 후 [JPEG Options(JPEG 옵션)] 대화상자에서 'Quality(품질) : 8'로 설정하고 [OK(확인)]를 클릭합니다.

03 [Image(이미지)]-[Image Size(이미지 크기)]([Alt]+[Ctrl]+[I])를 선택하고 'Constrain aspect ratio(종횡비 제한) : 클릭, Width(폭) : 60Pixels(픽셀), Height(높이) : 40Pixels(픽셀)'로 입력하여 이미지 크기를 1/10로 축소한 후 [OK(확인)]를 클릭합니다.

04 [File(파일)]-[Save As(다른 이름으로 저장)]([Shift]+[Ctrl]+[S])를 선택하고 '저장 위치 : 내 PC₩문서₩GTQ, 파일 이름 : 수험번호-성명-문제번호, 파일 형식 : Photoshop(*.PSD, *.PDD, *.PSDT)'을 선택하고 [저장]을 클릭합니다.

05 답안 저장이 완료가 되면 [File(파일)]-[Close(닫기)]([Ctrl]+[W])를 선택하여 파일을 닫고 수험 프로그램에서 [답안 전송]을 클릭하여 psd와 jpg 파일을 감독관 컴퓨터로 전송합니다.

문제 04 | CHAPTER 05
[실무응용] 이벤트 페이지 제작

작업과정	새 작업 이미지 만들기 및 파일 저장하기 ▶ 필터 적용하기 ▶ 이미지 선택 및 레이어 스타일 적용 ▶ 모양 생성 및 필터와 클리핑 마스크 적용 ▶ 불투명도 조절하여 합성 ▶ 모양 생성 및 레이어 스타일 적용 ▶ 문자 입력 및 왜곡, 레이어 스타일 적용 ▶ 정답 파일 저장
완성이미지	Part05₩기출유형문제05회₩정답파일₩수험번호-성명-4.jpg, 수험번호-성명-4.psd

---

01 새 작업 이미지 만들기 및 파일 저장하기

01 [File(파일)]-[New(새로 만들기)]([Ctrl]+[N])를 선택하고 'Width(폭) : 600Pixels(픽셀), Height(높이) : 400Pixels(픽셀), Resolution(해상도) : 72Pixels/Inch(픽셀/인치), Color Mode(색상 모드) : RGB Color(RGB 색상), 8bit(비트), Background Contents(배경 내용) : White(흰색)'로 설정하여 새 작업 이미지를 만듭니다.

02 [Edit(편집)]-[Preference(환경설정)]([Ctrl]+[K])-[Guides, Grid & Slices(안내선, 격자 및 분할 영역)]를 선택하고 Grid(격자)의 'Color(색상)'를 클릭하여 밝은 색상으로 변경한 후 'Gridline Every(격자 간격) : 100Pixels(픽셀), Subdivisions(세분) : 1'로 설정합니다.

03 [View(보기)]-[Show(표시)]-[Grid(격자)]([Ctrl]+[`])와 [View(보기)]-[Rulers(눈금자)] ([Ctrl]+[R])를 선택하여 격자와 눈금자를 표시합니다.

04 작업 도큐먼트를 저장하기 위해 [File(파일)]–[Save As(다른 이름으로 저장)]([Shift]+[Ctrl]+ [S])를 선택하고 임의 경로에 '파일 이름 : 수험번호–성명–문제번호, 파일 형식 : Photoshop (*.PSD, *.PDD, *.PSDT)'으로 파일을 저장합니다.

02 필터 적용하기

01 [File(파일)]–[Open(열기)]을 선택하여 2급–9.jpg를 불러 옵니다. [Ctrl]+[A]를 눌러 전체를 선택한 후 [Ctrl]+[C]를 눌 러 복사하고 작업 이미지를 선택하여 [Ctrl]+[V]로 붙여넣기 를 하고 배치합니다.

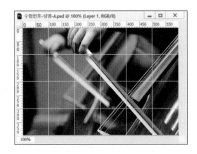

02 [Filter(필터)]–[Filter Gallery(필터 갤러리)]–[Texture(텍스처)]–[Patchwork(패치워크/ 이어붙이기)]를 선택합니다.

03 이미지 선택 및 레이어 스타일 적용

01 [File(파일)]–[Open(열기)]을 선택하여 2급–10.jpg를 불러옵니다. Quick Selection Tool (빠른 선택 도구,)을 클릭하고 Options Bar(옵션 바)에서 Add to selection(선택 영역에 추 가,)을 설정한 후 브러시의 크기를 조절하며 드래그하여 선택하고 [Ctrl]+[C]로 복사합니다.

합격생의 비법

선택 작업 중 선택 영역에서 제외할 부분은 [Alt]를 누른 채 드래그나 클릭하면 'Subtract from selection(선택 영역에서 빼기,)'으로 빠 르게 전환이 가능합니다.

02 작업 이미지를 선택하여 [Ctrl]+[V]로 붙여넣기를 하고 [Ctrl]+[T]를 누르고 [Shift]를 누른 채 조절점을 드래그 하여 크기를 조절하고 마우스 오른쪽 버튼을 클릭하여 [Flip Horizontal(가로로 뒤집기)]로 뒤집어 배치합 니다.

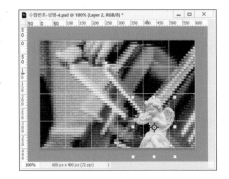

03 Layers(레이어) 패널 하단의 'Add a layer style(레이어 스타일 추가, $fx.$)'을 클릭하여 [Drop Shadow(그림자)]를 선택하고 'Opacity(불투명도) : 75%, Angle(각도) : 90°, Distance(거리) : 7px, Size(크기) : 7px'로 설정한 후 [OK(확인)]를 클릭합니다.

04 [File(파일)]-[Open(열기)]을 선택하여 2급-11.jpg를 불러옵니다. Magic Wand Tool(자동 선택 도구, $\nearrow$)을 클릭하고 Options Bar(옵션 바)에서 'Contiguous(인접) : 체크 해제'를 설정한 후 흰색 배경 부분을 클릭하여 선택합니다.

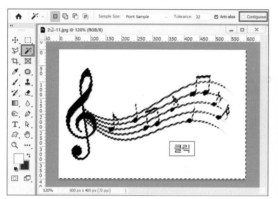

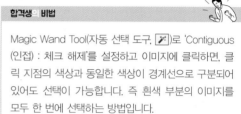

합격생 비법

Magic Wand Tool(자동 선택 도구, $\nearrow$)로 'Contiguous (인접) : 체크 해제'를 설정하고 이미지에 클릭하면, 클릭 지점의 색상과 동일한 색상이 경계선으로 구분되어 있어도 선택이 가능합니다. 즉 흰색 부분의 이미지를 모두 한 번에 선택하는 방법입니다.

05 Shift+Ctrl+I로 선택 영역을 반전하여 Ctrl+C로 복사합니다. 작업 이미지에 Ctrl+V로 붙여넣고 Ctrl+T를 누르고 Shift를 누른 채 드래그하여 크기 조절 및 회전한 후 배치합니다.

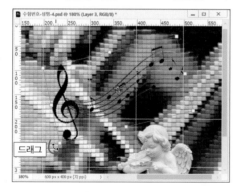

06 Layers(레이어) 패널 하단의 'Add a layer style(레이어 스타일 추가, $fx.$)'을 클릭하여 [Bevel & Emboss(경사와 엠보스)]를 선택하고 'Style(스타일) : Inner Bevel(내부 경사), Direction(방향) : Up(위로), Size(크기) : 10px'로 설정합니다. 계속해서 [Outer Glow(외부 광선)]를 선택하고 'Opacity(불투명도) : 75%, Spread(스프레드) : 3%, Size(크기) : 5px'로 설정하고 [OK(확인)]를 클릭합니다.

04 모양 생성 및 필터와 클리핑 마스크 적용

01 Custom Shape Tool(사용자 정의 모양 도구, ✿)을 클릭한 후 Options Bar(옵션 바)에서 'Shape(모양), Fill(칠) : 임의 색상, Stroke(획) : No Color(색상 없음), Shape(모양) : Flower 2(꽃 2, ✹)'를 설정한 후 Shift 를 누른 채 드래그하여 모양을 그립니다.

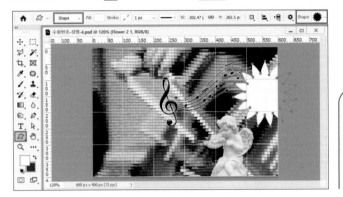

> **Shape 경로**
> [Legacy Shapes and More(레거시 모양 및 기타)]-[All Legacy Default Shapes(모든 레거시 기본 모양)]-[Shapes(모양)]

02 Layers(레이어) 패널 하단에 'Add a layer style(레이어 스타일 추가, *fx.*)'을 클릭하여 [Stroke(획)]를 선택하고 'Size(크기) : 4px, Fill Type(칠 유형) : Gradient(그레이디언트)'로 설정합니다. 'Click to edit the gradient(클릭하여 그레이디언트 편집)'를 클릭하고 그레이디언트 슬라이더 왼쪽 하단의 'Color Stop(색상 정지점)'을 더블 클릭하여 #cccc99를, 오른쪽 'Color Stop(색상 정지점)'을 더블 클릭하여 #663300으로 설정한 후 'Style(스타일) : Linear(선형), Angle(각도) : 0°'로 설정합니다.

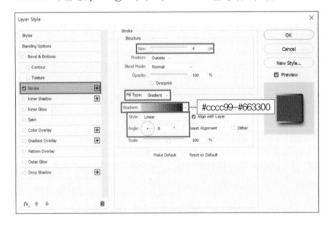

03 계속해서 [Drop Shadow(드롭 섀도)]를 선택하고 'Opacity(불투명도) : 75%, Angle(각도) : 120°, Use Global Light(전체 조명 사용) : 체크 해제, Distance(거리) : 10px, Size(크기) : 10px'로 설정하고 [OK(확인)]를 클릭합니다.

합격생의 비법

Use Global Light(전체 조명 사용)의 체크를 해제하면 이미 레이어 스타일을 적용한 레이어의 Angle(각도)에는 영향을 미치지 않고 별도로 설정이 가능합니다.

04 [File(파일)]-[Open(열기)]을 선택하여 2급-12.jpg를 불러온 후 [Ctrl]+[A]를 눌러 전체를 선택하고 [Ctrl]+[C]를 눌러 복사합니다. 작업 이미지를 선택하고 [Ctrl]+[V]로 붙여넣기를 하고 꽃 모양과 겹치도록 배치합니다.

05 Layers(레이어) 패널에서 'Layer 4' 레이어와 'Flower 2 1' 레이어 사이에 마우스 커서를 놓고 [Alt]를 누르고 클릭하여 Clipping Mask(클리핑 마스크)를 적용합니다. [Ctrl]+[T]를 누르고 [Shift]를 누른 채 조절점을 드래그하여 크기를 조절하고 배치합니다.

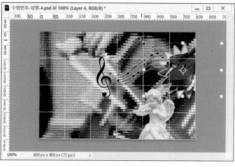
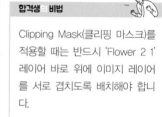

합격생 비법

Clipping Mask(클리핑 마스크)를 적용할 때는 반드시 'Flower 2 1' 레이어 바로 위에 이미지 레이어를 서로 겹치도록 배치해야 합니다.

06 [Filter(필터)]-[Filter Gallery(필터 갤러리)]-[Artistic(예술 효과)]-[Rough Pastels(거친 파스텔 효과)]를 선택합니다.

05 불투명도 조절하여 합성

01 [File(파일)]-[Open(열기)]을 선택하여 2급-13.jpg를 불러옵니다. Quick Selection Tool (빠른 선택 도구, ✎)을 클릭하고 Options Bar(옵션 바)에서 Add to selection(선택 영역에 추가, ✎)을 설정한 후 브러시의 크기를 조절하며 드래그하여 선택하고 [Ctrl]+[C]로 복사합니다.

02 작업 이미지를 선택하여 Ctrl + V 로 붙여넣기를 합니다. Ctrl + T 를 누르고 Shift 를 누른 채 크기를 조절하고 회전하여 배치합니다.

03 Layers(레이어) 패널 하단의 'Add a layer style(레이어 스타일 추가, fx.)'을 클릭하여 [Drop Shadow(그림자)]를 선택하고 'Opacity(불투명도) : 75%, Angle(각도) : 90°, Distance(거리) : 5px, Size(크기) : 5px'로 설정한 후 [OK(확인)]를 클릭합니다.

04 Layers(레이어) 패널 상단의 'Opacity(불투명도) : 70%'를 설정합니다.

06 모양 생성 및 레이어 스타일 적용

01 Custom Shape Tool(사용자 정의 모양 도구, ✿)을 클릭하고 Options Bar(옵션 바)에서 'Shape(모양), Fill(칠) : #ffcc99, Stroke(획) : No Color(색상 없음), Shape(모양) : Floral Ornament 4(꽃 장식 4, ✿)'를 설정한 후 Shift 를 누른 채 드래그하여 모양을 그립니다.

> **Shape 경로**
>
> [Legacy Shapes and More(레거시 모양 및 기타)]–[All Legacy Default Shapes(모든 레거시 기본 모양)]– [Ornaments(장식)]

02 Layers(레이어) 패널 하단의 'Add a layer style(레이어 스타일 추가, fx.)'을 클릭하여 [Inner Shadow(내부 그림자)]를 선택하고 'Opacity(불투명도) : 75%, Angle(각도) : 90°, Distance(거리) : 3px, Size(크기) : 3px'로 설정한 후 [OK(확인)]를 클릭합니다.

03 Layers(레이어) 패널 상단의 'Opacity(불투명도) : 60%'를 설정합니다.

04 Custom Shape Tool(사용자 정의 모양 도구, 🔲)을 클릭하고 Options Bar(옵션 바)에서 'Shape(모양), Fill(칠) : #ffffff, Stroke(획) : No Color(색상 없음), Shape(모양) : Checked Box(확인란, ✔)'를 설정한 후 Shift 를 누르고 모양을 그립니다.

합격생의 비법

연속해서 사용자 정의 모양 도구로 그릴 때 Fill(칠) 설정하기

Options Bar(옵션 바)에서 목록 단추를 눌러 제시된 Shape(모양)을 선택하여 그린 후에 'Layer thumbnail(레이어 축소판)'을 더블 클릭하여 Fill(칠)를 변경합니다.

Shape 경로

[Legacy Shapes and More(레거시 모양 및 기타)]–[All Legacy Default Shapes(모든 레거시 기본 모양)]–[Symbols (기호)]

05 Layers(레이어) 패널 하단의 'Add a layer style(레이어 스타일 추가, *fx.*)'을 클릭하여 [Drop Shadow(그림자)]를 선택하고 'Opacity(불투명도) : 75%, Angle(각도) : 90°, Distance(거리) : 7px, Size(크기) : 7px'로 설정한 후 [OK(확인)]를 클릭합니다.

06 Layers(레이어) 패널 상단의 'Opacity(불투명도) : 60%'를 설정합니다.

07 문자 입력 및 왜곡, 레이어 스타일 적용

01 Horizontal Type Tool(수평 문자 도구, T)로 작업 이미지를 클릭하고 Options Bar(옵션 바)에서 'Font(글꼴) : 궁서, Set font size(글꼴 크기) : 20pt, Set anti-aliasing method (앤티 앨리어싱 방법 설정) : Strong(강하게), Color(색상) : #333399'로 설정한 후 현악 오케스트라 단원 모집을 입력합니다.

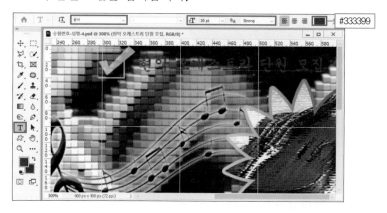

02 Layers(레이어) 패널 하단의 'Add a layer style(레이어 스타일 추가, *fx.*)'을 클릭하여 [Stroke(획)]를 선택하고 'Size(크기) : 2px, Color(색상) : #ffffcc'로 설정합니다.

03 Horizontal Type Tool(수평 문자 도구, T)로 작업 이미지를 클릭하고 Options Bar(옵션 바)에서 'Font(글꼴) : Arial, Set font style(글꼴 스타일 설정) : Regular, Set font size(글꼴 크기) : 40pt, Color(색상) : #ffffff'로 설정한 후 String Orchestra를 입력합니다.

04 Options Bar(옵션 바)에서 Create warped text(뒤틀어진 텍스트 만들기, ㅗ)를 클릭하여 [Warp Text(텍스트 뒤틀기)] 대화상자에서 'Style(스타일) : Arch(아치), Horizontal(가로) : 체크, Bend(구부리기) : 25%'를 설정하여 문자의 모양을 왜곡합니다.

05 Layers(레이어) 패널 하단의 'Add a layer style(레이어 스타일 추가, fx.)'을 클릭하여 [Stroke(획)]를 선택하고 'Size(크기) : 3px, Color(색상) : #993333'으로 설정합니다. 계속해서 [Drop Shadow(드롭 섀도)]를 선택하고 'Opacity(불투명도) : 75%, Angle(각도) : 90°, Distance(거리) : 10px, Size(크기) : 5px'로 설정한 후 [OK(확인)]를 클릭합니다.

06 Horizontal Type Tool(수평 문자 도구, T)로 작업 이미지를 클릭하고 Options Bar(옵션 바)에서 'Font(글꼴) : 돋움, Set font size(글꼴 크기) : 30pt, Set anti-aliasing method (앤티 앨리어싱 방법 설정) : Strong(강하게), Color(색상) : 임의 색상'으로 설정한 후 섬세하고 감미로운 현악기를 입력합니다.

07 Options Bar(옵션 바)에서 Create warped text(뒤틀어진 텍스트 만들기, ㅗ)를 클릭하여 [Warp Text(텍스트 뒤틀기)] 대화상자에서 'Style(스타일) : Arc Upper(위 부채꼴), Horizontal(가로) : 체크, Bend(구부리기) : 35%'를 설정하여 문자의 모양을 왜곡합니다.

08 Layers(레이어) 패널 하단의 'Add a layer style(레이어 스타일 추가, _fx_)'을 클릭하여 [Stroke(획)]를 선택하고 'Size(크기) : 3px, Color(색상) : #ffffff'로 설정합니다. 계속해서 [Gradient Overlay(그레이디언트 오버레이)]를 선택하고 'Click to edit the gradient (클릭하여 그레이디언트 편집)'를 클릭합니다.

09 그레이디언트 슬라이더 왼쪽 하단의 'Color Stop(색상 정지점)'을 더블 클릭하여 #000033을, 오른쪽 'Color Stop(색상 정지점)'을 더블 클릭하여 #669900으로 설정한 후 'Style(스타일) : Linear(선형), Angle(각도) : 90°'로 설정합니다. [Ctrl]+[S]를 눌러 파일을 저장합니다.

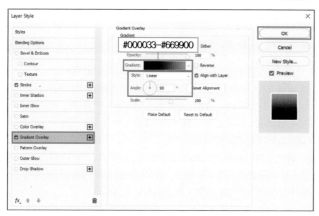

08 정답 파일 저장

01 [View(보기)]-[Show(표시)]-[Grid(격자)]([Ctrl]+[']')를 선택하여 격자를 가립니다.

02 [File(파일)]-[Save As(다른 이름으로 저장)]([Shift]+[Ctrl]+[S])를 선택하고 '저장 위치 : 내 PC₩문서₩GTQ, 파일 이름 : 수험번호-성명-문제번호, 파일 형식 : JPEG(*.JPG, *.JPEG, *.JPE)'를 선택하고 [저장]을 클릭한 후 [JPEG Options(JPEG 옵션)] 대화상자에서 'Quality(품질) : 8'로 설정하고 [OK(확인)]를 클릭합니다.

03 [Image(이미지)]-[Image Size(이미지 크기)]([Alt]+[Ctrl]+[I])를 선택하고 'Constrain aspect ratio(종횡비 제한) : 클릭, Width(폭) : 60Pixels(픽셀), Height(높이) : 40Pixels(픽셀)'로 입력하여 이미지 크기를 1/10로 축소한 후 [OK(확인)]를 클릭합니다.

04 [File(파일)]-[Save As(다른 이름으로 저장)]([Shift]+[Ctrl]+[S])를 선택하고 '저장 위치 : 내 PC₩문서₩GTQ, 파일 이름 : 수험번호-성명-문제번호, 파일 형식 : Photoshop(*.PSD, *.PDD, *.PSDT)'을 선택하고 [저장]을 클릭합니다.

05 답안 저장이 완료가 되면 [File(파일)]-[Exit(종료)]([Ctrl]+[Q])를 선택하여 프로그램을 종료하고 수험 프로그램에서 [답안 전송]을 클릭하여 psd와 jpg 파일을 감독관 컴퓨터로 전송합니다.

급수	문제유형	시험시간	수험번호	성명
2급	A	90분	G220240006	

수 험 자 유 의 사 항

- 수험자는 문제지를 받는 즉시 응시하고자 하는 <u>과목 및 급수가 맞는지 확인</u>한 후 수험번호와 성명을 작성합니다.
- 파일명은 본인의 "수험번호–성명–문제번호"로 공백 없이 정확히 입력하고 답안폴더(내 PC₩문서₩GTQ)에 jpg 파일과 psd 파일의 2가지 포맷으로 저장해야 하며, jpg 파일과 psd 파일의 내용이 상이할 경우 0점 처리됩니다. 답안문서 파일명 이 "수험번호–성명–문제번호"와 일치하지 않거나, 답안 파일을 전송하지 않아 미제출로 처리될 경우 불합격 처리됩니다.
- 문제의 세부조건은 '영문(한글)' 형식으로 표기되어 있으니 유의하시기 바랍니다.
- 수험자 정보와 저장한 파일명, 저장 위치가 다를 경우 전송이 되지 않으므로, 주의하시기 바랍니다.
- 답안 작성 중에도 <u>주기적으로 '저장'과 '답안 전송'</u>을 이용하여 감독위원 PC로 답안을 전송하셔야 합니다.(※ 작업한 내용 을 <u>저장하지 않고 전송할 경우</u> 이전의 저장내용이 전송되오니 이점 반드시 유념하시기 바랍니다.)
- 답안문서는 지정된 경로 외의 다른 보조기억장치에 저장하는 행위, 지정된 시험 시간 외에 작성된 파일을 활용한 행위, 기 타 통신수단(이메일, 메신저, 네트워크 등)을 이용하여 타인에게 전달 또는 외부 반출하는 행위는 부정으로 간주되어 자격 기본법 제32조에 의거 본 시험 및 국가공인 자격시험을 2년간 응시할 수 없습니다.
- 시험 중 부주의 또는 고의로 시스템을 파손한 경우와 〈수험자 유의사항〉에 기재된 방법대로 이행하지 않아 생기는 불이익 은 수험자의 책임임을 알려 드립니다.
- 시험을 완료한 수험자는 최종적으로 저장한 답안파일이 전송되었는지 확인한 후 감독위원의 지시에 따라 문제지를 제출하 고 퇴실합니다.

답 안 작 성 요 령

- **온라인 답안 작성 절차**
  수험자 등록 ⇒ 시험 시작 ⇒ 답안파일 저장 ⇒ 답안 전송 ⇒ 시험 종료
- 내 PC₩문서₩GTQ₩Image폴더에 있는 그림 원본파일을 사용하여 답안을 작성하시고 최종답안을 답안폴더(내 PC₩문 서₩GTQ)에 저장하여 답안을 전송하시고, 이미지의 크기가 다른 경우 감점 처리됩니다.
- 배점은 총 100점으로 이루어지며, 점수는 각 문제별로 차등 배분됩니다.
- 각 문제는 주어진 〈조건〉에 따라 작성하고, 언급하지 않은 조건은 《출력형태》와 같이 작성합니다.
- 배치 등의 편의를 위해 주어진 눈금자의 단위는 '픽셀'입니다.
  그 외는 출력형태(효과, 이미지, 문자, 색상, 레이아웃, 규격 등)와 같게 작업하십시오.
- 문제 조건에 서체의 지정이 없을 경우 한글은 굴림이나 돋움, 영문은 Arial로 작업하십시오.
  (단, 그 외에 제시되지 않은 문자 속성을 기본값으로 작성하지 않은 경우는 감점 처리됩니다.)
- Image Mode(이미지 모드)는 별도의 처리조건이 없을 경우에는 RGB(8비트)로 작업하십시오.
- 모든 답안 파일은 해상도 72Pixels/Inch로 작업하십시오.
- Layer(레이어)는 각 기능별로 분할해야 하며, 임의로 합칠 경우나 각 기능에 대한 속성을 해지할 경우 해당 요소는 0점 처리 됩니다.

한 국 생 산 성 본 부

문제 1 ┊ Tool(도구) 활용   20점

다음의 《조건》에 따라 아래의 《출력형태》와 같이 작업하시오.

출력형태

조건

원본 이미지	Part05₩기출유형문제06회₩2급-1.jpg		
파일저장규칙	JPG	파일명	문서₩GTQ₩수험번호-성명-1.jpg
		크기	400×500 pixels
	PSD	파일명	문서₩GTQ₩수험번호-성명-1.psd
		크기	40×50 pixels

1. 그림 효과
① 복제 및 변형 : 컵케익
② Shape Tool(모양 도구) 사용 :
  – 나비 모양(#ff9999, 레이어 스타일 – Inner Shadow(내부 그림자))
  – 하트 모양(#66ccff, #ccff99, 레이어 스타일 – Drop Shadow(그림자 효과))

2. 문자 효과
① Dessert(Arial, Regular, 63pt, 레이어 스타일 – 그레이디언트 오버레이(#330033, #ff0033))

문제 2 ┊ 사진편집 기초   20점

다음의 《조건》에 따라 아래의 《출력형태》와 같이 작업하시오.

출력형태

조건

원본 이미지	Part05₩기출유형문제06회₩2급-2.jpg, 2급-3.jpg, 2급-4.jpg		
파일저장규칙	JPG	파일명	문서₩GTQ₩수험번호-성명-2.jpg
		크기	400×500 pixels
	PSD	파일명	문서₩GTQ₩수험번호-성명-2.psd
		크기	40×50 pixels

1. 그림 효과
① 색상 보정 : 2급-3.jpg – 주황색 계열로 보정, 레이어 스타일 – Drop Shadow(그림자 효과)
② 액자 제작 :
  필터 – Stained Glass(스테인드 글라스/채색 유리), 안쪽 테두리(5px, #663333), 레이어 스타일 – Drop Shadow(그림자 효과)
③ 2급-4.jpg : 레이어 스타일 – Drop Shadow(그림자 효과)

2. 문자 효과
① 달콤한 디저트와 함께(돋움, 33pt, #660000, 레이어 스타일 – Stroke(선/획)(3px, #ffcccc))

다음의 《조건》에 따라 아래의 《출력형태》와 같이 작업하시오.

조건

원본 이미지		Part05₩기출유형문제06회₩2급-5.jpg, 2급-6.jpg, 2급-7.jpg, 2급-8.jpg
파일저장규칙	JPG	파일명 문서₩GTQ₩수험번호-성명-3.jpg
		크기 600×400 pixels
	PSD	파일명 문서₩GTQ₩수험번호-성명-3.psd
		크기 60×40 pixels

1. 그림 효과
① 배경 : #cccc99
② 2급-5.jpg : 필터 – Texturizer(텍스처화), 레이어 마스크 – 가로 방향으로 흐릿하게
③ 2급-6.jpg : 레이어 스타일 – Outer Glow(외부 광선)
④ 2급-7.jpg : 레이어 스타일 – Drop Shadow(그림자 효과)
⑤ 2급-8.jpg : 레이어 스타일 – Bevel and Emboss(경사와 엠보스)
⑥ 그 외 《출력형태》 참조

2. 문자 효과
① Sweet Dessert Holic(Times New Roman, Bold, 50pt, 레이어 스타일 – Stroke(선/획)(3px, #003366), 그레이디언트
오버레이(#339933, #ffff00))
② 달콤한 디저트!(돋움, 30pt, #ffffff, 레이어 스타일 – Stroke(선/획)(2px, #ff0066), Drop Shadow(그림자 효과))

출력형태

Shape Tool(모양 도구) 사용
레이어 스타일 – Drop Shadow(그림자 효과),
그레이디언트 오버레이(#ffff00,#ff6600)

Shape Tool(모양 도구) 사용
#ccffcc, 레이어 스타일 –
Drop Shadow(그림자 효과)

다음의 《조건》에 따라 아래의 《출력형태》와 같이 작업하시오.

조건

원본 이미지		Part05₩기출유형문제06회₩2급-9.jpg, 2급-10.jpg, 2급-11.jpg, 2급-12.jpg, 2급-13.jpg	
파일저장규칙	JPG	파일명	문서₩GTQ₩수험번호-성명-4.jpg
		크기	600×400 pixels
	PSD	파일명	문서₩GTQ₩수험번호-성명-4.psd
		크기	60×40 pixels

1. 그림 효과

① 2급-9.jpg : 필터 – Texturizer(텍스처화)
② 2급-10.jpg : 레이어 스타일 – Drop Shadow(그림자 효과)
③ 2급-11.jpg : 레이어 스타일 – Bevel and Emboss(경사와 엠보스), Outer Glow(외부 광선)
④ 2급-12.jpg : 필터 – Dry Brush(드라이 브러시)
⑤ 2급-13.jpg : 레이어 스타일 – Bevel and Emboss(경사와 엠보스)
⑥ 그 외 《출력형태》 참조

2. 문자 효과

① Dessert House(Arial, Bold, 37pt, #ffffff, 레이어 스타일 – Drop Shadow(그림자 효과), Stroke(선/획)(3px, #660066))
② Cake & Coffee(Arial, Narrow, 35pt, 레이어 스타일 – 그레이디언트 오버레이(#ff0033 #ffcc00),
    Stroke(선/획)(2px, #330066))
③ 달콤함이 주는 여유와 즐거움(바탕, 20pt, #660066, 레이어 스타일 – Stroke(선/획)(2px, #ffffff))

출력형태

Shape Tool(모양 도구) 사용
레이어 스타일 – 그레이디언트
오버레이(#ffffcc,#33ffcc),
Outer Glow(외부 광선),
Opacity(불투명도)(70%)

Shape Tool(모양 도구)
사용
레이어 스타일 –
Drop Shadow(그림자 효과),
Stroke(선/획)(4px, 그레이디
언트(#ff6600, #9999ff))

Shape Tool(모양 도구) 사용
#993333, 레이어 스타일 –
Inner Shadow(내부 그림자),
Opacity(불투명도)(70%)

CHAPTER 06
[기능평가] Tool(도구) 활용

작업과정	새 작업 이미지 만들고 파일 저장하기 ▶ 선택 영역 만들고 복제 및 변형하기 ▶ 모양 생성 및 레이어 스타일 적용 ▶ 문자 입력 및 레이어 스타일 적용 ▶ 정답 파일 저장
완성이미지	Part05₩기출유형문제06회₩정답파일₩수험번호-성명-1.jpg, 수험번호-성명-1.psd

01 새 작업 이미지 만들고 파일 저장하기

01 [File(파일)]-[New(새로 만들기)]([Ctrl]+[N])를 선택하고 'Width(폭) : 400Pixels(픽셀), Height(높이) : 500Pixels(픽셀), Resolution(해상도) : 72Pixels/Inch(픽셀/인치), Color Mode(색상 모드) : RGB Color(RGB 색상), 8bit(비트), Background Contents(배경 내용) : White(흰색)'를 설정하여 새 작업 이미지를 만듭니다.

02 [Edit(편집)]-[Preference(환경설정)]([Ctrl]+[K])-[Guides, Grid & Slices(안내선, 격자 및 분할 영역)]를 선택하고 Grid(격자)의 'Color(색상)'를 클릭하여 밝은 색상으로 변경한 후 'Gridline Every(격자 간격) : 100Pixels(픽셀), Subdivisions(세분) : 1'로 설정합니다.

03 [View(보기)]-[Show(표시)]-[Grid(격자)]([Ctrl]+[']와 [View(보기)]-[Rulers(눈금자)]([Ctrl]+[R])를 선택하여 격자와 눈금자를 표시합니다.

04 작업 도큐먼트를 저장하기 위해 [File(파일)]-[Save As(다른 이름으로 저장)]([Shift]+[Ctrl]+[S])를 선택하고 임의 경로에 '파일 이름 : 수험번호-성명-문제번호, 파일 형식 : Photoshop (*.PSD, *.PDD, *.PSDT)'으로 파일을 저장합니다.

02 선택 영역 만들고 복제 및 변형하기

01 [File(파일)]-[Open(열기)]([Ctrl]+[O])을 선택하여 2급-1.jpg를 불러옵니다. [Ctrl]+[A]를 눌러 전체를 선택한 후 [Ctrl]+[C]를 눌러 복사합니다. 작업 이미지를 선택하여 [Ctrl]+[V]로 붙여 넣고 [Ctrl]+[T]를 눌러 [Shift]를 누르고 크기를 조절한 후 배치합니다.

02 Quick Selection Tool(빠른 선택 도구, ⬚)을 클릭하고 Options Bar(옵션 바)에서 Add to selection(선택 영역에 추가, ⬚)를 설정한 후 브러시의 크기를 조절하며 드래그하여 선택합니다.

합격생의 비법

Quick Selection Tool(빠른 선택 도구, ⬚)로 드래그하여 선택할 때 키보드의 [[ ], [ ]]를 누르면 점증적으로 브러시의 크기를 축소, 확대할 수 있습니다.

03 [Ctrl]+[J]를 눌러 레이어를 복사한 후 [Ctrl]+[T]를 누르고 [Shift]를 누른 채 드래그하여 크기를 축소하고 회전한 후 배치합니다.

드래그

03 모양 생성 및 레이어 스타일 적용

01 Custom Shape Tool(사용자 정의 모양 도구, ⬚)을 클릭하고 Options Bar(옵션 바)에서 'Shape(모양), Fill(칠) : #66ccff, Stroke(획) : No Color(색상 없음), Shape(모양) : Heart Card(하트 모양 카드, ♥)'를 설정한 후 [Shift]를 누른 채 드래그하여 모양을 그립니다. [Ctrl]+[T]를 누르고 [Shift]를 누른 채 드래그하여 회전한 후 배치합니다.

드래그

Shape 경로

[Legacy Shapes and More(레거시 모양 및 기타)]-[All Legacy Default Shapes (모든 레거시 기본 모양)]-[Shapes(모양)]

합격생의 비법

[Ctrl]+[T]로 [Shift]를 누른 채 회전하면 15° 단위로 회전할 수 있습니다.

02 Layers(레이어) 패널 하단의 'Add a layer style(레이어 스타일 추가, _fx._)'을 클릭하여 [Drop Shadow(그림자)]를 선택하고 'Opacity(불투명도) : 75%, Angle(각도) : 90°, Distance(거리) : 5px, Size(크기) : 5px'로 설정한 후 [OK(확인)]를 클릭합니다.

03 Ctrl + J 를 눌러 'Heart Card 1' 레이어를 복사한 후 'Layer thumbnail(레이어 축소판)'을 더블 클릭하여 'Color(색상) : #ccff99'로 변경합니다. Ctrl + T 를 누르고 Shift 를 누른 채 드래그하여 크기를 확대 및 회전한 후 배치합니다.

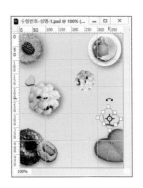

04 Custom Shape Tool(사용자 정의 모양 도구, _⚙_)을 클릭하고 Options Bar(옵션 바)에서 'Shape(모양), Fill(칠) : #ff9999, Stroke(획) : No Color(색상 없음), Shape(모양) : Butterfly(나비, _🦋_)'를 설정한 후 Shift 를 누르고 모양을 그린 후 Ctrl + T 를 누르고 드래그하여 회전하여 배치합니다.

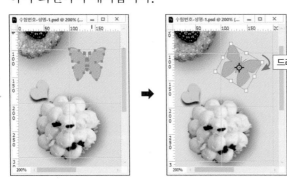

드래그

> **Shape 경로**
>
> [Legacy Shapes and More(레거시 모양 및 기타)]-[All Legacy Default Shapes(모든 레거시 기본 모양)]-[Nature(자연)]

합격생 비법

연속해서 사용자 정의 모양 도구로 그릴 때 Fill(칠) 설정하기

Options Bar(옵션 바)에서 목록 단추를 눌러 제시된 Shape(모양)을 선택하여 그린 후에 'Layer thumbnail(레이어 축소판)'을 더블 클릭하여 Fill(칠)를 변경합니다.

---

05 Layers(레이어) 패널 하단의 'Add a layer style(레이어 스타일 추가, _fx._)'을 클릭하여 [Inner Shadow(내부 그림자)]를 선택하고 'Opacity(불투명도) : 35%, Angle(각도) : 90°, Distance(거리) : 5px, Size(크기) : 5px'로 설정한 후 [OK(확인)]를 클릭합니다.

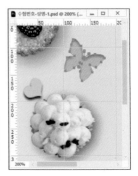

04 문자 입력 및 레이어 스타일 적용

01 Horizontal Type Tool(수평 문자 도구, $\boxed{\text{T}}$)로 작업 이미지를 클릭하고 Options Bar(옵션 바)에서 'Font(글꼴) : Arial, Set font style(글꼴 스타일 설정) : Regular, Set font size(글꼴 크기) : 63pt, Color(색상) : 임의 색상'으로 설정한 후 Dessert를 입력합니다.

02 Layers(레이어) 패널 하단의 'Add a layer style(레이어 스타일 추가, $\boxed{fx.}$)'을 클릭하여 [Gradient Overlay(그레이디언트 오버레이)]를 선택하고 'Click to edit the gradient(클릭하여 그레이디언트 편집)'를 클릭합니다. 그레이디언트 슬라이더 왼쪽 하단의 'Color Stop(색상 정지점)'을 더블 클릭하여 #330033을, 오른쪽 'Color Stop(색상 정지점)'을 더블 클릭하여 #ff0033으로 설정한 후 'Style(스타일) : Linear(선형), Angle(각도) : 90°로 설정하고 [OK(확인)]를 클릭합니다. $\boxed{\text{Ctrl}}$+$\boxed{\text{S}}$를 눌러 파일을 저장합니다.

05 정답 파일 저장

01 [View(보기)]-[Show(표시)]-[Grid(격자)]($\boxed{\text{Ctrl}}$+$\boxed{\text{'}}$)를 선택하여 격자를 가립니다.

02 [File(파일)]-[Save As(다른 이름으로 저장)]($\boxed{\text{Shift}}$+$\boxed{\text{Ctrl}}$+$\boxed{\text{S}}$)를 선택하고 '저장 위치 : 내 PC₩문서₩GTQ, 파일 이름 : 수험번호-성명-문제번호, 파일 형식 : JPEG(*.JPG, *. JPEG, *.JPE)'를 선택하고 [저장]을 클릭한 후 [JPEG Options(JPEG 옵션)] 대화상자에서 'Quality(품질) : 8'로 설정하고 [OK(확인)]를 클릭합니다.

합격생의 비법

CC 2020 이후 버전에서 [Save As(다른 이름으로 저장)]로 '파일 형식 : JPEG(*.JPG, *.JPEG, *.JPE)'가 없는 경우에는 아래와 같이 저장하면 됩니다.

※ CC 버전에 따라 정답 파일을 '파일 형식 : JPEG(*.JPG, *.JPEG, *.JPE)'로 저장하기

- [File(파일)]-[Save As(다른 이름으로 저장)]($\boxed{\text{Shift}}$+$\boxed{\text{Ctrl}}$+$\boxed{\text{S}}$)를 선택하고 [다른 이름으로 저장] 대화상자에서 [Save A Copy(사본 저장)]를 선택합니다.
- [File(파일)]-[Save A Copy(사본 저장)]($\boxed{\text{Alt}}$+$\boxed{\text{Ctrl}}$+$\boxed{\text{S}}$)를 선택합니다.

---

03 [Image(이미지)]-[Image Size(이미지 크기)]($\boxed{\text{Alt}}$+$\boxed{\text{Ctrl}}$+$\boxed{\text{I}}$)를 선택하고 'Constrain aspect ratio(종횡비 제한) : 클릭, Width(폭) : 40Pixels(픽셀), Height(높이) : 50Pixels(픽셀)'로 입력하여 이미지 크기를 1/10로 축소한 후 [OK(확인)]를 클릭합니다.

04 [File(파일)]–[Save As(다른 이름으로 저장)]([Shift]+[Ctrl]+[S])를 선택하고 '저장 위치 : 내 PCW문서WGTQ, 파일 이름 : 수험번호–성명–문제번호, 파일 형식 : Photoshop(*.PSD, *.PDD, *.PSDT)'을 선택하고 [저장]을 클릭합니다.

05 답안 저장이 완료가 되면 [File(파일)]–[Close(닫기)]([Ctrl]+[W])를 선택하여 파일을 닫고 수험 프로그램에서 [답안 전송]을 클릭하여 psd와 jpg 파일을 감독관 컴퓨터로 전송합니다.

문제 02	CHAPTER 06 [기능평가] 사진편집 기초
작업과정	새 작업 이미지 만들기 및 파일 저장하기 ▶ 필터 적용 및 액자 제작 ▶ 이미지 합성 및 색상 보정, 레이어 스타일 적용 ▶ 문자 입력 및 레이어 스타일 적용 ▶ 정답 파일 저장
완성이미지	Part05W기출유형문제06회W정답파일W수험번호–성명–2.jpg, 수험번호–성명–2.psd

01 새 작업 이미지 만들기 및 파일 저장하기

01 [File(파일)]–[New(새로 만들기)]([Ctrl]+[N])를 선택하고 'Width(폭) : 400Pixels(픽셀), Height(높이) : 500Pixels(픽셀), Resolution(해상도) : 72Pixels/Inch(픽셀/인치), Color Mode(색상 모드) : RGB Color(RGB 색상), 8bit(비트), Background Contents(배경 내용) : White(흰색)'로 설정하여 새 작업 이미지를 만듭니다.

02 [Edit(편집)]–[Preference(환경설정)]([Ctrl]+[K])–[Guides, Grid & Slices(안내선, 격자 및 분할 영역)]를 선택하고 Grid(격자)의 'Color(색상)'를 클릭하여 밝은 색상으로 변경한 후 'Gridline Every(격자 간격) : 100Pixels(픽셀), Subdivisions(세분) : 1'로 설정합니다.

03 [View(보기)]–[Show(표시)]–[Grid(격자)]([Ctrl]+['])와 [View(보기)]–[Rulers(눈금자)] ([Ctrl]+[R])를 선택하여 격자와 눈금자를 표시합니다.

04 작업 도큐먼트를 저장하기 위해 [File(파일)]–[Save As(다른 이름으로 저장)]([Shift]+[Ctrl]+ [S])를 선택하고 임의 경로에 '파일 이름 : 수험번호–성명–문제번호, 파일 형식 : Photoshop (*.PSD, *.PDD, *.PSDT)'으로 파일을 저장합니다.

02 필터 적용 및 액자 제작

01 [File(파일)]–[Open(열기)]을 선택하여 2급–2.jpg를 불러옵니다. [Ctrl]+[A]를 눌러 전체를 선택한 후 [Ctrl]+[C]를 눌러 복사하고 작업 이미지를 선택하여 [Ctrl]+[V]로 붙여넣기를 합니다. [Ctrl]+[T]를 누르고 [Shift]를 누른 채 조절점을 드래그하여 크기를 조절하고 배치합니다.

02 [Layer(레이어)]-[New(새로 만들기)]-[Layer Via Copy(복사한 레이어)]([Ctrl]+[J])를 클릭하고 레이어를 복사합니다.

03 Tool Panel(도구 패널) 하단의 Set foreground color(전경색 설정)을 클릭하여 Color Picker(색상 피커) 대화상자에서 'Color(색상) : #cccccc'를 설정합니다.

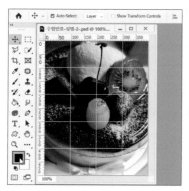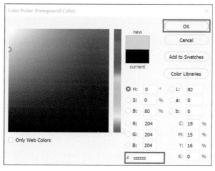

04 [Filter(필터)]-[Filter Gallery(필터 갤러리)]-[Texture(텍스처)]-[Stained Glass(스테인드 글라스/채색 유리)]를 선택합니다. 위쪽의 눈금자에서 아래로 드래그하여 작업 이미지의 세로 중앙인 250px의 위치에 안내선을 표시합니다.

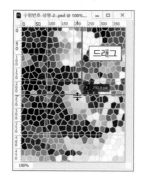

05 Rectangular Marquee Tool(사각형 선택 윤곽 도구, ▣)을 클릭하고 Options Bar(옵션 바)에서 'New selection(새 선택 영역, ▣), Feather(페더) : 0px, Style(스타일) : Fixed Size (크기 고정), Width(폭) : 320px, Height(높이) : 420px'로 설정합니다.

06 제시된 액자의 프레임을 만들기 위해서 세로 격자와 안내선의 교차 지점에 Alt 를 누르고 작업 이미지의 중앙에 클릭하여 직사각형 모양으로 선택합니다.

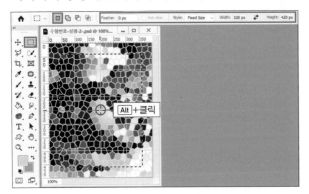

07 [Select(선택)]-[Modify(수정)]-[Smooth(매끄럽게)]를 클릭하여 'Sample Radius(샘플 반경) : 10pixels(픽셀)'을 설정하고 [OK(확인)]를 클릭하여 모서리를 둥글게 합니다. Delete 를 눌러 선택된 이미지를 삭제하고 프레임을 만듭니다.

08 [Edit(편집)]-[Stroke(획)]를 클릭하여 'Width(폭) : 5px, Color(색상) : #663333, Location(위치) : Inside(안쪽), Mode(모드) : Normal(표준), Opacity(불투명도) : 100%, Preserve Transparency(투명도 유지) : 체크 해제'를 설정하고 [OK(확인)]를 클릭하여 안쪽 테두리를 적용합니다.

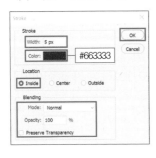 

09 Ctrl + D 를 눌러 선택을 해제하고, Layers(레이어) 패널 하단의 'Add a layer style(레이어 스타일 추가, fx.)'을 클릭하여 [Drop Shadow(그림자)]를 선택하고 'Angle(각도) : 120°, Use Global Light(전체 조명 사용) : 체크 해제, Distance(거리) : 5px, Size(크기) : 5px'로 설정합니다.

🔵 이미지 합성 및 색상 보정, 레이어 스타일 적용

01 [File(파일)]–[Open(열기)]을 선택하여 2급–3.jpg를 불러온 후 Quick Selection Tool(빠른 선택 도구, 🖌️)을 클릭하고 이미지에 드래그하여 선택한 후 Ctrl+C로 복사합니다.

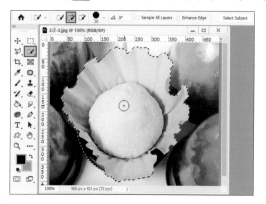

02 작업 이미지를 클릭하고, Layers(레이어) 패널에서 'Layer 1' 레이어를 클릭한 후 Ctrl+V로 붙여넣은 후 Ctrl+T를 누르고 Shift를 누른 채 조절점을 드래그하여 크기를 조절한 후 배치합니다.

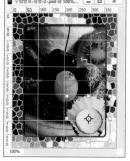

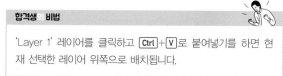

> **합격생의 비법**
>
> 'Layer 1' 레이어를 클릭하고 Ctrl+V로 붙여넣기를 하면 현재 선택한 레이어 위쪽으로 배치됩니다.

03 Layers(레이어) 패널 하단의 'Add a layer style(레이어 스타일 추가, 🔲)'을 클릭하여 [Drop Shadow(그림자)]를 선택하고 'Angle(각도) : 120°, Distance(거리) : 10px, Spread(스프레드) : 20%, Size(크기) : 10px'로 설정합니다.

04 Quick Selection Tool(빠른 선택 도구, 🖌️)을 클릭하고 가운데 이미지에 드래그하여 선택합니다.

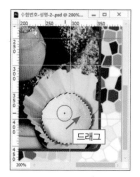

드래그

05 Layers(레이어) 패널 하단의 'Create new fill or adjustment layer(새 칠 또는 조정 레이어 생성, )'를 클릭하고 [Hue/Saturation(색조/채도)]을 선택합니다. Properties(속성) 패널에서 'Colorize(색상화) : 체크, Hue(색조) : 17, Saturation(채도) : 85, Lightness(명도) : 0'으로 설정하여 주황색 계열로 색상을 보정합니다.

06 [File(파일)]−[Open(열기)]을 선택하여 2급-4.jpg를 불러온 후 Object Selection Tool(개체 선택 도구, )을 클릭하고 Options Bar(옵션 바)에서 'New Selection(새 선택 영역, ), Mode(모드) : Rectangle(사각형)'을 선택하고 이미지에 드래그하여 선택하고 Ctrl + C 로 복사합니다.

07 작업 이미지에 Ctrl + V 로 붙여넣은 후 Ctrl + T 로 조절하고, 마우스 오른쪽 버튼을 누르고 [Flip Horizontal(가로로 뒤집기)]로 뒤집고 배치합니다. Ctrl +] 를 눌러 액자 프레임 'Layer 1 copy' 레이어의 위쪽에 배치합니다.

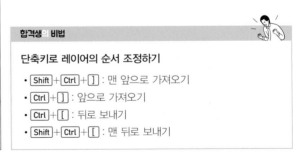

합격생의 비법

단축키로 레이어의 순서 조정하기

- Shift + Ctrl +] : 맨 앞으로 가져오기
- Ctrl +] : 앞으로 가져오기
- Ctrl + [: 뒤로 보내기
- Shift + Ctrl + [: 맨 뒤로 보내기

08 Layers(레이어) 패널 하단의 'Add a layer style(레이어 스타일 추가, *fx.*)'을 클릭하여 [Drop Shadow(그림자)]를 선택하고 'Angle(각도) : 120°, Distance(거리) : 12px, Spread(스프레드) : 15%, Size(크기) : 15px'로 설정합니다.

04 문자 입력 및 레이어 스타일 적용

01 Horizontal Type Tool(수평 문자 도구, **T**)로 작업 이미지를 클릭하고 Options Bar(옵션 바)에서 'Font(글꼴) : 돋움, Set font size(글꼴 크기) : 33pt, Set anti-aliasing method (앤티 앨리어싱 방법 설정) : Strong(강하게), Center text(텍스트 중앙 정렬, **≡**), Color(색상) : #660000'으로 설정한 후 달콤한 디저트와 함께를 입력합니다.

02 Options Bar(옵션 바)에서 Create warped text(뒤틀어진 텍스트 만들기, **工**)를 클릭하여 [Warp Text(텍스트 뒤틀기)] 대화상자에서 'Style(스타일) : Arc Upper(위 부채꼴), Horizontal (가로) : 체크, Bend(구부리기) : 40%'를 설정하여 문자의 모양을 왜곡합니다.

03 Layers(레이어) 패널 하단의 'Add a layer style(레이어 스타일 추가, **fx.**)'을 클릭하여 [Stroke(획)]를 선택하고 'Size(크기) : 3px, Color(색상) : #ffcccc'로 설정한 후 [OK(확인)]를 클릭합니다. **Ctrl**+**S**를 눌러 파일을 저장합니다.

05 정답 파일 저장

01 [View(보기)]-[Show(표시)]-[Grid(격자)](**Ctrl**+**'**)와 [Guides(안내선)](**Ctrl**+**;**)를 각각 선택하여 격자와 안내선을 가립니다.

02 [File(파일)]-[Save As(다른 이름으로 저장)](**Shift**+**Ctrl**+**S**)를 선택하고 '저장 위치 : 내 PCW문서WGTQ, 파일 이름 : 수험번호-성명-문제번호, 파일 형식 : JPEG(*.JPG, *. JPEG, *.JPE)'를 선택하고 [저장]을 클릭한 후 [JPEG Options(JPEG 옵션)] 대화상자에서 'Quality(품질) : 8'로 설정하고 [OK(확인)]를 클릭합니다.

03 [Image(이미지)]-[Image Size(이미지 크기)](**Alt**+**Ctrl**+**I**)를 선택하고 'Constrain aspect ratio(종횡비 제한) : 클릭, Width(폭) : 40Pixels(픽셀), Height(높이) : 50Pixels(픽셀)'로 입력하여 이미지 크기를 1/10로 축소한 후 [OK(확인)]를 클릭합니다.

04 [File(파일)]-[Save As(다른 이름으로 저장)](**Shift**+**Ctrl**+**S**)를 선택하고 '저장 위치 : 내 PCW문서WGTQ, 파일 이름 : 수험번호-성명-문제번호, 파일 형식 : Photoshop(*.PSD, *.PDD, *.PSDT)'을 선택하고 [저장]을 클릭합니다.

05 답안 저장이 완료가 되면 [File(파일)]-[Close(닫기)](**Ctrl**+**W**)를 선택하여 파일을 닫고 수험 프로그램에서 [답안 전송]을 클릭하여 psd와 jpg 파일을 감독관 컴퓨터로 전송합니다.

작업과정	새 작업 이미지 만들기 및 파일 저장하기 ▶ 배경색 적용 ▶ 필터 및 레이어 마스크 적용하여 합성하기 ▶ 이미지 선택 및 레이어 스타일 적용 ▶ 모양 생성 및 레이어 스타일 적용 ▶ 문자 입력 및 왜곡, 레이어 스타일 적용 ▶ 정답 파일 저장
완성이미지	Part05₩기출유형문제06회₩정답파일₩수험번호-성명-3.jpg, 수험번호-성명-3.psd

01 새 작업 이미지 만들기 및 파일 저장하기

01 [File(파일)]−[New(새로 만들기)]([Ctrl]+[N])를 선택하고 'Width(폭) : 600Pixels(픽셀), Height(높이) : 400Pixels(픽셀), Resolution(해상도) : 72Pixels/Inch(픽셀/인치), Color Mode(색상 모드) : RGB Color(RGB 색상), 8bit(비트), Background Contents(배경 내용) : White(흰색)'로 설정하여 새 작업 이미지를 만듭니다.

02 [Edit(편집)]−[Preference(환경설정)]([Ctrl]+[K])−[Guides, Grid & Slices(안내선, 격자 및 분할 영역)]를 선택하고 Grid(격자)의 'Color(색상)'를 클릭하여 밝은 색상으로 변경한 후 'Gridline Every(격자 간격) : 100Pixels(픽셀), Subdivisions(세분) : 1'로 설정합니다.

03 [View(보기)]−[Show(표시)]−[Grid(격자)]([Ctrl]+[']])와 [View(보기)]−[Rulers(눈금자)] ([Ctrl]+[R])를 선택하여 격자와 눈금자를 표시합니다.

04 작업 도큐먼트를 저장하기 위해 [File(파일)]−[Save As(다른 이름으로 저장)]([Shift]+[Ctrl]+[S])를 선택하고 임의 경로에 '파일 이름 : 수험번호-성명-문제번호, 파일 형식 : Photoshop (*.PSD, *.PDD, *.PSDT)'으로 파일을 저장합니다.

02 배경색 적용

01 Tool Panel(도구 패널) 하단의 'Set foreground color(전경색 설정)'을 클릭하여 #cccc99로 설정하고 [Alt]+[Delete]를 눌러 이미지의 배경을 채웁니다.

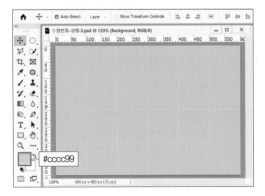

⑬ 필터 및 레이어 마스크 적용하여 합성하기

01 [File(파일)]-[Open(열기)]을 선택하여 2급-5.jpg를 불러옵니다. [Ctrl]+[A]를 눌러 전체를 선택한 후 [Ctrl]+[C]를 눌러 복사하고 작업 이미지를 선택하여 [Ctrl]+[V]로 붙여넣고 [Ctrl]+[T]를 누르고 조절점을 드래그하여 크기를 축소하고 마우스 오른쪽 버튼을 클릭하여 [Flip Horizontal(가로로 뒤집기)]로 뒤집고 배치합니다.

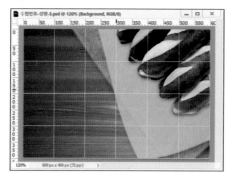

02 [Filter(필터)]-[Filter Gallery(필터 갤러리)]-[Texture(텍스처)]-[Texturizer(텍스처화)]를 선택합니다.

03 Layers(레이어) 패널에서 하단의 'Add layer mask(레이어 마스크 추가, ▣)'를 클릭하여 레이어 마스크를 추가합니다.

04 Gradient Tool(그레이디언트 도구, ▣)을 클릭하고 Options Bar(옵션 바)에서 'Click to open Gradient picker(클릭하여 그레이디언트 픽커 열기)'를 클릭합니다. Basics(기본 사항)에서 Black, White(검정, 흰색)를 선택하고 'Type(유형) : Linear Gradient(선형 그레이디언트), Mode(모드) : Normal(표준), Opacity(불투명도) : 100%'로 설정한 후 왼쪽에서 오른쪽 방향으로 드래그하여 이미지의 일부를 자연스럽게 지워 합성합니다.

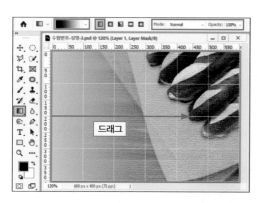

⑭ 이미지 선택 및 레이어 스타일 적용

01 [File(파일)]-[Open(열기)]을 선택하여 2급-6.jpg를 불러옵니다. Quick Selection Tool(빠른 선택 도구, ▣)을 클릭하고 Options Bar(옵션 바)에서 Add to selection(선택 영역에 추가, ▣)을 설정한 후 브러시의 크기를 조절하며 드래그하여 선택하고 [Ctrl]+[C]로 복사합니다.

02 작업 이미지를 선택하여 Ctrl + V 로 붙여넣고 Ctrl + T 를 누르고 Shift 를 누른 채 조절점을 드래그하여 크기를 조절한 후 배치합니다.

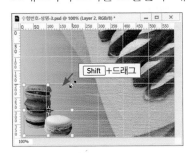

03 Layers(레이어) 패널 하단의 'Add a layer style(레이어 스타일 추가, fx.)'을 클릭하여 [Outer Glow(외부 광선)]를 선택하고 'Opacity(불투명도) : 75%, Spread(스프레드) : 10%, Size(크기) : 5px'로 설정하고 [OK(확인)]를 클릭합니다.

04 [File(파일)]−[Open(열기)]을 선택하여 2급−7.jpg를 불러옵니다. Quick Selection Tool(빠른 선택 도구, ✒)을 클릭하고 Options Bar(옵션 바)에서 Add to selection(선택 영역에 추가, ✒)를 설정한 후 브러시의 크기를 조절하며 드래그하여 선택합니다.

05 Ctrl + C 로 복사한 후 작업 이미지에 Ctrl + V 로 붙여 넣습니다 Ctrl + T 를 누르고 Shift 를 누른 채 조절점을 드래그하여 크기를 조절하고 회전한 후 배치합니다.

06 Layers(레이어) 패널 하단의 'Add a layer style(레이어 스타일 추가, fx.)'을 클릭하여 [Drop Shadow(그림자)]를 선택하고 'Opacity(불투명도) : 60%, Angle(각도) : 120°, Use Global Light(전체 조명 사용) : 체크 해제, Distance(거리) : 5px, Size(크기) : 5px'로 설정한 후 [OK(확인)]를 클릭합니다. Ctrl + [를 눌러 'Layer 2' 레이어 아래쪽으로 배치합니다.

07 [File(파일)]─[Open(열기)]을 선택하여 2급-8.jpg를 불러옵니다. Quick Selection Tool(빠른 선택 도구, )을 클릭하고 Options Bar(옵션 바)에서 Add to selection(선택 영역에 추가,)을 설정한 후 브러시의 크기를 조절하며 드래그하여 선택하고 Ctrl +C로 복사합니다.

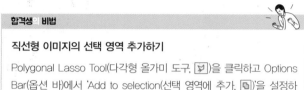

합격생의 비법

직선형 이미지의 선택 영역 추가하기

Polygonal Lasso Tool(다각형 올가미 도구,)을 클릭하고 Options Bar(옵션 바)에서 'Add to selection(선택 영역에 추가,)'을 설정하면 빨대 모양을 추가적으로 선택할 수 있습니다.

08 작업 이미지를 선택하여 Ctrl +V로 붙여넣고 Ctrl +T를 누르고 조절점을 드래그하여 크기를 축소하고 마우스 오른쪽 버튼을 클릭하여 [Flip Horizontal(가로로 뒤집기)]로 뒤집어 배치합니다.

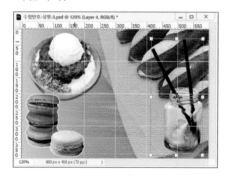

09 Layers(레이어) 패널 하단의 'Add a layer style(레이어 스타일 추가, *fx.*)'을 클릭하여 [Bevel & Emboss(경사와 엠보스)]를 선택하고 'Style(스타일) : Inner Bevel(내부 경사), Direction(방향) : Up(위로), Size(크기) : 5px'로 설정한 후 [OK(확인)]를 클릭합니다.

05 모양 생성 및 레이어 스타일 적용

01 Custom Shape Tool(사용자 정의 모양 도구, 🎨)을 클릭하고 Options Bar(옵션 바)에서 'Shape(모양), Fill(칠) : 임의 색상, Stroke(획) : No Color(색상 없음), Shape(모양) : Shape 171(모양 171, 🌼)'을 클릭한 후 Shift 를 누른 채 드래그하여 모양을 그립니다.

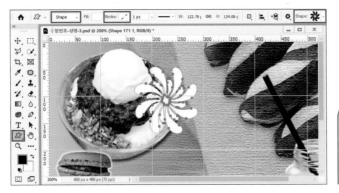

Shape 경로

[Legacy Shapes and More(레거시 모양 및 기타)]–[2019 Shapes(2019 모양)]– [Spiral Shapes(나선형)]

02 Layers(레이어) 패널 하단의 'Add a layer style(레이어 스타일 추가, fx.)'을 클릭하여 [Gradient Overlay(그레이디언트 오버레이)]를 선택하고 'Click to edit the gradient(클릭하여 그레이디언트 편집)'를 클릭합니다.

03 그레이디언트 슬라이더 왼쪽 하단의 'Color Stop(색상 정지점)'을 더블 클릭하여 #ffff00을, 오른쪽 'Color Stop(색상 정지점)'을 더블 클릭하여 #ff6600으로 설정한 후 'Style(스타일) : Linear(선형), Angle(각도) : 90˚'로 설정합니다. 계속해서 [Drop Shadow(드롭 섀도)]를 선택하고 'Opacity(불투명도) : 75%, Angle(각도) : 120˚, Distance(거리) : 5px, Size(크기) : 5px'로 설정하고 [OK(확인)]를 클릭합니다.

04 Custom Shape Tool(사용자 정의 모양 도구, 🎨)을 클릭하고 Options Bar(옵션 바)에서 'Shape(모양), Fill(칠) : #ccffcc, Stroke(획) : No Color(색상 없음), Shape(모양) : Ash Leaf(물푸레나무 잎, 🌾)'를 설정한 후 Shift 를 누르고 모양을 그리고 Ctrl + T 를 누르고 조절점 밖을 드래그하여 회전한 후 배치합니다.

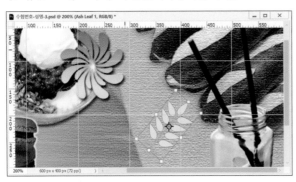

Shape 경로

[Legacy Shapes and More(레거시 모양 및 기타)]–[2019 Shapes(2019 모양)]–[Leaves (나뭇잎)]

05 Layers(레이어) 패널 하단의 'Add a layer style(레이어 스타일 추가, fx.)'을 클릭하여 [Drop Shadow(그림자)]를 선택합니다.

06 문자 입력 및 레이어 스타일 적용

01 Horizontal Type Tool(수평 문자 도구, T)로 작업 이미지를 클릭하고 Options Bar(옵션 바)에서 'Font(글꼴) : Times New Roman, Set font style(글꼴 스타일 설정) : Bold, Set font size(글꼴 크기) : 50pt, Color(색상) : 임의 색상'으로 설정한 후 Sweet Dessert Holic을 입력합니다.

02 Options Bar(옵션 바)에서 Create warped text(뒤틀어진 텍스트 만들기, ⊥)를 클릭하여 [Warp Text(텍스트 뒤틀기)] 대화상자에서 'Style(스타일) : Flag(깃발), Horizontal(가로) : 체크, Bend(구부리기) : −47%'를 설정하여 문자의 모양을 왜곡합니다.

03 Layers(레이어) 패널 하단의 'Add a layer style(레이어 스타일 추가, fx.)'을 클릭하여 [Stroke(획)]를 선택하고 'Size(크기) : 3px, Color(색상) : #003366'으로 설정합니다. 계속해서 [Gradient Overlay(그레이디언트 오버레이)]를 선택하고 'Click to edit the gradient(클릭하여 그레이디언트 편집)'를 클릭합니다.

04 그레이디언트 슬라이더 왼쪽 하단의 'Color Stop(색상 정지점)'을 더블 클릭하여 #339933을, 가운데 빈 공간을 클릭하여 Color Stop(색상 정지점)'을 추가하고 더블 클릭하여 #ffff00을, 오른쪽 'Color Stop(색상 정지점)'을 더블 클릭하여 #339933으로 설정한 후 'Style(스타일) : Linear(선형), Angle(각도) : 90°'로 설정하고 [OK(확인)]를 클릭합니다.

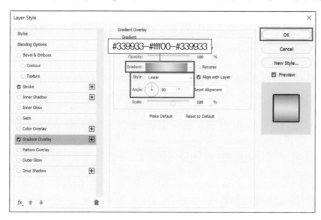

05 Horizontal Type Tool(수평 문자 도구, T)로 작업 이미지를 클릭하고 Options Bar(옵션 바)에서 'Font(글꼴) : 돋움, Set font size(글꼴 크기) : 30pt, Set anti-aliasing method (앤티 앨리어싱 방법 설정) : Strong(강하게), Color(색상) : #ffffff'로 설정한 후 달콤한 디저 트!를 입력합니다.

06 Options Bar(옵션 바)에서 Create warped text(뒤틀어진 텍스트 만들기, T)를 클릭하여 [Warp Text(텍스트 뒤틀기)] 대화상자에서 'Style(스타일) : Bulge(돌출), Horizontal(가로) : 체크, Bend(구부리기) : 20%'를 설정하여 문자의 모양을 왜곡합니다.

07 Layers(레이어) 패널 하단의 'Add a layer style(레이어 스타일 추가, fx.)'을 클릭하여 [Stroke(획)]를 선택하고 'Size(크기) : 2px, Color(색상) : #ff0066'으로 설정합니다. 계속해서 Drop Shadow(드롭 섀도)]를 선택하고 [OK(확인)]를 클릭합니다. Ctrl + S 를 눌러 파일을 저장합니다.

07 정답 파일 저장

01 [View(보기)]-[Show(표시)]-[Grid(격자)](Ctrl + ')를 선택하여 격자를 가립니다.

02 [File(파일)]-[Save As(다른 이름으로 저장)](Shift + Ctrl + S)를 선택하고 '저장 위치 : 내 PC₩문서₩GTQ, 파일 형식 : JPEG(*.JPG, *.JPEG, *.JPE)'를 선택하고 [저장]을 클릭한 후 [JPEG Options(JPEG 옵션)] 대화상자에서 'Quality(품질) : 8'로 설정하고 [OK(확인)] 를 클릭합니다.

03 [Image(이미지)]-[Image Size(이미지 크기)](Alt + Ctrl + I)를 선택하고 'Constrain aspect ratio(종횡비 제한) : 클릭, Width(폭) : 60Pixels(픽셀), Height(높이) : 40Pixels(픽셀)'로 입력하여 이미지 크기를 1/10로 축소한 후 [OK(확인)]를 클릭합니다.

04 [File(파일)]-[Save As(다른 이름으로 저장)](Shift + Ctrl + S)를 선택하고 '저장 위치 : 내 PC₩문서₩GTQ, 파일 이름 : 수험번호-성명-문제번호, 파일 형식 : Photoshop(*.PSD, *.PDD, *.PSDT)'을 선택하고 [저장]을 클릭합니다.

05 답안 저장이 완료가 되면 [File(파일)]-[Close(닫기)](Ctrl + W)를 선택하여 파일을 닫고 수험 프로그램에서 [답안 전송]을 클릭하여 psd와 jpg 파일을 감독관 컴퓨터로 전송합니다.

작업과정	새 작업 이미지 만들기 및 파일 저장하기 ▶ 필터 적용하기 ▶ 이미지 선택 및 레이어 스타일 적용 ▶ 모양 생성 및 필터와 클리핑 마스크 적용 ▶ 모양 생성 및 레이어 스타일과 불투명도 적용 ▶ 문자 입력 및 왜곡, 레이어 스타일 적용 ▶ 정답 파일 저장
완성이미지	Part05₩기출유형문제06회₩정답파일₩수험번호-성명-4.jpg, 수험번호-성명-4.psd

01 새 작업 이미지 만들기 및 파일 저장하기

01 [File(파일)]-[New(새로 만들기)]([Ctrl]+[N])를 선택하고 'Width(폭) : 600Pixels(픽셀), Height(높이) : 400Pixels(픽셀), Resolution(해상도) : 72Pixels/Inch(픽셀/인치), Color Mode(색상 모드) : RGB Color(RGB 색상), 8bit(비트), Background Contents(배경 내용) : White(흰색)'로 설정하여 새 작업 이미지를 만듭니다.

02 [Edit(편집)]-[Preference(환경설정)]([Ctrl]+[K])-[Guides, Grid & Slices(안내선, 격자 및 분할 영역)]를 선택하고 Grid(격자)의 'Color(색상)'를 클릭하여 밝은 색상으로 변경한 후 'Gridline Every(격자 간격) : 100Pixels(픽셀), Subdivisions(세분) : 1'로 설정합니다.

03 [View(보기)]-[Show(표시)]-[Grid(격자)]([Ctrl]+['])와 [View(보기)]-[Rulers(눈금자)] ([Ctrl]+[R])를 선택하여 격자와 눈금자를 표시합니다.

04 작업 도큐먼트를 저장하기 위해 [File(파일)]-[Save As(다른 이름으로 저장)]([Shift]+[Ctrl]+ [S])를 선택하고 임의 경로에 '파일 이름 : 수험번호-성명-문제번호, 파일 형식 : Photoshop (*.PSD, *.PDD, *.PSDT)'으로 파일을 저장합니다.

02 필터 적용하기

01 [File(파일)]-[Open(열기)]을 선택하여 2급-9.jpg를 불러옵니다. [Ctrl]+[A]를 눌러 전체를 선택한 후 [Ctrl]+[C]를 눌러 복사하고 작업 이미지를 선택하여 [Ctrl]+[V]로 붙여넣기를 하고 배치합니다.

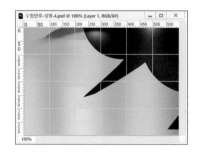

02 [Filter(필터)]-[Filter Gallery(필터 갤러리)]-[Texture(텍스처)]-[Texturizer(텍스처화)] 를 선택합니다.

⑥ 이미지 선택 및 레이어 스타일 적용

01 [File(파일)]–[Open(열기)]을 선택하여 2급-10.jpg를 불러옵니다. Quick Selection Tool(빠른 선택 도구, ✏️)을 클릭하고 Options Bar(옵션 바)에서 Add to selection(선택 영역에 추가, ✏️)를 설정한 후 브러시의 크기를 조절하며 드래그하여 선택하고 Ctrl+C로 복사합니다.

02 작업 이미지를 선택하여 Ctrl+V로 붙여넣기를 하고 Ctrl+T를 누르고 Shift를 누른 채 드래그하여 크기를 조절하고 회전한 후 배치합니다.

03 Layers(레이어) 패널 하단의 'Add a layer style(레이어 스타일 추가, fx.)'을 클릭하여 [Drop Shadow(그림자)]를 선택하고 'Opacity(불투명도) : 75%, Angle(각도) : 120°, Use Global Light(전체 조명 사용) : 체크 해제, Distance(거리) : 7px, Size(크기) : 7px'로 설정한 후 [OK(확인)]를 클릭합니다.

04 [File(파일)]–[Open(열기)]을 선택하여 2급-11.jpg를 불러옵니다. Quick Selection Tool(빠른 선택 도구, ✏️)을 클릭하고 Options Bar(옵션 바)에서 Add to selection(선택 영역에 추가, ✏️)을 설정한 후 브러시의 크기를 조절하며 배경 이미지에 드래그하여 선택합니다.

05 Shift+Ctrl+I로 선택 영역을 반전하고 Ctrl+C로 복사합니다. 작업 이미지를 선택하여 Ctrl+V로 붙여넣기를 하고 Ctrl+T를 누르고 Shift를 누른 채 조절점을 드래그하여 크기를 조절하고 마우스 오른쪽 버튼을 클릭하여 [Flip Horizontal(가로로 뒤집기)]로 뒤집어 배치합니다.

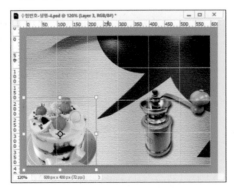

06 Layers(레이어) 패널 하단의 'Add a layer style(레이어 스타일 추가, fx.)'을 클릭하여 [Bevel & Emboss(경사와 엠보스)]를 선택하고 'Style(스타일) : Inner Bevel(내부 경사), Direction(방향) : Up(위로), Size(크기) : 7px'로 설정합니다. 계속해서 [Outer Glow(외부 광선)]를 선택하고 'Opacity(불투명도) : 75%, Size(크기) : 10px'로 설정하고 [OK(확인)]를 클릭합니다.

04 모양 생성 및 필터와 클리핑 마스크 적용

01 Custom Shape Tool(사용자 정의 모양 도구, ⚙)을 클릭하고 Options Bar(옵션 바)에서 'Shape(모양), Fill(칠) : 임의 색상, Stroke(획) : No Color(색상 없음), Shape(모양) : Flower 1(꽃 1, ●)'을 설정한 후 Shift 를 누른 채 드래그하여 모양을 그립니다.

Shape 경로

[Legacy Shapes and More(레거시 모양 및 기타)]–[All Legacy Default Shapes (모든 레거시 기본 모양)]–[Shapes (모양)]

02 Layers(레이어) 패널 하단의 'Add a layer style(레이어 스타일 추가, fx.)'을 클릭하여 [Stroke(획)]를 선택하고 'Size(크기) : 4px, Fill Type(칠 유형) : Gradient(그레이디언트)' 로 실정합니다. 'Click to edit the gradient(클릭하여 그레이디인드 편집)'를 클릭하고 그레 이디언트 슬라이더 왼쪽 하단의 'Color Stop(색상 정지점)'을 더블 클릭하여 #ff6600을, 오른 쪽 'Color Stop(색상 정지점)'을 더블 클릭하여 #9999ff로 설정한 후 'Style(스타일) : Linear (선형), Angle(각도) : 0°'로 설정합니다.

03 계속해서 [Drop Shadow(드롭 섀도)]를 선택하고 'Opacity(불투명도) : 75%, Angle(각도) : 120°, Distance(거리) : 10px, Size(크기) : 10px'로 설정하고 [OK(확인)]를 클릭합니다.

04 [File(파일)]-[Open(열기)]을 선택하여 2급-12.jpg를 불러온 후 Ctrl + A 를 눌러 전체를 선택하고 Ctrl + C 를 눌러 복사합니다. 작업 이미지를 선택하고 Ctrl + V 로 붙여넣기를 하고 꽃 모양과 겹치도록 배치합니다. Ctrl + T 를 누르고 Shift 를 누른 채 조절점을 드래그하여 크기를 조절하고 배치합니다.

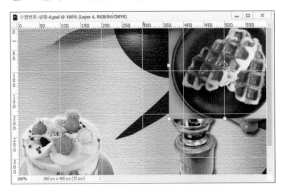

05 Layers(레이어) 패널에서 'Layer 4' 레이어와 'Flower 1 1' 레이어 사이에 마우스 커서를 놓고 Alt 를 누르고 클릭하여 Clipping Mask(클리핑 마스크)를 적용합니다.

06 [Filter(필터)]-[Filter Gallery(필터 갤러리)]-[Artistic(예술 효과)]-[Dry Brush(드라이 브러시)]를 선택합니다.

07 [File(파일)]-[Open(열기)]을 선택하여 2급-13.jpg를 불러옵니다. Quick Selection Tool(빠른 선택 도구, ⟶)을 클릭하고 Options Bar(옵션 바)에서 Add to selection(선택 영역에 추가, ⟶)을 설정한 후 브러시의 크기를 조절하며 드래그하여 선택하고 Ctrl + C 로 복사합니다.

08 작업 이미지를 선택하고 Ctrl + V 로 붙여넣기를 합니다. Ctrl + T 를 누르고 Shift 를 누른 채 조절점을 드래그하여 크기를 조절한 후 배치합니다.

09 Layers(레이어) 패널 하단의 'Add a layer style(레이어 스타일 추가, [fx.])'을 클릭하여 [Bevel & Emboss(경사와 엠보스)]를 선택하고 'Style(스타일) : Inner Bevel(내부 경사), Direction(방향) : Up(위로), Size(크기) : 5px'로 설정한 후 [OK(확인)]를 클릭합니다.

05 모양 생성 및 레이어 스타일과 불투명도 적용

01 Custom Shape Tool(사용자 정의 모양 도구, [⬚])을 클릭하고 Options Bar(옵션 바)에서 'Shape(모양), Fill(칠) : 임의 색상, Stroke(획) : No Color(색상 없음), Shape(모양) : Grass 1(풀 1, [⬚])'을 설정한 후 드래그하여 모양을 그립니다.

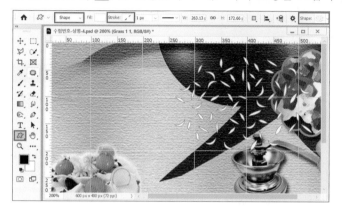

Shape 경로

[Legacy Shapes and More(레거시 모양 및 기타)]─[All Legacy Default Shapes(모든 레거시 기본 모양)]─[Nature (자연)]

02 Layers(레이어) 패널 하단의 'Add a layer style(레이어 스타일 추가, [fx.])'을 클릭하여 Gradient Overlay(그레이디언트 오버레이)]를 선택하고 'Click to edit the gradient(클릭 하여 그레이디언트 편집)'를 클릭합니다. 그레이디언트 슬라이더 왼쪽 하단의 'Color Stop(색 상 정지점)'을 더블 클릭하여 #ffffcc를, 오른쪽 'Color Stop(색상 정지점)'을 더블 클릭하여 #33ffcc로 설정한 후 'Style(스타일) : Linear(선형), Angle(각도) : 90°로 설정합니다.

03 계속해서 [Outer Glow(외부 광선)]를 선택하고 'Opacity(불투명도) : 75%, Size(크기) : 5px'로 설정하고 [OK(확인)]를 클릭합니다.

04 Layers(레이어) 패널 상단의 'Opacity(불투명도) : 70%'를 설정합니다.

 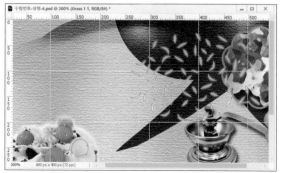

05 Custom Shape Tool(사용자 정의 모양 도구, ⬡)을 클릭하고 Options Bar(옵션 바)에서 'Shape(모양), Fill(칠) : #993333, Stroke(획) : No Color(색상 없음), Shape(모양) : Crown 1(왕관 1, ♛)'을 설정한 후 Shift 를 누르고 드래그하여 모양을 그립니다.

Shape 경로

[Legacy Shapes and More(레거시 모양 및 기타)]–[All Legacy Default Shapes(모든 레거시 기본 모양)]–[Objects (물건)]

06 Layers(레이어) 패널 하단의 'Add a layer style(레이어 스타일 추가, fx)'을 클릭하여 [Inner Shadow(내부 그림자)]를 선택하고 'Opacity(불투명도) : 75%, Angle(각도) : 120°, Distance(거리) : 5px, Size(크기) : 5px'로 설정한 후 [OK(확인)]를 클릭합니다.

07 Layers(레이어) 패널 상단의 'Opacity(불투명도) : 70%'를 설정합니다.

06 문자 입력 및 왜곡, 레이어 스타일 적용

01 Horizontal Type Tool(수평 문자 도구, T)로 작업 이미지를 클릭하고 Options Bar(옵션 바)에서 'Font(글꼴) : Arial, Set font style(글꼴 스타일 설정) : Bold, Set font size(글꼴 크기) : 37pt, Color(색상) : #ffffff'로 설정한 후 Dessert House를 입력합니다.

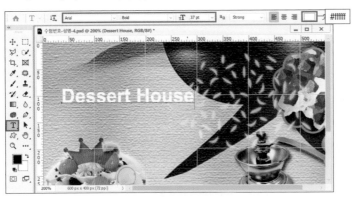

02 Options Bar(옵션 바)에서 Create warped text(뒤틀어진 텍스트 만들기, ⬚)를 클릭하여 [Warp Text(텍스트 뒤틀기)] 대화상자에서 'Style(스타일) : Arc Upper(위 부채꼴), Horizontal(가로) : 체크, Bend(구부리기) : 37%'를 설정하여 문자의 모양을 왜곡합니다.

03 Layers(레이어) 패널 하단의 'Add a layer style(레이어 스타일 추가, ⬚)'을 클릭하여 [Stroke(획)]를 선택하고 'Size(크기) : 3px, Color(색상) : #660066'으로 설정합니다. 계속해서 [Drop Shadow(드롭 섀도)]를 선택하고 'Opacity(불투명도) : 75%, Angle(각도) : 90°, Distance(거리) : 5px, Size(크기) : 5px'로 설정한 후 [OK(확인)]를 클릭합니다.

04 Horizontal Type Tool(수평 문자 도구, ⬚)로 작업 이미지를 클릭하고 Options Bar(옵션 바)에서 'Font(글꼴) : Arial, Set font style(글꼴 스타일 설정) : Narrow, Set font size(글꼴 크기) : 35pt, Color(색상) : 임의 색상'으로 설정한 후 Cake & Coffee를 입력합니다.

05 Options Bar(옵션 바)에서 Create warped text(뒤틀어진 텍스트 만들기, ⬚)를 클릭하여 [Warp Text(텍스트 뒤틀기)] 대화상자에서 'Style(스타일) : Arc Lower(아래 부채꼴), Horizontal(가로) : 체크, Bend(구부리기) : 25%'를 설정하여 문자의 모양을 왜곡합니다.

06 Layers(레이어) 패널 하단의 'Add a layer style(레이어 스타일 추가, ⬚)'을 클릭하여 [Stroke(획)]를 선택하고 'Size(크기) : 2px, Color(색상) : #330066'으로 설정합니다.

07 계속해서 [Gradient Overlay(그레이디언트 오버레이)]를 선택하고 'Click to edit the gradient(클릭하여 그레이디언트 편집)'를 클릭합니다. 그레이디언트 슬라이더 왼쪽 하단의 'Color Stop(색상 정지점)'을 더블 클릭하여 #ff0033을, 오른쪽 'Color Stop(색상 정지점)'을 더블 클릭하여 #ffcc00으로 설정한 후 'Style(스타일) : Linear(선형), Angle(각도) : 90°'로 설정하고 [OK(확인)]를 클릭합니다.

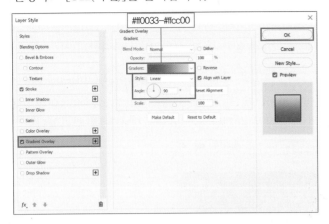

08 Horizontal Type Tool(수평 문자 도구, T)로 작업 이미지를 클릭하고 Options Bar(옵션 바)에서 'Font(글꼴) : 바탕, Set font size(글꼴 크기) : 20pt, Set anti-aliasing method (앤티 앨리어싱 방법 설정) : Strong(강하게), Color(색상) : #660066'으로 설정한 후 달콤함이 주는 여유와 즐거움을 입력합니다.

09 Layers(레이어) 패널 하단의 'Add a layer style(레이어 스타일 추가, fx.)'을 클릭하여 [Stroke(획)]를 선택하고 'Size(크기) : 2px, Color(색상) : #ffffff'로 설정한 후 [OK(확인)]를 클릭합니다. Ctrl + S를 눌러 파일을 저장합니다.

07 정답 파일 저장

01 [View(보기)]–[Show(표시)]–[Grid(격자)](Ctrl+`)를 선택하여 격자를 가립니다.

02 [File(파일)]–[Save As(다른 이름으로 저장)](Shift+Ctrl+S)를 선택하고 '저장 위치 : 내 PC₩문서₩GTQ, 파일 이름 : 수험번호–성명–문제번호, 파일 형식 : JPEG(*.JPG, *.JPEG, *.JPE)'를 선택하고 [저장]을 클릭한 후 [JPEG Options(JPEG 옵션)] 대화상자에서 'Quality(품질) : 8'로 설정하고 [OK(확인)]를 클릭합니다.

03 [Image(이미지)]–[Image Size(이미지 크기)](Alt+Ctrl+I)를 선택하고 'Constrain aspect ratio(종횡비 제한) : 클릭, Width(폭) : 60Pixels(픽셀), Height(높이) : 40Pixels(픽셀)'로 입력하여 이미지 크기를 1/10로 축소한 후 [OK(확인)]를 클릭합니다.

04 [File(파일)]–[Save As(다른 이름으로 저장)](Shift+Ctrl+S)를 선택하고 '저장 위치 : 내 PC₩문서₩GTQ, 파일 이름 : 수험번호–성명–문제번호, 파일 형식 : Photoshop(*.PSD, *.PDD, *.PSDT)'을 선택하고 [저장]을 클릭합니다.

05 답안 저장이 완료가 되면 [File(파일)]–[Exit(종료)](Ctrl+Q)를 선택하여 프로그램을 종료하고 수험 프로그램에서 [답안 전송]을 클릭하여 psd와 jpg 파일을 감독관 컴퓨터로 전송합니다.

급수	문제유형	시험시간	수험번호	성명
2급	A	90분	G220240007	

수 험 자 유 의 사 항

- 수험자는 문제지를 받는 즉시 응시하고자 하는 **과목 및 급수가 맞는지 확인**한 후 수험번호와 성명을 작성합니다.
- 파일명은 본인의 "수험번호─성명─문제번호"로 공백 없이 정확히 입력하고 답안폴더(내 PC₩문서₩GTQ)에 jpg 파일과 psd 파일의 2가지 포맷으로 저장해야 하며, jpg 파일과 psd 파일의 내용이 상이할 경우 0점 처리됩니다. 답안문서 파일명이 "수험번호─성명─문제번호"와 일치하지 않거나, 답안 파일을 전송하지 않아 미제출로 처리될 경우 불합격 처리됩니다.
- 문제의 세부조건은 '영문(한글)' 형식으로 표기되어 있으니 유의하시기 바랍니다.
- 수험자 정보와 저장한 파일명, 저장 위치가 다를 경우 전송이 되지 않으므로, 주의하시기 바랍니다.
- 답안 작성 중에도 **주기적으로 '저장'과 '답안 전송'**을 이용하여 감독위원 PC로 답안을 전송하셔야 합니다.(※ 작업한 내용을 **저장하지 않고 전송할 경우** 이전의 저장내용이 전송되오니 이점 반드시 유념하시기 바랍니다.)
- 답안문서는 지정된 경로 외의 다른 보조기억장치에 저장하는 행위, 지정된 시험 시간 외에 작성된 파일을 활용한 행위, 기타 통신수단(이메일, 메신저, 네트워크 등)을 이용하여 타인에게 전달 또는 외부 반출하는 행위는 부정으로 간주되어 자격기본법 제32조에 의거 본 시험 및 국가공인 자격시험을 2년간 응시할 수 없습니다.
- 시험 중 부주의 또는 고의로 시스템을 파손한 경우와 〈수험자 유의사항〉에 기재된 방법대로 이행하지 않아 생기는 불이익은 수험자의 책임임을 알려 드립니다.
- 시험을 완료한 수험자는 최종적으로 저장한 답안파일이 전송되었는지 확인한 후 감독위원의 지시에 따라 문제지를 제출하고 퇴실합니다.

답 안 작 성 요 령

- **온라인 답안 작성 절차**
  수험자 등록 ⇒ 시험 시작 ⇒ 답안파일 저장 ⇒ 답안 전송 ⇒ 시험 종료
- 내 PC₩문서₩GTQ₩Image폴더에 있는 그림 원본파일을 사용하여 답안을 작성하시고 최종답안을 답안폴더(내 PC₩문서₩GTQ)에 저장하여 답안을 전송하시고, 이미지의 크기가 다른 경우 감점 처리됩니다.
- 배점은 총 100점으로 이루어지며, 점수는 각 문제별로 차등 배분됩니다.
- 각 문제는 주어진 〈조건〉에 따라 작성하고, 언급하지 않은 조건은 《출력형태》와 같이 작성합니다.
- 배치 등의 편의를 위해 주어진 눈금자의 단위는 '픽셀'입니다.
  그 외는 출력형태(효과, 이미지, 문자, 색상, 레이아웃, 규격 등)와 같게 작업하십시오.
- 문제 조건에 서체의 지정이 없을 경우 한글은 굴림이나 돋움, 영문은 Arial로 작업하십시오.
  (단, 그 외에 제시되지 않은 문자 속성을 기본값으로 작성하지 않은 경우는 감점 처리됩니다.)
- Image Mode(이미지 모드)는 별도의 처리조건이 없을 경우에는 RGB(8비트)로 작업하십시오.
- 모든 답안 파일은 해상도 72Pixels/Inch로 작업하십시오.
- Layer(레이어)는 각 기능별로 분할해야 하며, 임의로 합칠 경우나 각 기능에 대한 속성을 해지할 경우 해당 요소는 0점 처리됩니다.

한 국 생 산 성 본 부

문제 1 : Tool(도구) 활용   20점

다음의 《조건》에 따라 아래의 《출력형태》와 같이 작업하시오.

조건

원본 이미지	Part05₩기출유형문제07회₩2급-1.jpg		
파일저장규칙	JPG	파일명	문서₩GTQ₩수험번호-성명-1.jpg
		크기	400×500 pixels
	PSD	파일명	문서₩GTQ₩수험번호-성명-1.psd
		크기	40×50 pixels

1. 그림 효과
① 복제 및 변형 : 물고기
② Shape Tool(모양 도구) 사용 :
 – 물고기 모양(#cc0000, 레이어 스타일 – Bevel & Emboss(경사와 엠보스))
 – 풀 모양(#33cc33, #66ff66, 레이어 스타일 – Inner Shadow(내부 그림자))

2. 문자 효과
① 어항속 세상(궁서, 45pt, 레이어 스타일 – Stroke(선/획)(3px, #ffffff), 그레이디언트 오버레이(#000033, #ff6600))

문제 2 : 사진편집 기초   20점

다음의 《조건》에 따라 아래의 《출력형태》와 같이 작업하시오.

조건

원본 이미지	Part05₩기출유형문제07회₩2급-2.jpg, 2급-3.jpg, 2급-4.jpg		
파일저장규칙	JPG	파일명	문서₩GTQ₩수험번호-성명-2.jpg
		크기	400×500 pixels
	PSD	파일명	문서₩GTQ₩수험번호-성명-2.psd
		크기	40×50 pixels

1. 그림 효과
① 색상 보정 : 2급-3.jpg – 보라색 계열로 보정, 레이어 스타일 – Drop Shadow(그림자 효과)
② 액자 제작 :
 필터 – Mosaic Tiles(모자이크 타일), 안쪽 테두리(5px, #99cc99), 레이어 스타일 – Drop Shadow(그림자 효과)
③ 2급-4.jpg : 레이어 스타일 – Drop Shadow(그림자 효과)

2. 문자 효과
① 반려견과 즐거운 놀이를~(돋움, 30pt, #663333, 레이어 스타일 – Stroke(선/획)(2px, #ffffff))

다음의 《조건》에 따라 아래의 《출력형태》와 같이 작업하시오.

조건

원본 이미지	Part05₩기출유형문제07회₩2급–5.jpg, 2급–6.jpg, 2급–7.jpg, 2급–8.jpg		
파일저장규칙	JPG	파일명	문서₩GTQ₩수험번호–성명–3.jpg
		크기	600×400 pixels
	PSD	파일명	문서₩GTQ₩수험번호–성명–3.psd
		크기	60×40 pixels

1. 그림 효과

① 배경 : #cccccc

② 2급–5.jpg : 필터 – Texturizer(텍스처화), 레이어 마스크 – 가로 방향으로 흐릿하게

③ 2급–6.jpg : 레이어 스타일 – Bevel and Emboss(경사와 엠보스)

④ 2급–7.jpg : 레이어 스타일 – Drop Shadow(그림자 효과), Opacity(불투명도)(70%)

⑤ 2급–8.jpg : 레이어 스타일 – Drop Shadow(그림자 효과)

⑥ 그 외 《출력형태》 참조

2. 문자 효과

① With My PET(Arial, Bold, 55pt, 레이어 스타일 – 그레이디언트 오버레이(#ffcc33, #ffffff), Stroke(선/획)(3px, #006633))

② 반려동물의 소리에 귀기울여요!(돋움, 24pt, #ffffcc, 레이어 스타일 – Drop Shadow(그림자 효과), Stroke(선/획)(2px, #006633))

출력형태

Shape Tool(모양 도구) 사용
#ff6699, 레이어 스타일 –
Inner Shadow(내부 그림자)

Shape Tool(모양 도구) 사용
레이어 스타일 – 그레이디언트 오버레이(#cc6600, #ffffcc),
Outer Glow(외부 광선), Opacity(불투명도)(70%)

다음의 《조건》에 따라 아래의 《출력형태》와 같이 작업하시오.

조건

원본 이미지		Part05₩기출유형문제07회₩2급-9.jpg, 2급-10.jpg, 2급-11.jpg, 2급-12.jpg, 2급-13.jpg
파일저장규칙	JPG 파일명	문서₩GTQ₩수험번호-성명-4.jpg
	JPG 크기	600×400 pixels
	PSD 파일명	문서₩GTQ₩수험번호-성명-4.psd
	PSD 크기	60×40 pixels

1. 그림 효과
① 2급-9.jpg : 필터 - Rough Pastels(거친 파스텔 효과)
② 2급-10.jpg : 레이어 스타일 - Outer Glow(외부 광선), Bevel and Emboss(경사와 엠보스)
③ 2급-11.jpg : 레이어 스타일 - Drop Shadow(그림자 효과)
④ 2급-12.jpg : 필터 - Crosshatch(그물 눈)
⑤ 2급-13.jpg : 레이어 스타일 - Inner Shadow(내부 그림자), Opacity(불투명도)(70%)
⑥ 그 외 《출력형태》 참조

2. 문자 효과
① Pet Movie Channel(Arial, Bold, 40pt, 레이어 스타일 - 그레이디언트 오버레이(#333399, #99cc33, #ffffff), Stroke(선/획)(3px, #ff9966))
② 반려견과 추억을(궁서, 20pt, 레이어 스타일 - 그레이디언트 오버레이(#000000, #ff0000), Stroke(선/획)(2px, #ccffcc))
③ 반려동물과 함께 한 영상을 업로드하세요.(돋움, 18pt, #333366, 레이어 스타일 - Stroke(선/획)(2px, #ffff99))

출력형태

Shape Tool(모양 도구) 사용
레이어 스타일 - Stroke(선/획)(4px, #99cc66),
Drop Shadow(그림자 효과)

Shape Tool(모양 도구)
사용
#339999, #ffffff, 레이어
스타일 - Inner Shadow
(내부 그림자),
Opacity(불투명도)(70%)

Shape Tool(모양 도구) 사용
레이어 스타일 -
그레이디언트 오버레이
(#ffcc99, #000033),
Drop Shadow(그림자 효과),
Opacity(불투명도)(60%)

문제 01 CHAPTER 07 [기능평가] Tool(도구) 활용

작업과정	새 작업 이미지 만들고 파일 저장하기 ▶ 선택 영역 만들고 복제 및 변형하기 ▶ 모양 생성 및 레이어 스타일 적용 ▶ 문자 입력 및 레이어 스타일 적용 ▶ 정답 파일 저장
완성이미지	Part05₩기출유형문제07회₩정답파일₩수험번호-성명-1.jpg, 수험번호-성명-1.psd

01 새 작업 이미지 만들고 파일 저장하기

01 [File(파일)]-[New(새로 만들기)]([Ctrl]+[N])를 선택하고 'Width(폭) : 400Pixels(픽셀), Height(높이) : 500Pixels(픽셀), Resolution(해상도) : 72Pixels/Inch(픽셀/인치), Color Mode(색상 모드) : RGB Color(RGB 색상), 8bit(비트), Background Contents(배경 내용) : White(흰색)'를 설정하여 새 작업 이미지를 만듭니다.

02 [Edit(편집)]-[Preference(환경설정)]([Ctrl]+[K])-[Guides, Grid & Slices(안내선, 격자 및 분할 영역)]를 선택하고 Grid(격자)의 'Color(색상)'를 클릭하여 밝은 색상으로 변경한 후 'Gridline Every(격자 간격) : 100Pixels(픽셀), Subdivisions(세분) : 1'로 설정합니다.

03 [View(보기)]-[Show(표시)]-[Grid(격자)]([Ctrl]+['])와 [View(보기)]-[Rulers(눈금자)] ([Ctrl]+[R])를 선택하여 격자와 눈금자를 표시합니다.

04 작업 도큐먼트를 저장하기 위해 [File(파일)]-[Save As(다른 이름으로 저장)]([Shift]+[Ctrl]+ [S])를 선택하고 임의 경로에 '파일 이름 : 수험번호-성명-문제번호, 파일 형식 : Photoshop (*.PSD, *.PDD, *.PSDT)'으로 파일을 저장합니다.

02 선택 영역 만들고 복제 및 변형하기

01 [File(파일)]-[Open(열기)]([Ctrl]+[O])을 선택하여 2급-1.jpg를 불러옵니다. [Ctrl]+[A]를 눌러 전체를 선택한 후 [Ctrl]+[C]를 눌러 복사합니다. 작업 이미지에 [Ctrl]+[V]로 붙여넣고 [Ctrl] +[T]를 누르고 [Shift]를 누른 채 조절점을 드래그하여 크기를 조절한 후 배치합니다.

02 Quick Selection Tool(빠른 선택 도구,)을 클릭하고 Options Bar(옵션 바)에서 Add to selection(선택 영역에 추가,)를 설정한 후 브러시의 크기를 조절하며 드래그하여 선택합니다. Ctrl + J 를 눌러 레이어를 복사한 후 Ctrl + T 를 누르고 Shift 를 누른 채 드래그하여 크기를 축소하고 회전한 후 배치합니다.

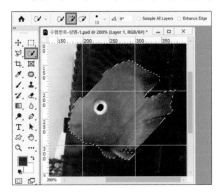 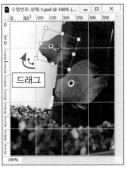

03 모양 생성 및 레이어 스타일 적용

01 Custom Shape Tool(사용자 정의 모양 도구,)을 클릭하고 Options Bar(옵션 바)에서 'Shape(모양), Fill(칠) : #33cc33, Stroke(획) : No Color(색상 없음), Shape(모양) : Grass 3(풀 3,)'을 설정한 후 Shift 를 누른 채 드래그하여 모양을 그립니다.

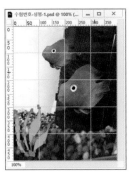

> **Shape 경로**
>
> [Legacy Shapes and More(레거시 모양 및 기타)]−[All Legacy Default Shapes(모든 레거시 기본 모양)]−[Nature(자연)]

02 Layers(레이어) 패널 하단의 'Add a layer style(레이어 스타일 추가,)'을 클릭하여 [Inner Shadow(내부 그림자)]를 선택하고 'Opacity(불투명도) : 75%, Angle(각도) : 90°, Distance(거리) : 5px, Size(크기) : 5px'로 설정한 후 [OK(확인)]를 클릭합니다.

03 Ctrl + J 를 눌러 'Crass 3 1' 레이어를 복사한 후 'Layer thumbnail (레이어 축소판)'을 더블 클릭하여 'Color(색상) : #66ff66'으로 변경합니다. Ctrl + T 를 누르고 조절점을 드래그하여 크기를 축소하고 마우스 오른쪽 버튼을 클릭하여 [Flip Horizontal(가로로 뒤집기)]로 뒤집고 회전한 후 배치합니다.

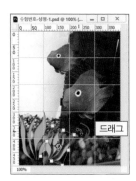

04 Custom Shape Tool(사용자 정의 모양 도구, 🔲)을 클릭하고 Options Bar(옵션 바)에서 'Shape(모양), Fill(칠): #cc0000, Stroke(획) : No Color(색상 없음), Shape(모양) : Fish(물고기, 🐟)'를 설정한 후 Shift를 누르고 모양을 그립니다. Ctrl+T를 누르고 마우스 오른쪽 버튼을 클릭하여 [Flip Horizontal(가로로 뒤집기)]로 뒤집고 배치합니다.

> **Shape 경로**
>
> [Legacy Shapes and More(레거시 모양 및 기타)]-[All Legacy Default Shapes(모든 레거시 기본 모양)]-[Animals (동물)]

05 Layers(레이어) 패널 하단의 'Add a layer style(레이어 스타일 추가, fx.)'을 클릭하여 [Bevel & Emboss(경사와 엠보스)]를 선택하고 'Style(스타일) : Inner Bevel(내부 경사), Direction(방향) : Up(위로), Size(크기) : 5px'로 설정하고 [OK(확인)]를 클릭합니다.

04 문자 입력 및 레이어 스타일 적용

01 Vertical Type Tool(세로 문자 도구, IT)로 작업 이미지를 클릭하고 Options Bar(옵션 바) 에서 'Font(글꼴) : 궁서, Set font size(글꼴 크기) : 45pt, Set anti-aliasing method(앤 티 앨리어싱 방법 설정) : Strong(강하게), Color(색상) : 임의 색상'으로 설정한 후 어항속 세 상을 입력합니다.

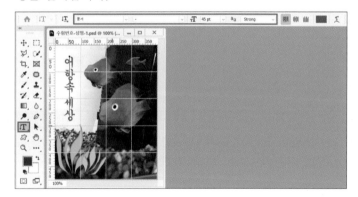

02 Layers(레이어) 패널 하단의 'Add a layer style(레이어 스타일 추가, fx.)'을 클릭하여 [Stroke(획)]를 선택하고 'Size(크기) : 3px, Color(색상) : #ffffff'로 설정합니다. 계속해서 [Gradient Overlay(그레이디언트 오버레이)]를 선택하고 'Click to edit the gradient(클릭 하여 그레이디언트 편집)'를 클릭합니다.

03 그레이디언트 슬라이더 왼쪽 하단의 'Color Stop(색상 정지점)'을 더블 클릭하여 #000033을, 오른쪽 'Color Stop(색상 정지점)'을 더블 클릭하여 #ff6600으로 설정한 후 'Style(스타일) : Linear(선형), Angle(각도) : 90˚'로 설정합니다. Ctrl+S를 눌러 파일을 저장합니다.

05 정답 파일 저장

01 [View(보기)]–[Show(표시)]–[Grid(격자)]([Ctrl]+[']])를 선택하여 격자를 가립니다.

02 [File(파일)]–[Save As(다른 이름으로 저장)]([Shift]+[Ctrl]+[S])를 선택하고 '저장 위치 : 내 PC₩문서 ₩GTQ, 파일 이름 : 수험번호–성명–문제번호, 파일 형식 : JPEG(*.JPG, *.JPEG, *.JPE)'를 선택하고 [저장]을 클릭한 후 [JPEG Options(JPEG 옵션)] 대화상자에서 'Quality(품질) : 8'로 설정하고 [OK(확인)]를 클릭합니다.

> **합격생의 비법**
>
> CC 2020 이후 버전에서 [Save As(다른 이름으로 저장)]로 '파일 형식 : JPEG(*.JPG, *.JPEG, *.JPE)'가 없는 경우에는 아래와 같이 저장하면 됩니다.
>
> ※ **CC 버전에 따라 정답 파일을 '파일 형식 : JPEG(*.JPG, *.JPEG, *.JPE)'로 저장하기**
> - [File(파일)]–[Save As(다른 이름으로 저장)]([Shift]+[Ctrl]+[S])를 선택하고 [다른 이름으로 저장] 대화상자에서 [Save A Copy(사본 저장)]를 선택합니다.
> - [File(파일)]–[Save A Copy(사본 저장)]([Alt]+[Ctrl]+[S])를 선택합니다.

03 [Image(이미지)]–[Image Size(이미지 크기)]([Alt]+[Ctrl]+[I])를 선택하고 'Constrain aspect ratio(종횡비 제한) : 클릭, Width(폭) : 40Pixels(픽셀), Height(높이) : 50Pixels(픽셀)'로 입력하여 이미지 크기를 1/10로 축소한 후 [OK(확인)]를 클릭합니다.

04 [File(파일)]–[Save As(다른 이름으로 저장)]([Shift]+[Ctrl]+[S])를 선택하고 '저장 위치 : 내 PC₩문서₩GTQ, 파일 이름 : 수험번호–성명–문제번호, 파일 형식 : Photoshop(*.PSD, *.PDD, *.PSDT)'을 선택하고 [저장]을 클릭합니다.

05 답안 저장이 완료가 되면 [File(파일)]–[Close(닫기)]([Ctrl]+[W])를 선택하여 파일을 닫고 수험 프로그램에서 [답안 전송]을 클릭하여 psd와 jpg 파일을 감독관 컴퓨터로 전송합니다.

문제 02 **CHAPTER 07**
[기능평가] 사진편집 기초

작업과정	새 작업 이미지 만들기 및 파일 저장하기 ▶ 필터 적용 및 액자 제작 ▶ 이미지 합성 및 색상 보정, 레이어 스타일 적용 ▶ 문자 입력 및 레이어 스타일 적용 ▶ 정답 파일 저장
완성이미지	Part05₩기출유형문제07회₩정답파일₩수험번호–성명–2.jpg, 수험번호–성명–2.psd

01 새 작업 이미지 만들기 및 파일 저장하기

01 [File(파일)]–[New(새로 만들기)]([Ctrl]+[N])를 선택하고 'Width(폭) : 400Pixels(픽셀), Height(높이) : 500Pixels(픽셀), Resolution(해상도) : 72Pixels/Inch(픽셀/인치), Color Mode(색상 모드) : RGB Color(RGB 색상), 8bit(비트), Background Contents(배경 내용) : White(흰색)'로 설정하여 새 작업 이미지를 만듭니다.

02 [Edit(편집)]–[Preference(환경설정)]([Ctrl]+[K])–[Guides, Grid & Slices(안내선, 격자 및 분할 영역)]를 선택하고 Grid(격자)의 'Color(색상)'를 클릭하여 밝은 색상으로 변경한 후 'Gridline Every(격자 간격) : 100Pixels(픽셀), Subdivisions(세분) : 1'로 설정합니다.

03 [View(보기)]–[Show(표시)]–[Grid(격자)]([Ctrl]+[']')와 [View(보기)]–[Rulers(눈금자)] ([Ctrl]+[R])를 선택하여 격자와 눈금자를 표시합니다.

04 작업 도큐먼트를 저장하기 위해 [File(파일)]–[Save As(다른 이름으로 저장)]([Shift]+[Ctrl]+ [S])를 선택하고 임의 경로에 '파일 이름 : 수험번호–성명–문제번호, 파일 형식 : Photoshop (*.PSD, *.PDD, *.PSDT)'으로 파일을 저장합니다.

02 필터 적용 및 액자 제작

01 [File(파일)]–[Open(열기)]을 선택하여 2급–2.jpg를 불러옵니다. [Ctrl]+[A]를 눌러 전체를 선택한 후 [Ctrl]+[C]를 눌러 복사하고 작업 이미지를 선택하여 [Ctrl]+[V]로 붙여넣기를 합니다. [Ctrl]+[T]로 [Shift]를 누른 채 크기를 조절하고 배치합니다.

02 [Layer(레이어)]–[New(새로 만들기)]–[Layer Via Copy(복사한 레이어)]([Ctrl]+[J])를 클릭하고 레이어를 복사합니다.

03 [Filter(필터)]–[Filter Gallery(필터 갤러리)]–[Texture(텍스처)]– [Mosaic Tiles(모자이크 타일)]을 선택합니다. 위쪽의 눈금자에서 아래로 드래그하여 작업 이미지의 세로 중앙인 250px의 위치에 안내선을 표시합니다.

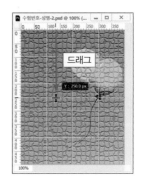

04 Rectangular Marquee Tool(사각형 선택 윤곽 도구, [::])을 클릭하고 Options Bar(옵션 바)에서 'New selection(새 선택 영역, [::]), Feather(페더) : 0px, Style(스타일) : Fixed Size(크기 고정), Width(폭) : 300px, Height(높이) : 400px'로 설정합니다.

05 제시된 액자의 프레임을 만들기 위해서 세로 격자와 안내선의 교차 지점에 [Alt]를 누르고 작업 이미지의 중앙에 클릭하여 직사각형 모양으로 선택합니다.

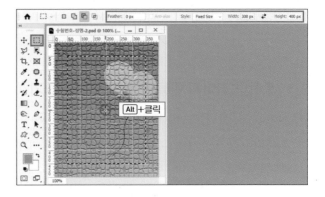

06 [Select(선택)]-[Modify(수정)]-[Smooth(매끄럽게)]를 클릭하여 'Sample Radius(샘플 반경) : 10pixels(픽셀)'을 설정하고 [OK(확인)]를 클릭하여 모서리를 둥글게 합니다. Delete 를 눌러 선택된 이미지를 삭제하고 프레임을 만듭니다.

07 [Edit(편집)]-[Stroke(획)]를 클릭하여 'Width(폭) : 5px, Color(색상) : #99cc99, Location(위치) : Inside(안쪽), Mode(모드) : Normal(표준), Opacity(불투명도) : 100%, Preserve Transparency(투명도 유지) : 체크 해제'를 설정하고 [OK(확인)]를 클릭하여 안쪽 테두리를 적용한 Ctrl + D 를 눌러 선택을 해제합니다.

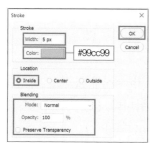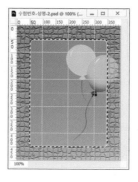

08 Layers(레이어) 패널 하단의 'Add a layer style(레이어 스타일 추가, fx.)'을 클릭하여 [Drop Shadow(그림자)]를 선택한 후 'Angle(각도) : 120°, Distance(거리) : 5px, Size(크기) : 5px'로 설정합니다.

03 이미지 합성 및 색상 보정, 레이어 스타일 적용

01 [File(파일)]-[Open(열기)]을 선택하여 2급-3.jpg를 불러온 후, Quick Selection Tool(빠른 선택 도구,)을 클릭하고 Options Bar(옵션 바)에서 Add to Selection(선택 영역에서 추가,)로 이미지에 드래그하여 선택한 후 Ctrl + C 로 복사합니다. 작업 이미지를 클릭하고 Ctrl + V 로 붙여넣은 후 Ctrl + T 를 누르고 Shift 를 누른 채 드래그하여 크기를 조절하고 회전한 후 배치합니다.

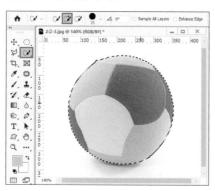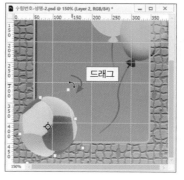

02 Layers(레이어) 패널 하단의 'Add a layer style(레이어 스타일 추가, fx.)'을 클릭하여 [Drop Shadow(그림자)]를 선택하고 'Angle(각도) : 120°, Distance(거리) : 5px, Size(크기) : 5px'로 설정합니다.

03 Quick Selection Tool(빠른 선택 도구, [이미지])을 클릭하고 공 이미지의 파란색 부분에 클릭하여 선택합니다.

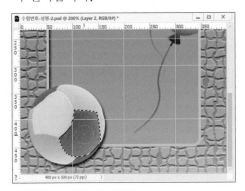

04 Layers(레이어) 패널 하단의 'Create new fill or adjustment layer(새 칠 또는 조정 레이어 생성, [이미지])'를 클릭하고 [Hue/Saturation(색조/채도)]을 선택합니다. Properties(속성) 패널에서 'Colorize(색상화) : 체크, Hue(색조) : 270, Saturation(채도) : 60, Lightness(명도) : 10'으로 설정하여 보라색 계열로 색상을 보정합니다.

 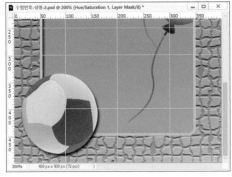

05 [File(파일)]-[Open(열기)]을 선택하여 2급-4.jpg를 불러온 후 Object Selection Tool(개체 선택 도구, [이미지])을 클릭하고 Options Bar(옵션 바)에서 'New Selection(새 선택 영역, [이미지]), Mode(모드) : Rectangle(사각형)'을 선택하고 이미지에 드래그하여 선택합니다.

06 Options Bar(옵션 바)에서 'Select and Mask(선택 및 마스크)'를 클릭하여 'Properties(속성)'에서 'Radius(반경) : 2px, Smooth(매끄럽게) : 3, Feather(페더) : 1.0px'로 설정한 후 [OK(확인)]를 클릭하고 Ctrl + C 로 복사합니다.

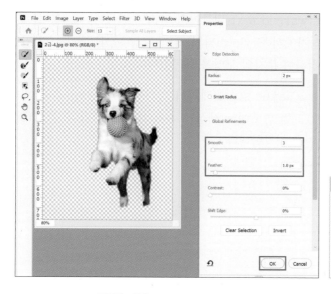

합격생의 비법

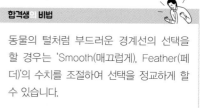

동물의 털처럼 부드러운 경계선의 선택을 할 경우는 'Smooth(매끄럽게), Feather(페 더)'의 수치를 조절하여 선택을 정교하게 할 수 있습니다.

07 작업 이미지에 `Ctrl`+`V`로 붙여넣은 후 `Ctrl`+`T`를 누르고 `Shift`를 누른 채 드래그하여 크기 를 조절하고 회전한 후 배치합니다. `Ctrl`+`[`를 3번 눌러 액자 프레임 'Layer 1 copy' 레이어 의 아래쪽에 배치합니다.

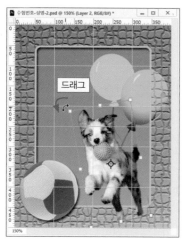

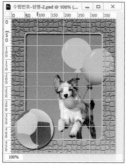

08 Layers(레이어) 패널 하단의 'Add a layer style(레이어 스타일 추가, `fx.`)'을 클릭하여 [Drop Shadow(그림자)]를 선택하고 'Angle(각도) : 120°, Distance(거리) : 5px, Size(크기) : 5px'로 설정합니다.

04 문자 입력 및 레이어 스타일 적용

01 Horizontal Type Tool(수평 문자 도구, `T`)로 작업 이미지를 클릭하고 Options Bar(옵션 바)에서 'Font(글꼴) : 돋움, Set font size(글꼴 크기) : 30pt, Set anti-aliasing method (앤티 앨리어싱 방법 설정) : Strong(강하게), Color(색상) : #663333, Center text(텍스트 중앙 정렬, `≡`)'로 설정한 후 반려견과 즐거운 놀이를~을 입력합니다.

02 Options Bar(옵션 바)에서 Create warped text(뒤틀어진 텍스트 만들기, $\boxed{\text{工}}$)를 클릭하여 [Warp Text(텍스트 뒤틀기)] 대화상자에서 'Style(스타일) : Rise(상승), Horizontal(가로) : 체크, Bend(구부리기) : 50%'를 설정하여 문자의 모양을 왜곡합니다.

03 Layers(레이어) 패널 하단의 'Add a layer style(레이어 스타일 추가, $\boxed{fx.}$)'을 클릭하여 [Stroke(획)]를 선택하여 'Size(크기) : 2px, Color(색상) : #ffffff'로 설정한 후 [OK(확인)] 를 클릭합니다. $\boxed{\text{Ctrl}}$+$\boxed{\text{S}}$를 눌러 파일을 저장합니다.

05 정답 파일 저장

01 [View(보기)]-[Show(표시)]-[Grid(격자)]($\boxed{\text{Ctrl}}$+$\boxed{\text{'}}$)와 [Guides(안내선)]($\boxed{\text{Ctrl}}$+$\boxed{\text{;}}$)를 각각 선택하여 격자와 안내선을 가립니다.

02 [File(파일)]-[Save As(다른 이름으로 저장)]($\boxed{\text{Shift}}$+$\boxed{\text{Ctrl}}$+$\boxed{\text{S}}$)를 선택하고 '저장 위치 : 내 PC\문서\GTQ, 파일 이름 : 수험번호-성명-문제번호, 파일 형식 : JPEG(*.JPG, *. JPEG, *.JPE)'를 선택하고 [저장]을 클릭한 후 [JPEG Options(JPEG 옵션)] 대화상자에서 'Quality(품질) : 8'로 설정하고 [OK(확인)]를 클릭합니다.

03 [Image(이미지)]-[Image Size(이미지 크기)]($\boxed{\text{Alt}}$+$\boxed{\text{Ctrl}}$+$\boxed{\text{I}}$)를 선택하고 'Constrain aspect ratio(종횡비 제한) : 클릭, Width(폭) : 40Pixels(픽셀), Height(높이) : 50Pixels (픽셀)'로 입력하여 이미지 크기를 1/10로 축소한 후 [OK(확인)]를 클릭합니다.

04 [File(파일)]-[Save As(다른 이름으로 저장)]($\boxed{\text{Shift}}$+$\boxed{\text{Ctrl}}$+$\boxed{\text{S}}$)를 선택하고 '저장 위치 : 내 PC\문서\GTQ, 파일 이름 : 수험번호-성명-문제번호, 파일 형식 : Photoshop(*.PSD, *.PDD, *.PSDT)'을 선택하고 [저장]을 클릭합니다.

05 답안 저장이 완료가 되면 [File(파일)]-[Close(닫기)]($\boxed{\text{Ctrl}}$+$\boxed{\text{W}}$)를 선택하여 파일을 닫고 수험 프로그램에서 [답안 전송]을 클릭하여 psd와 jpg 파일을 감독관 컴퓨터로 전송합니다.

작업과정	새 작업 이미지 만들기 및 파일 저장하기 ▶ 배경색 적용 ▶ 필터 및 레이어 마스크 적용하여 합성하기 ▶ 이미지 선택 및 레이어 스타일 적용 ▶ 모양 생성 및 레이어 스타일 적용 ▶ 문자 입력 및 왜곡, 레이어 스타일 적용 ▶ 정답 파일 저장
완성이미지	Part05₩기출유형문제07회₩정답파일₩수험번호-성명-3.jpg, 수험번호-성명-3.psd

01 새 작업 이미지 만들기 및 파일 저장하기

01 [File(파일)]-[New(새로 만들기)]([Ctrl]+[N])를 선택하고 'Width(폭) : 600Pixels(픽셀), Height(높이) : 400Pixels(픽셀), Resolution(해상도) : 72Pixels/Inch(픽셀/인치), Color Mode(색상 모드) : RGB Color(RGB 색상), 8bit(비트), Background Contents(배경 내용) : White(흰색)'로 설정하여 새 작업 이미지를 만듭니다.

02 [Edit(편집)]-[Preference(환경설정)]([Ctrl]+[K])-[Guides, Grid & Slices(안내선, 격자 및 분할 영역)]를 선택하고 Grid(격자)의 'Color(색상)'를 클릭하여 밝은 색상으로 변경한 후 'Gridline Every(격자 간격) : 100Pixels(픽셀), Subdivisions(세분) : 1'로 설정합니다.

03 [View(보기)]-[Show(표시)]-[Grid(격자)]([Ctrl]+[']])와 [View(보기)]-[Rulers(눈금자)]([Ctrl]+[R])를 선택하여 격자와 눈금자를 표시합니다.

04 작업 도큐먼트를 저장하기 위해 [File(파일)]-[Save As(다른 이름으로 저장)]([Shift]+[Ctrl]+[S])를 선택하고 임의 경로에 '파일 이름 : 수험번호-성명-문제번호, 파일 형식 : Photoshop (*.PSD, *.PDD, *.PSDT)'으로 파일을 저장합니다.

02 배경색 적용

01 Tool Panel(도구 패널) 하단의 'Set foreground color(전경색 설정)'을 클릭하여 #cccccc로 설정하고 [Alt]+[Delete]를 눌러 이미지의 배경을 채웁니다.

03 필터 및 레이어 마스크 적용하여 합성하기

01 [File(파일)]-[Open(열기)]을 선택하여 2급-5.jpg를 불러 옵니다. [Ctrl]+[A]를 눌러 전체를 선택한 후 [Ctrl]+[C]를 눌러 복사하고 작업 이미지에 [Ctrl]+[V]로 붙여넣고 [Ctrl]+[T]를 누르고 드래그하여 크기를 조절한 후 배치합니다.

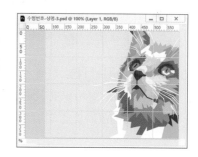

02 [Filter(필터)]-[Filter Gallery(필터 갤러리)]-[Texture(텍스처)]-[Texturizer(텍스처화)]를 선택합니다.

03 Layers(레이어) 패널 하단의 'Add layer mask(레이어 마스크 추가, ▢)'를 클릭하여 레이어 마스크를 추가합니다.

04 Gradient Tool(그레이디언트 도구, ▣)을 클릭하고 Options Bar(옵션 바)에서 'Click to open Gradient picker(클릭하여 그레이디언트 픽커 열기)'를 클릭합니다. Basics(기본 사항)에서 Black, White(검정, 흰색)를 선택하고 'Type(유형) : Linear Gradient(선형 그레이디언트), Mode(모드) : Normal(표준), Opacity(불투명도) : 100%'로 설정한 후 왼쪽에서 오른쪽 방향으로 드래그하여 이미지의 일부를 자연스럽게 지워 합성합니다.

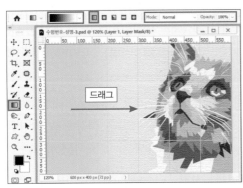 

⑭ 이미지 선택 및 레이어 스타일 적용

01 [File(파일)]-[Open(열기)]을 선택하여 2급-6.jpg를 불러온 후, Magic Wand Tool(자동 선택 도구, ✦)을 클릭하고 Options Bar(옵션 바)에서 'Add to selection(선택 영역에 추가, ▣), Tolerance(허용치) : 32'를 설정한 후 배경 부분을 각각 클릭하여 선택합니다.

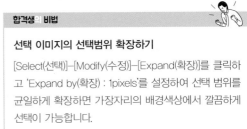

합격생의 비법

선택 이미지의 선택범위 확장하기

[Select(선택)]-[Modify(수정)]-[Expand(확장)]를 클릭하고 'Expand by(확장) : 1pixels'를 설정하여 선택 범위를 균일하게 확장하면 가장자리의 배경색상에서 깔끔하게 선택이 가능합니다.

02 Shift + Ctrl + I 로 선택 영역을 반전하여 Ctrl + C 로 복사합니다. 작업 이미지를 선택하여 Ctrl + V 로 붙여넣고 Ctrl + T 로 크기를 조절하고 마우스 오른쪽 버튼을 클릭하여 [Flip Horizontal(가로로 뒤집기)]로 뒤집고 회전한 후 배치합니다.

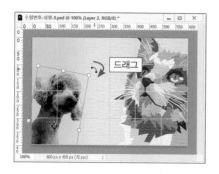

03 Layers(레이어) 패널 하단의 'Add a layer style(레이어 스타일 추가, *fx.*)'을 클릭하여 [Bevel & Emboss(경사와 엠보스)]를 선택하고 'Style(스타일) : Inner Bevel(내부 경사), Direction(방향) : Up(위로), Size(크기) : 7px'로 설정하고 [OK(확인)]를 클릭합니다.

04 [File(파일)]–[Open(열기)]을 선택하여 2급-7.jpg를 불러옵니다. Quick Selection Tool(빠른 선택 도구, *⊘*)을 클릭하고 Options Bar(옵션 바)에서 Add to selection(선택 영역에 추가, *⊘*)을 설정한 후 브러시의 크기를 조절하며 드래그하여 선택합니다.

05 Ctrl + C 로 복사한 후 작업 이미지를 선택하여 Ctrl + V 로 붙여넣기를 합니다. Ctrl + T 를 누르고 조절점을 드래그하여 크기를 축소하고 마우스 오른쪽 버튼을 클릭하여 [Flip Horizontal(가로로 뒤집기)]로 뒤집고 회전한 후 배치합니다.

06 Layers(레이어) 패널 하단의 'Add a layer style(레이어 스타일 추가, *fx.*)'을 클릭히여 [Drop Shadow(그림자)]를 선택하고 'Opacity(불투명도) : 75%, Angle(각도) : 120°, Distance(거리) : 5px, Size(크기) : 5px'로 설정한 후 [OK(확인)]를 클릭합니다.

07 Layers(레이어) 패널 상단의 'Opacity(불투명도) : 70%'를 설정합니다.

08 [File(파일)]–[Open(열기)]을 선택하여 2급-8.jpg를 불러온 후, Quick Selection Tool(빠른 선택 도구, *⊘*)을 클릭하고 Options Bar(옵션 바)에서 Add to selection(선택 영역에 추가, *⊘*)을 설정한 후 브러시의 크기를 조절하며 드래그하여 선택하고 Ctrl + C 로 복사합니다. 작업 이미지를 선택하여 Ctrl + V 로 붙여넣기를 합니다. Ctrl + T 를 누르고 드래그하여 크기를 축소하고 회전하여 배치합니다.

09 Layers(레이어) 패널 하단의 'Add a layer style(레이어 스타일 추가, fx.)'을 클릭하여 [Drop Shadow(그림자)]를 선택합니다.

05 모양 생성 및 레이어 스타일과 불투명도 적용

01 Custom Shape Tool(사용자 정의 모양 도구, 🐾)을 클릭하고 Options Bar(옵션 바)에서 'Shape(모양), Fill(칠) : 임의 색상, Stroke(획) : No Color(색상 없음), Shape(모양) : Flower 4(꽃 4, ✿)'를 설정한 후 Shift 를 누른 채 드래그하여 모양을 그립니다.

> **Shape 경로**
>
> [Legacy Shapes and More(레거시 모양 및 기타)]–[All Legacy Default Shapes(모든 레거시 기본 모양)]– [Nature(자연)]

02 Layers(레이어) 패널 하단의 'Add a layer style(레이어 스타일 추가, fx.)'을 클릭하여 Gradient Overlay(그레이디언트 오버레이)]를 선택하고 'Click to edit the gradient(클릭하여 그레이디언트 편집)'를 클릭합니다. 그레이디언트 슬라이더 왼쪽 하단의 'Color Stop(색상 정지점)'을 더블 클릭하여 #cc6600을, 오른쪽 'Color Stop(색상 정지점)'을 더블 클릭하여 #ffffcc로 설정한 후 'Style(스타일) : Linear(선형), Angle(각도) : 90˚'로 설정합니다.

03 계속해서 [Outer Glow(외부 광선)]를 선택하고 'Opacity(불투명도) : 75%, Spread(스프레드) : 10%, Size(크기) : 10px'로 설정하고 [OK(확인)]를 클릭합니다.

04 Layers(레이어) 패널 상단의 'Opacity(불투명도) : 70%'를 설정합니다.

05 Custom Shape Tool(사용자 정의 모양 도구, ![icon])을 클릭하고 Options Bar(옵션 바)에서 'Shape(모양), Fill(칠) : #ff6699, Stroke(획) : No Color(색상 없음), Shape(모양) : Butterfly(나비, ![icon])'를 설정한 후 [Shift]를 누른 채 드래그하여 모양을 그립니다.

Shape 경로

[Legacy Shapes and More(레거시 모양 및 기타)]-[All Legacy Default Shapes(모든 레거시 기본 모양)]-[Nature (자연)]

06 [Ctrl]+[T]를 눌러 회전하여 배치합니다. Layers(레이어) 패널 하단의 'Add a layer style(레이어 스타일 추가, ![icon])'을 클릭하여 [Inner Shadow(내부 그림자)]를 선택하고 'Opacity(불투명도) : 75%, Angle(각도) : 120°, Distance(거리) : 5px, Size(크기) : 5px'로 설정한 후 [OK(확인)]를 클릭합니다.

06 문자 입력 및 레이어 스타일 적용

01 Horizontal Type Tool(수평 문자 도구, ![icon])로 작업 이미지를 클릭하고 Options Bar(옵션 바)에서 'Font(글꼴) : Arial, Set font style(글꼴 스타일 설정) : Bold, Set font size(글꼴 크기) : 55pt, Color(색상) : 임의 색상'으로 설정한 후 With My PET을 입력합니다.

02 Options Bar(옵션 바)에서 Create warped text(뒤틀어진 텍스트 만들기, ![icon])를 클릭하여 [Warp Text(텍스트 뒤틀기)] 대화상자에서 'Style(스타일) : Fish(물고기), Horizontal(가로) : 체크, Bend(구부리기) : -45%'를 설정하여 문자의 모양을 왜곡합니다.

03 Layers(레이어) 패널 하단의 'Add a layer style(레이어 스타일 추가, _fx._)'을 클릭하여 [Stroke(획)]를 선택하고 'Size(크기) : 3px, Color(색상) : #006633'으로 설정합니다. 계속해서 [Gradient Overlay(그레이디언트 오버레이)]를 선택하고 'Click to edit the gradient (클릭하여 그레이디언트 편집)'를 클릭합니다.

04 그레이디언트 슬라이더 왼쪽 하단의 'Color Stop(색상 정지점)'을 더블 클릭하여 #ffcc33 을, 오른쪽 'Color Stop(색상 정지점)'을 더블 클릭하여 #ffffff로 설정한 후 'Style(스타일) : Linear(선형), Angle(각도) : 90°로 설정하고 [OK(확인)]를 클릭합니다.

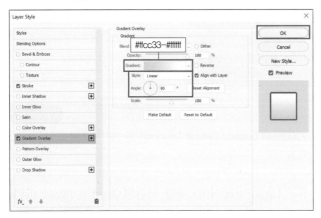

05 Horizontal Type Tool(수평 문자 도구, _T_)로 작업 이미지를 클릭하고 Options Bar(옵션 바)에서 'Font(글꼴) : 돋움, Set font size(글꼴 크기) : 24pt, Set anti-aliasing method (앤티 앨리어싱 방법 설정) : Strong(강하게), Color(색상) : #ffffcc'로 설정한 후 반려동물의 소리에 귀기울여요!를 입력합니다.

06 Options Bar(옵션 바)에서 Create warped text(뒤틀어진 텍스트 만들기, _I_)를 클릭하여 [Warp Text(텍스트 뒤틀기)] 대화상자에서 'StyZle(스타일) : Flag(깃발), Horizontal(가로) : 체크, Bend(구부리기) : −75%'를 설정하여 문자의 모양을 왜곡합니다.

07 Layers(레이어) 패널 하단의 'Add a layer style(레이어 스타일 추가, _fx._)'을 클릭하여 [Stroke(획)]를 선택하고 'Size(크기) : 2px, Color(색상) : #006633'으로 설정합니다. 계속해서 [Drop Shadow(드롭 섀도)]를 선택하고 [OK(확인)]를 클릭합니다. [Ctrl]+[S]를 눌러 파일을 저장합니다.

07 정답 파일 저장

01 [View(보기)]–[Show(표시)]–[Grid(격자)]([Ctrl]+[']])를 선택하여 격자를 가립니다.

02 [File(파일)]–[Save As(다른 이름으로 저장)]([Shift]+[Ctrl]+[S])를 선택하고 '저장 위치 : 내 PC\문서\GTQ, 파일 이름 : 수험번호–성명–문제번호, 파일 형식 : JPEG(*.JPG, *. JPEG, *.JPE)'를 선택하고 [저장]을 클릭한 후 [JPEG Options(JPEG 옵션)] 대화상자에서 'Quality(품질) : 8'로 설정하고 [OK(확인)]를 클릭합니다.

03 [Image(이미지)]–[Image Size(이미지 크기)]([Alt]+[Ctrl]+[I])를 선택하고 'Constrain aspect ratio(종횡비 제한) : 클릭, Width(폭) : 60Pixels(픽셀), Height(높이) : 40Pixels (픽셀)'로 입력하여 이미지 크기를 1/10로 축소한 후 [OK(확인)]를 클릭합니다.

04 [File(파일)]–[Save As(다른 이름으로 저장)]([Shift]+[Ctrl]+[S])를 선택하고 '저장 위치 : 내 PC\문서\GTQ, 파일 이름 : 수험번호–성명–문제번호, 파일 형식 : Photoshop(*.PSD, *.PDD, *.PSDT)'을 선택하고 [저장]을 클릭합니다.

05 답안 저장이 완료가 되면 [File(파일)]–[Close(닫기)]([Ctrl]+[W])를 선택하여 파일을 닫고 수험 프로그램에서 [답안 전송]을 클릭하여 psd와 jpg 파일을 감독관 컴퓨터로 전송합니다.

문제 **04** CHAPTER **07**
[실무응용] 이벤트 페이지 제작

작업과정	새 작업 이미지 만들기 및 파일 저장하기 ▶ 필터 적용하기 ▶ 이미지 선택 및 레이어 스타일 적용 ▶ 모양 생성 및 필터와 클리핑 마스크 적용 ▶ 모양 생성 및 레이어 스타일과 불투명도 적용 ▶ 문자 입력 및 왜곡, 레이어 스타일 적용 ▶ 정답 파일 저장
완성이미지	Part05\기출유형문제07회\정답파일\수험번호–성명–4.jpg, 수험번호–성명–4.psd

---

01 새 작업 이미지 만들기 및 파일 저장하기

01 [File(파일)]–[New(새로 만들기)]([Ctrl]+[N])를 선택하고 'Width(폭) : 600Pixels(픽셀), Height(높이) : 400Pixels(픽셀), Resolution(해상도) : 72Pixels/Inch(픽셀/인치), Color Mode(색상 모드) : RGB Color(RGB 색상), 8bit(비트), Background Contents(배경 내용) : White(흰색)'로 설정하여 새 작업 이미지를 만듭니다.

02 [Edit(편집)]–[Preference(환경설정)]([Ctrl]+[K])–[Guides, Grid & Slices(안내선, 격자 및 분할 영역)]를 선택하고 Grid(격자)의 'Color(색상)'를 클릭하여 밝은 색상으로 변경한 후 'Gridline Every(격자 간격) : 100Pixels(픽셀), Subdivisions(세분) : 1'로 설정합니다.

03 [View(보기)]–[Show(표시)]–[Grid(격자)]([Ctrl]+[']])와 [View(보기)]–[Rulers(눈금자)] ([Ctrl]+[R])를 선택하여 격자와 눈금자를 표시합니다.

04 작업 도큐먼트를 저장하기 위해 [File(파일)]–[Save As(다른 이름으로 저장)]([Shift]+[Ctrl]+ [S])를 선택하고 임의 경로에 '파일 이름 : 수험번호–성명–문제번호, 파일 형식 : Photoshop (*.PSD, *.PDD, *.PSDT)'으로 파일을 저장합니다.

⑫ 필터 적용하기

01 [File(파일)]–[Open(열기)]을 선택하여 2급–9.jpg를 불러옵니다. [Ctrl]+[A]를 눌러 전체를 선택한 후 [Ctrl]+[C]를 눌러 복사하고 작업 이미지를 선택하여 [Ctrl]+[V]로 붙여넣기를 합니다. [Ctrl]+[T]를 누른 후 드래그하여 크기를 축소하고 배치합니다.

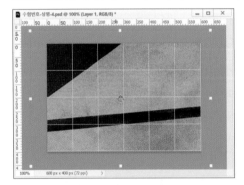

02 [Filter(필터)]–[Filter Gallery(필터 갤러리)]–[Artistic(예술 효과)]–[Rough Pastels(거친 파스텔 효과)]를 선택합니다.

⑬ 이미지 선택 및 레이어 스타일 적용

01 [File(파일)]–[Open(열기)]을 선택하여 2급–10.jpg를 불러옵니다. Magic Wand Tool(자동 선택 도구, [🖋])을 선택하고 Options Bar(옵션 바)에서 'Add to selection(선택 영역에 추가, [🔲]), Tolerance(허용치) : 32'를 설정한 후 배경 부분을 여러 번 클릭하여 선택합니다.

02 [Shift]+[Ctrl]+[I]로 선택 영역을 반전하여 [Ctrl]+[C]로 복사합니다. 작업 이미지를 선택하여 [Ctrl]+[V]로 붙여넣고 [Ctrl]+[T]로 크기 조절과 회전하여 배치합니다.

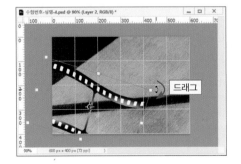

03 Layers(레이어) 패널 하단의 'Add a layer style(레이어 스타일 추가, *fx.*)'을 클릭하여 [Bevel & Emboss(경사와 엠보스)]를 선택하고 'Style(스타일) : Inner Bevel(내부 경사), Direction(방향) : Up(위로), Size(크기) : 5px'로 설정합니다. 계속해서 [Outer Glow(외부 광선)]를 선택하고 'Opacity(불투명도) : 75%, Size(크기) : 5px'로 설정하고 [OK(확인)]를 클릭합니다.

04 [File(파일)]-[Open(열기)]을 선택하여 2급-11.jpg를 불러옵니다. Quick Selection Tool(빠른 선택 도구, *☑*)을 클릭하고 Options Bar(옵션 바)에서 Add to selection(선택 영역에 추가, *☑*)을 설정한 후 브러시의 크기를 조절하며 이미지에 드래그하여 선택하고 [Ctrl]+[C]로 복사합니다.

05 작업 이미지를 선택하여 [Ctrl]+[V]로 붙여넣기를 하고 [Ctrl]+[T]를 눌러 [Shift]를 누른 채 크기를 조절하고 회전하여 배치합니다.

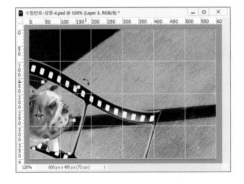

06 Layers(레이어) 패널 하단의 'Add a layer style(레이어 스타일 추가, *fx.*)'을 클릭하여 [Drop Shadow(그림자)]를 선택합니다. [Ctrl]+[[]를 눌러 'Layer 2' 레이어의 아래쪽으로 배치합니다.

04 모양 생성 및 필터와 클리핑 마스크 적용

01 Custom Shape Tool(사용자 정의 모양 도구, ⚙)을 클릭하고 Options Bar(옵션 바)에서 'Shape(모양), Fill(칠) : 임의 색상, Stroke(획) : No Color(색상 없음), Shape(모양) : Spade Card(스페이드 모양 카드, ♠)'를 설정한 후 Shift 를 누른 채 드래그하여 모양을 그리고 Ctrl + T 를 눌러 회전하여 배치합니다.

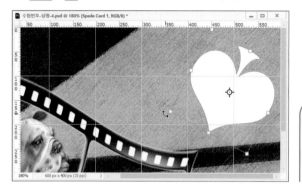

> **Shape 경로**
>
> [Legacy Shapes and More(레거시 모양 및 기타)]–[All Legacy Default Shapes(모든 레거시 기본 모양)]–[Shapes(모양)]

02 Layers(레이어) 패널 하단의 'Add a layer style(레이어 스타일 추가,)'을 클릭하여 [Stroke(획)]를 선택하고 'Size(크기) : 4px, Color(색상) : #99cc66'으로 설정합니다. 계속해서 [Drop Shadow(드롭 섀도)]를 선택하고 'Angle(각도) : 120°, Use Global Light(전체 조명 사용) : 체크 해제, Distance(거리) : 10px, Size(크기) : 10px'로 설정합니다.

합격생의 비법

'Use Global Light(전체 조명 사용) : 체크 해제를 해야 이전에 적용한 그림자 효과와 다른 'Angle(각도)'를 설정할 수 있습니다.

---

03 [File(파일)]–[Open(열기)]을 선택하여 2급-12.jpg를 불러온 후 Ctrl + A 를 눌러 전체를 선택하고 Ctrl + C 를 눌러 복사합니다. 작업 이미지를 선택하고 Ctrl + V 로 붙여넣기를 하고 스페이드 모양과 겹치도록 배치합니다.

04 Layers(레이어) 패널에서 'Layer 4' 레이어와 'Spade Card 1' 레이어 사이에 마우스 커서를 놓고 Alt 를 누르고 클릭하여 Clipping Mask(클리핑 마스크)를 적용합니다. Ctrl + T 를 누르고 Shift 를 누른 채 조절점을 드래그하여 크기를 축소합니다.

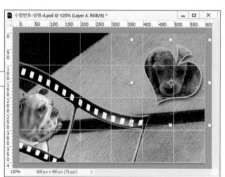

05 [Filter(필터)]–[Filter Gallery(필터 갤러리)]–[Brush Strokes(브러시 선)]–[Crosshatch (그물 눈)]를 선택합니다.

06 [File(파일)]–[Open(열기)]을 선택하여 2급-13.jpg를 불러옵니다. Quick Selection Tool (빠른 선택 도구, ✎)을 클릭하고 Options Bar(옵션 바)에서 Add to selection(선택 영역에 추가, ✎)을 설정한 후 브러시의 크기를 조절하며 드래그하여 선택하고 [Ctrl]+[C]로 복사합니다.

07 작업 이미지를 선택하고 [Ctrl]+[V]로 붙여넣기를 한 후 [Ctrl]+[]]를 눌러 'Layer 2' 레이어의 위쪽으로 배치합니다. [Ctrl]+[T]를 누르고 [Shift]를 누른 채 드래그하여 크기를 조절하고 회전한후 배치합니다.

08 Layers(레이어) 패널 하단의 'Add a layer style(레이어 스타일 추가, ⨍.)'을 클릭하여 [Inner Shadow(내부 그림자)]를 선택하고 'Opacity(불투명도) : 75%, Angle(각도) : 120°, Distance(거리) : 5px, Size(크기) : 5px'로 설정하고 [OK(확인)]를 클릭합니다.

09 Layers(레이어) 패널 상단의 'Opacity(불투명도) : 70%'를 설정합니다.

05 모양 생성 및 레이어 스타일과 불투명도 적용

01 Custom Shape Tool(사용자 정의 모양 도구, ⬭)을 클릭하고 Options Bar(옵션 바)에서 'Shape(모양), Fill(칠) : 임의 색상, Stroke(획) : No Color(색상 없음), Shape(모양) : Forward(앞으로, ▶)'를 설정한 후 [Shift]를 누른 채 드래그하여 모양을 그립니다.

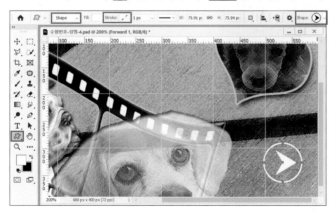

> **Shape 경로**
>
> [Legacy Shapes and More(레거시 모양 및 기타)]–[All Legacy Default Shapes(모든 레거시 기본 모양)]–[Web(웹)]

02 Layers(레이어) 패널 하단의 'Add a layer style(레이어 스타일 추가, *fx.*)'을 클릭하여 Gradient Overlay(그레이디언트 오버레이)]를 선택하고 'Click to edit the gradient(클릭하여 그레이디언트 편집)'를 클릭합니다. 그레이디언트 슬라이더 왼쪽 하단의 'Color Stop(색상 정지점)'을 더블 클릭하여 #ffcc99를, 오른쪽 'Color Stop(색상 정지점)'을 더블 클릭하여 #000033으로 설정한 후 'Style(스타일) : Linear(선형), Angle(각도) : −90'로 설정합니다. 계속해서 [Drop Shadow(드롭 섀도)]를 선택하고 [OK(확인)]를 클릭합니다.

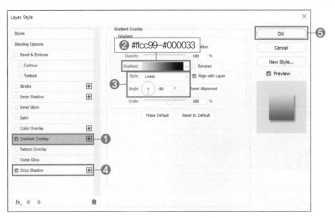

03 Layers(레이어) 패널 상단의 'Opacity(불투명도) : 60%'를 설정합니다.

04 Custom Shape Tool(사용자 정의 모양 도구, *&*)을 클릭하고 Options Bar(옵션 바)에서 'Shape(모양), Fill(칠) : #339999, Stroke(획) : No Color(색상 없음), Shape(모양) : Cat Print(고양이 발자국, *&*)'를 설정한 후 Shift 를 누르고 드래그하여 모양을 그리고 Ctrl + T 를 눌러 회전하여 배치합니다.

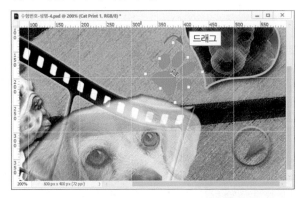

Shape 경로

[Legacy Shapes and More(레거시 모양 및 기타)]–[All Legacy Default Shapes(모든 레거시 기본 모양)]–[Animals (동물)]

05 Layers(레이어) 패널 하단의 'Add a layer style(레이어 스타일 추가, *fx.*)'을 클릭하여 [Inner Shadow(내부 그림자)]를 선택하고 'Opacity(불투명도) : 75%, Angle(각도) : 90°, Distance(거리) : 3px, Size(크기) : 7px'로 설정한 후 [OK(확인)]를 클릭합니다.

06 Ctrl+J를 눌러 복사한 레이어를 만들고 'Cat Print 1 copy '레이어의 Layer thumbnail(레이어 축소판)을 더블 클릭하여 Color Picker(색상 픽커)에서 'Color(색상) : #ffffff'를 설정합니다.

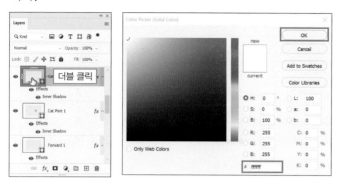

07 Ctrl+T를 누르고 드래그하여 크기를 축소하고 배치한 후 Layers(레이어) 패널 상단의 'Opacity(불투명도) : 70%'를 설정합니다.

06 문자 입력 및 왜곡, 레이어 스타일 적용

01 Horizontal Type Tool(수평 문자 도구, T)로 작업 이미지를 클릭하고 Options Bar(옵션 바)에서 'Font(글꼴) : Arial, Set font style(글꼴 스타일 설정) : Bold, Set font size(글꼴 크기) : 40pt, Center text(텍스트 중앙 정렬, ≡), Color(색상) : 임의 색상'을 설정한 후 Pet Movie Channel을 입력합니다.

02 Options Bar(옵션 바)에서 Create warped text(뒤틀어진 텍스트 만들기, ⊥)를 클릭하여 [Warp Text(텍스트 뒤틀기)] 대화상자에서 'Style(스타일) : Shell Upper(위가 넓은 조개), Horizontal(가로) : 체크, Bend(구부리기) : 40%'를 설정하여 문자의 모양을 왜곡합니다.

03 Layers(레이어) 패널 하단의 'Add a layer style(레이어 스타일 추가, fx.)'을 클릭하여 [Stroke(획)]를 선택하고 'Size(크기) : 3px, Color(색상) : #ff9966'으로 설정합니다. 계속해서 [Gradient Overlay(그레이디언트 오버레이)]를 선택하고 'Click to edit the gradient (클릭하여 그레이디언트 편집)'를 클릭합니다.

04 그레이디언트 슬라이더 왼쪽 하단의 'Color Stop(색상 정지점)'을 더블 클릭하여 #333399 를, 가운데 빈 곳을 클릭하여 'Color Stop(색상 정지점)'을 추가하고 더블 클릭하여 #99cc33 을, 오른쪽 'Color Stop(색상 정지점)'을 더블 클릭하여 #ffffff로 설정한 후 'Style(스타일) : Linear(선형), Angle(각도) : 90°'로 설정하고 [OK(확인)]를 클릭합니다.

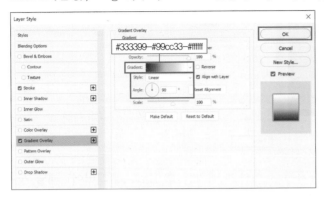

05 Horizontal Type Tool(수평 문자 도구, T)로 작업 이미지를 클릭하고 Options Bar(옵션 바)에서 'Font(글꼴) : 궁서, Set font size(글꼴 크기) : 20pt, Set anti-aliasing method (앤티 앨리어싱 방법 설정) : Strong(강하게), Color(색상) : 임의 색상'으로 설정한 후 반려견 과 추억을를 입력합니다.

06 Options Bar(옵션 바)에서 Create warped text(뒤틀어진 텍스트 만들기, ⊥)를 클릭하여 [Warp Text(텍스트 뒤틀기)] 대화상자에서 'Style(스타일) : Arc(부채꼴), Horizontal(가로) : 체크, Bend(구부리기) : 30%'를 설정하여 문자의 모양을 왜곡합니다.

07 Layers(레이어) 패널 하단의 'Add a layer style(레이어 스타일 추가, fx.)'을 클릭하여 [Stroke(획)]를 선택하고 'Size(크기) : 2px, Color(색상) : #ccffcc'로 설정합니다.

08 계속해서 [Gradient Overlay(그레이디언트 오버레이)]를 선택하고 'Click to edit the gradient(클릭하여 그레이디언트 편집)'를 클릭합니다. 그레이디언트 슬라이더 왼쪽 하단의 'Color Stop(색상 정지점)'을 더블 클릭하여 #000000을, 오른쪽 'Color Stop(색상 정지점)' 을 더블 클릭하여 #ff0000으로 설정한 후 'Style(스타일) : Linear(선형), Angle(각도) : 90°' 로 설정하고 [OK(확인)]를 클릭합니다.

09 Horizontal Type Tool(수평 문자 도구, T)로 작업 이미지를 클릭하고 Options Bar(옵션 바)에서 'Font(글꼴) : 돋움, Set font size(글꼴 크기) : 18pt, Set anti-aliasing method (앤티 앨리어싱 방법 설정) : Strong(강하게), Color(색상) : #333366'으로 설정한 후 반려동물과 함께 한 영상을 업로드하세요.를 입력합니다.

10 Layers(레이어) 패널 하단의 'Add a layer style(레이어 스타일 추가, fx.)'을 클릭하여 [Stroke(획)]를 선택하고 'Size(크기) : 2px, Color(색상) : #ffff99'로 설정한 후 [OK(확인)]를 클릭합니다. Ctrl + S 를 눌러 파일을 저장합니다.

07 정답 파일 저장

01 [View(보기)]-[Show(표시)]-[Grid(격자)](Ctrl + ')를 선택하여 격자를 가립니다.

02 [File(파일)]-[Save As(다른 이름으로 저장)](Shift + Ctrl + S)를 선택하고 '저장 위치 : 내 PC\문서\GTQ, 파일 이름 : 수험번호-성명-문제번호, 파일 형식 : JPEG(*.JPG, *. JPEG, *.JPE)'를 선택하고 [저장]을 클릭한 후 [JPEG Options(JPEG 옵션)] 대화상자에서 'Quality(품질) : 8'로 설정하고 [OK(확인)]를 클릭합니다.

03 [Image(이미지)]-[Image Size(이미지 크기)](Alt + Ctrl + I)를 선택하고 'Constrain aspect ratio(종횡비 제한) : 클릭, Width(폭) : 60Pixels(픽셀), Height(높이) : 40Pixels(픽셀)'로 입력하여 이미지 크기를 1/10로 축소한 후 [OK(확인)]를 클릭합니다.

04 [File(파일)]-[Save As(다른 이름으로 저장)](Shift + Ctrl + S)를 선택하고 '저장 위치 : 내 PC\문서\GTQ, 파일 이름 : 수험번호-성명-문제번호, 파일 형식 : Photoshop(*.PSD, *.PDD, *.PSDT)'을 선택하고 [저장]을 클릭합니다.

05 답안 저장이 완료가 되면 [File(파일)]-[Exit(종료)](Ctrl + Q)를 선택하여 프로그램을 종료하고 수험 프로그램에서 [답안 전송]을 클릭하여 psd와 jpg 파일을 감독관 컴퓨터로 전송합니다.

급수	문제유형	시험시간	수험번호	성명
2급	A	90분	G220240008	

수 험 자 유 의 사 항

- 수험자는 문제지를 받는 즉시 응시하고자 하는 **과목 및 급수가 맞는지 확인**한 후 수험번호와 성명을 작성합니다.
- 파일명은 본인의 "수험번호–성명–문제번호"로 공백 없이 정확히 입력하고 답안폴더(내 PC₩문서₩GTQ)에 jpg 파일과 psd 파일의 2가지 포맷으로 저장해야 하며, jpg 파일과 psd 파일의 내용이 상이할 경우 0점 처리됩니다. 답안문서 파일명이 "수험번호–성명–문제번호"와 일치하지 않거나, 답안 파일을 전송하지 않아 미제출로 처리될 경우 불합격 처리됩니다.
- 문제의 세부조건은 '영문(한글)' 형식으로 표기되어 있으니 유의하시기 바랍니다.
- 수험자 정보와 저장한 파일명, 저장 위치가 다를 경우 전송이 되지 않으므로, 주의하시기 바랍니다.
- 답안 작성 중에도 **주기적으로 '저장'과 '답안 전송'**을 이용하여 감독위원 PC로 답안을 전송하셔야 합니다.(※ 작업한 내용을 **저장하지 않고 전송할 경우** 이전의 저장내용이 전송되오니 이점 반드시 유념하시기 바랍니다.)
- 답안문서는 지정된 경로 외의 다른 보조기억장치에 저장하는 행위, 지정된 시험 시간 외에 작성된 파일을 활용한 행위, 기타 통신수단(이메일, 메신저, 네트워크 등)을 이용하여 타인에게 전달 또는 외부 반출하는 행위는 부정으로 간주되어 자격기본법 제32조에 의거 본 시험 및 국가공인 자격시험을 2년간 응시할 수 없습니다.
- 시험 중 부주의 또는 고의로 시스템을 파손한 경우와 〈수험자 유의사항〉에 기재된 방법대로 이행하지 않아 생기는 불이익은 수험자의 책임임을 알려 드립니다.
- 시험을 완료한 수험자는 최종적으로 저장한 답안파일이 전송되었는지 확인한 후 감독위원의 지시에 따라 문제지를 제출하고 퇴실합니다.

답 안 작 성 요 령

- **온라인 답안 작성 절차**
  수험자 등록 ⇒ 시험 시작 ⇒ 답안파일 저장 ⇒ 답안 전송 ⇒ 시험 종료
- 내 PC₩문서₩GTQ₩Image폴더에 있는 그림 원본파일을 사용하여 답안을 작성하시고 최종답안을 답안폴더(내 PC₩문서₩GTQ)에 저장하여 답안을 전송하시고, 이미지의 크기가 다른 경우 감점 처리됩니다.
- 배점은 총 100점으로 이루어지며, 점수는 각 문제별로 차등 배분됩니다.
- 각 문제는 주어진 〈조건〉에 따라 작성하고, 언급하지 않은 조건은 《출력형태》와 같이 작성합니다.
- 배치 등의 편의를 위해 주어진 눈금자의 단위는 '픽셀'입니다.
  그 외는 출력형태(효과, 이미지, 문자, 색상, 레이아웃, 규격 등)와 같게 작업하십시오.
- 문제 조건에 서체의 지정이 없을 경우 한글은 굴림이나 돋움, 영문은 Arial로 작업하십시오.
  (단, 그 외에 제시되지 않은 문자 속성을 기본값으로 작성하지 않은 경우는 감점 처리됩니다.)
- Image Mode(이미지 모드)는 별도의 처리조건이 없을 경우에는 RGB(8비트)로 작업하십시오.
- 모든 답안 파일은 해상도 72Pixels/Inch로 작업하십시오.
- Layer(레이어)는 각 기능별로 분할해야 하며, 임의로 합칠 경우나 각 기능에 대한 속성을 해지할 경우 해당 요소는 0점 처리됩니다.

한 국 생 산 성 본 부

문제 1 ┆ Tool(도구) 활용   20점

다음의 《조건》에 따라 아래의 《출력형태》와 같이 작업하시오.

출력형태

조건

원본 이미지	Part05₩기출유형문제08회₩2급-1.jpg		
파일저장규칙	JPG	파일명	문서₩GTQ₩수험번호-성명-1.jpg
		크기	400×500 pixels
	PSD	파일명	문서₩GTQ₩수험번호-성명-1.psd
		크기	40×50 pixels

1. 그림 효과

① 복제 및 변형 : 접시
② Shape Tool(모양 도구) 사용 :
　－ 음표 모양(#ff9999, #cc0099, 레이어 스타일 – Drop Shadow(그림자 효과))
　－ 타일 모양(#996633, 레이어 스타일 – Inner Shadow(내부 그림자))

2. 문자 효과

① DISH(Arial, Bold, 60pt, 레이어 스타일 – 그레이디언트 오버레이(#ffcccc, #cc3333))

문제 2 ┆ 사진편집 기초   20점

다음의 《조건》에 따라 아래의 《출력형태》와 같이 작업하시오.

출력형태

조건

원본 이미지	Part05₩기출유형문제08회₩2급-2.jpg, 2급-3.jpg, 2급-4.jpg		
파일저장규칙	JPG	파일명	문서₩GTQ₩수험번호-성명-2.jpg
		크기	400×500 pixels
	PSD	파일명	문서₩GTQ₩수험번호-성명-2.psd
		크기	40×50 pixels

1. 그림 효과

① 색상 보정 : 2급-3.jpg – 파란색 계열로 보정, Drop Shadow(그림자 효과)
② 액자 제작 :
　필터 – Mosaic Tiles(모자이크 타일), 안쪽 테두리(5px, #cc6633), 레이어
　스타일 – Drop Shadow(그림자 효과)
③ 2급-4.jpg : 레이어 스타일 – Drop Shadow(그림자 효과)

2. 문자 효과

① PASTA(Times New Roman, Bold Italic, 60pt, #ffffcc, 레이어 스타일 – Stroke(선/획)(3px, #006666, #990000)

다음의 《조건》에 따라 아래의 《출력형태》와 같이 작업하시오.

조건

원본 이미지	Part05\기출유형문제\08회\2급-5.jpg, 2급-6.jpg, 2급-7.jpg, 2급-8.jpg		
파일저장규칙	JPG	파일명	문서\GTQ\수험번호-성명-3.jpg
		크기	600×400 pixels
	PSD	파일명	문서\GTQ\수험번호-성명-3.psd
		크기	60×40 pixels

1. 그림 효과

① 배경 : #cccc99
② 2급-5.jpg : 필터 – Crosshatch(그물눈), 레이어 마스크 – 세로 방향으로 흐릿하게
③ 2급-6.jpg : 레이어 스타일 – Drop Shadow(그림자 효과)
④ 2급-7.jpg : 레이어 스타일 – Drop Shadow(그림자 효과)
⑤ 2급-8.jpg : 레이어 스타일 – Inner Glow(내부 광선)
⑥ 그 외 《출력형태》 참조

2. 문자 효과

① VEGAN(Arial, Bold, 65pt, 레이어 스타일 – Stroke(선/획)(2px, #333333), 그레이디언트 오버레이(#ffffcc, #339933))
② 자연주의 비건 식단(바탕, 28pt, #ccff99, 레이어 스타일 – Stroke(선/획)(2px, #333366), Drop Shadow(그림자 효과))

출력형태

Shape Tool(모양 도구) 사용
#ffffff, 레이어 스타일 – Drop
Shadow(그림자 효과),
Opacity(불투명도)(50%)

Shape Tool(모양 도구) 사용
레이어 스타일 – 그레이디언트 오버레이(#999933,
#ffffff),
Opacity(불투명도)(60%)

다음의 《조건》에 따라 아래의 《출력형태》와 같이 작업하시오.

조건

원본 이미지	Part05\기출유형문제08회\2급-9.jpg, 2급-10.jpg, 2급-11.jpg, 2급-12.jpg, 2급-13.jpg		
파일저장규칙	JPG	파일명	문서\GTQ\수험번호-성명-4.jpg
		크기	600×400 pixels
	PSD	파일명	문서\GTQ\수험번호-성명-4.psd
		크기	60×40 pixels

1. 그림 효과
① 2급-9.jpg : 필터 – Crosshatch(그물눈)
② 2급-10.jpg : 레이어 스타일 – Drop Shadow(그림자 효과), Opacity(불투명도)(70%)
③ 2급-11.jpg : 레이어 스타일 – Outer Glow(외부 광선)
④ 2급-12.jpg : 필터 – Film Grain(필름 그레인)
⑤ 2급-13.jpg : 레이어 스타일 – Bevel and Emboss(경사와 엠보스)
⑥ 그 외 《출력형태》 참조

2. 문자 효과
① 싱싱한 해산물(돋움, 30pt, #ffffff, 레이어 스타일 – Stroke(선/획)(2px, #000000))
② SEA FOOD(Arial, Bold, 60pt, 레이어 스타일 – 그레이디언트 오버레이(#66ff66, #ffffff), Drop Shadow(그림자 효과))
③ 건강한 식습관 기르기 #1(궁서, 22pt, #666666, 레이어 스타일 – Stroke(선/획)(2px, #ffffff))

출력형태

Shape Tool(모양 도구) 사용
#66ccff, 레이어 스타일
– Inner Shadow(내부 그림자), Opacity(불투명도)
(80%)

Shape Tool(모양 도구) 사용
레이어 스타일 – Stroke
(선/획)(5px, #66cccc),
Drop Shadow(그림자 효과)

Shape Tool(모양 도구) 사용
#ff6600, 레이어 스타일 – Bevel and Emboss(경사와
엠보스), Drop Shadow(그림자 효과)

문제 01 CHAPTER 08
[기능평가] Tool(도구) 활용

작업과정	새 작업 이미지 만들고 파일 저장하기 ▶ 선택 영역 만들고 복제 및 변형하기 ▶ 모양 생성 및 레이어 스타일 적용 ▶ 문자 입력 및 레이어 스타일 적용 ▶ 정답 파일 저장
완성이미지	Part05\기출유형문제08회\정답파일\수험번호-성명-1.jpg, 수험번호-성명-1.psd

01 새 작업 이미지 만들고 파일 저장하기

01 [File(파일)]-[New(새로 만들기)]([Ctrl]+[N])를 선택하고 'Width(폭) : 400Pixels(픽셀), Height(높이) : 500Pixels(픽셀), Resolution(해상도) : 72Pixels/Inch(픽셀/인치), Color Mode(색상 모드) : RGB Color(RGB 색상), 8bit(비트), Background Contents(배경 내용) : White(흰색)'를 설정하여 새 작업 이미지를 만듭니다.

02 [Edit(편집)]-[Preference(환경설정)]([Ctrl]+[K])-[Guides, Grid & Slices(안내선, 격자 및 분할 영역)]를 선택하고 Grid(격자)의 'Color(색상)'를 클릭하여 밝은 색상으로 변경한 후 'Gridline Every(격자 간격) : 100Pixels(픽셀), Subdivisions(세분) : 1'로 설정합니다.

03 [View(보기)]-[Show(표시)]-[Grid(격자)]([Ctrl]+[']')와 [View(보기)]-[Rulers(눈금자)] ([Ctrl]+[R])를 선택하여 격자와 눈금자를 표시합니다.

04 작업 도큐먼트를 저장하기 위해 [File(파일)]-[Save As(다른 이름으로 저장)]([Shift]+[Ctrl]+ [S])를 선택하고 임의 경로에 '파일 이름 : 수험번호-성명-문제번호, 파일 형식 : Photoshop (*.PSD, *.PDD, *.PSDT)'으로 파일을 저장합니다.

02 선택 영역 만들고 복제 및 변형하기

01 [File(파일)]-[Open(열기)]을 선택하여 2급-1.jpg를 불러옵니다. [Ctrl]+[A]를 눌러 전체를 선택한 후 [Ctrl]+[C]를 눌러 복사합니다. 작업 이미지를 선택하여 [Ctrl]+[V]로 붙여넣고 [Ctrl]+ [T]를 누르고 [Shift]를 누른 채 드래그하여 크기를 조절한 후 회전한 후 배치합니다.

 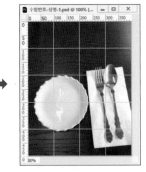

02 Quick Selection Tool(빠른 선택 도구, [icon])을 클릭하고 Options Bar(옵션 바)에서 Add to selection(선택 영역에 추가, [icon])을 설정한 후 드래그하여 접시 모양을 선택합니다. [Ctrl]+[J]를 눌러 레이어를 복사한 후 [Ctrl]+[T]를 누르고 [Shift]를 누른 채 드래그하여 크기를 축소하고 회전한 후 배치합니다.

03 모양 생성 및 레이어 스타일 적용

01 Custom Shape Tool(사용자 정의 모양 도구, [icon])을 클릭하고 Options Bar(옵션 바)에서 'Shape(모양), Fill(칠) : #ff9999, Stroke(획) : No Color(색상 없음), Shape(모양) : Eighth Notes(8분 음표(두개), [icon])'를 설정한 후 [Shift]를 누른 채 드래그하여 모양을 그립니다. [Ctrl]+[T]를 눌러 회전하여 배치합니다.

Shape 경로

[Legacy Shapes and More(레거시 모양 및 기타)]-[All Legacy Default Shapes (모든 레거시 기본 모양)]-[Music(음악)]

02 Layers(레이어) 패널 하단의 'Add a layer style(레이어 스타일 추가, [icon])'을 클릭하여 [Drop Shadow(그림자)]를 선택하고 'Opacity(불투명도) : 75%, Angle(각도) : 60°, Distance(거리) : 6px, Size(크기) : 6px'로 설정한 후 [OK(확인)]를 클릭합니다.

03 [Ctrl]+[J]를 눌러 'Eighth Notes 1' 레이어를 복사한 후 'Layer thumbnail(레이어 축소판)'을 더블 클릭하여 'Color (색상) : #cc0099'로 변경합니다. [Ctrl]+[T]를 누르고 드래그하여 크기를 축소하고 회전한 후 배치합니다.

04 Custom Shape Tool(사용자 정의 모양 도구, 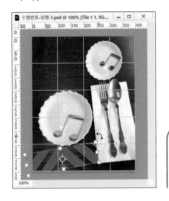)을 클릭하고 Options Bar(옵션 바)에서 'Shape(모양), Fill(칠) : #996633, Stroke(획) : No Color(색상 없음), Shape(모양) : Tile 1(타일 1, ▰)'을 설정한 후 모양을 그립니다. Ctrl + T 를 누르고 드래그하여 회전한 후 배치합니다.

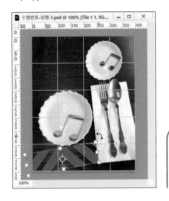

> **Shape 경로**
> [Legacy Shapes and More(레거시 모양 및 기타)]–[All Legacy Default Shapes(모든 레거시 기본 모양)]–[Tiles(타일)]

05 Layers(레이어) 패널 하단의 'Add a layer style(레이어 스타일 추가, fx.)'을 클릭하여 [Inner Shadow(내부 그림자)]를 선택하고 'Opacity(불투명도) : 75%, Angle(각도) : 60°, Distance(거리) : 3px, Size(크기) : 6px'로 설정한 후 [OK(확인)]를 클릭합니다.

④ 문자 입력 및 레이어 스타일 적용

01 Horizontal Type Tool(수평 문자 도구, T)로 작업 이미지를 클릭하고 Options Bar(옵션 바)에서 'Font(글꼴) : Arial, Set font style(글꼴 스타일 설정) : Bold, Set font size (글꼴 크기) : 60pt, Set anti-aliasing method(앤티 앨리어싱 방법 설정) : Strong(강하게), Color(색상) : 임의 색상'으로 설정한 후 DISH를 입력합니다.

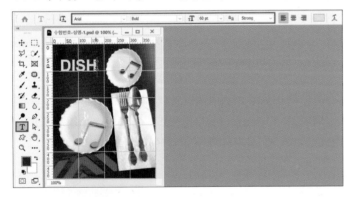

02 Layers(레이어) 패널 하단의 'Add a layer style(레이어 스타일 추가, fx.)'을 클릭하여 [Gradient Overlay(그레이디언트 오버레이)]를 선택하고 'Click to edit the gradient(클릭하여 그레이디언트 편집)'를 클릭합니다. 그레이디언트 슬라이더 왼쪽 하단의 'Color Stop(색상 정지점)'을 더블 클릭하여 #ffcccc를, 오른쪽 'Color Stop(색상 정지점)'을 더블 클릭하여 #cc3333으로 설정한 후 'Style(스타일) : Linear(선형), Angle(각도) : 90°로 설정한 후 [OK(확인)]를 클릭합니다. Ctrl + S 를 눌러 파일을 저장합니다.

05 정답 파일 저장

01 [View(보기)]−[Show(표시)]−[Grid(격자)]([Ctrl]+[']])를 선택하여 격자를 가립니다.

02 [File(파일)]−[Save As(다른 이름으로 저장)]([Shift]+[Ctrl]+[S])를 선택하고 '저장 위치 : 내 PC₩문서₩GTQ, 파일 형식 : JPEG(*.JPG, *.JPEG, *.JPE), 파일 이름 : 수험번호−성명−문제번호'를 입력하고 [저장]을 클릭한 후 [JPEG Options(JPEG 옵션)] 대화상자에서 'Quality(품질) : 8'로 설정하고 [OK(확인)]를 클릭합니다.

합격생의 비법

CC 2020 이후 버전에서 [Save As(다른 이름으로 저장)]로 '파일 형식 : JPEG(*.JPG, *.JPEG, *.JPE)'가 없는 경우에는 아래와 같이 저장하면 됩니다.

※ CC 버전에 따라 정답 파일을 '파일 형식 : JPEG(*.JPG, *.JPEG, *.JPE)'로 저장하기

• [File(파일)]−[Save As(다른 이름으로 저장)]([Shift]+[Ctrl]+[S])를 선택하고 [다른 이름으로 저장] 대화상자에서 [Save A Copy(사본 저장)]를 선택합니다.
• [File(파일)]−[Save A Copy(사본 저장)]([Alt]+[Ctrl]+[S])를 선택합니다.

---

03 [Image(이미지)]−[Image Size(이미지 크기)]([Alt]+[Ctrl]+[I])를 선택하고 'Constrain aspect ratio(종횡비 제한) : 클릭, Width(폭) : 40Pixels(픽셀), Height(높이) : 50Pixels(픽셀)'로 입력하여 이미지 크기를 1/10로 축소한 후 [OK(확인)]를 클릭합니다.

04 [File(파일)]−[Save As(다른 이름으로 저장)]([Shift]+[Ctrl]+[S])를 선택하고 '저장 위치 : 내 PC₩문서₩GTQ, 파일 이름 : 수험번호−성명−문제번호, 파일 형식 : Photoshop(*.PSD, *.PDD, *.PSDT)'을 선택하고 [저장]을 클릭합니다.

05 답안 저장이 완료가 되면 [File(파일)]−[Close(닫기)]([Ctrl]+[W])를 선택하여 파일을 닫고 수험 프로그램에서 [답안 전송]을 클릭하여 psd와 jpg 파일을 감독관 컴퓨터로 전송합니다.

문제 02 CHAPTER 08
[기능평가] 사진편집 기초

작업과정	새 작업 이미지 만들기 및 파일 저장하기 ▶ 필터 적용 및 액자 제작 ▶ 이미지 합성 및 색상 보정, 레이어 스타일 적용 ▶ 문자 입력 및 레이어 스타일 적용 ▶ 정답 파일 저장
완성이미지	Part05₩기출유형문제08회₩정답파일₩수험번호−성명−2.jpg, 수험번호−성명−2.psd

01 새 작업 이미지 만들기 및 파일 저장하기

01 [File(파일)]−[New(새로 만들기)]([Ctrl]+[N])를 선택하고 'Width(폭) : 400Pixels(픽셀), Height(높이) : 500Pixels(픽셀), Resolution(해상도) : 72Pixels/Inch(픽셀/인치), Color Mode(색상 모드) : RGB Color(RGB 색상), 8bit(비트), Background Contents(배경 내용) : White(흰색)'로 설정하여 새 작업 이미지를 만듭니다.

02 [Edit(편집)]−[Preference(환경설정)]([Ctrl]+[K])−[Guides, Grid & Slices(안내선, 격자 및 분할 영역)]를 선택하고 Grid(격자)의 'Color(색상)'를 클릭하여 밝은 색상으로 변경한 후 'Gridline Every(격자 간격) : 100Pixels(픽셀), Subdivisions(세분) : 1'로 설정합니다.

03 [View(보기)]−[Show(표시)]−[Grid(격자)]([Ctrl]+['])와 [View(보기)]−[Rulers(눈금자)] ([Ctrl]+[R])를 선택하여 격자와 눈금자를 표시합니다.

04 작업 도큐먼트를 저장하기 위해 [File(파일)]−[Save As(다른 이름으로 저장)]([Shift]+[Ctrl]+ [S])를 선택하고 임의 경로에 '파일 이름 : 수험번호−성명−문제번호, 파일 형식 : Photoshop (*.PSD, *.PDD, *.PSDT)'으로 파일을 저장합니다.

02 필터 적용 및 액자 제작

01 [File(파일)]−[Open(열기)]을 선택하여 2급−2.jpg를 불러옵니다. [Ctrl]+[A]를 눌러 전체를 선택한 후 [Ctrl]+[C]를 눌러 복사하고 작업 이미지에 [Ctrl]+[V]로 붙여넣기를 합니다. [Ctrl]+[T]를 누르고 [Shift]를 누른 채 드래그하여 크기를 조절하고 배치합니다.

02 [Layer(레이어)]−[New(새로 만들기)]−[Layer Via Copy(복사한 레이어)]([Ctrl]+[J])를 클릭하고 레이어를 복사합니다.

03 [Filter(필터)]−[Filter Gallery(필터 갤러리)]−[Texture(텍스처)]− [Mosaic Tiles(모자이크 타일)]을 선택합니다. 위쪽의 눈금자에서 아래로 드래그하여 작업 이미지의 세로 중앙인 250px의 위치에 안내선을 표시합니다.

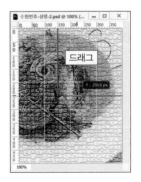

04 Rectangular Marquee Tool(사각형 선택 윤곽 도구, [::])을 클릭하고 Options Bar(옵션 바)에서 'New selection(새 선택 영역, [■]), Feather(페더) : 0px, Style(스타일) : Fixed Size(크기 고정), Width(폭) : 300px, Height(높이) : 400px'로 설정합니다. 세로 격자와 안내선의 교차 지점에 [Alt]를 누르고 작업 이미지의 중앙에 클릭하여 직사각형 모양으로 선택합니다.

05 [Select(선택)]−[Modify(수정)]−[Smooth(매끄럽게)]를 클릭하여 'Sample Radius(샘플 반경) : 8pixels(픽셀)'를 설정하고 [OK(확인)]를 클릭하여 모서리를 둥글게 합니다. [Delete]를 눌러 선택된 이미지를 삭제하고 프레임을 만듭니다.

06 [Edit(편집)]–[Stroke(획)]를 클릭하여 'Width(폭) : 5px, Color(색상) : #cc6633, Location (위치) : Inside(안쪽), Mode(모드) : Normal(표준), Opacity(불투명도) : 100%, Preserve Transparency(투명도 유지) : 체크 해제'를 설정하고 [OK(확인)]를 클릭하여 안쪽 테두리를 적용합니다.

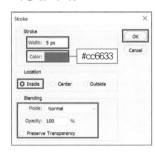 

07 Ctrl+D를 눌러 선택을 해제하고, Layers(레이어) 패널 하단의 'Add a layer style(레이어 스타일 추가, fx.)'을 클릭하여 [Drop Shadow(그림자)]를 선택하고 'Angle(각도) : 120°, Distance(거리) : 10px, Size(크기) : 10px'로 설정합니다.

03 이미지 합성 및 색상 보정, 레이어 스타일 적용

01 [File(파일)]–[Open(열기)]을 선택하여 2급-3.jpg를 불러온 후 Quick Selection Tool(빠른 선택 도구, ✎)을 클릭하고 Options Bar(옵션 바)에서 New Selection(새 선택 영역, ▣)을 설정한 후 이미지를 드래그하여 선택하고 Ctrl+C로 복사합니다. 작업 이미지에 Ctrl+V로 붙여넣은 후 Ctrl+T를 누르고 Shift를 누른 채 드래그하여 크기를 조절하고 회전한 후 배치 합니다.

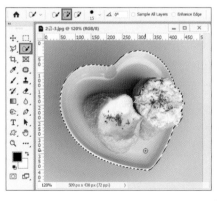 

02 Layers(레이어) 패널 하단의 'Add a layer style(레이어 스타일 추가, fx.)'을 클릭하여 [Drop Shadow(그림자)]를 선택하고 'Angle(각도) : 90°, Use Global Light(전체 조명 사용) : 체크 해제, Distance(거리) : 5px, Size(크기) : 5px'로 설정합니다.

03 Layers(레이어) 패널에서 'Layer 2' 레이어의 'Layer thumbnail(레이어 축소판)'을 <u>Ctrl</u>을 누르고 클릭하여 접시 이미지를 빠르게 선택합니다.

 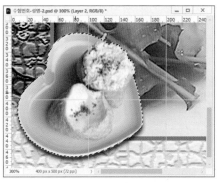

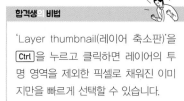

합격생의 비법

'Layer thumbnail(레이어 축소판)'을 <u>Ctrl</u>을 누르고 클릭하면 레이어의 투명 영역을 제외한 픽셀로 채워진 이미지만을 빠르게 선택할 수 있습니다.

04 Quick Selection Tool(빠른 선택 도구, ☑)을 클릭하고 Options Bar(옵션 바)에서 Subtract from selection(선택 영역에서 빼기, ☑)을 설정하고 음식 부분을 드래그하여 선택 영역에서 제외합니다.

05 Layers(레이어) 패널 하단의 'Create new fill or adjustment layer(새 칠 또는 조정 레이어 생성, ☑)'를 클릭하고 [Hue/Saturation(색조/채도)]을 선택합니다. Properties(조정) 패널에서 'Colorize(색상화) : 체크, Hue(색조) : 200, Saturation(채도) : 70, Lightness(명도) : 0'으로 설정하여 파란색 계열로 색상을 보정합니다.

06 [File(파일)]-[Open(열기)]을 선택하여 2급-4.jpg를 불러온 후 Magic Wand Tool(자동 선택 도구, 🪄)을 선택하고 Options Bar(옵션 바)에서 'Add to selection(선택 영역에 추가, ⬚), Tolerance(허용치) : 32'를 설정한 후 배경 부분을 각각 클릭하여 선택합니다.

07 [Shift]+[Ctrl]+[I]로 선택 영역을 반전하여 [Ctrl]+[C]로 복사합니다. 작업 이미지를 선택하여 [Ctrl]+[V]로 붙여넣고 [Ctrl]+[T]로 크기 조절과 회전하여 배치합니다.

08 [Ctrl]+[[]를 3번 눌러 액자 프레임인 'Layer 1 copy' 레이어의 아래쪽에 배치합니다.

09 Layers(레이어) 패널 하단의 'Add a layer style(레이어 스타일 추가, fx.)'을 클릭하여 [Drop Shadow(그림자)]를 선택하고 'Angle(각도) : 90°, Distance(거리) : 7px, Size(크기) : 7px'로 설정합니다.

04 문자 입력 및 레이어 스타일 적용

01 Horizontal Type Tool(수평 문자 도구, T)로 작업 이미지를 클릭하고 Options Bar(옵션 바)에서 'Font(글꼴) : Times New Roman, Set font style(글꼴 스타일 설정) : Bold Italic, Set font size(글꼴 크기) : 60pt, Color(색상) : #ffffcc'로 설정한 후 PASTA를 입력합니다.

02 Options Bar(옵션 바)에서 Create warped text(뒤틀어진 텍스트 만들기, ⬚)를 클릭하여 [Warp Text(텍스트 뒤틀기)] 대화상자에서 'Style(스타일) : Rise(상승), Horizontal(가로) : 체크, Bend(구부리기) : 40%'를 설정하여 문자의 모양을 왜곡합니다.

03 Layers(레이어) 패널 하단의 'Add a layer style(레이어 스타일 추가, *fx.*)'을 클릭하여 [Stroke(획)]를 선택하여 'Size(크기) : 3px, Fill Type(칠 유형) : Gradient(그레이디언트)'를 설정하고 'Click to edit the gradient(클릭하여 그레이디언트 편집)'를 클릭합니다. 그레이디언트 슬라이더 왼쪽 하단의 'Color Stop(색상 정지점)'을 더블 클릭하여 #006666을, 오른쪽 'Color Stop(색상 정지점)'을 더블 클릭하여 #990000으로 설정한 후 'Style(스타일) : Linear(선형), Angle(각도) : 90°'로 설정한 후 [OK(확인)]를 클릭합니다. Ctrl+S를 눌러 파일을 저장합니다.

05 정답 파일 저장

01 [View(보기)]-[Show(표시)]-[Grid(격자)](Ctrl+')와 [Guides(안내선)](Ctrl+;)를 각각 선택하여 격자와 안내선을 가립니다.

02 [File(파일)]-[Save As(다른 이름으로 저장)](Shift+Ctrl+S)를 선택하고 '저장 위치 : 내 PC\문서\GTQ, 파일 이름 : 수험번호-성명-문제번호, 파일 형식 : JPEG(*.JPG, *.JPEG, *.JPE)'를 선택하고 [저장]을 클릭한 후 [JPEG Options(JPEG 옵션)] 대화상자에서 'Quality(품질) : 8'로 설정하고 [OK(확인)]를 클릭합니다.

03 [Image(이미지)]-[Image Size(이미지 크기)](Alt+Ctrl+I)를 선택하고 'Constrain aspect ratio(종횡비 제한) : 클릭, Width(폭) : 40Pixels(픽셀), Height(높이) : 50Pixels(픽셀)'로 입력하여 이미지 크기를 1/10로 축소한 후 [OK(확인)]를 클릭합니다.

04 [File(파일)]-[Save As(다른 이름으로 저장)](Shift+Ctrl+S)를 선택하고 '저장 위치 : 내 PC\문서\GTQ, 파일 이름 : 수험번호-성명-문제번호, 파일 형식 : Photoshop(*.PSD, *.PDD, *.PSDT)'을 선택하고 [저장]을 클릭합니다.

05 답안 저장이 완료가 되면 [File(파일)]-[Close(닫기)](Ctrl+W)를 선택하여 파일을 닫고 수험 프로그램에서 [답안 전송]을 클릭하여 psd와 jpg 파일을 감독관 컴퓨터로 전송합니다.

작업과정	새 작업 이미지 만들기 및 파일 저장하기 ▶ 배경색 적용 ▶ 필터 및 레이어 마스크 적용하여 합성하기 ▶ 이미지 선택 및 레이어 스타일 적용 ▶ 모양 생성 및 레이어 스타일 적용 ▶ 문자 입력 및 왜곡, 레이어 스타일 적용 ▶ 정답 파일 저장
완성이미지	Part05₩기출유형문제08회₩정답파일₩수험번호-성명-3.jpg, 수험번호-성명-3.psd

01 새 작업 이미지 만들기 및 파일 저장하기

01 [File(파일)]-[New(새로 만들기)]([Ctrl]+[N])를 선택하고 'Width(폭) : 600Pixels(픽셀), Height(높이) : 400Pixels(픽셀), Resolution(해상도) : 72Pixels/Inch(픽셀/인치), Color Mode(색상 모드) : RGB Color(RGB 색상), 8bit(비트), Background Contents(배경 내용) : White(흰색)'로 설정하여 새 작업 이미지를 만듭니다.

02 [Edit(편집)]-[Preference(환경설정)]([Ctrl]+[K])-[Guides, Grid & Slices(안내선, 격자 및 분할 영역)]를 선택하고 Grid(격자)의 'Color(색상)'를 클릭하여 밝은 색상으로 변경한 후 'Gridline Every(격자 간격) : 100Pixels(픽셀), Subdivisions(세분) : 1'로 설정합니다.

03 [View(보기)]-[Show(표시)]-[Grid(격자)]([Ctrl]+[']')와 [View(보기)]-[Rulers(눈금자)] ([Ctrl]+[R])를 선택하여 격자와 눈금자를 표시합니다.

04 작업 도큐먼트를 저장하기 위해 [File(파일)]-[Save As(다른 이름으로 저장)]([Shift]+[Ctrl]+[S])를 선택하고 임의 경로에 '파일 이름 : 수험번호-성명-문제번호, 파일 형식 : Photoshop (*.PSD, *.PDD, *.PSDT)'으로 파일을 저장합니다.

02 배경색 적용

01 Tool Panel(도구 패널) 하단의 'Set foreground color(전경색 설정)'를 클릭하여 #cccc99로 설정하고 [Alt]+[Delete]를 눌러 이미지의 배경을 채웁니다.

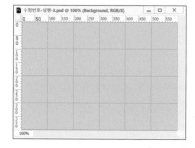

합격생의 비법

Foreground Color(전경색)를 불투명하게 채우기는 [Alt]+[Delete]를, Background Color(배경색)는 [Ctrl]+[Delete]를 눌러 빠르게 채울 수 있습니다.

03 필터 및 레이어 마스크 적용하여 합성하기

01 [File(파일)]–[Open(열기)]을 선택하여 2급-5.jpg를 불러옵니다. Ctrl+A를 눌러 전체를 선택한 후 Ctrl+C를 눌러 복사하고 작업 이미지를 선택하여 Ctrl+V로 붙여넣기를 하고 Ctrl+T를 누르고 조절점을 드래그하여 크기를 조절한 후 배치합니다.

02 [Filter(필터)]–[Filter Gallery(필터 갤러리)]–[Brush Strokes(브러시 선)]–[Crosshatch(그물눈)]를 선택합니다.

03 Layers(레이어) 패널에서 하단의 'Add layer mask(레이어 마스크 추가, ▣)'를 클릭하여 레이어 마스크를 추가합니다. Gradient Tool(그레이디언트 도구, ▦)을 클릭하고 Options Bar(옵션 바)에서 'Click to open Gradient picker(클릭하여 그레이디언트 픽커 열기)'를 클릭합니다. Basics(기본 사항)에서 'Black, White(검정, 흰색)'를 선택하고 'Type(유형) : Linear Gradient(선형 그레이디언트), Mode(모드) : Normal(표준), Opacity(불투명도) : 100%'로 설정한 후 Shift를 누르고 위쪽에서 아래쪽으로 드래그하여 이미지의 일부를 자연스럽게 지워 합성합니다.

04 이미지 선택 및 레이어 스타일 적용

01 [File(파일)]–[Open(열기)]을 선택하여 2급-6.jpg를 불러옵니다. Quick Selection Tool(빠른 선택 도구, ▨)을 클릭하고 Options Bar(옵션 바)에서 Add to selection(선택 영역에 추가, ▨)을 설정한 후 드래그하여 선택하고 Ctrl+C로 복사합니다.

02 작업 이미지를 선택하여 [Ctrl]+[V]로 붙여넣기를 하고 [Ctrl]+[T]를 누르고 조절점을 드래그하여 크기를 축소하고 마우스 오른쪽 버튼을 클릭하여 [Flip Horizontal(가로로 뒤집기)]로 뒤집고 회전한 후 배치합니다.

03 Layers(레이어) 패널 하단의 'Add a layer style(레이어 스타일 추가, fx.)'을 클릭하여 [Drop Shadow(그림자)]를 선택하고 'Angle(각도) : 90°, Distance(거리) : 5px, Size(크기) : 5px'로 설정합니다.

04 [File(파일)]-[Open(열기)]을 선택하여 2급-7.jpg를 불러옵니다. Quick Selection Tool(빠른 선택 도구, ☑)을 클릭하고 Options Bar(옵션 바)에서 Add to selection(선택 영역에 추가, ☑)을 설정한 후 드래그하여 선택한 후 [Ctrl]+[C]로 복사합니다.

05 작업 이미지를 선택하여 [Ctrl]+[V]로 붙여넣기를 하고 [Ctrl]+[T]를 누르고 조절점을 드래그하여 크기를 축소한 후 마우스 오른쪽 버튼을 클릭하여 [Flip Horizontal(가로로 뒤집기)]로 뒤집고 회전한 후 배치합니다.

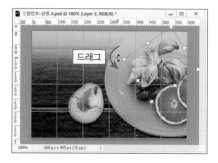

06 Layers(레이어) 패널 하단의 'Add a layer style(레이어 스타일 추가, fx.)'을 클릭하여 [Drop Shadow(그림자)]를 선택하고, 'Angle(각도) : 90°, Distance(거리) : 5px, Size(크기) : 8px'로 설정합니다.

07 [File(파일)]–[Open(열기)]을 선택하여 2급-8.jpg를 불러온 후 Magic Wand Tool(자동 선택 도구, ⚡)를 클릭하고 Options Bar(옵션 바)에서 Add to selection(선택 영역에 추가, 🔲)을 설정하고 배경 부분을 여러 차례 클릭하여 선택합니다.

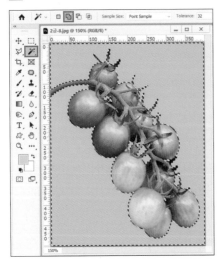

08 Shift + Ctrl + I 로 선택 영역을 반전하여 Ctrl + C 로 복사합니다. 작업 이미지를 선택하여 Ctrl + V 로 붙여넣고 Ctrl + T 로 크기 조절과 회전하여 배치합니다.

09 Layers(레이어) 패널 하단의 'Add a layer style(레이어 스타일 추가, fx.)'을 클릭하여 [Inner Glow(내부 광선)]를 선택하고 'Opacity(불투명도) : 75%, Size(크기) : 10px'로 설정하고 [OK(확인)]를 클릭합니다.

05 모양 생성 및 레이어 스타일 적용

01 Custom Shape Tool(사용자 정의 모양 도구, ⚙)을 클릭하고 Options Bar(옵션 바)에서 'Shape(모양), Fill(칠) : #ffffff, Stroke(획) : No Color(색상 없음), Shape(모양) : Banner 3(배너 3, ▬)'을 설정한 후 드래그하여 모양을 그립니다.

> **Shape 경로**
>
> [Legacy Shapes and More(레거시 모양 및 기타)]–[All Legacy Default Shapes(모든 레거시 기본 모양)]–[Banners and Awards(배너 및 상장)]

02 Layers(레이어) 패널 하단의 'Add a layer style(레이어 스타일 추가, [fx.])'을 클릭하여 [Drop Shadow(그림자)]를 선택하고 'Opacity(불투명도) : 75%, Angle(각도) : 90°, Distance(거리) : 7px, Size(크기) : 5px'로 설정하고 [OK(확인)]를 클릭합니다. 패널 상단의 'Opacity(불투명도) : 50%'를 설정하고 불투명도를 적용하여 합성합니다.

 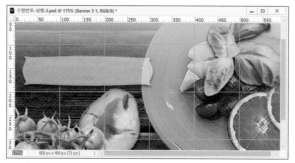

03 Custom Shape Tool(사용자 정의 모양 도구, [⚙])을 클릭하고 Options Bar(옵션 바)에서 'Shape(모양), Fill(칠) : 임의 색상, Stroke(획) : No Color(색상 없음), Shape(모양) : Ornament 8(장식 8, [▓])'을 설정한 후 [Shift]를 누른 채 드래그하여 모양을 그립니다.

Shape 경로

[Legacy Shapes and More(레거시 모양 및 기타)]–[All Legacy Default Shapes(모든 레거시 기본 모양)]–[Ornaments(장식)]

04 Layers(레이어) 패널 하단의 'Add a layer style(레이어 스타일 추가, [fx.])'을 클릭하여 [Gradient Overlay(그레이디언트 오버레이)]를 선택하고 'Click to edit the gradient(클릭하여 그레이디언트 편집)'를 클릭합니다. 그레이디언트 슬라이더 왼쪽 하단의 'Color Stop(색상 정지점)'을 더블 클릭하여 #999933을, 오른쪽 'Color Stop(색상 정지점)'을 더블 클릭하여 #ffffff로 설정한 후 'Style(스타일) : Linear(선형), Angle(각도) : 90°로 설정합니다.

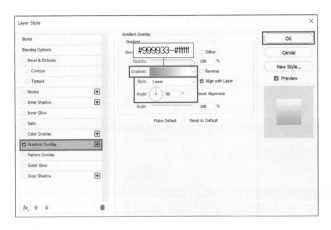

05 Layers(레이어) 패널 상단의 'Opacity(불투명도) : 60%'를 설정합니다.

06 문자 입력 및 왜곡, 레이어 스타일 적용

01 Horizontal Type Tool(수평 문자 도구, T)로 작업 이미지를 클릭하고 Options Bar(옵션 바)에서 'Font(글꼴) : 바탕, Set font size(글꼴 크기) : 28pt, Set anti-aliasing method (앤티 앨리어싱 방법 설정) : Strong(강하게), Color(색상) : #ccff99'로 설정한 후 자연주의 비건 식단을 입력합니다.

02 Layers(레이어) 패널 하단의 'Add a layer style(레이어 스타일 추가, fx)'을 클릭하여 [Stroke(획)]를 선택하고 'Size(크기) : 2px, Color(색상) : #333366'으로 설정합니다. 계속해서 [Drop Shadow(드롭 섀도)]를 선택하고 'Angle(각도) : 120°, Use Global Light(전체 조명 사용) : 체크 해제, Distance(거리) : 5px, Size(크기) : 5px'로 설정합니다.

03 Horizontal Type Tool(수평 문자 도구, T)로 작업 이미지를 클릭하고 Options Bar(옵션 바)에서 'Font(글꼴) : Arial, Set font style(글꼴 스타일 설정) : Bold, Set font size(글꼴 크기) : 65pt, Color(색상) : 임의 색상'으로 설정한 후 VEGAN을 입력합니다.

04 Options Bar(옵션 바)에서 Create warped text(뒤틀어진 텍스트 만들기, $\boxed{\mathcal{I}}$)를 클릭하여 [Warp Text(텍스트 뒤틀기)] 대화상자에서 'Style(스타일) : Bulge(돌출), Horizontal(가로) : 체크, Bend(구부리기) : 37%'를 설정하여 문자의 모양을 왜곡합니다.

05 Layers(레이어) 패널 하단의 'Add a layer style(레이어 스타일 추가, $\boxed{fx.}$)'을 클릭하여 [Stroke(획)]를 선택하고 'Size(크기) : 2px, Color(색상) : #333333'으로 설정합니다. 계속해서 [Gradient Overlay(그레이디언트 오버레이)]를 선택하고 'Click to edit the gradient (클릭하여 그레이디언트 편집)'를 클릭합니다. 그레이디언트 슬라이더 왼쪽 하단의 'Color Stop(색상 정지점)'을 더블 클릭하여 #ffffcc를, 오른쪽 'Color Stop(색상 정지점)'을 더블 클릭하여 #339933으로 설정한 후 'Style(스타일) : Linear(선형), Angle(각도) : 90˚로 설정하고 [OK(확인)]를 클릭합니다. $\boxed{Ctrl}$+$\boxed{S}$를 눌러 파일을 저장합니다.

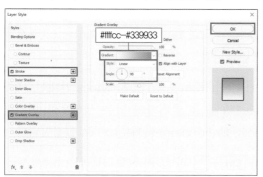 

07 정답 파일 저장

01 [View(보기)]−[Show(표시)]−[Grid(격자)]($\boxed{Ctrl}$+$\boxed{'}$)를 선택하여 격자를 가립니다.

02 [File(파일)]−[Save As(다른 이름으로 저장)]($\boxed{Shift}$+$\boxed{Ctrl}$+$\boxed{S}$)를 선택하고 '저장 위치 : 내 PC₩문서₩GTQ, 파일 이름 : 수험번호−성명−문제번호, 파일 형식 : JPEG(*.JPG, *. JPEG, *.JPE)'를 선택하고 [저장]을 클릭한 후 [JPEG Options(JPEG 옵션)] 대화상자에서 'Quality(품질) : 8'로 설정하고 [OK(확인)]를 클릭합니다.

03 [Image(이미지)]−[Image Size(이미지 크기)]($\boxed{Alt}$+$\boxed{Ctrl}$+$\boxed{I}$)를 선택하고 'Constrain aspect ratio(종횡비 제한) : 클릭, Width(폭) : 60Pixels(픽셀), Height(높이) : 40Pixels(픽셀)'로 입력하여 이미지 크기를 1/10로 축소한 후 [OK(확인)]를 클릭합니다.

04 [File(파일)]−[Save As(다른 이름으로 저장)]($\boxed{Shift}$+$\boxed{Ctrl}$+$\boxed{S}$)를 선택하고 '저장 위치 : 내 PC₩문서₩GTQ, 파일 이름 : 수험번호−성명−문제번호, 파일 형식 : Photoshop(*.PSD, *.PDD, *.PSDT)'을 선택하고 [저장]을 클릭합니다.

05 답안 저장이 완료가 되면 [File(파일)]−[Close(닫기)]($\boxed{Ctrl}$+$\boxed{W}$)를 선택하여 파일을 닫고 수험 프로그램에서 [답안 전송]을 클릭하여 psd와 jpg 파일을 감독관 컴퓨터로 전송합니다.

작업과정	새 작업 이미지 만들기 및 파일 저장하기 ▶ 필터 적용하기 ▶ 이미지 선택 및 레이어 스타일 적용 ▶ 모양 생성 및 필터와 클리핑 마스크 적용 ▶ 모양 생성 및 레이어 스타일과 불투명도 적용 ▶ 문자 입력 및 왜곡, 레이어 스타일 적용 ▶ 정답 파일 저장
완성이미지	Part05₩기출유형문제08회₩정답파일₩수험번호-성명-4.jpg, 수험번호-성명-4.psd

01 새 작업 이미지 만들기 및 파일 저장하기

01 [File(파일)]-[New(새로 만들기)]([Ctrl]+[N])를 선택하고 'Width(폭) : 600Pixels(픽셀), Height(높이) : 400Pixels(픽셀), Resolution(해상도) : 72Pixels/Inch(픽셀/인치), Color Mode(색상 모드) : RGB Color(RGB 색상), 8bit(비트), Background Contents(배경 내용) : White(흰색)'로 설정하여 새 작업 이미지를 만듭니다.

02 [Edit(편집)]-[Preference(환경설정)]([Ctrl]+[K])-[Guides, Grid & Slices(안내선, 격자 및 분할 영역)]를 선택하고 Grid(격자)의 'Color(색상)'를 클릭하여 밝은 색상으로 변경한 후 'Gridline Every(격자 간격) : 100Pixels(픽셀), Subdivisions(세분) : 1'로 설정합니다.

03 [View(보기)]-[Show(표시)]-[Grid(격자)]([Ctrl]+['])와 [View(보기)]-[Rulers(눈금자)] ([Ctrl]+[R])를 선택하여 격자와 눈금자를 표시합니다.

04 작업 도큐먼트를 저장하기 위해 [File(파일)]-[Save As(다른 이름으로 저장)]([Shift]+[Ctrl]+ [S])를 선택하고 임의 경로에 '파일 이름 : 수험번호-성명-문제번호, 파일 형식 : Photoshop (*.PSD, *.PDD, *.PSDT)'으로 파일을 저장합니다.

02 필터 적용하여 합성하기

01 [File(파일)]-[Open(열기)]을 선택하여 2급-9.jpg를 불러옵니다. [Ctrl]+[A]를 눌러 전체를 선택한 후 [Ctrl]+[C]를 눌러 복사하고 작업 이미지에 [Ctrl]+[V]로 붙여넣기를 하고 [Ctrl]+[T]를 누르고 조절점을 드래그하여 크기를 조절한 후 배치합니다.

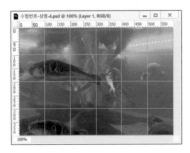

02 [Filter(필터)]-[Filter Gallery(필터 갤러리)]-[Brush Strokes(브러시 선)]-[Crosshatch (그물눈)]를 선택합니다.

03 이미지 선택 및 레이어 스타일 적용

01 [File(파일)]-[Open(열기)]을 선택하여 2급-10.jpg를 불러옵니다. Magic Wand Tool(자동 선택 도구, 🪄)를 클릭하고 Options Bar(옵션 바)에서 'Add to selection(선택 영역에 추가, 🔲), Tolerance(허용치) : 35, Contiguous(인접) : 체크 해제'를 설정하고 배경 부분을 여러 차례 클릭하여 선택합니다.

02 Shift + Ctrl + I 로 선택 영역을 반전하여 Ctrl + C 로 복사한 후 작업 이미지를 선택하여 Ctrl + V 로 붙여넣기를 하고 Ctrl + T 를 누르고 드래그하여 크기 조절 및 회전한 후 배치합니다.

03 Layers(레이어) 패널 하단의 'Add a layer style(레이어 스타일 추가, fx.)'을 클릭하여 [Drop Shadow(그림자)]를 선택하고 'Angle(각도) : 90˚, Distance(거리) : 5px, Size(크기) : 5px'로 설정합니다. 패널 상단의 'Opacity(불투명도) : 70%'를 설정하고 불투명도를 적용하여 합성합니다.

04 [File(파일)]-[Open(열기)]을 선택하여 2급-11.jpg 를 불러옵니다. Magic Wand Tool(자동 선택 도구, 🪄)를 클릭하고 Options Bar(옵션 바)에서 'Add to selection(선택 영역에 추가, 🔲), Tolerance(허용 치) : 20, Contiguous(인접) : 체크'를 설정하고 배경 부분을 여러 차례 클릭하여 선택합니다.

05 Shift + Ctrl + I 로 선택 영역을 반전하여 Ctrl + C 로 복사하고 작업 이미지를 선택하여 Ctrl + V 로 붙여넣기를 합니다. Ctrl + T 를 눌러 크기를 축소하고 마우스 오른쪽 버튼을 누르고 [Flip Horizontal(가로로 뒤집기)]로 뒤집고 회전하여 배치합니다.

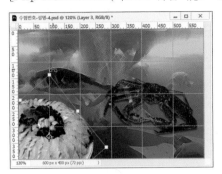

06 Layers(레이어) 패널 하단의 'Add a layer style(레이어 스타일 추가, fx.)'을 클릭하여 [Outer Glow(외부 광선)]를 선택하고 'Opacity(불투명도) : 75%, Size(크기) : 10px'로 설정 하고 [OK(확인)]를 클릭합니다.

04 모양 생성 및 필터와 클리핑 마스크 적용

01 Custom Shape Tool(사용자 정의 모양 도구, ✍)을 클릭하고 Options Bar(옵션 바)에서 'Shape(모양), Fill(칠) : 임의 색상, Stroke(획) : No Color(색상 없음), Shape(모양) : Shell(조개 모양, ●)'을 설정한 후 Shift 를 누른 채 드래그하여 모양을 그리고 Ctrl + T 를 누 르고 드래그하여 회전한 후 배치합니다.

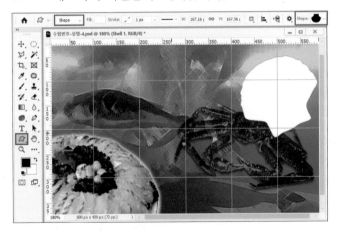

Shape 경로

[Legacy Shapes and More(레거시 모양 및 기타)]–[2019 Shapes(2019 모양)]–[Sea Creatures(해양 생물)]

02 Layers(레이어) 패널 하단의 'Add a layer style(레이어 스타일 추가, fx.)'을 클릭하여 [Stroke(획)]를 선택하고 'Size(크기) : 5px, Color(색상) : #66cccc'로 설정합니다. 계속해서 [Drop Shadow(드롭 섀도)]를 선택하고 [OK(확인)]를 클릭합니다.

03 [File(파일)]–[Open(열기)]을 선택하여 2급-12.jpg를 불러온 후 Ctrl + A 를 눌러 전체를 선 택하고 Ctrl + C 를 눌러 복사합니다. 작업 이미지를 선택하고 Ctrl + V 로 붙여넣기를 하고 조 개 모양과 겹치도록 배치합니다.

04 Layers(레이어) 패널에서 'Layer 4' 레이어와 'Shell 1' 레이어 사이에 마우스 커서를 놓고 Alt 를 누르고 클릭하여 Clipping Mask(클리핑 마스크)를 적용합니다. Ctrl + T 를 눌러 Shift 를 누른 채 조절점을 드래그하여 크기를 축소하고 회전합니다.

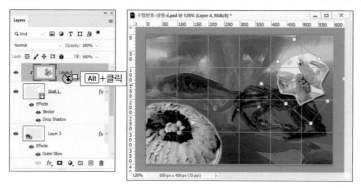

05 [Filter(필터)]−[Filter Gallery(필터 갤러리)]−[Artistic(예술 효과)]−[Film Grain(필름 그레인)]을 선택합니다.

06 [File(파일)]−[Open(열기)]을 선택하여 2급−13.jpg를 불러옵니다. Pen Tool(펜 도구, ✐)을 클릭하고 Options Bar(옵션 바)에서 'Path(패스), Exclude Overlapping Shapes(모양 오버랩 제외, ▣)'로 설정한 후 제시된 접시 모양을 따라 닫힌 패스로 완료합니다. 계속해서 손잡이 부분을 2개의 닫힌 패스로 완료합니다.

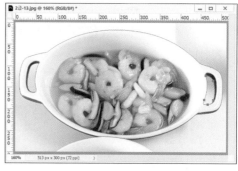

07 패스가 완료되면 Ctrl + Enter 를 눌러 선택 상태로 전환하고 Ctrl + C 를 눌러 복사합니다.

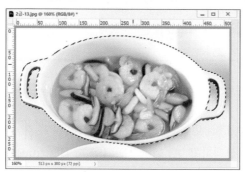

08 작업 이미지를 선택하고 [Ctrl]+[V]로 붙여넣기를 한 후 [Ctrl]+[T]를 누르고 [Shift]를 누른 채 조절점을 드래그하여 크기를 조절하고 배치합니다.

09 Layers(레이어) 패널 하단의 'Add a layer style(레이어 스타일 추가, [fx.])'을 클릭하여 [Bevel & Emboss(경사와 엠보스)]를 선택하고 'Style(스타일) : Inner Bevel(내부 경사), Direction(방향) : UP(위로), Size(크기) : 7px'로 설정하고 [OK(확인)]를 클릭합니다.

05 모양 생성 및 레이어 스타일과 불투명도 적용

01 Custom Shape Tool(사용자 정의 모양 도구, [⚙])을 클릭하고 Options Bar(옵션 바)에서 'Shape(모양), Fill(칠) : #66ccff, Stroke(획) : No Color(색상 없음), Shape(모양) : Squid(오징어, [🦑])'를 설정한 후 [Shift]를 누른 채 드래그하여 모양을 그립니다. [Ctrl]+[T]를 눌러 마우스 오른쪽 버튼을 클릭하여 [Flip Horizontal(가로로 뒤집기)]로 뒤집고 회전하여 배치합니다.

Shape 경로

[Legacy Shapes and More(레거시 모양 및 기타)]–[2019 Shapes(2019 모양)]–[Aquatic Animals(수생 동물)]

02 Layers(레이어) 패널 하단의 'Add a layer style(레이어 스타일 추가, [fx.])'을 클릭하여 [Inner Shadow(내부 그림자)]를 선택하고 'Angle(각도) : 90°, Distance(거리) : 3px, Size(크기) : 7px'로 설정합니다.

03 Layers(레이어) 패널 상단의 'Opacity(불투명도) : 80%'를 설정합니다.

04 Custom Shape Tool(사용자 정의 모양 도구, ⬚)을 클릭하고 Options Bar(옵션 바)에서 'Shape(모양), Fill(칠) : #ff6600, Stroke(획) : No Color(색상 없음), Shape(모양) : Ornament 7(장식 7, ⬌)'을 설정한 후 Shift를 누르고 드래그하여 모양을 그리고 Ctrl + T를 누르고 조절점 밖을 드래그하여 회전한 후 배치합니다.

> **Shape 경로**
>
> [Legacy Shapes and More(레거시 모양 및 기타)]–[All Legacy Default Shapes(모든 레거시 기본 모양)]–[Ornament(장식)]

합격생의 비법

연속해서 사용자 정의 모양 도구로 그릴 때 Fill(칠) 설정하기

Options Bar(옵션 바)에서 목록 단추를 눌러 제시된 Shape(모양)을 선택하여 그린 후에 'Layer thumbnail(레이어 축소판)'을 더블 클릭하여 Fill(칠)를 변경합니다.

05 Layers(레이어) 패널 하단의 'Add a layer style(레이어 스타일 추가, _fx._)'을 클릭하여 [Bevel & Emboss(경사와 엠보스)]를 선택하고 'Style(스타일) : Inner Bevel(내부 경사), Direction(방향) : Up(위로), Size(크기) : 3px'로 설정한 후 [Drop Shadow(드롭 섀도)]를 선택하고 [OK(확인)]를 클릭합니다.

06 문자 입력 및 왜곡, 레이어 스타일 적용

01 Horizontal Type Tool(수평 문자 도구, T)로 작업 이미지를 클릭하고 Options Bar(옵션 바)에서 'Font(글꼴) : Arial, Set font style(글꼴 스타일 설정) : Bold, Set font size(글꼴 크기) : 60pt, Color(색상) : 임의 색상'을 설정한 후 SEA FOOD를 입력합니다.

02 Options Bar(옵션 바)에서 Create warped text(뒤틀어진 텍스트 만들기, ⊥)를 클릭하여 [Warp Text(텍스트 뒤틀기)] 대화상자에서 'Style(스타일) : Fish(물고기), Horizontal(가로) : 체크, Bend(구부리기) : 50%'를 설정하여 문자의 모양을 왜곡합니다.

03 Layers(레이어) 패널 하단의 'Add a layer style(레이어 스타일 추가, *fx.*)'을 클릭하여 [Gradient Overlay(그레이디언트 오버레이)]를 선택하고 'Click to edit the gradient(클릭하여 그레이디언트 편집)'를 클릭합니다. 그레이디언트 슬라이더 왼쪽 하단의 'Color Stop(색상 정지점)'을 더블 클릭하여 #66ff66을, 오른쪽 'Color Stop(색상 정지점)'을 더블 클릭하여 #ffffff로 설정한 후 'Style(스타일) : Linear(선형), Angle(각도) : 90°'로 설정합니다. 계속해서 [Drop Shadow(드롭 섀도)]를 선택하고 [OK(확인)]를 클릭합니다.

04 Horizontal Type Tool(수평 문자 도구, **T**)로 작업 이미지를 클릭하고 Options Bar(옵션 바)에서 'Font(글꼴) : 돋움, Set font size(글꼴 크기) : 30pt, Set anti-aliasing method (앤티 앨리어싱 방법 설정) : Strong(강하게), Color(색상) : #ffffff'로 설정한 후 싱싱한 해산물을 입력합니다.

05 Options Bar(옵션 바)에서 Create warped text(뒤틀어진 텍스트 만들기, ⊥)를 클릭하여 [Warp Text(텍스트 뒤틀기)] 대화상자에서 'Style(스타일) : Arc(부채꼴), Horizontal(가로) : 체크, Bend(구부리기) : 30%'를 설정하여 문자의 모양을 왜곡합니다.

06 Layers(레이어) 패널 하단의 'Add a layer style(레이어 스타일 추가, *fx.*)'을 클릭하여 [Stroke(획)]를 선택하고 'Size(크기) : 2px, Color(색상) : #000000'으로 설정합니다.

07 Horizontal Type Tool(수평 문자 도구, **T**)로 작업 이미지를 클릭하고 Options Bar(옵션 바)에서 'Font(글꼴) : 궁서, Set font size(글꼴 크기) : 22pt, Set anti-aliasing method (앤티 앨리어싱 방법 설정) : Strong(강하게), Color(색상) : #666666'으로 설정한 후 건강한 식습관 기르기 #1을 입력합니다.

08 Layers(레이어) 패널 하단의 'Add a layer style(레이어 스타일 추가, *fx.*)'을 클릭하여 [Stroke(획)]를 선택하고 'Size(크기) : 2px, Color(색상) : #ffffff'로 설정한 후 [OK(확인)] 를 클릭합니다. Ctrl + S 를 눌러 파일을 저장합니다.

🔵07 정답 파일 저장

01 [View(보기)]-[Show(표시)]-[Grid(격자)](Ctrl + ')를 선택하여 격자를 가립니다.

02 [File(파일)]-[Save As(다른 이름으로 저장)](Shift + Ctrl + S)를 선택하고 '저장 위치 : 내 PC₩문서₩GTQ, 파일 이름 : 수험번호-성명-문제번호, 파일 형식 : JPEG(*.JPG, *. JPEG, *.JPE)'를 선택하고 [저장]을 클릭한 후 [JPEG Options(JPEG 옵션)] 대화상자에서 'Quality(품질) : 8'로 설정하고 [OK(확인)]를 클릭합니다.

03 [Image(이미지)]-[Image Size(이미지 크기)](Alt + Ctrl + I)를 선택하고 'Constrain aspect ratio(종횡비 제한) : 클릭, Width(폭) : 60Pixels(픽셀), Height(높이) : 40Pixels(픽셀)'로 입력하여 이미지 크기를 1/10로 축소한 후 [OK(확인)]를 클릭합니다.

04 [File(파일)]-[Save As(다른 이름으로 저장)](Shift + Ctrl + S)를 선택하고 '저장 위치 : 내 PC₩문서₩GTQ, 파일 이름 : 수험번호-성명-문제번호, 파일 형식 : Photoshop(*.PSD, *.PDD, *.PSDT)'을 선택하고 [저장]을 클릭합니다.

05 답안 저장이 완료가 되면 [File(파일)]-[Exit(종료)](Ctrl + Q)를 선택하여 프로그램을 종료하고 수험 프로그램에서 [답안 전송]을 클릭하여 psd와 jpg 파일을 감독관 컴퓨터로 전송합니다.

기출 유형 문제 9회

동영상 무료

급수	문제유형	시험시간	수험번호	성명
2급	A	90분	G220240009	

수 험 자 유 의 사 항

- 수험자는 문제지를 받는 즉시 응시하고자 하는 **과목 및 급수가 맞는지 확인**한 후 수험번호와 성명을 작성합니다.
- 파일명은 본인의 "수험번호–성명–문제번호"로 공백 없이 정확히 입력하고 답안폴더(내 PC₩문서₩GTQ)에 jpg 파일과 psd 파일의 2가지 포맷으로 저장해야 하며, jpg 파일과 psd 파일의 내용이 상이할 경우 0점 처리됩니다. 답안문서 파일명 이 "수험번호–성명–문제번호"와 일치하지 않거나, 답안 파일을 전송하지 않아 미제출로 처리될 경우 불합격 처리됩니다.
- 문제의 세부조건은 '영문(한글)' 형식으로 표기되어 있으니 유의하시기 바랍니다.
- 수험자 정보와 저장한 파일명, 저장 위치가 다를 경우 전송이 되지 않으므로, 주의하시기 바랍니다.
- 답안 작성 중에도 **주기적으로 '저장'과 '답안 전송'**을 이용하여 감독위원 PC로 답안을 전송하셔야 합니다.(※ 작업한 내용 을 **저장하지 않고 전송할 경우** 이전의 저장내용이 전송되오니 이점 반드시 유념하시기 바랍니다.)
- 답안문서는 지정된 경로 외의 다른 보조기억장치에 저장하는 행위, 지정된 시험 시간 외에 작성된 파일을 활용한 행위, 기 타 통신수단(이메일, 메신저, 네트워크 등)을 이용하여 타인에게 전달 또는 외부 반출하는 행위는 부정으로 간주되어 자격 기본법 제32조에 의거 본 시험 및 국가공인 자격시험을 2년간 응시할 수 없습니다.
- 시험 중 부주의 또는 고의로 시스템을 파손한 경우와 〈수험자 유의사항〉에 기재된 방법대로 이행하지 않아 생기는 불이익 은 수험자의 책임임을 알려 드립니다.
- 시험을 완료한 수험자는 최종적으로 저장한 답안파일이 전송되었는지 확인한 후 감독위원의 지시에 따라 문제지를 제출하 고 퇴실합니다.

답 안 작 성 요 령

- **온라인 답안 작성 절차**

  수험자 등록 ⇒ 시험 시작 ⇒ 답안파일 저장 ⇒ 답안 전송 ⇒ 시험 종료
- 내 PC₩문서₩GTQ₩Image폴더에 있는 그림 원본파일을 사용하여 답안을 작성하시고 최종답안을 답안폴더(내 PC₩문 서₩GTQ)에 저장하여 답안을 전송하시고, 이미지의 크기가 다른 경우 감점 처리됩니다.
- 배점은 총 100점으로 이루어지며, 점수는 각 문제별로 차등 배분됩니다.
- 각 문제는 주어진 〈조건〉에 따라 작성하고, 언급하지 않은 조건은 《출력형태》와 같이 작성합니다.
- 배치 등의 편의를 위해 주어진 눈금자의 단위는 '픽셀'입니다.

  그 외는 출력형태(효과, 이미지, 문자, 색상, 레이아웃, 규격 등)와 같이 작업하십시오.
- 문제 조건에 서체의 지정이 없을 경우 한글은 굴림이나 돋움, 영문은 Arial로 작업하십시오.

  (단, 그 외에 제시되지 않은 문자 속성을 기본값으로 작성하지 않은 경우는 감점 처리됩니다.)
- Image Mode(이미지 모드)는 별도의 처리조건이 없을 경우에는 RGB(8비트)로 작업하십시오.
- 모든 답안 파일은 해상도 72Pixels/Inch로 작업하십시오.
- Layer(레이어)는 각 기능별로 분할해야 하며, 임의로 합칠 경우나 각 기능에 대한 속성을 해지할 경우 해당 요소는 0점 처리 됩니다.

한 국 생 산 성 본 부

문제 1 : Tool(도구) 활용 　　　　　　　　　　20점

다음의 《조건》에 따라 아래의 《출력형태》와 같이 작업하시오.

출력형태

조건

원본 이미지		Part05₩기출유형문제09회₩2급-1.jpg	
파일저장규칙	JPG	파일명	문서₩GTQ₩수험번호-성명-1.jpg
		크기	400×500 pixels
	PSD	파일명	문서₩GTQ₩수험번호-성명-1.psd
		크기	40×50 pixels

1. 그림 효과
① 복제 및 변형 : 꽃
② Shape Tool(모양 도구) 사용 :
　– 새 모양(#99ccff, 레이어 스타일 – Bevel & Emboss(경사와 엠보스))
　– 토끼 모양(#ccffcc, #ffcc99, 레이어 스타일 – Drop Shadow(그림자 효과))

2. 문자 효과
① Flower(Arial, Bold, 75pt, 레이어 스타일 – 그레이디언트 오버레이(#ffff99, #ff66ff))

문제 2 : 사진편집 기초 　　　　　　　　　　20점

다음의 《조건》에 따라 아래의 《출력형태》와 같이 작업하시오.

출력형태

조건

원본 이미지		Part05₩기출유형문제09회₩2급-2.jpg, 2급-3.jpg, 2급-4.jpg	
파일저장규칙	JPG	파일명	문서₩GTQ₩수험번호-성명-2.jpg
		크기	400×500 pixels
	PSD	파일명	문서₩GTQ₩수험번호-성명-2.psd
		크기	40×50 pixels

1. 그림 효과
① 색상 보정 : 2급-3.jpg – 빨간색 계열로 보정, 레이어 스타일 – Drop Shadow(그림자 효과)
② 액자 제작 :
　필터 – Patchwork(패치워크/이어붙이기), 안쪽 테두리(5px, #fff6600), 레이어 스타일 – Drop Shadow(그림자 효과)
③ 2급-4.jpg : 레이어 스타일 – Drop Shadow(그림자 효과)

2. 문자 효과
① 향긋한 꽃향기 속으로(돋움, 40pt, #339966, 레이어 스타일 – Stroke(선/획)(3px, #ffffff))

다음의 《조건》에 따라 아래의 《출력형태》와 같이 작업하시오.

원본 이미지	Part05₩기출유형문제09회₩2급-5.jpg, 2급-6.jpg, 2급-7.jpg, 2급-8.jpg		
파일저장규칙	JPG	파일명	문서₩GTQ₩수험번호-성명-3.jpg
		크기	600×400 pixels
	PSD	파일명	문서₩GTQ₩수험번호-성명-3.psd
		크기	60×40 pixels

1. 그림 효과

① 배경 : #ccffcc
② 2급-5.jpg : 필터 – Sponge(스폰지 효과), 레이어 마스크 – 가로 방향으로 흐릿하게
③ 2급-6.jpg : 레이어 스타일 – Inner Glow(내부 광선)
④ 2급-7.jpg : 레이어 스타일 – Inner Shadow(내부 그림자)
⑤ 2급-8.jpg : 레이어 스타일 – Drop Shadow(그림자 효과), Bevel and Emboss(경사와 엠보스)
⑥ 그 외 《출력형태》 참조

2. 문자 효과

① World Flower Exhibition(Arial, Bold, 40pt, 레이어 스타일 – 그레이디언트 오버레이(#ff3366, #ffffff), Stroke(선/획)
(2px, #000000, #9900cc))
② – 공연 프로그램
     – 체험 프로그램
     – 식물원 특별전(굴림, 16pt, #ccffff, 레이어 스타일 – Stroke(선/획)(2px, #336633))

Shape Tool(모양 도구) 사용
#ffcccc, 레이어 스타일 – Drop Shadow(그림자 효과)

Shape Tool(모양 도구) 사용
#ffffff,
레이어 스타일 – Drop
Shadow(그림자 효과),
Opacity(불투명도)(70%)

다음의 《조건》에 따라 아래의 《출력형태》와 같이 작업하시오.

조건

원본 이미지		Part05₩기출유형문제09회₩2급-9.jpg, 2급-10.jpg, 2급-11.jpg, 2급-12.jpg, 2급-13.jpg	
파일저장규칙	JPG	파일명	문서₩GTQ₩수험번호-성명-4.jpg
		크기	600×400 pixels
	PSD	파일명	문서₩GTQ₩수험번호-성명-4.psd
		크기	60×40 pixels

1. 그림 효과

① 2급-9.jpg : 필터 - Gaussian Blur(가우시안 흐림 효과)
② 2급-10.jpg : 레이어 스타일 - Inner Glow(내부 광선)
③ 2급-11.jpg : 레이어 스타일 - Drop Shadow(그림자 효과)
④ 2급-12.jpg : 레이어 스타일 - Drop Shadow(그림자 효과)
⑤ 2급-13.jpg : 필터 - Film Grain(필름 그레인), Opacity(불투명도)(80%)
⑥ 그 외 《출력형태》 참조

2. 문자 효과

① INSECT MUSEUM(Times New Roman, Bold, 15pt, #000000, 레이어 스타일 - Stroke(선/획)(2px, #99ff66, #ffffff))
② 자연 생태 보존의 날(돋움, 35pt, #ffffff, 레이어 스타일 - Stroke(선/획)(3px, #003300))
③ UCC 공모전 안내(돋움, 17pt, #ffffff, 레이어 스타일 - Drop Shadow(그림자 효과), Stroke(선/획)(2px, #993300))

출력형태

Shape Tool(모양 도구) 사용
#ffffff,
레이어 스타일 - Drop
Shadow(그림자 효과)

Shape Tool(모양 도구) 사용
#ffcc00, 레이어 스타일
- Inner Glow(내부 광선),
Stroke(선/획)(6px, #ff0000,
#ffffff)

Shape Tool(모양 도구) 사용
레이어 스타일 - Outer
Glow(외부 광선),
그레이디언트 오버레이
(#000099, #ff6666, #ffff00)

기출 유형 문제 9회 해설

문제 01 **CHAPTER 09**
[기능평가] Tool(도구) 활용

작업과정	새 작업 이미지 만들고 파일 저장하기 ▶ 선택 영역 만들고 복제 및 변형하기 ▶ 모양 생성 및 레이어 스타일 적용 ▶ 문자 입력 및 레이어 스타일 적용 ▶ 정답 파일 저장
완성이미지	Part05₩기출유형문제09회₩정답파일₩수험번호−성명−1.jpg, 수험번호−성명−1.psd

01 새 작업 이미지 만들고 파일 저장하기

01 [File(파일)]−[New(새로 만들기)]($\boxed{\text{Ctrl}}$+$\boxed{\text{N}}$)를 선택하고 'Width(폭) : 400Pixels(픽셀), Height(높이) : 500Pixels(픽셀), Resolution(해상도) : 72Pixels/Inch(픽셀/인치), Color Mode(색상 모드) : RGB Color(RGB 색상), 8bit(비트), Background Contents(배경 내용) : White(흰색)'를 설정하여 새 작업 이미지를 만듭니다.

02 [Edit(편집)]−[Preference(환경설정)]($\boxed{\text{Ctrl}}$+$\boxed{\text{K}}$)−[Guides, Grid & Slices(안내선, 격자 및 분할 영역)]를 선택하고 Grid(격자)의 'Color(색상)'를 클릭하여 밝은 색상으로 변경한 후 'Gridline Every(격자 간격) : 100Pixels(픽셀), Subdivisions(세분) : 1'로 설정합니다.

03 [View(보기)]−[Show(표시)]−[Grid(격자)]($\boxed{\text{Ctrl}}$+$\boxed{\text{'}}$)와 [View(보기)]−[Rulers(눈금자)] ($\boxed{\text{Ctrl}}$+$\boxed{\text{R}}$)를 선택하여 격자와 눈금자를 표시합니다.

04 작업 도큐먼트를 저장하기 위해 [File(파일)]−[Save As(다른 이름으로 저장)]($\boxed{\text{Shift}}$+$\boxed{\text{Ctrl}}$+ $\boxed{\text{S}}$)를 선택하고 임의 경로에 '파일 이름 : 수험번호−성명−문제번호, 파일 형식 : Photoshop (*.PSD, *.PDD, *.PSDT)'으로 파일을 저장합니다.

02 선택 영역 만들고 복제 및 변형하기

01 [File(파일)]−[Open(열기)]을 선택하여 2급−1.jpg를 불러옵니다. $\boxed{\text{Ctrl}}$+$\boxed{\text{A}}$를 눌러 전체를 선택한 후 $\boxed{\text{Ctrl}}$+$\boxed{\text{C}}$를 눌러 복사합니다. 작업 이미지에 $\boxed{\text{Ctrl}}$+$\boxed{\text{V}}$로 붙여넣고 $\boxed{\text{Ctrl}}$+$\boxed{\text{T}}$를 누르고 $\boxed{\text{Shift}}$를 누른 채 조절점을 드래그하여 크기를 조절한 후 배치합니다.

02 Object Selection Tool(개체 선택 도구, 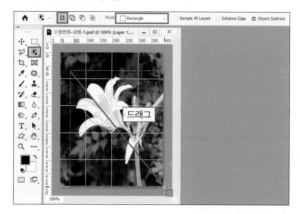)을 클릭하고 Options Bar(옵션 바)에서 'New Selection(새 선택 영역, ▣), Mode (모드) : Rectangle(사각형)'을 선택하고 이미지에 드래그하여 선택합니다.

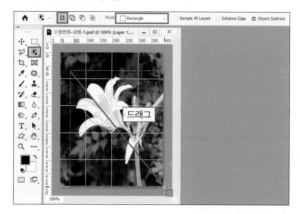

03 Quick Selection Tool(빠른 선택 도구, ☑)을 클릭하고 Options Bar(옵션 바)에서 Subtract from selection(선택 영역에서 빼기, ☑)을 설정한 후 브러시의 크기를 조절하며 드래그하여 선택을 수정합니다.

합격생의 비법

- Shift 를 누르고 드래그하면 'Add to selection(선택 영역에 추가, ☑)'으로 전환되어 선택 영역을 추가로 설정할 수 있습니다.
- Quick Selection Tool(빠른 선택 도구, ☑)로 드래그하여 선택할 때 키보드의 [,]를 누르면 점증적으로 브러시의 크기를 축소, 확대할 수 있습니다.

04 [Layer(레이어)]-[New(새로 만들기)]-[Layer Via Copy(복사한 레이어)](Ctrl + J)를 클릭하고 레이어를 복사합니다. [Edit(편집)]-[Free Transform(자유 변형)](Ctrl + T)을 클릭하고 Shift 를 누른 채 드래그하여 크기를 조절하고 마우스 오른쪽 버튼을 클릭하여 [Flip Horizontal(가로로 뒤집기)]로 뒤집은 후 회전하여 배치합니다.

03 모양 생성 및 레이어 스타일 적용

01 Custom Shape Tool(사용자 정의 모양 도구, ⚑)을 클릭하고 Options Bar(옵션 바)에서 'Shape(모양), Fill(칠) : #ccffcc, Stroke(획) : No Color(색상 없음), Shape(모양) : Rabbit(토끼, 🐇)'를 설정한 후 Shift 를 누른 채 드래그하여 모양을 그립니다.

> **Shape 경로**
>
> [Legacy Shapes and More(레거시 모양 및 기타)]-[All Legacy Default Shapes(모든 레거시 기본 모양)]- [Animals(동물)]

02 Layers(레이어) 패널 하단의 'Add a layer style(레이어 스타일 추가, *fx.*)'을 클릭하여 [Drop Shadow(그림자)]를 선택하고 'Opacity(불투명도) : 75%, Angle(각도) : 90°, Distance(거리) : 7px, Size(크기) : 7px'로 설정하고 [OK(확인)]를 클릭합니다.

03 Ctrl + J 를 눌러 레이어를 복사한 후 'Rabbit 1 copy' 레이어의 'Layer thumbnail(레이어 축소판)'을 더블 클릭하여 'Color(색상) : #ffcc99'로 변경합니다. Ctrl + T 를 누르고 Shift 를 누른 채 드래그하여 크기를 조절하고 마우스 오른쪽 버튼을 클릭하여 [Flip Horizontal(가로로 뒤집기)]로 뒤집은 후 배치합니다.

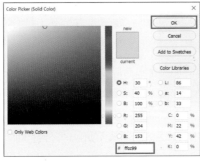

04 Custom Shape Tool(사용자 정의 모양 도구, ⚑)을 클릭하고 Options Bar(옵션 바)에서 'Shape(모양), Fill(칠) : #99ccff, Stroke(획) : No Color(색상 없음), Shape(모양) : Bird 1(새 1, 🐦)'을 설정한 후 Shift 를 누르고 모양을 그립니다. Ctrl + T 를 누르고 마우스 오른쪽 버튼을 클릭하여 [Flip Horizontal(가로로 뒤집기)]로 뒤집은 후 배치합니다.

> **Shape 경로**
>
> [Legacy Shapes and More(레거시 모양 및 기타)]-[All Legacy Default Shapes(모든 레거시 기본 모양)]-[Animals (동물)]

05 Layers(레이어) 패널 하단의 'Add a layer style(레이어 스타일 추가, [fx.])'을 클릭하여 [Bevel & Emboss(경사와 엠보스)]를 선택하고 'Style(스타일) : Inner Bevel(내부 경사), Direction(방향) : Up(위로), Size(크기) : 7px'로 설정하고 [OK(확인)]를 클릭합니다.

04 문자 입력 및 레이어 스타일 적용

01 Horizontal Type Tool(수평 문자 도구, [T])로 작업 이미지를 클릭하고 Options Bar(옵션 바)에서 'Font(글꼴) : Arial, Set font style(글꼴 스타일 설정) : Bold, Set font size(글꼴 크기) : 75pt, Color(색상) : 임의 색상'으로 설정한 후 Flower를 입력합니다.

02 Layers(레이어) 패널 하단의 'Add a layer style(레이어 스타일 추가, [fx.])'을 클릭하여 [Gradient Overlay(그레이디언트 오버레이)]를 선택하고 'Click to edit the gradient(클릭하여 그레이디언트 편집)'를 클릭합니다. 그레이디언트 슬라이더 왼쪽 하단의 'Color Stop(색상 정지점)'을 더블 클릭하여 #ffff99를, 오른쪽 'Color Stop(색상 정지점)'을 더블 클릭하여 #ff66ff로 설정한 후 'Style(스타일) : Linear(선형), Angle(각도) : −90°'로 설정한 후 [OK(확인)]를 클릭합니다. [Ctrl]+[S]를 눌러 파일을 저장합니다.

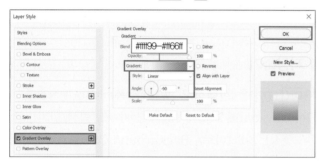 

05 정답 파일 저장

01 [View(보기)]-[Show(표시)]-[Grid(격자)]([Ctrl]+['])를 선택하여 격자를 가립니다.

02 [File(파일)]-[Save As(다른 이름으로 저장)]([Shift]+[Ctrl]+[S])를 선택하고 '저장 위치 : 내 PC\문서\GTQ, 파일 이름 : 수험번호-성명-문제번호, 파일 형식 : JPEG(*.JPG, *. JPEG, *.JPE)'를 선택하고 [저장]을 클릭한 후 [JPEG Options(JPEG 옵션)] 대화상자에서 'Quality(품질) : 8'로 설정하고 [OK(확인)]를 클릭합니다.

합격생의 비법

CC 2020 이후 버전에서 [Save As(다른 이름으로 저장)]로 '파일 형식 : JPEG(*.JPG, *.JPEG, *.JPE)'가 없는 경우에는 아래와 같이 저장하면 됩니다.

※ CC 버전에 따라 정답 파일을 '파일 형식 : JPEG(*.JPG, *.JPEG, *.JPE)'로 저장하기

• [File(파일)]-[Save As(다른 이름으로 저장)]([Shift]+[Ctrl]+[S])를 선택하고 [다른 이름으로 저장] 대화상자에서 [Save A Copy(사본 저장)]를 선택합니다.
• [File(파일)]-[Save A Copy(사본 저장)]([Alt]+[Ctrl]+[S])를 선택합니다.

03 [Image(이미지)]-[Image Size(이미지 크기)]([Alt]+[Ctrl]+[I])를 선택하고 'Constrain aspect ratio(종횡비 제한) : 클릭, Width(폭) : 40Pixels(픽셀), Height(높이) : 50Pixels(픽셀)'로 입력하여 이미지 크기를 1/10로 축소한 후 [OK(확인)]를 클릭합니다.

04 [File(파일)]-[Save As(다른 이름으로 저장)]([Shift]+[Ctrl]+[S])를 선택하고 '저장 위치 : 내 PC₩문서₩GTQ, 파일 이름 : 수험번호-성명-문제번호, 파일 형식 : Photoshop(*.PSD, *.PDD, *.PSDT)'을 선택하고 [저장]을 클릭합니다.

05 답안 저장이 완료가 되면 [File(파일)]-[Close(닫기)]([Ctrl]+[W])를 선택하여 파일을 닫고 수험 프로그램에서 [답안 전송]을 클릭하여 psd와 jpg 파일을 감독관 컴퓨터로 전송합니다.

문제 **02** CHAPTER 09
[기능평가] 사진편집 기초

작업과정	새 작업 이미지 만들기 및 파일 저장하기 ▶ 필터 적용 및 액자 제작 ▶ 이미지 합성 및 색상 보정, 레이어 스타일 적용 ▶ 문자 입력 및 레이어 스타일 적용 ▶ 정답 파일 저장
완성이미지	Part05₩기출유형문제09회₩정답파일₩수험번호-성명-2.jpg, 수험번호-성명-2.psd

⑪ 새 작업 이미지 만들기 및 파일 저장하기

01 [File(파일)]-[New(새로 만들기)]([Ctrl]+[N])를 선택하고 'Width(폭) : 400Pixels(픽셀), Height(높이) : 500Pixels(픽셀), Resolution(해상도) : 72Pixels/Inch(픽셀/인치), Color Mode(색상 모드) : RGB Color(RGB 색상), 8bit(비트), Background Contents(배경 내용) : White(흰색)'로 설정하여 새 작업 이미지를 만듭니다.

02 [Edit(편집)]-[Preference(환경설정)]([Ctrl]+[K])-[Guides, Grid & Slices(안내선, 격자 및 분할 영역)]를 선택하고 Grid(격자)의 'Color(색상)'를 클릭하여 밝은 색상으로 변경한 후 'Gridline Every(격자 간격) : 100Pixels(픽셀), Subdivisions(세분) : 1'로 설정합니다.

03 [View(보기)]-[Show(표시)]-[Grid(격자)]([Ctrl]+['])와 [View(보기)]-[Rulers(눈금자)] ([Ctrl]+[R])를 선택하여 격자와 눈금자를 표시합니다.

04 작업 도큐먼트를 저장하기 위해 [File(파일)]-[Save As(다른 이름으로 저장)]([Shift]+[Ctrl]+[S])를 선택하고 임의 경로에 '파일 이름 : 수험번호-성명-문제번호, 파일 형식 : Photoshop (*.PSD, *.PDD, *.PSDT)'으로 파일을 저장합니다.

02 필터 적용 및 액자 제작

01 [File(파일)]-[Open(열기)]을 선택하여 2급-2.jpg를 불러옵니다. Ctrl + A 를 눌러 전체를 선택한 후 Ctrl + C 를 눌러 복사하고 작업 이미지에 Ctrl + V 로 붙여넣기를 합니다. Ctrl + T 를 누르고 Shift 를 누른 채 조절점을 드래그하여 크기를 조절한 후 마우스 오른쪽 버튼을 클릭하여 [Flip Horizontal (가로로 뒤집기)]로 뒤집은 후 배치합니다.

02 [Layer(레이어)]-[New(새로 만들기)]-[Layer Via Copy(복사한 레이어)](Ctrl + J)를 클릭하고 레이어를 복사합니다.

03 [Filter(필터)]-[Filter Gallery(필터 갤러리)]-[Texture(텍스처)]- [Patchwork(패치워크/이어붙이기)]를 선택합니다. 위쪽의 눈금자에서 아래로 드래그하여 작업 이미지의 세로 중앙인 250px의 위치에 안내선을 표시합니다.

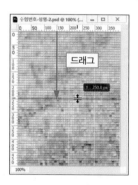

04 Rectangular Marquee Tool(사각형 선택 윤곽 도구, ▢)을 클릭하고 Options Bar(옵션 바)에서 'New selection(새 선택 영역, ▣), Feather(페더) : 0px, Style(스타일) : Fixed Size (크기 고정), Width(폭) : 320px, Height(높이) : 420px'로 설정합니다. 제시된 액자의 프레임을 만들기 위해서 격자와 안내선을 참고하여 Alt 를 누르고 작업 이미지의 중앙에 클릭하여 직사각형 모양으로 선택합니다.

05 [Select(선택)]-[Modify(수정)]- [Smooth(매끄럽게)]를 클릭하여 'Sample Radius(샘플 반경) : 10pixels(픽셀)'를 설정하고 [OK(확인)]를 클릭하여 모서리를 둥글게 합니다. Delete 를 눌러 선택된 이미지를 삭제하고 프레임을 만듭니다.

06 [Edit(편집)]–[Stroke(획)]를 클릭하여 'Width(폭) : 5px, Color(색상) : #ff6600, Location(위치) : Inside(안쪽), Mode(모드) : Normal(표준), Opacity(불투명도) : 100%, Preserve Transparency(투명도 유지) : 체크 해제'를 설정하고 [OK(확인)]를 클릭하여 안쪽 테두리를 적용합니다.

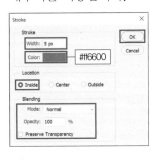 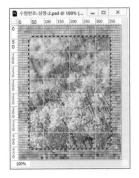

07 Ctrl + D 를 눌러 선택을 해제하고, Layers(레이어) 패널 하단의 'Add a layer style(레이어 스타일 추가, fx.)'을 클릭하여 [Drop Shadow(그림자)]를 선택하고 'Opacity(불투명도) : 75%, Angle(각도) : 120°, Distance(거리) : 5px, Size(크기) : 5px'로 설정합니다.

03 이미지 합성 및 색상 보정, 레이어 스타일 적용

01 [File(파일)]–[Open(열기)]을 선택하여 2급-3.jpg를 불러온 후 Magic Wand Tool(자동 선택 도구, 🪄)를 클릭하고 Options Bar(옵션 바)에서 'Add to selection(선택 영역에 추가, 🔲), Tolerance(허용치) : 20'을 설정하고 배경 부분을 여러 차례 클릭하여 선택합니다.

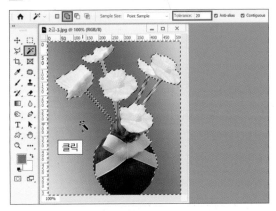

02 Shift + Ctrl + I 로 선택 영역을 반전하고 Ctrl + C 로 복사합니다. 작업 이미지에 Ctrl + V 로 붙여넣은 후 Ctrl + T 를 누르고 Shift 를 누른 채 드래그하여 크기를 축소하고 회전한 후 배치합니다.

03 Layers(레이어) 패널 하단의 'Add a layer style(레이어 스타일 추가, fx)'을 클릭하여 [Drop Shadow(그림자)]를 선택하고 'Opacity(불투명도) : 75%, Angle(각도) : 120°, Distance(거리) : 8px, Spread(스프레드) : 5%, Size(크기) : 10px'로 설정한 후 [OK(확인)]를 클릭합니다.

04 [Layer(레이어)]–[Arrang(정돈)]–[Send Backward(뒤로 보내기)](Ctrl+[)를 클릭하여 액자 프레임 레이어의 아래쪽으로 배치합니다.

05 Quick Selection Tool(빠른 선택 도구,)을 클릭하고 리본 부분을 드래그하여 선택합니다.

06 Layers(레이어) 패널 하단의 'Create new fill or adjustment layer(새 칠 또는 조정 레이어 생성,)'를 클릭하고 [Hue/Saturation(색조/채도)]을 선택합니다. Properties(속성) 패널에서 'Colorize(색상화) : 체크, Hue(색조) : 2, Saturation(채도) : 90'으로 설정하여 빨간색 계열로 색상을 보정합니다.

07 [File(파일)]–[Open(열기)]을 선택하여 2급-4.jpg를 불러온 후 Quick Selection Tool(빠른 선택 도구,)을 클릭하고 브러시의 크기를 조절하며 드래그하여 이미지를 선택한 후 Ctrl+C로 복사합니다.

08 작업 이미지에 Ctrl+V로 붙여넣은 후 Ctrl+T를 눌러 Shift를 누른 채 드래그하여 크기를 조절하고 회전합니다. Ctrl+]를 눌러 액자 프레임 레이어의 위쪽으로 배치합니다.

09 Layers(레이어) 패널 하단의 'Add a layer style(레이어 스타일 추가, fx)'을 클릭하여 [Drop Shadow(그림자)]를 선택하고 'Opacity(불투명도) : 75%, Angle(각도) : 120°, Distance(거리) : 8px, Size(크기) : 6px'로 설정합니다.

04 문자 입력 및 레이어 스타일 적용

01 Horizontal Type Tool(수평 문자 도구, T)로 작업 이미지를 클릭하고 Options Bar(옵션 바)에서 'Font(글꼴) : 돋움, Set font size(글꼴 크기) : 40pt, Set anti-aliasing method (앤티 앨리어싱 방법 설정) : Strong(강하게), Center text(텍스트 중앙 정렬, 틀), Color(색 상) : #339966'으로 설정한 후 향긋한 꽃향기 속으로를 입력합니다.

02 Options Bar(옵션 바)에서 Create warped text(뒤틀어진 텍스트 만들기, ⅰ)를 클릭하여 [Warp Text(텍스트 뒤틀기)] 대화상자에서 'Style(스타일) : Rise(상승), Horizontal(가로) : 체크, Bend(구부리기) : 40%'를 설정하여 문자의 모양을 왜곡합니다.

03 Layers(레이어) 패널 하단의 'Add a layer style(레이어 스타일 추가, fx.)'을 클릭하여 [Stroke(획)]를 선택하여 'Size(크기) : 3px, Color(색상) : #ffffff'로 설정한 후 [OK(확인)] 를 클릭합니다. Ctrl+S를 눌러 파일을 저장합니다.

05 정답 파일 저장

01 [View(보기)]-[Show(표시)]-[Grid(격자)](Ctrl+')와 [Guides(안내선)](Ctrl+;)를 각각 선택하여 격자와 안내선을 가립니다.

02 [File(파일)]-[Save As(다른 이름으로 저장)](Shift+Ctrl+S)를 선택하고 '저장 위치 : 내 PC₩문서₩GTQ, 파일 이름 : 수험번호-성명-문제번호, 파일 형식 : JPEG(*.JPG, *. JPEG, *.JPE)'를 선택하고 [저장]을 클릭한 후 [JPEG Options(JPEG 옵션)] 대화상자에서 'Quality(품질) : 8'로 설정하고 [OK(확인)]를 클릭합니다.

03 [Image(이미지)]-[Image Size(이미지 크기)](Alt+Ctrl+I)를 선택하고 'Constrain aspect ratio(종횡비 제한) : 클릭, Width(폭) : 40Pixels(픽셀), Height(높이) : 50Pixels(픽셀)'로 입력하여 이미지 크기를 1/10로 축소한 후 [OK(확인)]를 클릭합니다.

04 [File(파일)]-[Save As(다른 이름으로 저장)](Shift+Ctrl+S)를 선택하고 '저장 위치 : 내 PC₩문서₩GTQ, 파일 이름 : 수험번호-성명-문제번호, 파일 형식 : Photoshop(*.PSD, *.PDD, *.PSDT)'을 선택하고 [저장]을 클릭합니다.

05 답안 저장이 완료가 되면 [File(파일)]-[Close(닫기)](Ctrl+W)를 선택하여 파일을 닫고 수험 프로그램에서 [답안 전송]을 클릭하여 psd와 jpg 파일을 감독관 컴퓨터로 전송합니다.

작업과정	새 작업 이미지 만들기 및 파일 저장하기 ▶ 배경색 적용 ▶ 필터 및 레이어 마스크 적용하여 합성하기 ▶ 이미지 선택 및 레이어 스타일 적용 ▶ 모양 생성 및 레이어 스타일 적용 ▶ 문자 입력 및 왜곡, 레이어 스타일 적용 ▶ 정답 파일 저장
완성이미지	Part05₩기출유형문제09회₩정답파일₩수험번호-성명-3.jpg, 수험번호-성명-3.psd

01 새 작업 이미지 만들기 및 파일 저장하기

01 [File(파일)]-[New(새로 만들기)]([Ctrl]+[N])를 선택하고 'Width(폭) : 600Pixels(픽셀), Height(높이) : 400Pixels(픽셀), Resolution(해상도) : 72Pixels/Inch(픽셀/인치), Color Mode(색상 모드) : RGB Color(RGB 색상), 8bit(비트), Background Contents(배경 내용) : White(흰색)'로 설정하여 새 작업 이미지를 만듭니다.

02 [Edit(편집)]-[Preference(환경설정)]([Ctrl]+[K])-[Guides, Grid & Slices(안내선, 격자 및 분할 영역)]를 선택하고 Grid(격자)의 'Color(색상)'를 클릭하여 밝은 색상으로 변경한 후 'Gridline Every(격자 간격) : 100Pixels(픽셀), Subdivisions(세분) : 1'로 설정합니다.

03 [View(보기)]-[Show(표시)]-[Grid(격자)]([Ctrl]+['])와 [View(보기)]-[Rulers(눈금자)] ([Ctrl]+[R])를 선택하여 격자와 눈금자를 표시합니다.

04 작업 도큐먼트를 저장하기 위해 [File(파일)]-[Save As(다른 이름으로 저장)]([Shift]+[Ctrl]+[S])를 선택하고 임의 경로에 '파일 이름 : 수험번호-성명-문제번호, 파일 형식 : Photoshop (*.PSD, *.PDD, *.PSDT)'으로 파일을 저장합니다.

02 배경색 적용

01 Tool Panel(도구 패널) 하단의 'Set foreground color(전경색 설정)'를 클릭하여 #ccffcc로 설정하고 [Alt]+[Delete]를 눌러 이미지의 배경을 채웁니다.

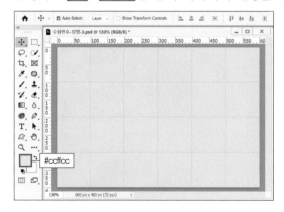

03 필터 및 레이어 마스크 적용하여 합성하기

01 [File(파일)]−[Open(열기)]을 선택하여 2급−5.jpg를 불러옵니다. Ctrl + A 를 눌러 전체를 선택한 후 Ctrl + C 를 눌러 복사하고 작업 이미지를 선택하여 Ctrl + V 로 붙여 넣습니다. [Filter(필터)]−[Filter Gallery(필터 갤러리)]−[Artistic(예술 효과)]−[Sponge(스폰지 효과)]를 선택합니다.

02 Layers(레이어) 패널 하단의 'Add layer mask(레이어 마스크 추가, ▣)'를 클릭하여 레이어 마스크를 추가합니다. Gradient Tool(그레이디언트 도구, ▣)을 클릭하고 Options Bar(옵션 바)에서 'Click to open Gradient picker(클릭하여 그레이디언트 픽커 열기)'를 클릭합니다. Basics(기본 사항)에서 'Black, White(검정, 흰색)'를 선택하고 'Type(유형) : Linear Gradient(선형 그레이디언트), Mode(모드) : Normal(표준), Opacity(불투명도) : 100%'로 설정한 후 Shift 를 누른 채 왼쪽에서 오른쪽으로 드래그하여 이미지의 일부를 자연스럽게 지워 합성합니다.

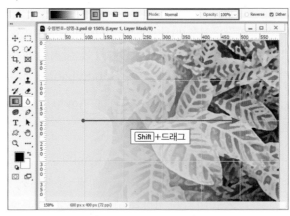

04 이미지 선택 및 레이어 스타일 적용

01 [File(파일)]−[Open(열기)]을 선택하여 2급−6.jpg를 불러온 후 Magnetic Lasso Tool(자석 올가미 도구, ▣)로 장미 모양을 따라 선택하고 Ctrl + C 로 복사합니다. 작업 이미지에 Ctrl + V 로 붙여넣기를 한 후 Ctrl + T 를 누르고 드래그하여 크기 조절 및 회전한 후 배치합니다.

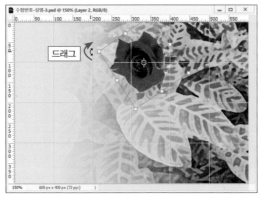

02 Layers(레이어) 패널 하단의 'Add a layer style(레이어 스타일 추가, _fx._)'을 클릭하여 [Inner Glow(내부 광선)]를 선택하고 'Size(크기) : 10px'로 설정합니다.

03 [File(파일)]-[Open(열기)]을 선택하여 2급-7.jpg를 불러옵니다. Magnetic Lasso Tool(자석 올가미 도구, ⊱)로 꽃을 선택합니다. Ctrl+C로 복사하고 작업 이미지에 Ctrl+V로 붙여넣기를 한 후 Ctrl+T를 누르고 드래그하여 크기를 조절한 후 배치합니다.

 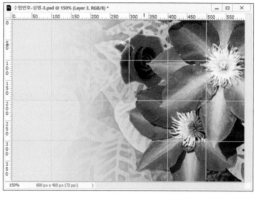

합격생의 비법

Magnetic Lasso Tool(자석 올가미 도구, ⊱)로 선택 시 한 단계 이전으로 취소하려면 Back Space 를 누르고, 전체를 취소하려면 Esc 를 누릅니다.

04 Layers(레이어) 패널 하단의 'Add a layer style(레이어 스타일 추가, _fx._)'을 클릭하여 [Inner Shadow(내부 그림자)]를 선택하고 'Opacity(불투명도) : 75%, Angle(각도) : 90°, Distance(거리) : 5px, Size(크기) : 5px'로 설정한 후 [OK(확인)]을 클릭합니다.

05 이미지 선택 및 레이어 스타일 적용

01 [File(파일)]-[Open(열기)]을 선택하여 2급-8.jpg를 불러온 후 Magic Wand Tool(자동 선택 도구, ☌)을 클릭하고 Options Bar(옵션 바)에서 'Add to selection(선택 영역에 추가, ▣), Tolerance(허용치) : 60'을 설정하고 배경 부분을 여러 차례 클릭하여 선택합니다. Shift+Ctrl+I로 선택 영역을 반전하여 Ctrl+C로 복사합니다. 작업 이미지에 Ctrl+V로 붙여넣기를 한 후 Ctrl+T를 누르고 크기를 조절하여 배치합니다.

 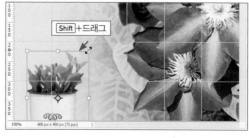

02 Layers(레이어) 패널 하단의 'Add a layer style(레이어 스타일 추가, *fx.*)'을 클릭하여 [Bevel and Emboss(경사와 엠보스)]와 [Drop Shadow(드롭 섀도)]를 선택합니다.

06 모양 생성 및 레이어 스타일 적용

01 Custom Shape Tool(사용자 정의 모양 도구, ⚙)을 클릭하고 Options Bar(옵션 바)에서 'Shape(모양), Fill(칠) : #ffffff, Stroke(획) : No Color(색상 없음), Shape(모양) : Talk 10(대화 10, 💬)'를 설정한 후 모양을 그립니다.

> **Shape 경로**
>
> [Legacy Shapes and More(레거시 모양 및 기타)]–[All Legacy Default Shapes(모든 레거시 기본 모양)]–[Talk Bubbles(말풍선)]

02 Layers(레이어) 패널에서 'Opacity(불투명도) : 70%'를 설정하여 이미지와 합성하고 패널 하단의 'Add a layer style(레이어 스타일 추가, *fx.*)'을 클릭하여 [Drop Shadow(그림자)]를 선택합니다.

03 Custom Shape Tool(사용자 정의 모양 도구, ⚙)을 클릭하고 Options Bar(옵션 바)에서 'Shape(모양), Fill(칠) : #ffcccc, Stroke(획) : No Color(색상 없음), Shape(모양) : Flower 2(꽃 2, 🌸)'를 설정한 후 Shift 를 누른 채 모양을 그립니다.

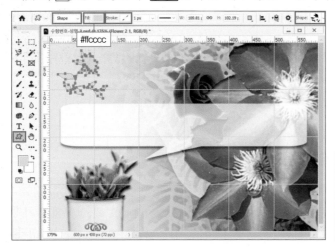

> **Shape 경로**
>
> [Legacy Shapes and More(레거시 모양 및 기타)]–[All Legacy Default Shapes(모든 레거시 기본 모양)]–[Nature(자연)]

합격생의 비법

연속해서 사용자 정의 모양 도구로 그릴 때 Fill(칠) 설정하기

Options Bar(옵션 바)에서 목록 단추를 눌러 제시된 Shape(모양)을 선택하여 그린 후에 'Layer thumbnail(레이어 축소판)'을 더블 클릭하여 Fill(칠)를 변경합니다.

---

04 Layers(레이어) 패널 하단의 'Add a layer style(레이어 스타일 추가, *fx.*)'을 클릭하여 [Drop Shadow(그림자)]를 선택합니다.

07 문자 입력 및 왜곡, 레이어 스타일 적용

01 Horizontal Type Tool(수평 문자 도구, T)로 작업 이미지를 클릭하고 Options Bar(옵션 바)에서 'Font(글꼴) : Arial, Set font style(글꼴 스타일 설정) : Bold, Set font size(글꼴 크기) : 40pt, Color(색상) : 임의 색상'으로 설정한 후 World Flower Exhibition을 입력합니다.

02 Layers(레이어) 패널 하단의 'Add a layer style(레이어 스타일 추가, fx.)'을 클릭하여 [Stroke(획)]를 선택하고 'Size(크기) : 2px, Fill Type(칠 유형) : Gradient(그레이디언트)'를 설정하고 'Click to edit the gradient(클릭하여 그레이디언트 편집)'를 클릭합니다. 대화 상자에서 그레이디언트 슬라이더 왼쪽 하단의 'Color Stop(색상 정지점)'을 더블 클릭하여 #000000으로 설정하고, 오른쪽 하단의 'Color Stop(색상 정지점)'을 더블 클릭하여 #9900cc 로 설정한 후 'Style(스타일) : Linear(선형), Angle(각도) : 0˚'로 설정합니다.

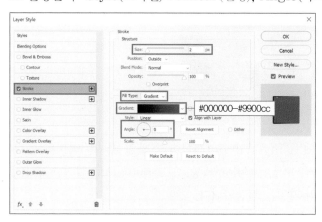

03 계속해서 [Gradient Overlay(그레이디언트 오버레이)]를 선택하고 'Click to edit the gradient(클릭하여 그레이디언트 편집)'를 클릭합니다. 그레이디언트 슬라이더 왼쪽 하단의 'Color Stop(색상 정지점)'을 더블 클릭하여 #ff3366을, 오른쪽 'Color Stop(색상 정지점)'을 더블 클릭하여 #ffffff로 설정한 후 'Style(스타일) : Linear(선형), Angle(각도) : 0°'로 설정합니다.

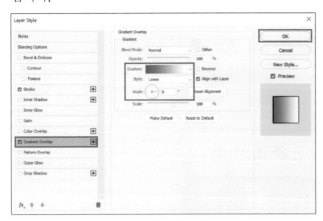

04 Horizontal Type Tool(수평 문자 도구, T)로 작업 이미지를 클릭하고 Options Bar(옵션 바)에서 'Font(글꼴) : 굴림, Set font size(글꼴 크기) : 16pt, Color(색상) : #ccffff'로 설정한 후 – 공연 프로그램, – 체험 프로그램, – 식물원 특별전을 입력합니다.

05 Layers(레이어) 패널 하단의 'Add a layer style(레이어 스타일 추가, *fx*)'을 클릭하여 [Stroke(획)]를 선택하고 'Size(크기) : 2px, Color(색상) : #336633'으로 설정한 후 [OK(확인)]를 클릭합니다. Ctrl + S 를 눌러 파일을 저장합니다.

---

08 정답 파일 저장

01 [View(보기)]–[Show(표시)]–[Grid(격자)](Ctrl + ')를 선택하여 격자를 가립니다.

02 [File(파일)]−[Save As(다른 이름으로 저장)]([Shift]+[Ctrl]+[S])를 선택하고 '저장 위치 : 내 PC\문서\GTQ, 파일 이름 : 수험번호−성명−문제번호, 파일 형식 : JPEG(*.JPG, *. JPEG, *.JPE)'를 선택하고 [저장]을 클릭한 후 [JPEG Options(JPEG 옵션)] 대화상자에서 'Quality(품질) : 8'로 설정하고 [OK(확인)]를 클릭합니다.

03 [Image(이미지)]−[Image Size(이미지 크기)]([Alt]+[Ctrl]+[I])를 선택하고 'Constrain aspect ratio(종횡비 제한) : 클릭, Width(폭) : 60Pixels(픽셀), Height(높이) : 40Pixels(픽셀)'로 입력하여 이미지 크기를 1/10로 축소한 후 [OK(확인)]를 클릭합니다.

04 [File(파일)]−[Save As(다른 이름으로 저장)]([Shift]+[Ctrl]+[S])를 선택하고 '저장 위치 : 내 PC\문서\GTQ, 파일 이름 : 수험번호−성명−문제번호, 파일 형식 : Photoshop(*.PSD, *.PDD, *.PSDT)'을 선택하고 [저장]을 클릭합니다.

05 답안 저장이 완료가 되면 [File(파일)]−[Close(닫기)]([Ctrl]+[W])를 선택하여 파일을 닫고 수험 프로그램에서 [답안 전송]을 클릭하여 psd와 jpg 파일을 감독관 컴퓨터로 전송합니다.

문제 **04**	CHAPTER 09 [실무응용] 이벤트 페이지 제작
작업과정	새 작업 이미지 만들기 및 파일 저장하기 ▶ 필터 적용하여 합성하기 ▶ 이미지 선택 및 레이어 스타일 적용 ▶ 모양 생성 및 필터와 불투명도, 클리핑 마스크 적용 ▶ 문자 입력 및 레이어 스타일 적용 ▶ 정답 파일 저장
완성이미지	Part05\기출유형문제09회\정답파일\수험번호−성명−4.jpg, 수험번호−성명−4.psd

🕐 새 작업 이미지 만들기 및 파일 저장하기

01 [File(파일)]−[New(새로 만들기)]([Ctrl]+[N])를 선택하고 'Width(폭) : 600Pixels(픽셀), Height(높이) : 400Pixels(픽셀), Resolution(해상도) : 72Pixels/Inch(픽셀/인치), Color Mode(색상 모드) : RGB Color(RGB 색상), 8bit(비트), Background Contents(배경 내용) : White(흰색)'로 설정하여 새 작업 이미지를 만듭니다.

02 [Edit(편집)]−[Preference(환경설정)]([Ctrl]+[K])−[Guides, Grid & Slices(안내선, 격자 및 분할 영역)]를 선택하고 Grid(격자)의 'Color(색상)'를 클릭하여 밝은 색상으로 변경한 후 'Gridline Every(격자 간격) : 100Pixels(픽셀), Subdivisions(세분) : 1'로 설정합니다.

03 [View(보기)]−[Show(표시)]−[Grid(격자)]([Ctrl]+[']와 [View(보기)]−[Rulers(눈금자)] ([Ctrl]+[R])를 선택하여 격자와 눈금자를 표시합니다.

04 작업 도큐먼트를 저장하기 위해 [File(파일)]−[Save As(다른 이름으로 저장)]([Shift]+[Ctrl]+ [S])를 선택하고 임의 경로에 '파일 이름 : 수험번호−성명−문제번호, 파일 형식 : Photoshop (*.PSD, *.PDD, *.PSDT)'으로 파일을 저장합니다.

02 필터 적용하여 합성하기

01 [File(파일)]–[Open(열기)]을 선택하여 2급-9.jpg를 불러옵니다. `Ctrl`+`A`를 눌러 전체를 선택한 후 `Ctrl`+`C`를 눌러 복사하고 작업 이미지에 `Ctrl`+`V`로 붙여 넣고 `Ctrl`+`T`를 누르고 크기 조절 및 회전한 후 배치합니다.

02 [Filter(필터)]–[Blur(흐림 효과)]–[Gaussian Blur(가우시안 흐림 효과)]를 선택하고 'Radius(반경) : 3pixels(픽셀)'를 설정합니다.

03 이미지 선택 및 레이어 스타일 적용

01 [File(파일)]–[Open(열기)]을 선택하여 2급-10.jpg를 불러옵니다. Pen Tool(펜 도구, ✐)을 클릭하고 Options Bar(옵션 바)에서 'Path(패스), Exclude Overlapping Shapes(모양 오버랩 제외, ⬚)'로 설정한 후 설정하고 버섯 모양을 따라 3개의 패스를 그립니다. 패스가 완료되면 `Ctrl`+`Enter`를 눌러 선택 상태로 전환합니다.

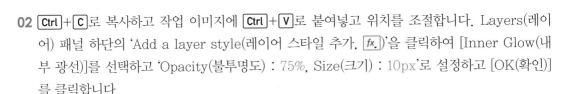

합격생의 비법

`Ctrl`+`Enter`를 누르면 선택된 작업 패스를 빠르게 선택 영역으로 전환할 수 있습니다.

02 `Ctrl`+`C`로 복사하고 작업 이미지에 `Ctrl`+`V`로 붙여넣고 위치를 조절합니다. Layers(레이어) 패널 하단의 'Add a layer style(레이어 스타일 추가, fx.)'을 클릭하여 [Inner Glow(내부 광선)]를 선택하고 'Opacity(불투명도) : 75%, Size(크기) : 10px'로 설정하고 [OK(확인)]를 클릭합니다.

03 [File(파일)]–[Open(열기)]을 선택하여 2급-11.jpg를 불러옵니다. Magic Wand Tool(자동 선택 도구, ✦)을 클릭하고 Options Bar(옵션 바)에서 'Add to selection(선택 영역에 추가, ⬚), Tolerance(허용치) : 60'을 설정한 후 곤충 모양을 클릭하고 `Ctrl`+`C`로 복사합니다.

04 작업 이미지에 `Ctrl`+`V`로 붙여넣고 `Ctrl`+`T`를 누르고 조절점을 드래그하여 크기를 축소하고 마우스 오른쪽 버튼을 클릭하여 [Flip Horizontal(가로로 뒤집기)]로 뒤집고 배치합니다.

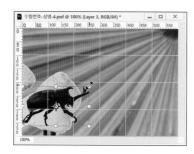

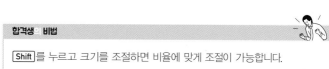
05 Layers(레이어) 패널 하단의 'Add a layer style(레이어 스타일 추가, *fx.*)'을 클릭하여 [Drop Shadow(그림자)]를 선택하고 'Opacity(불투명도) : 75%, Angle(각도) : 90°, Distance(거리) : 5px, Size(크기) : 5px'로 설정하고 [OK(확인)]를 클릭합니다.

06 [File(파일)]-[Open(열기)]을 선택하여 2급-12.jpg를 불러옵니다. Pen Tool(펜 도구, *⌀*)을 클릭하고 Options Bar(옵션 바)에서 'Path(패스), Exclude Overlapping Shapes(모양 오버랩 제외, *回*)'로 설정한 후 메뚜기 모양을 따라 2개의 패스를 그립니다. 패스가 완료되면 Ctrl + Enter 를 눌러 선택 상태로 전환합니다.

07 Ctrl + C 로 복사하고 작업 이미지에 Ctrl + V 로 붙여넣기를 한 후 Ctrl + T 를 눌러 회전과 크기를 조절합니다. Layers(레이어) 패널 하단의 'Add a layer style(레이어 스타일 추가, *fx.*)'을 클릭하여 [Drop Shadow(그림자)]를 선택합니다.

04 모양 생성 및 필터와 불투명도, 클리핑 마스크 적용

01 Custom Shape Tool(사용자 정의 모양 도구, *⌀*)을 클릭하고 Options Bar(옵션 바)에서 'Shape(모양), Fill(칠) : #ffffff, Stroke(획) : No Color(색상 없음), Shape(모양) : Ornament 5(장식 5, *👑*)'를 설정한 후 Shift 를 누른 채 드래그하여 모양을 그립니다.

Shape 경로

[Legacy Shapes and More(레거시 모양 및 기타)]-[All Legacy Default Shapes(모든 레거시 기본 모양)]-[Ornaments(장식)]

02 Layers(레이어) 패널 하단의 'Add a layer style(레이어 스타일 추가, fx.)'을 클릭하여 [Drop Shadow(그림자)]를 선택합니다.

03 Custom Shape Tool(사용자 정의 모양 도구, ⚙)을 클릭하고 Options Bar(옵션 바)에서 'Shape(모양), Fill(칠) : #ffcc00, Stroke(획) : No Color(색상 없음), Shape(모양) : Heart Card(하트 모양 카드, ♥)'를 설정한 후 Shift 를 누른 채 드래그하여 모양을 그립니다.

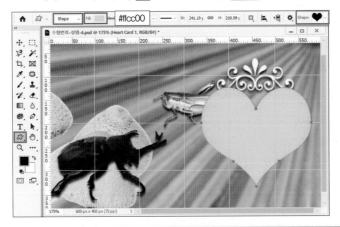

 Shape 경로

[Legacy Shapes and More(레거시 모양 및 기타)]-[All Legacy Default Shapes (모든 레거시 기본 모양)]-[Shapes (모양)]

합격생의 비법

연속해서 사용자 정의 모양 도구로 그릴 때 Fill(칠) 설정하기

Options Bar(옵션 바)에서 목록 단추를 눌러 제시된 Shape(모양)을 선택하여 그린 후에 'Layer thumbnail(레이어 축소판)'을 더블 클릭하여 Fill(칠)를 변경합니다.

---

04 Layers(레이어) 패널 하단의 'Add a layer style(레이어 스타일 추가, fx.)'을 클릭하여 [Stroke(획)]를 선택하고 'Size(크기) : 6px, Fill Type(칠 유형) : Gradient(그레이디언트)'를 설정하고 'Click to edit the gradient(클릭하여 그레이디언트 편집)'를 클릭합니다. 대화 상자에서 그레이디언트 슬라이더 왼쪽 하단의 'Color Stop(색상 정지점)'을 더블 클릭하여 #ff0000으로 설정하고, 오른쪽 하단의 'Color Stop(색상 정지점)'을 더블 클릭하여 #ffffff로 설정하고 위치를 조절한 후 'Style(스타일) : Linear(선형), Angle(각도) : 70°로 설정합니다.

05 계속해서 [Inner Glow(내부 광선)]를 선택하고 'Opacity(불투명도) : 75%, Size(크기) : 20px'로 설정한 후 [OK(확인)]를 클릭합니다.

06 Layers(레이어) 패널에서 'Heart Card 1'과 'Ornament 5 1' 레이어를 Ctrl 을 누르고 클릭하여 동시에 선택하고 Ctrl + T 를 누르고 조절점 밖을 드래그하여 회전한 후 배치합니다.

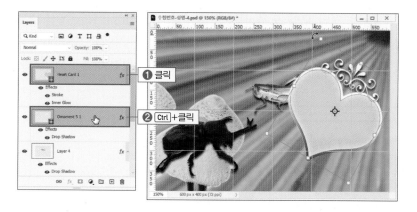

07 [File(파일)]–[Open(열기)]을 선택하여 2급-13.jpg를 불러온 후 Ctrl + A 를 눌러 전체를 선택하고 Ctrl + C 를 눌러 복사합니다. 작업 이미지를 선택하고 Ctrl + V 로 붙여넣고 하트 모양과 겹치도록 배치합니다.

08 [Filter(필터)]–[Filter Gallery(필터 갤러리)]–[Artistic(예술 효과)]–[Film Grain(필름 그레인)]을 선택합니다.

09 Layers(레이어) 패널에서 'Layer 5' 레이어와 'Heart Card 1' 레이어 사이에 마우스 커서를 놓고 Alt 를 누르고 클릭하여 Clipping Mask(클리핑 마스크)를 적용합니다.

합격쌤의 비법

Clipping Mask(클리핑 마스크)를 적용할 때는 반드시 'Heart Card 1' 레이어 바로 위에 이미지 레이어를 서로 겹치도록 배치해야 합니다.

10 Ctrl + T 를 누르고 조절점을 드래그하여 크기를 조절하고 Layers(레이어) 패널 상단의 'Opacity(불투명도) : 80%'를 설정합니다.

11 Custom Shape Tool(사용자 정의 모양 도구, 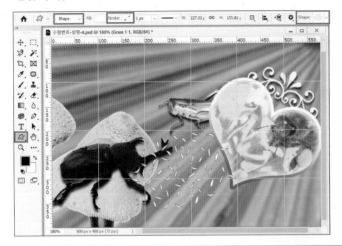)을 클릭하고 Options Bar(옵션 바)에서 'Shape(모양), Fill(칠) : 임의 색상, Stroke(획) : No Color(색상 없음), Shape(모양) : Grass 1(풀 1, ▦)'을 설정한 후 모양을 그리고 [Ctrl]+[T]를 누르고 조절점 밖을 드래그하여 회전합니다.

Shape 경로

[Legacy Shapes and More(레거시 모양 및 기타)]─[All Legacy Default Shapes(모든 레거시 기본 모양)]─[Nature (자연)]

12 Layers(레이어) 패널 하단의 'Add a layer style(레이어 스타일 추가, [fx.])'을 클릭하여 [Outer Glow(외부 광선)]를 선택한 후, [Gradient Overlay(그레이디언트 오버레이)]를 선택하고 'Click to edit the gradient(클릭하여 그레이디언트 편집)'를 클릭합니다.

13 그레이디언트 슬라이더 왼쪽 하단의 'Color Stop(색상 정지점)'을 더블 클릭하여 #000099 로 설정하고, 가운데 빈 공간을 클릭하여 'Color Stop(색상 정지점)'을 추가한 후 더블 클릭하여 #ff6666으로, 오른쪽 'Color Stop(색상 정지점)'을 더블 클릭하여 #ffff00으로 설정하고 'Style(스타일) : Linear(선형), Angle(각도) : 90°'를 설정합니다.

05 문자 입력 및 레이어 스타일 적용

01 Horizontal Type Tool(수평 문자 도구, [T])로 작업 이미지를 클릭하고 Options Bar(옵션 바)에서 'Font(글꼴) : Times New Roman, Set font style(글꼴 스타일 설정) : Bold, Set font size(글꼴 크기) : 15pt, Color(색상) : #000000'으로 설정한 후 INSECT MUSEUM을 입력합니다.

02 Options Bar(옵션 바)에서 Create warped text(뒤틀어진 텍스트 만들기, [T])를 클릭하여 [Warp Text(텍스트 뒤틀기)] 대화상자에서 'Style(스타일) : Arc(부채꼴), Horizontal(가로) : 체크, Bend(구부리기) : 40%'를 설정하여 문자의 모양을 왜곡합니다.

03 Layers(레이어) 패널 하단의 'Add a layer style(레이어 스타일 추가, [fx.])'을 클릭하여 [Stroke(획)]를 선택하고 'Size(크기) : 2px, Fill Type(칠 유형) : Gradient(그레이디언트)' 를 설정하고 'Click to edit the gradient(클릭하여 그레이디언트 편집)'를 클릭합니다. 대화 상자에서 그레이디언트 슬라이더 왼쪽 하단의 'Color Stop(색상 정지점)'을 더블 클릭하여 #99ff66으로 설정하고, 오른쪽 하단의 'Color Stop(색상 정지점)'을 더블 클릭하여 #ffffff로 설정한 후 'Style(스타일) : Linear(선형), Angle(각도) : 0˚'로 설정합니다.

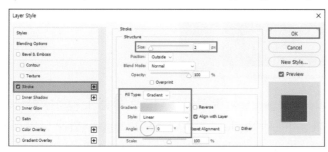

04 Horizontal Type Tool(수평 문자 도구, [T])로 작업 이미지를 클릭하고 Options Bar(옵션 바)에서 'Font(글꼴) : 돋움, Set font size(글꼴 크기) : 35pt, Color(색상) : #ffffff'로 설정 한 후 자연 생태 보존의 날을 입력합니다.

05 Layers(레이어) 패널 하단의 'Add a layer style(레이어 스타일 추가, *fx*)'을 클릭하여 [Stroke(획)]를 선택하고 'Size(크기) : 3px, Color(색상) : #003300'으로 설정합니다.

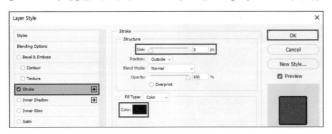

06 Horizontal Type Tool(수평 문자 도구, **T**)로 작업 이미지를 클릭하고 Options Bar(옵션 바)에서 'Font(글꼴) : 돋움, Set font size(글꼴 크기) : 17pt, Set anti-aliasing method (앤티 앨리어싱 방법 설정) : Strong(강하게), Color(색상) : #ffffff'로 설정한 후 UCC 공모 전 안내를 입력합니다.

07 Options Bar(옵션 바)에서 Create warped text(뒤틀어진 텍스트 만들기, **工**)를 클릭하여 [Warp Text(텍스트 뒤틀기)] 대화상자에서 'Style(스타일) : Shell Upper(위가 넓은 조개), Horizontal(가로) : 체크, Bend(구부리기) : 20%'를 설정하여 문자의 모양을 왜곡합니다.

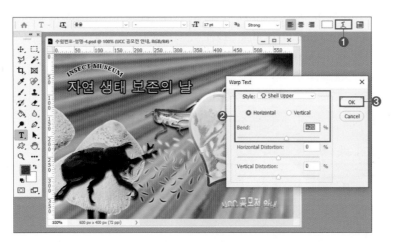

08 Layers(레이어) 패널 하단의 'Add a layer style(레이어 스타일 추가, _fx._)'을 클릭하여 [Drop Shadow(그림자)]를 선택한 후 [Stroke(획)]를 선택하고 'Size(크기) : 2px, Color (색상) : #993300'으로 설정합니다. Ctrl + S 를 눌러 파일을 저장합니다.

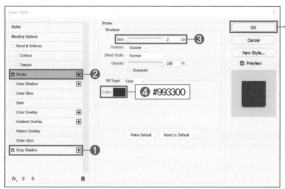 

📖 정답 파일 저장

01 [View(보기)]-[Show(표시)]-[Grid(격자)](Ctrl + ')를 선택하여 격자를 가립니다.

02 [File(파일)]-[Save As(다른 이름으로 저장)](Shift + Ctrl + S)를 선택하고 '저장 위치 : 내 PC\문서\GTQ, 파일 이름 : 수험번호-성명-문제번호, 파일 형식 : JPEG(*.JPG, *. JPEG, *.JPE)'를 선택하고 [저장]을 클릭한 후 [JPEG Options(JPEG 옵션)] 대화상자에서 'Quality(품질) : 8'로 설정하고 [OK(확인)]를 클릭합니다.

03 [Image(이미지)]-[Image Size(이미지 크기)](Alt + Ctrl + I)를 선택하고 'Constrain aspect ratio(종횡비 제한) : 클릭, Width(폭) : 60Pixels(픽셀), Height(높이) : 40Pixels(픽셀)'로 입력하여 이미지 크기를 1/10로 축소한 후 [OK(확인)]를 클릭합니다.

04 [File(파일)]-[Save As(다른 이름으로 저장)](Shift + Ctrl + S)를 선택하고 '저장 위치 : 내 PC\문서\GTQ, 파일 이름 : 수험번호-성명-문제번호, 파일 형식 : Photoshop(*.PSD, *.PDD, *.PSDT)'을 선택하고 [저장]을 클릭합니다.

05 답안 저장이 완료가 되면 [File(파일)]-[Exit(종료)](Ctrl + Q)를 선택하여 프로그램을 종료하고 수험 프로그램에서 [답안 전송]을 클릭하여 psd와 jpg 파일을 감독관 컴퓨터로 전송합니다.

기출 유형 문제 10회

▶ 동영상 무료

급수	문제유형	시험시간	수험번호	성명
2급	A	90분	G220240010	

수 험 자 유 의 사 항

- 수험자는 문제지를 받는 즉시 응시하고자 하는 **과목 및 급수가 맞는지 확인**한 후 수험번호와 성명을 작성합니다.
- 파일명은 본인의 "수험번호–성명–문제번호"로 공백 없이 정확히 입력하고 답안폴더(내 PC₩문서₩GTQ)에 jpg 파일과 psd 파일의 2가지 포맷으로 저장해야 하며, jpg 파일과 psd 파일의 내용이 상이할 경우 0점 처리됩니다. 답안문서 파일명이 "수험번호–성명–문제번호"와 일치하지 않거나, 답안 파일을 전송하지 않아 미제출로 처리될 경우 불합격 처리됩니다.
- 문제의 세부조건은 '영문(한글)' 형식으로 표기되어 있으니 유의하시기 바랍니다.
- 수험자 정보와 저장한 파일명, 저장 위치가 다를 경우 전송이 되지 않으므로, 주의하시기 바랍니다.
- 답안 작성 중에도 <u>주기적으로 '저장'과 '답안 전송'</u>을 이용하여 감독위원 PC로 답안을 전송하셔야 합니다.(※ 작업한 내용을 <u>저장하지 않고 전송할 경우</u> 이전의 저장내용이 전송되오니 이점 반드시 유념하시기 바랍니다.)
- 답안문서는 지정된 경로 외의 다른 보조기억장치에 저장하는 행위, 지정된 시험 시간 외에 작성된 파일을 활용한 행위, 기타 통신수단(이메일, 메신저, 네트워크 등)을 이용하여 타인에게 전달 또는 외부 반출하는 행위는 부정으로 간주되어 자격기본법 제32조에 의거 본 시험 및 국가공인 자격시험을 2년간 응시할 수 없습니다.
- 시험 중 부주의 또는 고의로 시스템을 파손한 경우와 〈수험자 유의사항〉에 기재된 방법대로 이행하지 않아 생기는 불이익은 수험자의 책임임을 알려 드립니다.
- 시험을 완료한 수험자는 최종적으로 저장한 답안파일이 전송되었는지 확인한 후 감독위원의 지시에 따라 문제지를 제출하고 퇴실합니다.

답 안 작 성 요 령

- **온라인 답안 작성 절차**
  수험자 등록 ⇒ 시험 시작 ⇒ 답안파일 저장 ⇒ 답안 전송 ⇒ 시험 종료
- 내 PC₩문서₩GTQ₩Image폴더에 있는 그림 원본파일을 사용하여 답안을 작성하시고 최종답안을 답안폴더(내 PC₩문서₩GTQ)에 저장하여 답안을 전송하시고, 이미지의 크기가 다른 경우 감점 처리됩니다.
- 배점은 총 100점으로 이루어지며, 점수는 각 문제별로 차등 배분됩니다.
- 각 문제는 주어진 〈조건〉에 따라 작성하고, 언급하지 않은 조건은 《출력형태》와 같이 작성합니다.
- 배치 등의 편의를 위해 주어진 눈금자의 단위는 '픽셀'입니다.
  그 외는 출력형태(효과, 이미지, 문자, 색상, 레이아웃, 규격 등)와 같게 작업하십시오.
- 문제 조건에 서체의 지정이 없을 경우 한글은 굴림이나 돋움, 영문은 Arial로 작업하십시오.
  (단, 그 외에 제시되지 않은 문자 속성을 기본값으로 작성하지 않은 경우는 감점 처리됩니다.)
- Image Mode(이미지 모드)는 별도의 처리조건이 없을 경우에는 RGB(8비트)로 작업하십시오.
- 모든 답안 파일은 해상도 72Pixels/Inch로 작업하십시오.
- Layer(레이어)는 각 기능별로 분할해야 하며, 임의로 합칠 경우나 각 기능에 대한 속성을 해지할 경우 해당 요소는 0점 처리됩니다.

한 국 생 산 성 본 부

문제 1 : Tool(도구) 활용　　　　　20점

다음의 《조건》에 따라 아래의 《출력형태》와 같이 작업하시오.

출력형태

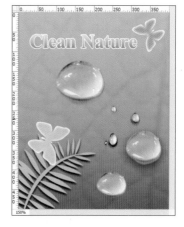

조건

원본 이미지	Part05₩기출유형문제10회₩2급-1.jpg		
파일저장규칙	JPG	파일명	문서₩GTQ₩수험번호-성명-1.jpg
		크기	400×500 pixels
	PSD	파일명	문서₩GTQ₩수험번호-성명-1.psd
		크기	40×50 pixels

1. 그림 효과
① 복제 및 변형 : 물방울
② Shape Tool(모양 도구) 사용 :
　- 나비 모양(#ffcc33, #ff99cc, 레이어 스타일 - Inner Glow(내부 광선))
　- 고사리 모양(#99cc99, 레이어 스타일 - Drop Shadow(그림자 효과))

2. 문자 효과
① Clean Nature(Times New Roman, Bold, 50pt, 레이어 스타일 - Stroke(선/획)(2px, #ffffff), 그레이디언트 오버레이 (#339900, #ffff00))

문제 2 : 사진편집 기초　　　　　20점

다음의 《조건》에 따라 아래의 《출력형태》와 같이 작업하시오.

출력형태

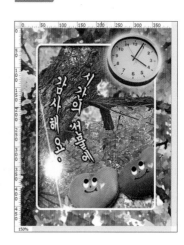

조건

원본 이미지	Part05₩기출유형문제10회₩2급-2.jpg, 2급-3.jpg, 2급-4.jpg		
파일저장규칙	JPG	파일명	문서₩GTQ₩수험번호-성명-2.jpg
		크기	400×500 pixels
	PSD	파일명	문서₩GTQ₩수험번호-성명-2.psd
		크기	40×50 pixels

1. 그림 효과
① 색상 보정 : 2급-3.jpg - 노란색 계열로 보정, 레이어 스타일 - Outer Glow(외부 광선)
② 액자 제작 :
　필터 - Dry Brush(드라이 브러시), 안쪽 테두리(5px, #ffffff), 레이어 스타일 - Drop Shadow(그림자 효과)
③ 2급-4.jpg : 레이어 스타일 - Drop Shadow(그림자 효과)

2. 문자 효과
① 시간의 선물에 감사해요.(궁서, 33pt, #ffffcc, 레이어 스타일 - Stroke(선/획)(3px, #660033))

다음의 《조건》에 따라 아래의 《출력형태》와 같이 작업하시오.

조건

원본 이미지	Part05₩기출유형문제10회₩2급—5.jpg, 2급—6.jpg, 2급—7.jpg, 2급—8.jpg		
파일저장규칙	JPG	파일명	문서₩GTQ₩수험번호—성명—3.jpg
		크기	600×400 pixels
	PSD	파일명	문서₩GTQ₩수험번호—성명—3.psd
		크기	60×40 pixels

1. 그림 효과

① 배경 : #ffffcc

② 2급—5.jpg : 필터 – Ocean Ripple(바다 물결), 레이어 마스크 – 세로 방향으로 흐릿하게

③ 2급—6.jpg : 레이어 스타일 – Drop Shadow(그림자 효과)

④ 2급—7.jpg : 레이어 스타일 – Outer Glow(외부 광선)

⑤ 2급—8.jpg : 레이어 스타일 – Inner Glow(내부 광선)

⑥ 그 외 《출력형태》 참조

2. 문자 효과

① Botanical Garden(바탕, 25pt, #000000, 레이어 스타일 – Drop Shadow(그림자 효과), Stroke(선/획)(2px, #ffffff))

② 새와 꽃나무 이야기(돋움, 30pt, #000000, 레이어 스타일 – Stroke(선/획)(2px, #cc99cc))

출력형태

Shape Tool(모양 도구) 사용
레이어 스타일 – Inner Shadow(내부 그림자),
그레이디언트 오버레이(#ff6600, #ffffff, #ffcc00)

Shape Tool(모양 도구) 사용
#ffffcc,
레이어 스타일 – Bevel and
Emboss(경사와 엠보스),
Stroke(선/획)(1px, #663366)

문제 4 : 이벤트 페이지 제작   35점

다음의 《조건》에 따라 아래의 《출력형태》와 같이 작업하시오.

조건

원본 이미지	Part05₩기출유형문제10회₩2급-9.jpg, 2급-10.jpg, 2급-11.jpg, 2급-12.jpg, 2급-13.jpg		
파일저장규칙	JPG	파일명	문서₩GTQ₩수험번호-성명-4.jpg
		크기	600×400 pixels
	PSD	파일명	문서₩GTQ₩수험번호-성명-4.psd
		크기	60×40 pixels

1. 그림 효과

① 2급-9.jpg : 필터 – Cutout(오려내기)
② 2급-10.jpg : 레이어 스타일 – Drop Shadow(그림자 효과), Opacity(불투명도)(70%)
③ 2급-11.jpg : 레이어 스타일 – Drop Shadow(그림자 효과)
④ 2급-12.jpg : 필터 – Texturizer(텍스처화)
⑤ 2급-13.jpg : 레이어 스타일 – Drop Shadow(그림자 효과), Inner Glow(내부 광선)
⑥ 그 외 《출력형태》 참조

2. 문자 효과

① 동물 가족과 함께하는(궁서, 25pt, 레이어 스타일 – 그레이디언트 오버레이(#ff6633, #ffffff), Stroke(선/획)(1px, #660000))
② ANIMAL FARM(Times New Roman, Bold, 40pt, #ffcc99, 레이어 스타일 – Drop Shadow(그림자 효과), Stroke(선/획)(1px, #000000))
③ 문의 : 1234-5678(바탕, 20pt, #990099, 레이어 스타일 – Stroke(선/획)(2px, #ffff66))

출력형태

Shape Tool(모양 도구) 사용
#669933, 레이어 스타일 –
Drop Shadow(그림자 효과)

Shape Tool(모양 도구) 사용
#ff9999, 레이어 스타일 –
Bevel and Emboss(경사와
엠보스), Stroke(선/획)(1px,
#663366)

Shape Tool(모양 도구) 사용
레이어 스타일 – Drop Shadow(그림자 효과),
Stroke(선/획)(3px, #ffff99)

CHAPTER 10
[기능평가] Tool(도구) 활용

작업과정	새 작업 이미지 만들고 파일 저장하기 ▶ 선택 영역 만들고 복제 및 변형하기 ▶ 모양 생성 및 레이어 스타일 적용 ▶ 문자 입력 및 레이어 스타일 적용 ▶ 정답 파일 저장
완성이미지	Part05₩기출유형문제10회₩정답파일₩수험번호-성명-1.jpg, 수험번호-성명-1.psd

01 새 작업 이미지 만들고 파일 저장하기

01 [File(파일)]-[New(새로 만들기)]([Ctrl]+[N])를 선택하고 'Width(폭) : 400Pixels(픽셀), Height(높이) : 500Pixels(픽셀), Resolution(해상도) : 72Pixels/Inch(픽셀/인치), Color Mode(색상 모드) : RGB Color(RGB 색상), 8bit(비트), Background Contents(배경 내용) : White(흰색)'를 설정하여 새 작업 이미지를 만듭니다.

02 [Edit(편집)]-[Preference(환경설정)]([Ctrl]+[K])-[Guides, Grid & Slices(안내선, 격자 및 분할 영역)]를 선택하고 Grid(격자)의 'Color(색상)'를 클릭하여 밝은 색상으로 변경한 후 'Gridline Every(격자 간격) : 100Pixels(픽셀), Subdivisions(세분) : 1'로 설정합니다.

03 [View(보기)]-[Show(표시)]-[Grid(격자)]([Ctrl]+["])와 [View(보기)]-[Rulers(눈금자)] ([Ctrl]+[R])를 선택하여 격자와 눈금자를 표시합니다.

04 작업 도큐먼트를 저장하기 위해 [File(파일)]-[Save As(다른 이름으로 저장)]([Shift]+[Ctrl]+ [S])를 선택하고 임의 경로에 '파일 이름 : 수험번호-성명-문제번호, 파일 형식 : Photoshop (*.PSD, *.PDD, *.PSDT)'으로 파일을 저장합니다.

02 선택 영역 만들고 복제 및 변형하기

01 [File(파일)]-[Open(열기)]([Ctrl]+[O])을 선택하여 2급-1.jpg를 불러옵니다. [Ctrl]+[A]를 눌러 전체를 선택한 후 [Ctrl]+[C]를 눌러 복사합니다. 작업 이미지에 [Ctrl]+[V]로 붙여넣고 [Ctrl]+[T]를 누르고 [Shift]를 누르고 드래그하여 크기를 조절한 후 배치합니다.

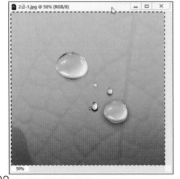 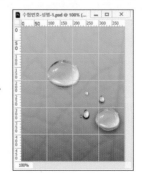

02 Object Selection Tool(개체 선택 도구, 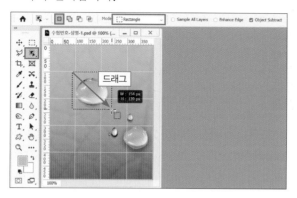🔲)을 클릭하고 Options Bar(옵션 바)에서 'New Selection(새 선택 영역, 🔲), Mode (모드) : Rectangle(사각형)'을 선택하고 이미지에 드래그하여 선택합니다.

03 [Layer(레이어)]–[New(새로 만들기)]–[Layer Via Copy(복사한 레이어)](Ctrl+J)를 클릭하고 레이어를 복사합니다. [Edit(편집)]–[Free Transform(자유 변형)](Ctrl+T)을 클릭하고 Shift를 누른 채 드래그하여 크기를 조절하고 배치합니다.

03 모양 생성 및 레이어 스타일 적용

01 Custom Shape Tool(사용자 정의 모양 도구, ✿)을 클릭하고 Options Bar(옵션 바)에서 'Shape(모양), Fill(칠) : #ffcc33, Stroke(획) : No Color(색상 없음), Shape(모양) : Butterfly(나비, 🦋)'를 설정한 후 Shift를 누른 채 드래그하여 모양을 그립니다. Ctrl+T를 눌러 시계방향으로 회전하고 배치합니다.

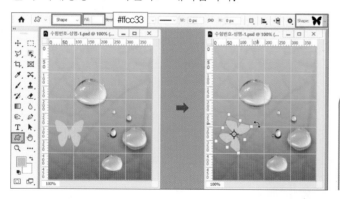

> **Shape 경로**
>
> [Legacy Shapes and More(레거시 모양 및 기타)]–[All Legacy Default Shapes(모든 레거시 기본 모양)]–[Nature(자연)]

02 Layers(레이어) 패널 하단의 'Add a layer style(레이어 스타일 추가, fx.)'을 클릭하여 [Inner Glow(내부 광선)]를 선택하고 'Opacity(불투명도) : 100%, Choke(경계 감소) : 4%, Size(크기) : 9px'로 설정합니다.

03 Ctrl+J를 눌러 레이어를 복사한 후 'Butterfly 1 copy' 레이어의 'Layer thumbnail(레이어 축소판)'을 더블 클릭하여 'Color(색상) : #ff99cc'로 변경합니다. Ctrl+T를 눌러 Shift를 누른 채 크기를 조절하고 회전하여 배치합니다.

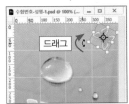

04 Custom Shape Tool(사용자 정의 모양 도구, 📐)을 클릭하고 Options Bar(옵션 바)에서 'Shape(모양), Fill(칠) : #99cc99, Stroke(획) : No Color(색상 없음), Shape(모양) : Fern(고사리, 🌿)'을 설정한 후 Shift를 누르고 모양을 그립니다. Ctrl+T를 누르고 마우스 오른쪽 버튼을 클릭하여 [Flip Horizontal(가로로 뒤집기)]로 뒤집은 후 회전하여 배치합니다.

> **Shape 경로**
>
> [Legacy Shapes and More(레거시 모양 및 기타)]–[All Legacy Default Shapes(모든 레거시 기본 모양)]–[Nature (자연)]

> **합격생의 비법**
>
> **연속해서 사용자 정의 모양 도구로 그릴 때 Fill(칠) 설정하기**
>
> Options Bar(옵션 바)에서 목록 단추를 눌러 제시된 Shape(모양)을 선택하여 그린 후에 'Layer thumbnail(레이어 축소판)'을 더블 클릭하여 Fill(칠)를 변경합니다.

05 [Layer(레이어)]–[Arrange(정돈)]–[Send Backward(뒤로 보내기)](Ctrl+[)를 2번 선택하여 'Butterfly 1' 레이어의 아래쪽에 배치합니다

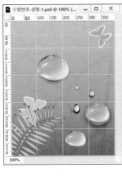

06 Layers(레이어) 패널 하단의 'Add a layer style(레이어 스타일 추가, fx.)'을 클릭하여 [Drop Shadow(그림자)]를 선택하고 'Opacity(불투명도) : 75%, Angle(각도) : 90°, Distance(거리) : 5px, Size(크기) : 5px'로 설정한 후 [OK(확인)]를 클릭합니다.

04 문자 입력 및 레이어 스타일 적용

01 Horizontal Type Tool(수평 문자 도구, T)로 작업 이미지를 클릭하고 Options Bar(옵션 바)에서 'Font(글꼴) : Times New Roman, Set font style(글꼴 스타일 설정) : Bold, Set font size(글꼴 크기) : 50pt, Color(색상) : 임의 색상'으로 설정한 후 Clean Nature를 입력합니다.

02 Layers(레이어) 패널 하단의 'Add a layer style(레이어 스타일 추가, *fx.*)'을 클릭하여 [Stroke(획)]를 선택하고 'Size(크기) : 2px, Color(색상) : #ffffff'로 설정합니다. 계속해서 [Gradient Overlay(그레이디언트 오버레이)]를 선택하고 'Click to edit the gradient(클릭하여 그레이디언트 편집)'를 클릭합니다. 그레이디언트 슬라이더 왼쪽 하단의 'Color Stop(색상 정지점)'을 더블 클릭하여 #339900을, 오른쪽 'Color Stop(색상 정지점)'을 더블 클릭하여 #ffff00으로 설정한 후 'Style(스타일) : Linear(선형), Angle(각도) : 90°'로 설정한 후 [OK(확인)]를 클릭합니다. Ctrl + S 를 눌러 파일을 저장합니다.

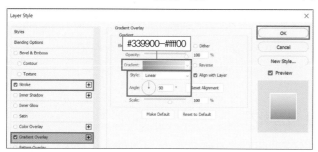

05 정답 파일 저장

01 [View(보기)]-[Show(표시)]-[Grid(격자)](Ctrl + ')를 선택하여 격자를 가립니다.

02 [File(파일)]-[Save As(다른 이름으로 저장)](Shift + Ctrl + S)를 선택하고 '저장 위치 : 내 PC₩문서₩GTQ, 파일 이름 : 수험번호-성명-문제번호, 파일 형식 : JPEG(*.JPG, *. JPEG, *.JPE)'를 선택하고 [저장]을 클릭한 후 [JPEG Options(JPEG 옵션)] 대화상자에서 'Quality(품질) : 8'로 설정하고 [OK(확인)]를 클릭합니다.

합격생의 비법

CC 2020 이후 버전에서 [Save As(다른 이름으로 저장)]로 '파일 형식 : JPEG(*.JPG, *.JPEG, *.JPE)'가 없는 경우에는 아래와 같이 저장하면 됩니다.

※ CC 버전에 따라 정답 파일을 '파일 형식 : JPEG(*.JPG, *.JPEG, *.JPE)로 저장하기

• [File(파일)]-[Save As(다른 이름으로 저장)](Shift + Ctrl + S)를 선택하고 [다른 이름으로 저장] 대화상자에서 [Save A Copy(사본 저장)]를 선택합니다.

• [File(파일)]-[Save A Copy(사본 저장)](Alt + Ctrl + S)를 선택합니다.

03 [Image(이미지)]-[Image Size(이미지 크기)]([Alt]+[Ctrl]+[I])를 선택하고 'Constrain aspect ratio(종횡비 제한) : 클릭, Width(폭) : 40Pixels(픽셀), Height(높이) : 50Pixels(픽셀)'로 입력하여 이미지 크기를 1/10로 축소한 후 [OK(확인)]를 클릭합니다.

04 [File(파일)]-[Save As(다른 이름으로 저장)]([Shift]+[Ctrl]+[S])를 선택하고 '저장 위치 : 내 PCW문서WGTQ, 파일 이름 : 수험번호-성명-문제번호, 파일 형식 : Photoshop(*.PSD, *.PDD, *.PSDT)'을 선택하고 [저장]을 클릭합니다.

05 답안 저장이 완료가 되면 [File(파일)]-[Close(닫기)]([Ctrl]+[W])를 선택하여 파일을 닫고 수험 프로그램에서 [답안 전송]을 클릭하여 psd와 jpg 파일을 감독관 컴퓨터로 전송합니다.

문제 02 CHAPTER 10
[기능평가] 사진편집 기초

작업과정	새 작업 이미지 만들기 및 파일 저장하기 ▶ 필터 적용 및 액자 제작 ▶ 이미지 합성 및 색상 보정, 레이어 스타일 적용 ▶ 문자 입력 및 레이어 스타일 적용 ▶ 정답 파일 저장
완성이미지	Part05W기출유형문제10회W정답파일W수험번호-성명-2.jpg, 수험번호-성명-2.psd

01 새 작업 이미지 만들기 및 파일 저장하기

01 [File(파일)]-[New(새로 만들기)]([Ctrl]+[N])를 선택하고 'Width(폭) : 400Pixels(픽셀), Height(높이) : 500Pixels(픽셀), Resolution(해상도) : 72Pixels/Inch(픽셀/인치), Color Mode(색상 모드) : RGB Color(RGB 색상), 8bit(비트), Background Contents(배경 내용) : White(흰색)'로 설정하여 새 작업 이미지를 만듭니다.

02 [Edit(편집)]-[Preference(환경설정)]([Ctrl]+[K])-[Guides, Grid & Slices(안내선, 격자 및 분할 영역)]를 선택하고 Grid(격자)의 'Color(색상)'를 클릭하여 밝은 색상으로 변경한 후 'Gridline Every(격자 간격) : 100Pixels(픽셀), Subdivisions(세분) : 1'로 설정합니다.

03 [View(보기)]-[Show(표시)]-[Grid(격자)]([Ctrl]+[']와 [View(보기)]-[Rulers(눈금자)]([Ctrl]+[R])를 선택하여 격자와 눈금자를 표시합니다.

04 작업 도큐먼트를 저장하기 위해 [File(파일)]-[Save As(다른 이름으로 저장)]([Shift]+[Ctrl]+[S])를 선택하고 임의 경로에 '파일 이름 : 수험번호-성명-문제번호, 파일 형식 : Photoshop(*.PSD, *.PDD, *.PSDT)'으로 파일을 저장합니다.

02 필터 적용 및 액자 제작

01 [File(파일)]-[Open(열기)]을 선택하여 2급-2.jpg를 불러옵니다. [Ctrl]+[A]를 눌러 전체를 선택한 후 [Ctrl]+[C]를 눌러 복사하고 작업 이미지를 선택하여 [Ctrl]+[V]로 붙여넣기를 합니다. [Ctrl]+[T]를 누르고 [Shift]를 누른 채 드래그하여 크기 조절 및 회전한 후 배치합니다.

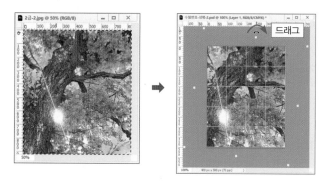

02 [Layer(레이어)]−[New(새로 만들기)]−[Layer Via Copy(복사한 레이어)]([Ctrl]+[J])를 클릭하고 레이어를 복사합니다.

03 [Filter(필터)]−[Filter Gallery(필터 갤러리)]−[Artistic(예술 효과)]−[Dry Brush(드라이 브러시)]를 선택합니다. 위쪽의 눈금자에서 아래로 드래그하여 작업 이미지의 세로 중앙인 250px의 위치에 안내선을 표시합니다.

04 Rectangular Marquee Tool(사각형 선택 윤곽 도구, □)을 클릭하고 Options Bar(옵션 바)에서 'New selection(새 선택 영역, ■), Feather(페더) : 0px, Style(스타일) : Fixed Size(크기 고정), Width(폭) : 320px, Height(높이) : 420px'로 설정합니다. 제시된 액자의 프레임을 만들기 위해서 격자와 안내선을 참고하여 [Alt]를 누르고 작업 이미지의 중앙에 클릭하여 직사각형 모양으로 선택합니다.

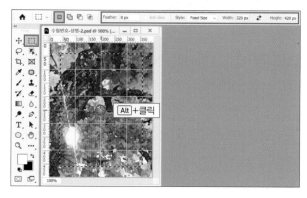

05 [Select(선택)]−[Modify(수정)]−[Smooth(매끄럽게)]를 클릭하여 'Sample Radius(샘플 반경) : 10pixels(픽셀)'를 설정하고 [OK(확인)]를 클릭하여 모서리를 둥글게 합니다. [Delete]를 눌러 선택된 이미지를 삭제하고 프레임을 만듭니다.

06 [Edit(편집)]−[Stroke(획)]를 클릭하여 'Width(폭) : 5px, Color(색상) : #ffffff, Location (위치) : Inside(안쪽), Mode(모드) : Normal(표준), Opacity(불투명도) : 100%, Preserve Transparency(투명도 유지) : 체크 해제'를 설정하고 [OK(확인)]를 클릭하여 안쪽 테두리를 적용합니다.

07 Ctrl+D를 눌러 선택을 해제하고 Layers(레이어) 패널 하단의 'Add a layer style(레이어 스타일 추가, fx.)'을 클릭하여 [Drop Shadow(그림자)]를 선택하고 'Opacity(불투명도) : 75%, Angle(각도) : 120°, Distance(거리) : 5px, Size(크기) : 5px'로 설정하고 [OK(확인)]를 클릭합니다.

03 이미지 합성 및 색상 보정, 레이어 스타일 적용

01 [File(파일)]-[Open(열기)]을 선택하여 2급-3.jpg를 불러온 후, Object Selection Tool (개체 선택 도구, ⬛)을 클릭하고 Options Bar(옵션 바)에서 'New Selection(새 선택 영역, ⬛), Mode(모드) : Rectangle(사각형)'을 선택하고 이미지에 드래그하여 선택합니다. Ctrl+C로 복사하고 작업 이미지에 Ctrl+V로 붙여넣은 후 Ctrl+T를 누르고 Shift를 누른 채 드래그하여 크기 축소 및 회전한 후 배치합니다.

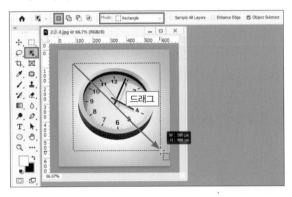 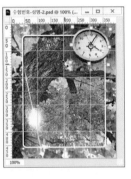

02 Layers(레이어) 패널 하단의 'Add a layer style(레이어 스타일 추가, fx.)'을 클릭하여 [Outer Glow(외부 광선)]를 선택하고 'Opacity(불투명도) : 75%, Size(크기) : 23px'로 설정합니다.

03 Quick Selection Tool(빠른 선택 도구, ☑)을 클릭하고 시계의 안쪽 부분을 드래그하여 선택합니다.

합격생의 비법

키보드의 [또는]를 눌러 작업 중 브러시의 크기를 빠르게 조정할 수 있으며, 작업 중 Alt를 누르면 Subtract from selection(선택 영역에서 빼기, ☑)로 전환되어 선택 영역을 뺄 수 있습니다.

04 Layers(레이어) 패널 하단의 'Create new fill or adjustment layer(새 칠 또는 조정 레이어 생성, )'를 클릭하고 [Hue/Saturation(색조/채도)]을 선택합니다. Properties(속성) 패널에서 'Colorize(색상화) : 체크, Hue(색조) : 58, Saturation(채도) : 80, Lightness(명도) : −45'로 설정하여 노란색 계열로 색상을 보정합니다.

05 [File(파일)]−[Open(열기)]을 선택하여 2급−4.jpg를 불러온 후 Magic Wand Tool(자동 선택 도구,)을 선택하고 배경 부분을 클릭하여 선택합니다.

06 Shift + Ctrl + I 로 선택 영역을 반전하여 Ctrl + C 로 복사합니다. 작업 이미지를 선택하여 Ctrl + V 로 붙여넣고 Ctrl + T 를 누르고 드래그하여 크기 조절 및 회전한 후 배치합니다. Ctrl + [를 3번 눌러 액자 프레임 레이어의 아래쪽에 배치합니다.

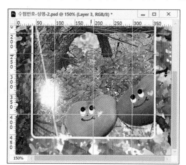

07 Layers(레이어) 패널에서 'Layer 3' 레이어를 선택하고 패널 하단의 'Add a layer style(레이어 스타일 추가,)'을 클릭하여 [Drop Shadow(그림자)]를 선택하고 'Distance(거리) : 8px, Size(크기) : 7px'로 설정합니다.

04 문자 입력 및 레이어 스타일 적용

01 Vertical Type Tool(세로 문자 도구,)로 작업 이미지를 클릭하고 Options Bar(옵션 바)에서 'Font(글꼴) : 궁서, Set font size(글꼴 크기) : 33pt, Set anti−aliasing method(앤티 앨리어싱 방법 설정) : Strong(강하게), Center text(텍스트 중앙 정렬,), Color(색상) : #ffffcc'로 설정한 후 시간의 선물에 감사해요.를 입력합니다.

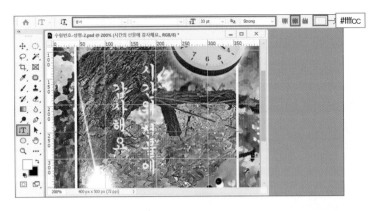

02 Options Bar(옵션 바)에서 Create warped text(뒤틀어진 텍스트 만들기,)를 클릭하여 [Warp Text(텍스트 뒤틀기)] 대화상자에서 'Style(스타일) : Arc(부채꼴), Vertical(세로) : 체크, Bend(구부리기) : 45%'를 설정하여 문자의 모양을 왜곡합니다.

03 Layers(레이어) 패널 하단의 'Add a layer style(레이어 스타일 추가, _fx._)'을 클릭하여 [Stroke(획)]를 선택하여 'Size(크기) : 3px, Color(색상) : #660033'으로 설정한 후 [OK(확인)]를 클릭합니다. Ctrl + S 를 눌러 파일을 저장합니다.

05 정답 파일 저장

01 [View(보기)]-[Show(표시)]-[Grid(격자)](Ctrl + `)와 [Guides(안내선)](Ctrl + ;)를 각각 선택하여 격자와 안내선을 가립니다.

02 [File(파일)]-[Save As(다른 이름으로 저장)](Shift + Ctrl + S)를 선택하고 '저장 위치 : 내 PC₩문서₩GTQ, 파일 이름 : 수험번호-성명-문제번호, 파일 형식 : JPEG(*.JPG, *. JPEG, *.JPE)'를 선택하고 [저장]을 클릭한 후 [JPEG Options(JPEG 옵션)] 대화상자에서 'Quality(품질) : 8'로 설정하고 [OK(확인)]를 클릭합니다.

03 [Image(이미지)]-[Image Size(이미지 크기)](Alt + Ctrl + I)를 선택하고 'Constrain aspect ratio(종횡비 제한) : 클릭, Width(폭) : 40Pixels(픽셀), Height(높이) : 50Pixels(픽셀)'로 입력하여 이미지 크기를 1/10로 축소한 후 [OK(확인)]를 클릭합니다.

04 [File(파일)]-[Save As(다른 이름으로 저장)](Shift + Ctrl + S)를 선택하고 '저장 위치 : 내 PC₩문서₩GTQ, 파일 이름 : 수험번호-성명-문제번호, 파일 형식 : Photoshop(*.PSD, *.PDD, *.PSDT)'을 선택하고 [저장]을 클릭합니다.

05 답안 저장이 완료가 되면 [File(파일)]-[Close(닫기)](Ctrl + W)를 선택하여 파일을 닫고 수험 프로그램에서 [답안 전송]을 클릭하여 psd와 jpg 파일을 감독관 컴퓨터로 전송합니다.

작업과정	새 작업 이미지 만들기 및 파일 저장하기 ▶ 배경색 적용 ▶ 필터 및 레이어 마스크 적용하여 합성하기 ▶ 이미지 선택 및 레이어 스타일 적용 ▶ 모양 생성 및 레이어 스타일 적용 ▶ 문자 입력 및 왜곡, 레이어 스타일 적용 ▶ 정답 파일 저장
완성이미지	Part05₩기출유형문제10회₩정답파일₩수험번호-성명-3.jpg, 수험번호-성명-3.psd

01 새 작업 이미지 만들기 및 파일 저장하기

01 [File(파일)]-[New(새로 만들기)]([Ctrl]+[N])를 선택하고 'Width(폭) : 600Pixels(픽셀), Height(높이) : 400Pixels(픽셀), Resolution(해상도) : 72Pixels/Inch(픽셀/인치), Color Mode(색상 모드) : RGB Color(RGB 색상), 8bit(비트), Background Contents(배경 내용) : White(흰색)'로 설정하여 새 작업 이미지를 만듭니다.

02 [Edit(편집)]-[Preference(환경설정)]([Ctrl]+[K])-[Guides, Grid & Slices(안내선, 격자 및 분할 영역)]를 선택하고 Grid(격자)의 'Color(색상)'를 클릭하여 밝은 색상으로 변경한 후 'Gridline Every(격자 간격) : 100Pixels(픽셀), Subdivisions(세분) : 1'로 설정합니다.

03 [View(보기)]-[Show(표시)]-[Grid(격자)]([Ctrl]+['])와 [View(보기)]-[Rulers(눈금자)] ([Ctrl]+[R])를 선택하여 격자와 눈금자를 표시합니다.

04 작업 도큐먼트를 저장하기 위해 [File(파일)]-[Save As(다른 이름으로 저장)]([Shift]+[Ctrl]+[S])를 선택하고 임의 경로에 '파일 이름 : 수험번호-성명-문제번호, 파일 형식 : Photoshop (*.PSD, *.PDD, *.PSDT)'으로 파일을 저장합니다.

02 배경색 적용

01 Tool Panel(도구 패널) 하단의 'Set foreground color(전경색 설정)'를 클릭하여 #ffffcc로 설정하고 [Alt]+[Delete]를 눌러 이미지의 배경을 채웁니다.

03 필터 및 레이어 마스크 적용하여 합성하기

01 [File(파일)]-[Open(열기)]을 선택하여 2급-5.jpg를 불러옵니다. [Ctrl]+[A]를 눌러 전체를 선택하고 [Ctrl]+[C]를 눌러 복사한 후 작업 이미지에 [Ctrl]+[V]로 붙여 넣습니다.

02 [Filter(필터)]–[Filter Gallery(필터 갤러리)]–[Distort(왜곡)]–[Ocean Ripple(바다 물결)] 을 선택합니다.

03 Layers(레이어) 패널에서 하단의 'Add layer mask(레이어 마스크 추가, ▣)'를 클릭하여 레이어 마스크를 추가합니다. Gradient Tool(그레이디언트 도구, ▥)을 클릭하고 Options Bar (옵션 바)에서 'Click to open Gradient picker(클릭하여 그레이디언트 픽커 열기)'를 클릭합니다. Basics(기본 사항)에서 'Black, White(검정, 흰색)'를 선택하고 'Type(유형) : Linear Gradient(선형 그레이디언트), Mode(모드) : Normal(표준), Opacity(불투명도) : 100%'로 설정한 후 Shift 를 누른 채 위쪽에서 아래쪽으로 드래그하여 이미지의 일부를 자연스럽게 지워 합성합니다.

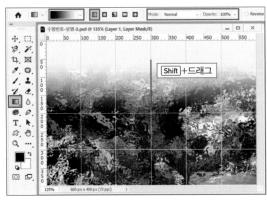

04 이미지 선택 및 레이어 스타일 적용

01 [File(파일)]–[Open(열기)]을 선택하여 2급-6.jpg를 불러온 후, Quick Selection Tool(빠른 선택 도구, ▨)을 클릭하고 Options Bar(옵션 바)에서 Add to selection(선택 영역에 추가, ▨)를 설정한 후 브러시의 크기를 조절하며 드래그하여 바나나 모양을 선택하고 Ctrl + C 로 복사합니다. 작업 이미지에 Ctrl + V 로 붙여넣기를 한 후 Ctrl + T 를 누르고 Shift 를 누르고 드래그하여 크기를 조절한 후 배치합니다.

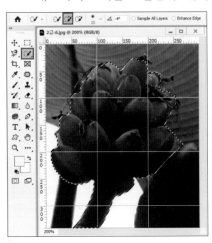

02 Layers(레이어) 패널 하단의 'Add a layer style(레이어 스타일 추가, $\boxed{fx.}$)'을 클릭하여 [Drop Shadow(그림자)]를 선택하고 'Angle(각도) : 130°, Use Global Light(전체 조명 사용) : 체크 해제, Distance(거리) : 7px, Size(크기) : 5px'로 설정합니다.

03 [File(파일)]-[Open(열기)]을 선택하여 2급-7.jpg를 불러옵니다. Magic Wand Tool(자동 선택 도구, $\boxed{\mathscr{J}}$)을 선택하고 Options Bar(옵션 바)에서 'Add to selection(선택 영역에 추가, $\boxed{\square}$), Tolerance(허용치) : 45'를 설정한 후 배경을 각각 클릭하여 선택합니다. $\boxed{Shift}$+$\boxed{Ctrl}$+$\boxed{I}$를 눌러 선택을 반전하고 $\boxed{Ctrl}$+$\boxed{C}$로 복사한 후 작업 이미지에 $\boxed{Ctrl}$+$\boxed{V}$로 붙여넣기를 합니다. $\boxed{Ctrl}$+$\boxed{T}$를 누르고 $\boxed{Shift}$를 누른 채 드래그하여 크기를 조절한 후 배치합니다.

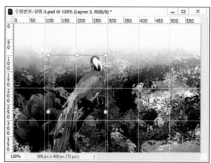

04 Layers(레이어) 패널 하단의 'Add a layer style(레이어 스타일 추가, $\boxed{fx.}$)'을 클릭하여 [Outer Glow(외부 광선)]를 선택하고 'Size(크기) : 10px'로 설정합니다.

05 [File(파일)]-[Open(열기)]을 선택하여 2급-8.jpg를 불러온 후, Pen Tool(펜 도구, $\boxed{\mathscr{O}}$)을 클릭하고 Options Bar(옵션 바)에서 'Path(패스), Exclude Overlapping Shapes(모양 오버랩 제외, $\boxed{\square}$)'로 설정한 후 꽃 모양을 따라 닫힌 패스를 그립니다. 패스가 완료되면 $\boxed{Ctrl}$+$\boxed{Enter}$를 눌러 선택 상태로 전환합니다.

합격생의 비법

Pen Tool(펜 도구, $\boxed{\mathscr{O}}$)로 드래그하여 곡선을 그리다가 직선 또는 방향이 다른 곡선 패스를 연결하여 그릴 때는 기준점에 $\boxed{Alt}$를 누르고 클릭하면 한쪽 핸들이 삭제됩니다.

06 Ctrl+C로 복사한 후 작업 이미지에 Ctrl+V로 붙여넣기를 합니다. Ctrl+T를 누르고 Shift를 누르고 드래그하여 크기 조절 및 회전한 후 배치합니다.

07 Layers(레이어) 패널 하단의 'Add a layer style(레이어 스타일 추가, fx.)'을 클릭하여 [Inner Glow(내부 광선)]를 선택하고 'Size(크기) : 13px'로 설정합니다.

05 모양 생성 및 레이어 스타일 적용

01 Custom Shape Tool(사용자 정의 모양 도구, ✍)을 클릭하고 Options Bar(옵션 바)에서 'Shape(모양), Fill(칠) : 임의 색상, Stroke(획) : No Color(색상 없음), Shape(모양) : Leaf Ornament 2(나뭇잎 장식 2, ✍)'를 설정한 후 Shift를 누른 채 드래그하여 모양을 그립니다. Ctrl+T를 눌러 회전하여 배치합니다.

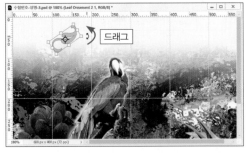

> **Shape 경로**
>
> [Legacy Shapes and More(레거시 모양 및 기타)]–[All Legacy Default Shapes(모든 레거시 기본 모양)]–[Ornaments(장식)]

02 Layers(레이어) 패널 하단의 'Add a layer style(레이어 스타일 추가, fx.)'을 클릭하여 [Inner Shadow(내부 그림자)]를 선택하고 'Distance(거리) : 4px, Size(크기) : 4px'로 설정합니다.

03 계속해서 [Gradient Overlay(그레이디언트 오버레이)]를 선택하고 'Click to edit the gradient(클릭하여 그레이디언트 편집)'를 클릭합니다. 그레이디언트 슬라이더 왼쪽 하단의 'Color Stop(색상 정지점)'을 더블 클릭하여 #ff6600으로 설정하고 가운데 빈 공간을 클릭하여 'Color Stop(색상 정지점)'을 추가한 후 더블 클릭하여 #ffffff로 설정하고, 오른쪽 'Color Stop(색상 정지점)'을 더블 클릭하여 #ffcc00으로 설정한 후 'Style(스타일) : Linear(선형), Angle(각도) : 90°'로 설정합니다.

04 Custom Shape Tool(사용자 정의 모양 도구, 🔗)을 클릭하고 Options Bar(옵션 바)에서 'Shape(모양), Fill(칠) : #ffffcc, Stroke(획) : No Color(색상 없음), Shape(모양) : Bird 2(새 2, ✔)'를 설정한 후 Shift를 누른 채 드래그하여 모양을 그립니다.

Shape 경로

[Legacy Shapes and More(레거시 모양 및 기타)]–[All Legacy Default Shapes(모든 레거시 기본 모양)]– [Animals(동물)]

05 Layers(레이어) 패널 하단의 'Add a layer style(레이어 스타일 추가, 🔳)'을 클릭하여 [Bevel and Emboss(경사와 엠보스)]를 선택하고 'Style(스타일) : Inner Bevel(내부 경사), Direction(방향) : Up(위로), Size(크기) : 1px'로 설정한 후, [Stroke(획)]를 선택하고 'Size(크기) : 1px, Color(색상) : #663366'으로 설정합니다.

⑥ 문자 입력 및 왜곡, 레이어 스타일 적용

01 Horizontal Type Tool(수평 문자 도구, T)로 작업 이미지를 클릭하고 Options Bar(옵션 바)에서 'Font(글꼴) : 바탕, Set font size(글꼴 크기) : 25pt, Set anti-aliasing method (앤티 앨리어싱 방법 설정) : Strong(강하게), Color(색상) : #000000'으로 설정한 후 Botanical Garden을 입력합니다.

02 Layers(레이어) 패널 하단의 'Add a layer style(레이어 스타일 추가, 🔳)'을 클릭하여 [Stroke(획)]를 선택하고 'Size(크기) : 2px, Color(색상) : #ffffff'로 설정합니다. 계속해서 [Drop Shadow(드롭 섀도)]를 선택하고 'Opacity(불투명도) : 75%, Angle(각도) : 90°, Distance(거리) : 5px, Size(크기) : 5px'로 설정한 후 [OK(확인)]를 클릭합니다.

03 Horizontal Type Tool(수평 문자 도구, T)로 작업 이미지를 클릭하고 Options Bar(옵션 바)에서 'Font(글꼴) : 돋움, Set font size(글꼴 크기) : 30pt, Set anti-aliasing method (앤티 앨리어싱 방법 설정) : Strong(강하게), Color(색상) : #000000'으로 설정한 후 새와 꽃나무 이야기를 입력합니다.

04 Options Bar(옵션 바)에서 Create warped text(뒤틀어진 텍스트 만들기, $\boxed{\texttt{工}}$)를 클릭하여 [Warp Text(텍스트 뒤틀기)] 대화상자에서 'Style(스타일) : Arc Lower(아래 부채꼴), Horizontal(가로) : 체크, Bend(구부리기) : 20%'를 설정하여 문자의 모양을 왜곡합니다.

05 Layers(레이어) 패널 하단의 'Add a layer style(레이어 스타일 추가, $\boxed{\textit{fx.}}$)'을 클릭하여 [Stroke(획)]를 선택하고 'Size(크기) : 2px, Color(색상) : #cc99cc'로 설정합니다. $\boxed{\text{Ctrl}}$ + $\boxed{\text{S}}$ 를 눌러 파일을 저장합니다.

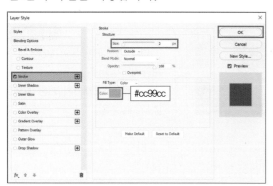

07 정답 파일 저장

01 [View(보기)]−[Show(표시)]−[Grid(격자)]($\boxed{\text{Ctrl}}$ + $\boxed{\text{'}}$)를 선택하여 격자를 가립니다.

02 [File(파일)]−[Save As(다른 이름으로 저장)]($\boxed{\text{Shift}}$ + $\boxed{\text{Ctrl}}$ + $\boxed{\text{S}}$)를 선택하고 '저장 위치 : 내 PC₩문서₩GTQ, 파일 이름 : 수험번호−성명−문제번호, 파일 형식 : JPEG(*.JPG, *. JPEG, *.JPE)'를 선택하고 [저장]을 클릭한 후 [JPEG Options(JPEG 옵션)] 대화상자에서 'Quality(품질) : 8'로 설정하고 [OK(확인)]를 클릭합니다.

03 [Image(이미지)]−[Image Size(이미지 크기)]($\boxed{\text{Alt}}$ + $\boxed{\text{Ctrl}}$ + $\boxed{\text{I}}$)를 선택하고 'Constrain aspect ratio(종횡비 제한) : 클릭, Width(폭) : 60Pixels(픽셀), Height(높이) : 40Pixels(픽셀)'로 입력하여 이미지 크기를 1/10로 축소한 후 [OK(확인)]를 클릭합니다.

04 [File(파일)]−[Save As(다른 이름으로 저장)]($\boxed{\text{Shift}}$ + $\boxed{\text{Ctrl}}$ + $\boxed{\text{S}}$)를 선택하고 '저장 위치 : 내 PC₩문서₩GTQ, 파일 이름 : 수험번호−성명−문제번호, 파일 형식 : Photoshop(*.PSD, *.PDD, *.PSDT)'을 선택하고 [저장]을 클릭합니다.

05 답안 저장이 완료가 되면 [File(파일)]−[Close(닫기)]($\boxed{\text{Ctrl}}$ + $\boxed{\text{W}}$)를 선택하여 파일을 닫고 수험 프로그램에서 [답안 전송]을 클릭하여 psd와 jpg 파일을 감독관 컴퓨터로 전송합니다.

작업과정	새 작업 이미지 만들기 및 파일 저장하기 ▶ 필터 적용하여 합성하기 ▶ 이미지 선택 및 불투명도, 레이어 스타일 적용 ▶ 모양 생성 및 필터와 클리핑 마스크 적용 ▶ 문자 입력 및 레이어 스타일 적용 ▶ 정답 파일 저장
완성이미지	Part5₩기출유형문제10회₩정답파일₩수험번호–성명–4.jpg, 수험번호–성명–4.psd

01 새 작업 이미지 만들기 및 파일 저장하기

01 [File(파일)]–[New(새로 만들기)]([Ctrl]+[N])를 선택하고 'Width(폭) : 600Pixels(픽셀), Height(높이) : 400Pixels(픽셀), Resolution(해상도) : 72Pixels/Inch(픽셀/인치), Color Mode(색상 모드) : RGB Color(RGB 색상), 8bit(비트), Background Contents(배경 내용) : White(흰색)'로 설정하여 새 작업 이미지를 만듭니다.

02 [Edit(편집)]–[Preference(환경설정)]([Ctrl]+[K])–[Guides, Grid & Slices(안내선, 격자 및 분할 영역)]를 선택하고 Grid(격자)의 'Color(색상)'를 클릭하여 밝은 색상으로 변경한 후 'Gridline Every(격자 간격) : 100Pixels(픽셀), Subdivisions(세분) : 1'로 설정합니다.

03 [View(보기)]–[Show(표시)]–[Grid(격자)]([Ctrl]+['])와 [View(보기)]–[Rulers(눈금자)] ([Ctrl]+[R])를 선택하여 격자와 눈금자를 표시합니다.

04 작업 도큐먼트를 저장하기 위해 [File(파일)]–[Save As(다른 이름으로 저장)]([Shift]+[Ctrl]+[S])를 선택하고 임의 경로에 '파일 이름 : 수험번호–성명–문제번호, 파일 형식 : Photoshop (*.PSD, *.PDD, *.PSDT)'으로 파일을 저장합니다.

02 필터 적용하여 합성하기

01 [File(파일)]–[Open(열기)]을 선택하여 2급–9.jpg를 불러옵니다. [Ctrl]+[A]를 눌러 전체를 선택한 후 [Ctrl]+[C]를 눌러 복사하고 작업 이미지에 [Ctrl]+[V]로 붙여넣기합니다.

02 [Filter(필터)]–[Filter Gallery(필터 갤러리)]–[Artistic(예술 효과)]–[Cutout(오려내기)]을 선택합니다.

03 이미지 선택 및 불투명도, 레이어 스타일 적용

01 [File(파일)]–[Open(열기)]을 선택하여 2급–10.jpg를 불러옵니다. Quick Selection Tool (빠른 선택 도구, [🖋])을 클릭하고 드래그하여 돼지 모양을 선택하고 [Ctrl]+[C]로 복사합니다. 작업 이미지에 [Ctrl]+[V]로 붙여넣기를 한 후 [Ctrl]+[T]를 누르고 [Shift]를 누른채 조절점을 드래그하여 크기를 조절한 후 배치합니다.

02 Layers(레이어) 패널에서 'Layer 2' 레이어의 'Opacity(불투명도) : 70%'를 설정합니다. Layers(레이어) 패널 하단의 'Add a layer style(레이어 스타일 추가, *fx.*)'을 클릭하여 [Drop Shadow(그림자)]를 선택하고 'Opacity(불투명도) : 75%, Angle(각도) : 90°, Distance(거리) : 5px, Size(크기) : 5px'로 설정한 후 [OK(확인)]를 클릭합니다.

 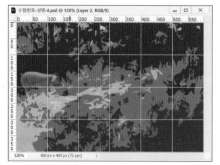

03 [File(파일)]-[Open(열기)]을 선택하여 2급-11.jpg를 불러옵니다. Pen Tool(펜 도구, *∅*)을 클릭하고 Options Bar(옵션 바)에서 'Path(패스), Exclude Overlapping Shapes(모양 오버랩 제외, *⊡*)'로 설정한 후 제시된 거위 모양을 패스로 그리고 완료합니다. 패스가 완료되면 Ctrl + Enter 를 눌러 선택 상태로 전환합니다.

04 선택 부분을 정교하게 편집하기 위해서 Tool Panel(도구 패널) 하단에 'Edit in Quick Mask Mode(빠른 마스크 모드로 편집, *⊡*)'을 클릭하여 빠른 마스크 모드로 전환합니다.

합격생의 비법

빠른 마스크 모드로 전환하면 선택 영역에서 제외된 부분이 빨간색 50%의 불투명도로 표시됩니다.

05 Tool Panel(도구 패널) 하단의 Foreground color(전경색)을 #000000으로 설정합니다. Brush Tool(브러시 도구, ✎)을 클릭하고 Options Bar(옵션 바)에서 'Brush Size(브러시 크기) : 1px'로 설정한 후 선택에서 제외할 부분에 드래그하여 칠합니다.

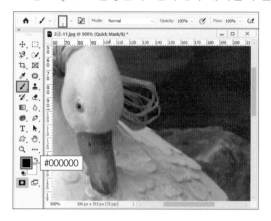

합격생의 비법

선택 영역을 추가하려면 Foreground color(전경색)를 #ffffff로, 선택 영역에서 제외하려면 #000000으로 설정하고 키보드의 [[]와 []]를 눌러 브러시 크기를 조절합니다. [Ctrl]+[+]를 눌러 작업 이미지를 확대하여 칠합니다.

06 선택이 완료되면 Tool Panel(도구 패널) 하단에 'Edit in Standard Mode(표준 모드로 편집, ▣)'를 클릭하여 표준 모드로 전환합니다. [Ctrl]+[C]로 복사하고 작업 이미지에 [Ctrl]+[V]로 붙여넣기한 후 [Ctrl]+[T]를 누르고 오른쪽 마우스를 클릭하여 [Flip Horizontal(가로로 뒤집기)]로 뒤집은 후 [Shift]를 누른 채 크기를 축소하여 배치합니다.

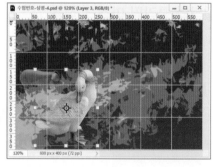

07 Layers(레이어) 패널 하단의 'Add a layer style(레이어 스타일 추가, fx.)'을 클릭하여 [Drop Shadow(그림자)]를 선택합니다.

08 [File(파일)]−[Open(열기)]을 선택하여 2급−13.jpg를 불러옵니다. Magic Wand Tool(자동 선택 도구, ✦)을 클릭하고 Options Bar(옵션 바)에서 'Add to selection(선택 영역에 추가, ▣), Tolerance(허용치) : 20'을 설정한 후 배경 부분을 여러 번 클릭하여 선택합니다.

09 Polygonal Lasso Tool(다각형 올가미 도구, ▽)을 선택하고 Options Bar(옵션 바)에서 'Add to selection(선택 영역에 추가, ◻), Feather(페더) : 0px'로 설정하고 하단 프레임 부분을 짧은 다각형으로 클릭하여 선택을 추가합니다. [Shift]+[Ctrl]+[I]로 선택 영역을 반전하고 [Ctrl]+[C]로 복사합니다.

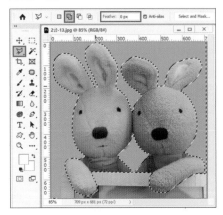

10 작업 이미지에 [Ctrl]+[V]로 붙여넣기를 한 후 [Ctrl]+[T]를 눌러 [Shift]를 누른 채 크기를 조절합니다.

11 Layers(레이어) 패널 하단의 'Add a layer style(레이어 스타일 추가, fx.)'을 클릭하여 [Inner Glow(내부 광선)]를 선택하고 'Size(크기) : 8px'로 설정한 후, [Drop Shadow(드롭 섀도)]를 클릭합니다.

04 모양 생성 및 필터와 클리핑 마스크 적용

01 Custom Shape Tool(사용자 정의 모양 도구, ◊)을 클릭하고 Options Bar(옵션 바)에서 'Shape(모양), Fill(칠) : 임의 색상, Stroke(획) : No Color(색상 없음), Shape(모양) : Stamp 1(도장 1, ■)'을 설정한 후 드래그하여 모양을 그립니다.

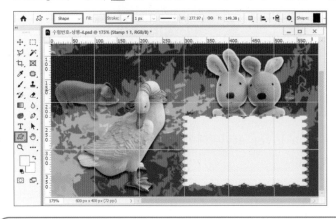

Shape 경로

[Legacy Shapes and More(레거시 모양 및 기타)]-[All Legacy Default Shapes(모든 레거시 기본 모양)]-[Objects (물건)]

02 Layers(레이어) 패널 하단의 'Add a layer style(레이어 스타일 추가, *fx.*)'을 클릭하여 [Stroke(획)]을 선택하고 'Size(크기) : 3px, Color(색상) : #ffff99'로 설정한 후 [Drop Shadow(드롭 섀도)]를 선택하고 'Distance(거리) : 10px, Size(크기) : 5px'로 설정합니다.

03 Ctrl + [를 눌러 Layers(레이어) 패널에서 'Stamp 1 1' 레이어를 'Layer 4' 레이어 아래로 이동하여 배치합니다.

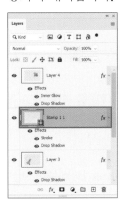

04 [File(파일)]−[Open(열기)]을 선택하여 2급−12.jpg를 불러온 후 Ctrl + A 를 눌러 전체를 선택하고 Ctrl + C 를 눌러 복사합니다. 작업 이미지를 선택하고 Ctrl + V 로 붙여넣기를 하고 'Stamp 1 1' 레이어와 겹치도록 배치합니다.

05 Layers(레이어) 패널에서 'Layer 5' 레이어와 'Stamp 1 1' 레이어 사이에 마우스 커서를 놓고 Alt 를 누르고 클릭하여 Clipping Mask(클리핑 마스크)를 적용합니다. Ctrl + T 를 누르고 Shift 를 누른 채 조절점을 드래그하여 크기를 조절한 후 배치합니다.

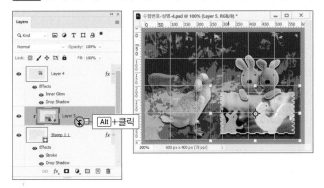

06 [Filter(필터)]−[Filter Gallery(필터 갤러리)]−[Texture(텍스처)]−[Texturizer(텍스처화)]를 선택합니다.

07 Custom Shape Tool(사용자 정의 모양 도구,)을 클릭하고 Options Bar(옵션 바)에서 'Shape(모양), Fill(칠) : #ff9999, Stroke(획) : No Color(색상 없음), Shape(모양) : Paper Clip(종이 클립, [📎])'을 설정한 후 [Shift]를 누른 채 드래그하여 모양을 그립니다.

Shape 경로

[Legacy Shapes and More(레거시 모양 및 기타)]-[All Legacy Default Shapes(모든 레거시 기본 모양)]-[Objects(물건)]

08 Layers(레이어) 패널 하단의 'Add a layer style(레이어 스타일 추가, [fx.])'을 클릭하여 [Bevel and Emboss(경사와 엠보스)]를 선택하고 'Style(스타일) : Inner Bevel(내부 경사), Direction(방향) : Up(위로), Size(크기) : 1px'로 설정한 후, [Stroke(획)]을 선택하고 'Size(크기) : 1px, Color(색상) : #663366'을 설정합니다. [Ctrl]+[T]를 누르고 조절점 밖을 드래그하여 회전한 후 배치합니다.

09 Custom Shape Tool(사용자 정의 모양 도구,)을 클릭하고 Options Bar(옵션 바)에서 'Shape(모양), Fill(칠) : #669933, Stroke(획) : No Color(색상 없음), Shape(모양) : Home(홈, [🏠])'을 설정한 후 [Shift]를 누른 채 드래그하여 모양을 그립니다.

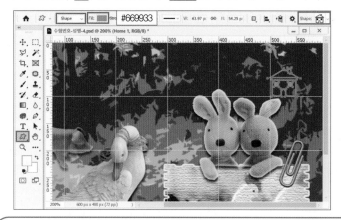

Shape 경로

[Legacy Shapes and More(레거시 모양 및 기타)]-[All Legacy Default Shapes(모든 레거시 기본 모양)]-[Web(웹)]

합격생의 비법

연속해서 사용자 정의 모양 도구로 그릴 때 Fill(칠) 설정하기

Options Bar(옵션 바)에서 목록 단추를 눌러 제시된 Shape(모양)을 선택하여 그린 후에 'Layer thumbnail(레이어 축소판)'을 더블 클릭하여 Fill(칠)를 변경합니다.

---

10 Layers(레이어) 패널 하단의 'Add a layer style(레이어 스타일 추가, [fx.])'을 클릭하여 [Drop Shadow(그림자)]를 선택하고 'Distance(거리) : 3px, Size(크기) : 5px'로 설정합니다.

05 문자 입력 및 레이어 스타일 적용

01 Horizontal Type Tool(수평 문자 도구, [T])로 작업 이미지를 클릭하고 Options Bar(옵션 바)에서 'Font(글꼴) : 궁서, Set font size(글꼴 크기) : 25pt, Color(색상) : 임의 색상'으로 설정한 후 동물 가족과 함께하는을 입력합니다.

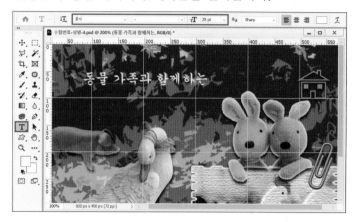

02 Options Bar(옵션 바)에서 Create warped text(뒤틀어진 텍스트 만들기, [工])를 클릭하여 [Warp Text(텍스트 뒤틀기)] 대화상자에서 'Style(스타일) : Arch(아치), Horizontal(가로) : 체크, Bend(구부리기) : 23%'를 설정하여 문자의 모양을 왜곡합니다.

03 Layers(레이어) 패널 하단의 'Add a layer style(레이어 스타일 추가, [fx])'을 클릭하여 [Stroke(획)]를 선택하고 'Size(크기) : 1px, Color(색상) : #660000'으로 설정합니다. 계속해서 [Gradient Overlay(그레이디언트 오버레이)]를 선택하고 'Click to edit the gradient (클릭하여 그레이디언트 편집)'를 클릭합니다. 그레이디언트 슬라이더 왼쪽 하단의 'Color Stop(색상 정지점)'을 더블 클릭하여 #ff6633으로 설정하고 오른쪽 'Color Stop(색상 정지점)'을 더블 클릭하여 #ffffff로 설정하고 'Style(스타일) : Linear(선형), Angle(각도) : 90°'를 설정합니다.

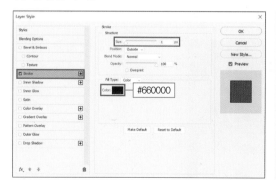
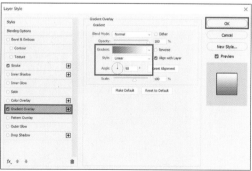

04 Horizontal Type Tool(수평 문자 도구, T)로 작업 이미지를 클릭하고 Options Bar(옵션 바)에서 'Font(글꼴) : Times New Roman, Set font style(글꼴 스타일 설정) : Bold, Font Size(글꼴 크기) : 40pt, Color(색상) : #ffcc99'로 설정한 후 ANIMAL FARM을 입력합니다.

05 Options Bar(옵션 바)에서 Create warped text(뒤틀어진 텍스트 만들기, T)를 클릭하여 [Warp Text(텍스트 뒤틀기)] 대화상자에서 'Style(스타일) : Arc Upper(위 부채꼴), Horizontal(가로) : 체크, Bend(구부리기) : 35%'를 설정하여 문자의 모양을 왜곡합니다.

06 Layers(레이어) 패널 하단의 'Add a layer style(레이어 스타일 추가, fx.)'을 클릭하여 [Stroke(획)]를 선택하고 'Size(크기) : 1px, Color(색상) : #000000'으로 설정한 후 [Drop Shadow(그림자)]를 선택합니다.

07 Horizontal Type Tool(수평 문자 도구, T)로 작업 이미지를 클릭하고 Options Bar(옵션 바)에서 'Font(글꼴) : 바탕, Set font size(글꼴 크기) : 20pt, Set anti-aliasing method (앤티 앨리어싱 방법 설정) : Strong(강하게), Color(색상) : #990099'로 설정한 후 문의 : 1234-5678을 입력합니다.

08 Layers(레이어) 패널 하단의 'Add a layer style(레이어 스타일 추가, [fx.])'을 클릭하여 [Stroke(획)]을 선택하고 'Size(크기) : 2px, Color(색상) : #ffff66'으로 설정합니다. [Ctrl]+ [S]를 눌러 파일을 저장합니다.

06 정답 파일 저장

01 [View(보기)]-[Show(표시)]-[Grid(격자)]([Ctrl]+['])를 선택하여 격자를 가립니다.

02 [File(파일)]-[Save As(다른 이름으로 저장)]([Shift]+[Ctrl]+[S])를 선택하고 '저장 위치 : 내 PC₩문서₩GTQ, 파일 이름 : 수험번호-성명-문제번호, 파일 형식 : JPEG(*.JPG, *. JPEG, *.JPE)'를 선택하고 [저장]을 클릭한 후 [JPEG Options(JPEG 옵션)] 대화상자에서 'Quality(품질) : 8'로 설정하고 [OK(확인)]를 클릭합니다.

03 [Image(이미지)]-[Image Size(이미지 크기)]([Alt]+[Ctrl]+[I])를 선택하고 'Constrain aspect ratio(종횡비 제한) : 클릭, Width(폭) : 60Pixels(픽셀), Height(높이) : 40Pixels(픽셀)'로 입력하여 이미지 크기를 1/10로 축소한 후 [OK(확인)]를 클릭합니다.

04 [File(파일)]-[Save As(다른 이름으로 저장)]([Shift]+[Ctrl]+[S])를 선택하고 '저장 위치 : 내 PC₩문서₩GTQ, 파일 이름 : 수험번호-성명-문제번호, 파일 형식 : Photoshop(*.PSD, *.PDD, *.PSDT)'을 선택하고 [저장]을 클릭합니다.

05 답안 저장이 완료가 되면 [File(파일)]-[Exit(종료)]([Ctrl]+[Q])를 선택하여 프로그램을 종료하고 수험 프로그램에서 [답안 전송]을 클릭하여 psd와 jpg 파일을 감독관 컴퓨터로 전송합니다.

자격증은 이기적!

합격입니다.